本书第二版荣获

首届全国普通高等学校优秀教材一等奖

普通高等教育国家级规划教材

儿童心理学

第六版

朱智贤　著

人民教育出版社
·北京·

图书在版编目（CIP）数据

儿童心理学 / 朱智贤著. —6版. —北京：人民教育出版社，2018.10（2023.2重印）
ISBN 978-7-107-33151-0

Ⅰ.①儿…　Ⅱ.①朱…　Ⅲ.①儿童心理学　Ⅳ.①B844.1

中国版本图书馆CIP数据核字(2018)第250480号

儿童心理学（第六版）

出版发行　人民教育出版社
（北京市海淀区中关村南大街17号院1号楼　邮编：100081）
网　　址　http://www.pep.com.cn
经　　销　全国新华书店
印　　刷　保定市中画美凯印刷有限公司
版　　次　2018年10月第6版
印　　次　2023年2月第7次印刷
开　　本　890毫米×1 240毫米　1/16
印　　张　29
字　　数　580千字
印　　数　17 001~20 000册
定　　价　42.80元

第六版说明

2009年5月20日，我在《儿童心理学》“第五版说明”中写道：“朱皕系朱老孙女，她在这次修订工作中起到了扛鼎的作用。我坚信，再过数年，她将独立承担起修订其祖父、我的恩师朱老这部半个多世纪不衰的教材的任务。”果真如此，时隔九年，《儿童心理学》第六版的修订工作由朱皕独立承担。此外，感谢朱皕指导的五名研究生在文献收集整理等方面的帮助。我作为第六版的第一个读者，读完全书，只能用两个字表达：“感动！”

朱皕是中美联合培养的博士。2004年起，她作为北京师范大学发展心理研究所的一名研究生，跟随我进行儿童认知发展研究。2008—2010年，她在美国加利福尼亚大学欧文分校学习，跟随“20世纪最有影响的百位心理学家”之一伊丽莎白·洛夫特斯（Elizabeth F. Loftus）院士和陈传升教授进行学习与记忆研究。2010年，她获得北京师范大学心理学博士学位，博士论文导师是我、伊丽莎白·洛夫特斯和陈传升。近年来，她从事儿童、青少年认知发展及其神经、遗传、环境因素的研究，成为北京师范大学认知神经科学与学习国家重点实验室的一名年轻骨干，在一定程度上她接过朱老的班，逐步深入探索儿童心理发展规律。

这次《儿童心理学》的修订特点是，在朱老提出的儿童心理发展思想框架下，更新了国内和国际最新的儿童心理研究结果，特别补充了近十年来我国儿童心理学的研究成果，便于读者更全面了解儿童心理学及其发展趋势。朱老的《儿童心理学》已经成为我国一部经典的心理学教材，我在此恳切地推荐，凡是与儿童、青少年相关专业需用儿童心理学教材时，请首选朱老的《儿童心理学》。

谨以此书新版纪念朱老诞辰110周年！

林崇德

2018年3月于北京师范大学

第五版说明

我们怀着崇敬的心情，再次修订被列入普通高等教育“十一五”国家级规划教材的朱智贤教授的《儿童心理学》这部传世之作。先天与后天的关系、内因与外因的关系、教育与发展的关系、年龄特征与个体差异的关系，朱老阐述的这四条儿童心理发展的规律（或原理）是我们修订中所坚持的信念；朱老原著中每章都涉及社会环境、活动、神经机制和言语这四个方面的变化，并以认知（思维）和个性（社会化）为主线，这是我们修订中所坚持的基本纲要。我们按朱老的原先框架，更换了一些实验材料，补充了最新的文献，特别是我国自主研究的文献，佐证了朱老的思想与理念，充实了这部传世佳作的内容。

参与这次修订的有陈英和、李虹两位教授，还有朱皕、陈桄两位博士生，最后由我定稿。这里要特别声明的是，朱皕系朱老孙女，她在这次修订工作中起到了扛鼎的作用。我坚信，再过数年，她将独立承担起修订其祖父、我的恩师朱老这部半个世纪不衰的教材的任务。

林崇德

2009 年 5 月 20 日于北京师范大学

第四版说明

1998年，为了适应21世纪我国教师教育发展的新形势，人民教育出版社在教育编辑室的基础上成立了教师教育课程教材研究开发中心（简称教师教育中心），以加强教师教育教材的建设与改革。

目前，人教版心理学教材形成了相对完善的体系：在心理学分支学科上涉及面广，既有普通心理学、教育心理学、社会心理学、发展心理学、心理学史等，又有咨询心理学、临床心理学、环境心理学、工程心理学、司法心理学、广告与消费心理学等；在层次上形成系列，既有研究生教材，又有大学本科、大学专科、中专教材。不少心理学教材和图书多次荣获国家图书奖、中国图书奖、教育部优秀教材奖等，重印率、再版率不断提高。

本书是我国第一部高等学校儿童心理学教科书，主要供高等学校心理系、教育系学生学习儿童心理学课程时使用。本书初版以来，受到国内外学者的高度评价，荣获首届全国普通高等学校优秀教材一等奖等。为了进一步适应高等学校教学与研究需要，我们特对文字做进一步的技术加工，并将以前的铅印改为胶印，印行第四版。

人民教育出版社教师教育中心

2003年6月

1993年修订版说明

《儿童心理学》是1961年初全国高等学校文科教材会议指定朱智贤教授编写的。1962年初版，1979年再版。这是我国第一部贯彻马克思主义观点、吸收国内外科学成就、联系我国实际、能够体现我国当前学术水平的综合大学和高等师范院校的儿童心理学教科书，曾受到国内外学者的高度评价，对培养我国心理学、教育学的专业人才和科学研究工作都具有重要意义。1987年，此书荣获全国高等学校优秀教材奖。

20世纪80年代末，朱智贤教授根据各地教学的需求并适应国内外儿童心理学进展的需要，决定第二次修订《儿童心理学》。此时，他正领导和主持着跨“六五”“七五”规划的国家级重点科研项目“中国儿童（含青少年）心理发展特点与教育”。经过全国二百余位心理学家的艰苦研究，朱老已收集了大量的国内第一手资料。因朱老年事已高，所以命我协助他制订修改方案，并请我所讲师李虹做具体工作。

不幸的是，这位杰出的心理学大师和教育家于1991年3月5日离我们而去。朱智贤教授的逝世，是中国心理学界和教育界的一个重大损失，使我们失去一位卓越的学者和导师。朱老还有许多事情要做，其中包括修订他的传世著作《儿童心理学》。为了努力完成朱老未竟的事业，为了使他的学术思想更好地在读者中间传播，作为他忠诚的及门弟子，我不顾自己学识谫陋，担起了这个扛鼎式的严峻任务。按照朱老生前的要求，我从1991年暑假开始修订他的《儿童心理学》。

在修订过程中，我注意突出朱老的学术思想。

其一，用辩证唯物主义的观点探讨儿童心理发展中关于先天与后天的关系、内因与外因的关系、教育与发展的关系、年龄特征与个体差异的关系。这四个儿童心理发展的基本规律犹如一条主线，贯穿于全书的始终。

其二，以儿童心理发展的年龄阶段为叙述体系，每个年龄阶段又从一般特征、神经系统（或生理特征）发展、动作或活动发展、言语发展、心理发展等方面来展开，这样构成全书的框架。

其三，尽可能引用中国近年来的研究材料。在引用的资料中，除保留极少数经典的实例之外，基本上更新为近年来国内外的研究资料。为了贯彻朱老生前“儿童心理学研究的中国化”的思想，我们尽可能使用我国心理学家近年来的研究材料，特别是朱老领衔的“中国儿童（含青少年）心理发展特点与教育”课题的研究成果。

总之，第三版《儿童心理学》反映了朱智贤教授原著的结构、观点、体例和风格。在修订的过程中，朱师母杨敏老师给予我极大的支持和关怀；李虹、庞丽娟、王耘、雷雳、申继亮等做了大量的工作，给予我多方面的帮助，使我感激之至。

第三版《儿童心理学》寄托了我对老师的悼念和哀思，体现了我们师生的真挚情感：

师如父胜于父传道终生精心栽培沐春雨

恩如山高于山流芳千古遗志继承慰英灵

恳切地希望心理学界和教育界的前辈和同仁们批评指正。

林崇德

1993 年 3 月 5 日（朱老逝世两周年）

于北京师范大学发展心理研究所

1979年修订版说明

粉碎“四人帮”以后，心理学的教学、科研工作得到了恢复。在教学工作上，亟待解决的问题之一是教材。在这青黄不接的时候，要想很快地编写出新教材，是有困难的。因此，同行们提出把20世纪60年代我国出版的心理学教材适当加以修订，以应急需。本书的修订版就是在这样的要求下进行的。

为了进行修订工作，我们儿童心理学组先组织了讨论，然后到各地请一些兄弟单位的同志和我们一起举行讨论会，听取修订意见。这些兄弟单位是南京师范学院心理学教研室、上海师范大学心理学专业、杭州大学心理学研究室、华南师范学院心理学教研室、华中师范学院心理学教研室、中国科学院心理研究所第一室、北京大学心理学专业、北京师范学院心理学教研室。此外，西南师范学院心理学教研室、甘肃师范大学心理学教研室、河北大学教育系心理学组还寄来了书面意见。还有一些小学教师和幼儿园教养员同志也给我们提了意见。对于这些单位和个人的热情支持，谨在此表示衷心的感谢。

由于时间和各种条件的限制，我们不可能对这本书进行彻底的修改。实际上，这本书只能在青黄不接的时期起一个过渡作用。在将来各种条件具备的时候，我相信我国心理学界将会很快地编写出新的儿童心理学教本。

以下把修订的主要情况做一简单的说明。

1. 根据大多数同志的要求，增加了“儿童心理学发展简史”一章。在这一章里，适当介绍国外情况，总结历史经验。但由于内容涉及许多史实和理论，不可能写得太多太深。在教学时，只要求学生有一个鸟瞰的认识，知道来龙去脉、发展趋势就够了，暂时不要引导他们去做深入的钻研。

2. 对于有些地方，做了一些补充或修改，如关于研究方法部分、关于遗传环境部分、关于年龄阶段部分等。在可能的条件下，补充了我国和国外的一些研究成果，并删去了一些不适当的材料。

3. 关于儿童心理发展动力的提法问题，许多同志建议把过去已发表和未发表的有关论文进行一次概括和总结，取得比较一致的意见。这个工作没能完成。我们的意见是，在将来继续研究的基础上举行专题讨论，才能逐步解决这个问题。因此，对本书原来的提法，仍然原样保留，未加改动。

4. 许多同志要求恢复本书初版中注明引用材料出处和附列有关参考书刊的做法，以利教学。现在虽然做了，但限于条件，只能在原有材料的基础上稍加增减而已。

5. 还有一些意见，虽然很好，但现在还做不到（如更多地采用本国儿童心理研究的材料，特别是儿童言语发展方面等），这只好俟诸将来了。

在进行修订工作过程中，钱曼君、吴凤岗、林崇德等同志给我以很大的协助，谨在此一并致谢。

朱智贤

1979 年 2 月于北京师范大学

第一版前言

本书是供综合大学和高等师范院校心理专业、教育专业儿童心理学课程用的教科书。由于这两个专业儿童心理学教学时数不同，教师在使用本书的时候，可根据具体情况做适当的精简或补充。

本书内容力求能反映我国儿童心理学的研究所达到的水平。在编写过程中，笔者广泛参考了国内外有关儿童心理学的教科书和各种文献，对于这些教科书和文献的作者们，谨在此表示衷心的感谢。

儿童心理学在我国还是一门比较幼稚的学科，加上著者学识谫陋，因而本书在内容上和文字上，都一定有很多错误和不妥的地方，希望同志们不吝给予批评、指正。

朱智贤

1962 年 4 月于北京

目　录

第一章

儿童心理学的对象、任务和方法

内容提要

本章首先说明心理、心理的发展、儿童心理发展的实质，其次探讨儿童心理学的理论和实践意义，最后总结儿童心理研究的基本原则、类型和主要方法。

学习目标

1. 明确儿童心理学的对象。
2. 了解儿童心理学的理论和实践意义。
3. 掌握儿童心理研究的实验方法。

关键词

儿童心理发展　年龄特征　研究任务　研究方法

第一节 儿童心理学的对象

每一门学科都以客观存在的一定领域内的事物作为自己的研究对象，在作为自己研究对象的特定领域内去发现这一事物本身所固有的客观规律，从而用这些规律来为社会实践服务。

儿童心理学这门学科研究的对象是什么呢？概括说来，儿童心理学是研究儿童心理发展的规律和儿童各年龄阶段的心理特征的学科。儿童心理学是心理科学的一个分支。普通心理学研究人的最一般的心理规律：人的心理过程和心理特征的一般规律。儿童心理学以普通心理学为依据对儿童心理发展的规律和年龄特征进行专门的研究。同时，儿童心理学的研究也能丰富普通心理学的内容。

一、心理和心理的发展

为明确儿童心理学的对象，有必要从心理和心理的发展说起。

首先，关于心理的实质问题，主要是普通心理学的课题。普通心理学指出：心理是脑的机能，是客观现实的反映。

（1）心理是客观现实的反映。这就是说，心理是由客观现实决定的。客观存在是第一性的，而心理是第二性的。

（2）作为客观现实反映的心理，是通过脑的活动实现的。脑是心理的器官，心理是脑的机能。

（3）心理的反映不是像镜子般机械的反映，而是一种能动的反映。人的反映活动是在人的社会实践中、在人的言语参与下进行的，因此，人的心理具有社会性和自觉能动性。

（4）心理虽是第二性的东西，是一种反映，但它不是毫无作用的副现象。它一旦形成之后，就能在人的活动中起调节作用、定向作用。这就是说，人的心理在实践中产生，同时又能反作用于实践。

其次，关于心理发展的问题，在心理科学中，一般是从两个方面加以研究的。

（1）心理的种系发展。所谓心理的种系发展，是指从动物到人类的演化过程中心理发生发展的历史。

心理这一反映形式是在动物出现以后才开始产生的，是跟神经系统特别是脑相联系的。

动物心理发展史是人类心理发展的前史。它研究从低级动物到类人猿为止心理是怎样发生的，又是怎样在适应自然的情况下逐步从低级形态（受刺激性）向高级形态（思维的萌芽）发展的。

人类心理发展史则是研究人的心理发生发展的历史。人类的心理是由动物心理发展而来的，是跟动物心理有联系的，但同时又有本质的区别。人的心理是人类祖先在劳动过程中、在言语的参与下逐渐形成和发展起来的。

因此，人的心理不但能适应现实，而且能变革现实。

（2）心理的个体发展。所谓心理的个体发展，是指人的个体从出生到成熟到衰老的过程中心理发生发展的历史。

一个人出生的时候是否具有心理？他的心理是怎样产生的？在人的发展的各个年龄阶段，心理又是怎样发展变化的？它是按照什么规律发展变化的？这些发展变化在人的生活和教育上具有怎样的意义？……所有这些，都是研究个体心理发展史必须阐明的问题。

在个体心理发展的研究中，人的儿童时期（包括少年期和青年初期，一般为0~18岁）的心理发展是被研究得较多的部分，这个部分组成儿童心理学这门学科的主要内容。

发展心理学有广义和狭义之分。广义的发展心理学包括动物心理学（又叫比较心理学）、民族心理学（主要是原始人类心理学）、个体发展心理学（主要是儿童心理学）。狭义的发展心理学，亦即个体发展心理学，研究人的个体从出生到衰老整个发展时期的心理发展规律和特点。儿童心理学则研究人的个体从出生到成熟（青年初期）的心理发展规律和特点。儿童心理学是个体发展心理学的核心部分。

二、儿童心理的发展

儿童心理发展是人的个体心理发展史的一个最重要的部分，是儿童心理学研究的专门对象。

（一）儿童时期的主要特点

儿童时期是指一个人从出生（新生儿）到成熟（青年初期）这个时期，是一个人心理发生和形成的时期。

儿童时期具有自己的特点。

第一，儿童跟动物不同。他一开始就生活在特定的社会环境中，并向着人类社会成员的方向发展。

儿童从出生的时候起，就过着社会生活，在成人长期抚养和教育下，通过跟成人的交际，通过有系统的学习，去掌握人类已有的社会经验。随着儿童的日益成长，他不但能适应社会生活，而且也能改造社会生活，这样，他就成为一个独立的社会成员。

第二，儿童也不完全跟成人一样。当然，从人的社会性来说，儿童跟成人是基本相同的，但从发展的水平来说，他们之间存在很大差别。例如，儿童的脑结构和机能还是不成熟的，儿童的思维不完全等同于成人的思维，儿童的劳动能力也不跟成人完全一样。

儿童时期是一个从不成熟到成熟、从不定型到定型的成长发育的时期，是一个生长特别旺盛的时期，是长身体、长知识的时期，是可塑性最大的时期，因而也是受教育的最好时期。

（二）儿童心理发展的基本规律

儿童心理学在儿童心理发展的基本规律方面，涉及如下一些理论问题。

第一，关于遗传、环境和教育在儿童心理发展上的作用问题。在儿童心理发展上起决定作用的不是先天遗传，遗传只给儿童心理发展提供自然前提，但不能决定儿童心理的发展。在儿童心理发展上起决定作用的是环境和教育，而教育则起着主导作用。

第二，关于儿童心理发展的动力或内部矛盾问题。一切事物发展的动力或根本原因，不在于事物的外部，而在于事物的内部，即存在于事物内部的矛盾性。

这在儿童心理发展上，也是一样的。

第三，关于教育和儿童心理发展的关系问题。环境和教育对儿童的心理发展起决定作用，但并不是机械地决定儿童心理的发展，而必须通过儿童心理的内部原因来实现。

第四，关于儿童心理不断发展和发展阶段的关系问题。儿童心理是不断发展的，但同时又是有阶段性的。只看到不断发展的一面，或只看到发展阶段的一面，都是不对的。

这是我们关于儿童心理发展的几个理论问题的理解。这几个问题是儿童心理学所要研究的主要内容的一部分，本书第三章将做详细的论述。

（三）儿童心理发展的年龄特征

儿童心理学不但要研究儿童心理发展的一般规律或基本规律，而且要研究在不同发展阶段上的具体规律，这些具体规律是通过儿童各年龄阶段的心理特征表现出来的。

儿童心理年龄特征是客观存在的。例如，两三岁儿童的情感是易变的，自我控制力是较差的，因而这时的儿童很容易破涕为笑，转怒为喜。又如，有经验的小学一年级教师把儿童初入学时在课堂上可能产生的各种表现（如坐不住、离开座位、说话、注意力不易集中且不持久等）理解为这一时期的特征，并且善于根据这种客观存在的特征而采取正确的措施。而一个没有经验的教师对于儿童的这些表现容易产生厌烦、急躁的情绪，以致把事情越弄越糟。我们在教学观察中可以发现：虽然同是小学儿童，低年级和高年级也是不一样的。低年级儿童跟学前儿童有某些共同之处，思维带有很大的具体性，有意注意还有待发展，因而教师在一堂课中往往运用不同的作业形式，更多地注意直观性。而对于高年级儿童，教师就不需要这样做了。

关于儿童心理发展的年龄特征，我们做以下理解。

第一，儿童心理发展的年龄特征是儿童心理发展的各个年龄阶段中所形成起来的一般特征、典型特征或本质特征。它是和年龄有联系的（因为年龄是时间的标志，一切发展都是和时间相联系的），但不是由年龄决定的。同时，它是从许多个别儿童的心理特征概括出来的，它只能代表某一年龄阶段儿童心理发展的一般趋势，而不能代表这一年龄阶段所有儿童的个别特征。

第二，在一定条件下，儿童心理发展的年龄特征既是相对稳定的，又是可以随着社会生活和教育条件的改变而有一定程度的改变的。这是因为：一方面，年龄特征是受许多比较稳定的因素支配的。例如，儿童脑的结构和机能的发展是有一定过程的，知识本身的深浅也是有一定顺序的，这就决定了儿童心理发展在一定时期或阶段内不可能没有一定的、不能突破的限度。另一方面，年龄特征是可以随着社会生活和教育条件的变化而有一定变化的（当然，也不是毫无限制的）。例如，在信息社会的条件下，儿童的知识比以前多一些，儿童个性品质的发展方面也是如此。

第三，教育的目的方向是由社会决定的，而不是由年龄特征决定的。但在教育的目的方向决定了以后，我们就不能不考虑：教材如何安排就能使儿童既容易接受，又学得更好、更快；创设什么条件，采取什么方法，就更适合儿童发展的特点……。要很好地解决这些问题，就不能不认识和运用儿童心理发展的年龄特征。

在教育中运用儿童心理发展的年龄特征，必须同时兼顾：（1）积极发展儿童的能力；（2）不要使儿童负担过重。如果我们把儿童心理发展的年龄特征看成是固定不变的，那就限制了儿童的发展，这是片面的、错误的。我们既要积极发展儿童的能力，又要注意不使儿童负担过重，不超越他们力所能及的范围。

以上关于儿童心理学的对象的说明，可以简单归结为以下四点。

（1）儿童心理发展是儿童心理学的研究对象。它包括两个主要部分：儿童心理发展的基本规律和儿童各年龄阶段心理特征发展的具体规律。

（2）儿童心理发展首先是一种心理现象。辩证唯物主义关于心理的理解是唯一正确的理解。

（3）在心理科学中，关于心理发展的研究，一般是从两个方面进行的：心理的种系发展和心理的个体发展。

（4）儿童心理发展是个体心理发展中的一个具有自己特点的部分。它研究的主要问题是：作为个体的人的心理是怎样发生的？一个软弱无能的新生儿的心理是怎样发展成为一个能够独立参加社会生活的社会成员的心理的？

第二节　儿童心理学的任务

一切科学都来源于实践，反过来又为实践服务。儿童心理学是研究儿童心理的发展特点和基本规律的。这些特点和规律的发现、确定和提高到理论水平，是在人类长期生活实践中，儿童实际工作者和儿童研究工作者共同努力取得的结果。这些结果一旦取得之后，反过来，又能够而且必须为以后的实践服务，使今后的工作实践更加有效，科学理论不断提高。儿童心理学史证明，儿童心理学正是在这实践与理论的互动关系中逐步发展起来的。

我国的儿童心理学是正在发展中的学科。我国儿童心理学工作者的总任务是：在儿童实际工作者和儿童理论工作者共同努力下，建立一门既能吸收、融合古今中外一切优秀的实践经验和科学理论，又能有效地为我国各项儿童事业服务的、中国特色的、现代化的儿童心理学。

一、儿童心理学的实践意义

（一）儿童心理学要以自己的科学规律来为新一代的教育事业服务

一个儿童出生以后，他的发展，首先取决于教育的质量。所有的父母和教师，以及其他一切儿童教育工作者，如果要想有效地把儿童塑造成为优秀的新一代，仅有良好的教育愿望是不够的，必须同时理解儿童心理发展的特点和规律。依据这些特点和规律进行教育时，既要考虑儿童现有的发展水平，又要恰当地提出新的要求，并把这种要求变为儿童自己的需要，才能使教育工作更好地进行，教育质量不断地提高。

作为新一代的每个儿童的生命，都是从受精卵（合子）开始的。母亲在怀孕以后关注些什么，这与儿童出生以后的发展有密切关系。儿童心理学可以从心理发展的角度提供这方面的知识。

儿童出生以后，或者在家中抚养，或者在托儿所养育，不论如何，儿童早期的发展是人生发展的一个重要起点，起点不好，以后改正或补救就困难了。父母或保育工作者必须知道乳婴儿身心各方面发展的特点，针对这些特点进行保教工作，才可以恰当地为孩子打下最初的良好的发展基础。

幼儿和乳婴儿不同，也和小学生不同，幼儿心理发展有自己的特点和规律。对幼儿进行教育时，在发展幼儿的言语能力和计算能力、培养幼儿良好的个性品质等方面，我们都必须认真考虑幼儿心理发展的特点。

对于儿童来说，从幼儿到小学生的过渡是很关键的，父母和教师如何共同帮助儿童完成这个过渡是很重要的。儿童进入小学以后，在品德发展方面，父母和教师如何引导儿童从模仿具体的道德示范行为到逐步掌握道德准则，提高道德自觉性，从而形成良好的个性品质？在认知发展方面，父母和教师如何引导儿童从初级的、具体的认知水平逐步提升到较高的、抽象的认知水平？儿童心理学可以在这些方面给我们有益的启示。

青少年时期个体的身心发展同样有自己的新的特点，父母和教师要很好地理解这些特点，既不把他们当孩子看，也不把他们当成人看，帮助他们顺利地度过这个时期。

（二）儿童心理学在其他实践领域中也具有很大的意义

在儿童医务工作方面，一个儿科的医务工作者不但要有医学方面的知识，而且要有儿童心理学方面的知识，这样才能更好地发挥自己的作用。特别是在儿童神经质和精神病的治疗上，儿童心理学的知识更为重要。

在儿童文艺工作方面，儿童文学艺术作品的创作首先应当考虑的是思想政治道德方向，与此同时，也必须考虑到儿童心理发展的年龄特征。苏联作家高尔基在《论主题》这篇论文中说："想写儿童文学的作家应该估计到读者年龄的一切特征。不然，他写的书会成为儿童和成年人都不需要的无着落的东西。"①

在儿童社会工作方面，儿童广播工作者、儿童玩具设计者等若能结合自己的业务来掌握和体会儿童心理发展的年龄特征，就可以更好地改进自己的工作，从而不断提高自己的工作质量。

① 转引自［苏］格列奇什尼科娃著，张翠英、丁酉成译：《苏联儿童文学》，中国青年出版社 1956 年版，第 14 页。

二、儿童心理学的理论意义

儿童心理发展的研究，不仅具有实践意义，而且具有理论意义。

列宁在《哲学笔记》中指出：认识论和辩证法是由很多科学构成的。他认为：各门科学史、儿童智力发展史、动物智力发展史、语言史、心理学、感官生理学是“认识论和辩证法应当从中形成的知识领域”①。

认识论要研究物质和意识的关系问题、意识的起源问题、认识和实践的关系问题、感性认识和理性认识的关系问题、认识发展中的矛盾问题和量变质变问题等。所有这些哲学理论问题，当然不是凭空产生的，而是从很多科学中概括出来的。儿童心理学正是从人的个体心理发展方面来论证这些问题的一门学科。例如，儿童心理学要揭示：儿童的心理是怎样在一定的物质条件（脑和客观现实）下产生和发展的；儿童的认识是怎样密切依存于他的实践活动的，怎样从感性认识上升为理性认识的；儿童心理发展的动力是什么；等等。所有这些，都可以直接为认识论和辩证法提供科学的论据。

第三节　儿童心理学的方法

一、儿童心理研究的基本原则

唯物辩证法是一切科学研究的最一般的方法论，也是儿童心理学研究的最高指导原则。同时，由于各门学科研究的具体对象不同，因而每一门学科又各有它们自己研究的基本原则。儿童心理学是研究儿童心理发展的基本规律和年龄特征的学科，它应该以下列基本原则为自己研究的指针。

（一）客观性原则

儿童心理是客观存在在儿童头脑中的反映，因此，我们必须依据儿童的社会生活条件和教育条件以及儿童机体的发展，特别是儿童高级神经活动的发展来进

①《列宁全集》第55卷，人民出版社2017年版，第302页。

行研究。

（二）实践性原则

儿童心理不是对客观存在的机械的反映，而是在儿童的实践活动中的能动的反映。因此，我们必须从儿童的行动和活动中去研究，从儿童主体与其客体（环境和教育）的矛盾统一的关系中去研究。

（三）矛盾性原则

儿童心理发展也跟一切事物的运动发展一样，是一种矛盾运动，是按照矛盾法则进行的。因此，我们必须从儿童心理发展的内部矛盾来研究，必须从儿童心理发展的量变和质变的辩证关系上来研究。

（四）教育性原则

一切儿童心理的研究，都必须符合教育的要求。我们不能进行损害儿童身心健康的研究，不能向儿童提供跟教育方针、教育目的任务相矛盾的图片、问题或作业，等等。

（五）理论与实际结合原则

儿童心理学的研究应当密切结合我国儿童教育事业中所提出的实际问题来进行。在研究过程中，我们应当注意更多地通过实际来进行，而不是脱离实际为研究而研究。当然，这也绝不意味着把研究工作局限在很狭小的“实用”范围内，更不是排斥那些跟实际相结合的理论问题的研究。

（六）一般与个别结合原则

儿童心理发展既具有一般性，也具有特殊性，因此，研究儿童心理发展的一般事实和规律，也应当考虑到儿童心理发展的特殊规律和个别差异，而不应当把一般和个别绝对对立起来。

二、儿童心理研究类型的选择

儿童心理研究常常由于研究的时间、范围、被试以及研究人员、研究装备等条件的不同，而有不同的研究类型。这些不同的研究类型往往各有优点和缺点。从战略上说，如何根据研究的需要来选择不同的研究类型，是进行研究工作时首先应当考虑的一个重要问题。

（一）纵向研究、横断研究、聚合交叉研究和微观发生法

从研究时间的延续上来说，儿童心理研究可以区分为纵向研究和横断研究。

1. 纵向研究

纵向研究就是在比较长的时间内，对一个儿童或一些儿童的心理发展进行有系统的定期的研究，也叫作追踪研究。例如，研究儿童口头言语的发生发展，可以从新生儿发音起，经过一系列发展过程直到连贯性的言语为止，从而查明儿童口头言语发生发展的路线和规律。① 又如，有的研究者对同一被试，从新生儿时期起经过各个阶段直到青年时期为止，对他的心理发展的各个方面进行定期的追踪考察［如美国格塞尔（A. Gesell，1880—1961）的研究工作］。② 因此，纵向研究的时间有的比较短些，有的比较长些，甚至很长（可以是 20~30 年）。纵向研究的范围，可以是某一方面行为的发展，也可以是整个行为的发展。纵向研究的优点是可以比较系统地、详尽地了解儿童心理发展的连续过程和量变质变的规律，这些特点正是儿童心理研究所要求的。但它也有缺点，如：研究的时间较长，不易同时进行大量的研究；影响被试的各种条件不易查明或控制，不易有效地进行前后比较；等等。

2. 横断研究

横断研究就是在同一时间内对某个年龄或某几个年龄儿童的心理发展水平进行测查并加以比较。一般的实验研究大多属于这种类型。例如，要了解儿童的运算能力，可以给一组 6 岁儿童以 20 以内或 100 以内的各种试题，让他们计算，然后找出这一年龄的各种运算水平。又如，一个经典的小实验：选定三个年龄的儿童（2 个月的、5 个月的、8 个月的），把毛巾分别放在他们脸上作为自变量（刺激变量）。结果，2 个月的儿童盲目地全身挣扎，5 个月的儿童双手向毛巾方向乱抓，而 8 个月的儿童则不费力地拉下毛巾，并且觉得好玩。横断研究的优点是能够在较短时间内找出同一年龄或不同年龄儿童心理发展的不同水平或特点，

① 吴天敏、许政援：《初生到三岁儿童言语发展记录的初步分析》，见《发展心理、教育心理论文选》，人民教育出版社 1980 年版。

② 参看本书第二章。

并从中分析出发展规律。但由于时间较短，研究者不易看到发展的连续过程和关键的转变点。

针对纵向研究和横断研究各自的缺点，发展心理学研究者提出了把两者结合的研究方法，例如聚合交叉研究、微观发生法等。

3. 聚合交叉研究

聚合交叉研究是一种在纵向研究中分段研究个体心理发展的研究类型。这种研究吸收了纵向研究和横断研究的长处，而避免了其缺点，起到了扬长避短的作用。它主要有以下优点。（1）克服了横断研究和纵向研究的不足，汲取了它们的长处。发扬纵向研究系统、详尽的特点，使心理发展的连续过程及特点易于掌握；同时发扬横断研究较大面积测定的优势，加强统计处理，克服纵向研究样本少、有时间限制等问题。（2）将心理发展既作为特殊的运动形式，又看到其共同之处，从而横向延伸到各个年龄段，同时通过追踪的纵向研究，获得心理结构、属性、规律发展的较全面的资料。（3）将共时性和历时性统一起来，采用静态和动态相结合的原则，缩短了长期追踪的研究时间。

4. 微观发生法

微观发生法（microgenetic method）是让儿童集中地反复解决某个问题领域中的任务，并对儿童认知策略和技能变化的整个动态过程进行记录、观察和分析的方法。它并非只记录策略变化的最终结果，目的在于将自然的发展压缩在较短的时间框架中，在多次连续实验的变化中探索发展机制。它通过在变化发生的整个过程中对行为进行高密度观察和反复实验分析，可以提供关于认知变化的路线、速率、广度、来源以及变化模式的多样性等方面的精细信息，对于理解心理变化的机制有重要意义。因此，近年来，国内外已有许多人运用它进行儿童认知发展的研究，并把它运用于教学实践，从而培养儿童的科学思维。

（二）整体研究和分析研究

从研究的范围或内容来说，儿童心理研究可以区分为整体研究和分析研究。

1. 整体研究

整体研究也叫作系统研究，就是把儿童心理作为一个整体结构来研究，主要是研究儿童心理发展的整个面貌。例如，对某一年龄阶段儿童心理发展的主要矛盾、活动结构、智力结构或个性结构等等可以进行全面的研究，也可以进行某一方面的研究，如对 6 岁儿童或初入学儿童的心理特点、学前儿童游戏活动的心理特点、学龄初期儿童学习活动的心理特点、学龄初期儿童智力活动的特点、少年期儿童个性发展的特点的研究。这种类型的研究有很大的优点，因为儿童的心理面貌是整体的，通过这种研究，我们可以认识儿童心理发展的全貌，便于找出心理发展的整个规律以及它和教育工作的关系。当然，这种类型的研究是比较复杂的，我们必须有理论上的和设计上的全面准备才行，否则容易顾此失彼，不一定能充分而深刻地看到发展的全貌。

2. 分析研究

分析研究就是对儿童心理发展中某一个别的、局部的、比较小的问题进行比较深入的研究。例如，在儿童智力方面可以研究某一过程或能力，如感知、注意、记忆、思维等，也可以研究感知或思维的某一方面。在个性和其他方面也是一样。分析研究的优点是便于对某一心理机能进行比较专深的研究，而它的缺点是容易忽略与整体的联系，甚至变成所谓官能主义，即把所研究的能力看成是孤立的官能。

整体研究和分析研究都是必要的，因为，一方面各种心理过程是互相制约的，智力和个性是互相联系的，另一方面各种心理过程又分别属于不同的范畴，是可以独立研究的。问题在于要在正确的方法论的指导下进行正确的处理。

（三）其他一些研究类型

1. 个案研究和成组研究

从被试的选取来说，我们可以对一个或少数几个被试进行个案研究，也可以把一组或多数被试当作一个组群进行研究。个案研究的优点是便于对被试进行比较全面的、深入的考察，缺点是代表性比较小，因而在一定程度上影响科学性。成组研究因为取样较多，可以做统计处理，科学性比较大，但不便于做个别深入的研究。

2. 个人研究和协作研究

从研究人员来说，可以是个人独立进行研究，也可以是几个人或多数人协作进行研究。这两者各有优缺点。个人研究常常是由专业工作者按一定的计划进行的研究。专业工作者的科学水平越高，通过个人的设想越能更好地对某一问题进行创造性的探索。当然，个人研究也需要有一定的共同工作者协助，不过以某一专业工作者为主而已。协作研究则是几个人或更多的人共同研究。进行这种研究，有一个条件是必要的，就是要有一定的专业工作者参加。特别是大规模的教育工作者（如教师）的协作研究，更有赖于专业队伍和群众队伍的密切结合。只有群众队伍而无专业工作者参加，这样的研究往往会遇到一定的困难。我们常说“三个臭皮匠，赛过诸葛亮”，这里先决条件是这些“臭皮匠”必须都能出主意，才有赛过诸葛亮的可能性。

3. 常规研究和采用现代化手段的研究

儿童心理研究可以采用一般研究技术，如观察、谈话、测验式实验、作业式实验等，如瑞士儿童心理学家皮亚杰（J. Piaget，1896—1980）的研究，就是属于这一类的。他依靠这些常规研究手段，取得了很大的成绩。与此同时，由于电子技术的发展，很多儿童心理研究也采用现代化的技术装备，如录音机、录像机、电子计算机、婴幼儿脑电记录仪器及现代化儿童观察室、研究室等。在有条件的地方，进行儿童心理研究时积极采用现代化的手段是必要的。但过分强调这个条件，以为没有现代化装备就不能取得积极的研究成果，也是不正确的。

三、儿童心理研究的主要方法

儿童心理研究的主要方法是观察法和实验法。

（一）观察法

观察法是儿童心理研究的最基本的方法。

所谓观察法，就是有目的、有计划地观察儿童在一般生活条件下言语和行为的变化，并且根据观察的结果判断儿童心理发展的特征和规律的一种方法。

1. 长期观察法和定期观察法

根据观察时间的不同，观察法可分为长期观察法和定期观察法。

（1）长期观察法，即在比较长的时期（一般可以长到几个星期、几个月或若干年）内持续进行有系统的观察的方法。很多心理学者对儿童心理发展所做的日记式或传记式的记录和分析，如达尔文（C. Darwin，1809—1882）的《一个婴儿的传略》① 和我国陈鹤琴（1892—1982）的《一个儿童发展的程序》② 等，其中运用的就是长期观察法。这种观察法有时也叫日记法和传记法。

（2）定期观察法，即按一定时期进行观察的方法。例如，为研究学前儿童游戏活动的心理特点，可以每周观察一两次，每次一两个小时，如此观察若干次，到一定时期，把记录的材料加以整理分析。

2. 全面观察法和重点观察法

根据观察内容的不同，观察法可分为全面观察法和重点观察法。

（1）全面观察法，即观察儿童在一定时期内全部的心理表现的方法。全面观察由于涉及的项目比较多，因而观察的时间常常是比较长的。例如，幼儿园或学校教师为了给儿童做出正确的个性鉴定而进行的全面而经常的观察，就属于全面观察。很多个案研究，主要也是一种全面观察。

（2）重点观察法，即有重点地观察儿童在一定时期内某一活动（游戏、学习、劳动）或某一活动过程中的某一环节或几个环节的心理表现的方法。例如，观察小学一年级儿童上课时的特点（或上课时注意的特点）、小学儿童在集体活动中的心理特点（自觉性、组织性、纪律性等）、初中学生在劳动中的心理表现等，就属于重点观察。

观察是一种专门的技术。观察者要注意以下几点：对所要观察的问题先有基本的了解；观察的目的要明确；要使被观察者尽量处于自然的状态；观察时要做到客观和精确；要善于记录跟观察目的有关的事实，以便事后进行整理、分析，并且提出进一步研究的意见。

在观察过程中，为了能更精确地研究儿童的心理特征，观察者也可以利用照相、电影摄像、录音等。

（二）实验法

实验法也是一种观察法，只不过是一种有控制的观察法，即有计划地控制各

① 译文见《人类和动物的表情》，科学出版社 1958 年版。

② 陈鹤琴著：《儿童心理之研究》，商务印书馆 1925 年版。

种条件，特别引起或改变某一条件，来研究儿童心理特征的变化的方法。

在儿童心理学中，常用的实验法有以下几种。

1. 自然实验法

所谓自然实验法，即在儿童日常生活活动（游戏、学习、劳动）的自然情况下，引起或改变影响儿童的某些因素，来研究儿童心理特征的变化的方法。

2. 教育心理实验法

教育心理实验法可以说是自然实验法的一种重要的形式，即把儿童心理研究跟一定的教育教学过程结合起来，从而研究儿童在一定的教育教学过程的影响下某些心理过程或个性品质形成和发展规律的方法。

例如，要研究小学各年级儿童口头言语和书面言语发展的水平，我们可以结合教学对不同年级的学生提供一系列的阅读材料；儿童学习了这些材料之后，完成指定的口头复述和书面复述的作业。从这些作业材料的整理和分析中，我们可以看出不同年级儿童口头言语和书面言语发展的某些情况和特征。

自然实验法，特别是教育心理实验法，是研究儿童心理的重要方法，因为这种研究方法可以在很大程度上结合教育实际，为教育实践服务。但是这种方法的缺点是不容易精密地控制实验条件，因而在运用这种方法的时候，适当地跟实验室实验法结合起来，常常是必要的。

3. 实验室实验法

实验室实验法是在特别创设的条件下进行的，有时要利用专门的仪器和设备。例如，在研究儿童的感觉、知觉、记忆、思维等心理过程发展的特点的时候，我们常常采用实验室实验法。

实验室实验法主要有以下特点：

（1）随机取样和随机安排；

（2）对实验情境和实验条件进行严格控制；

（3）实验结果量化，记录非常客观、准确；

（4）使用大量的实验仪器。

至于实验研究技术上的要求，我们已出了专著。① 这里不再赘述。

实验室实验法的一个很大的优点是能够精密地控制实验条件，它的缺点是有很大的人工性，跟儿童的实际生活隔离。因此，用它来研究一些复杂的心理现象，如儿童活动的特点或个性品质的特点，就有一定的局限性。

在儿童心理学的研究方法上，除了观察法和实验法以外，我们还同时运用其他一些辅助的方法，其中最常用的是谈话法、问卷法和作品分析法。

谈话法是通过谈话来了解儿童心理活动的一种方法。采用这一方法要注意以下几点：应当根据研究的目的和谈话对象的特点拟订谈话的主题和内容；谈话的主题和内容应是儿童能够回答和乐于回答，并能从中分析出他的心理活动的；跟儿童进行谈话的时候，必须随机应变，随时提出足以了解有关儿童心理状态的恰当的问题；谈话的过程和结果应当由研究者本人或共同工作者做详细的记录，如果能用录音机记录，则更为方便、可靠。

问卷法是用书面问题表让儿童填写，从而了解儿童心理的一种方法，如小学生阅读兴趣的调查或中学生理想的调查等。这种方法的优点是比较简单易行，且可以同时研究很多儿童。这种方法的缺点是儿童的回答往往不能反映真正的心理状态，且仅仅依靠书面回答来判断儿童心理发展情况常常是不可靠的。

作品分析法是通过对儿童作品的分析来了解儿童心理活动的一种方法。儿童的作品很多，如日记、作文、绘画、各种作业、工艺制作等。通过这些作品，我们可以分析儿童某一方面的心理活动。如通过作文、日记，可以分析儿童思维和言语的发展，也可以分析儿童的兴趣和理想的发展。

进行儿童心理学的研究，经常不是单独地采用一种方法，而是根据研究的需要采取综合的方法；或者以某种方法为主，以其他方法为辅；或者交错运用几种方法。例如，儿童心理学中常常采用的追踪研究，就是以长期观察法（日记法、传记法）为主，而以其他方法为辅。又如，在个案研究中，可能是观察法、问卷法、谈话法、作品分析法、教育心理实验法等各种方法互相配合运用。

---

① 朱智贤、林崇德、董奇、申继亮著：《发展心理学研究方法》，北京师范大学出版社 1991 年版。

要点小结

儿童心理发展是儿童心理学的研究对象，它是一种心理现象。心理的种系发展和心理的个体发展是心理发展研究的两个方面。儿童心理发展是个体心理发展中的一个具有自己特点的部分。儿童心理学可以服务于儿童教育、医疗、社会工作等，并为认识论和辩证法提供论据。儿童心理学研究包括六个基本原则，有不同的研究类型，其主要方法为观察法和实验法。

思考与练习

1. 名词解释：

个体发展　种系发展　聚合交叉研究

2. 儿童心理学的研究对象是什么？

3. 请引用具体的研究实例说明儿童心理学的各种具体研究方法。

拓展性阅读导航

1. 朱智贤主编:《中国儿童青少年心理发展与教育》，中国卓越出版公司 1990 年版。

本书是由朱智贤领衔、全国百余名心理学家参加并完成的跨“六五”“七五”规划的国家级重点科技项目的成果总结，是第一部全面系统地反映我国儿童青少年心理发展与教育的专著，具体包括我国儿童青少年的感知觉、注意、记忆、言语、思维、情感、意志、气质、性格、个性倾向性、自我意识、品德的发展与教育，以及不同民族儿童青少年心理发展的比较研究等。

2. [美] S. A. Miller 著，陈英和译:《发展心理学研究方法》，北京师范大学出版社 2015 年版。

本书以介绍发展心理学研究方法的理论框架、实际操作、前沿与进展为主，详细阐述了观察法、行为研究法、测验法、问卷法等重要内容。

3. [美] W. Damon & R. M. Lerner 总主编，林崇德、李其维、董奇主译:《儿童心理学手册（第六版）· 第一卷　人类发展的理论模型》，华东师范大学出版社 2009 年版。

本书是最新版本的《儿童心理学手册》中的第一卷，阐述了当前儿童心理学的各种理论，包括毕生发展理论、社会文化理论、结构理论等。

4. 朱智贤著:《儿童发展心理学问题》，北京师范大学出版社 1982 年版。

本书收录了朱智贤在新中国成立后 30 多年间的 25 篇论文和研究报告，包括马克思主义儿童心理发展理论、与儿童发展心理有关的心理学理论问题、对我国儿童心理学研究方向道路问题的意见、有关国外儿童心理学发展的论述、有关皮亚杰心理学思想的评价等。

5. Berk, L. E., & Meyers, A. B.（2016）. *Infants and children: Prenatal through middle childhood*（8th ed.）. Boston: Pearson.

本书介绍了婴儿期到儿童中期个体的身体、认知、情感和社交发展，强调遗传与环境的复杂关系，注重多元文化和跨文化在儿童发展中的重要作用。

第二章

儿童心理学发展简史

内容提要

本章阐述了儿童心理学的诞生以及西方、苏联和我国儿童心理学的发展。

学习目标

1. 了解儿童心理学产生的历史原因和标志。
2. 掌握西方、苏联和中国儿童心理学的进展。

关键词

儿童心理学史　新进展　儿童心理学发展概况

第一节　近代儿童心理学的产生

科学的儿童心理学产生于19世纪后半期。如果说心理学正式成为科学，是从1879年德国冯特（W. Wundt，1832—1920）在莱比锡建立第一个心理实验室算起，那么，儿童心理学正式成为科学则从1882年德国生理和心理学家普莱尔（W. Preyer，1842—1897）的《儿童心理》一书的出版算起，因为这在心理学史上是第一部用观察和实验方法研究儿童心理发展的比较有系统的科学著作。

但是，近代儿童心理学的产生并不直接导源于心理科学的建立，而是有其自身独特的历史背景的。

一、儿童心理学产生的历史原因

推动儿童心理学产生的第一个原因是近代社会的发展。在西方，中古时代的封建社会也和其他各国的封建社会一样，妇女和儿童是没有社会地位的，甚至是受迫害的，因此，不可能产生关于儿童心理的研究。从14世纪文艺复兴起，新兴资产阶级从经济上、政治上以至意识形态上进行了反封建反教会的斗争，一些进步的思想家开始提出尊重儿童、发展儿童天性的口号。例如：17世纪捷克教育家夸美纽斯（J. A. Comenius，1592—1670）编写了第一本儿童课本《世界图解》；17世纪英国唯物主义经验主义哲学家洛克（J. Locke，1632—1704）提出对儿童的教育要“遵循自然的法则”；18世纪法国启蒙教育家卢梭（J.-J. Rousseau，1712—1778）发表了有名的儿童教育小说《爱弥儿》，抨击当时的儿童教育违反儿童天性。

推动儿童心理学产生的第二个原因是近代自然科学的发展。近代科学的三大发现——细胞、能量转化和进化论，推翻了形而上学的科学观，促进了辩证的自然观，要求科学从发展变化上来研究事物的本质和规律。心理学受到这一影响，也先后开展了动物心理发展、民族心理发展、儿童心理发展的研究。进化论的创造者达尔文根据长期观察自己孩子的心理发展的记录写成的著作《一个婴儿的传略》(1876)，就是一个很好的例子。当时关于这样的著作是很少的，这就为儿童心理学的产生准备了直接的前提。

推动儿童心理学产生的第三个原因是近代教育的要求。近代教育的一个重要特点，就是要求了解儿童、尊重儿童。除上面提到的夸美纽斯、卢梭外，在教育理论中还有一种所谓的“心理学化的教育”观点，主张教育应以心理学的规律作为依据。其中著名的有裴斯泰洛齐（J. H. Pestalozzi，1746—1827）、福禄培尔（F. Froebel，1782—1852）、赫尔巴特（J. F. Herbart，1776—1841）等人。裴斯泰洛齐在1774年还特别对他的一个不到3岁的孩子用日记法写下了大约一个月的观察记录。虽然现在看来，科学价值不大，但这应当算是儿童心理研究的先声。由于这些教育家的推动，到了19世纪后期，研究儿童的著作和组织就如雨后春笋般地出现了。

二、普莱尔是科学儿童心理学的奠基人

普莱尔是德国生理学家和实验心理学家。他对他的孩子从出生起直到3岁，每天做有系统的观察，有时也进行实验，他把这些记录整理出来，写成了一部有名的著作《儿童心理》，于1882年出版。这部书的出版给科学的儿童心理学奠定了最初的基石。

普莱尔的书共分三编：第一编讲感觉的发展，主要是关于视觉、听觉、肤觉、嗅觉、味觉和机体觉的发展；第二编讲意志的发展，主要是关于动作的发展；第三编讲智力的发展，主要是关于语言的发展。①直到现在，这部古典的儿童心理学著作还具有一定的生命力和参考价值。

应当指出的是，对儿童心理发展的观察研究工作并不是从普莱尔开始才有的。除了上面提到的裴斯泰洛齐、达尔文等以外，早就有很多学者从事这方面的工作，这些工作也可以说是给普莱尔的集大成的工作提供了前提条件。以下按照时间的次序列举一些主要的先驱性研究。

（1）蒂德曼（D. Tiedemann，1748—1803），德国人，医生。用日记法对自己

① ［德］普莱尔著，孙国华、唐钺译:《幼儿的感觉与意志》，科学出版社1960年版。

孩子的发展做了详细的观察记录，1787 年出版《儿童心理发展的观察》一书。该书当时并未引起人们的注意，过了五六十年，到了 19 世纪中期，才受到国际上的注意（1863 年译为法文，1897 年译为英文），产生很大的影响。

（2）罗别许（J. E. Löbisch，1795—1853），法国人，儿科医生。1851 年出版《儿童心理发展史》一书，偏重儿童生理发展的研究，受到当时人们的热烈欢迎。

（3）西吉斯蒙德（B. Sigismund，1819—1864），德国人。1856 年出版《儿童与世界》一书，记录他对自己的儿子出生以后的动作、语言等方面的研究。

（4）库斯谟（A. Kussmaul，1822—1902），德国人。1859 年出版《新生儿心理生活的研究》一书，这是对较多婴儿进行观察实验以后统计整理的结果，在当时说来，是一种具有新的特点的研究。如他用糖水、盐水、奎宁水等分别放在新生儿口中，观察他们的反应。这接近实验法。

（5）泰纳（H. Taine，1828—1893），法国人。研究儿童和种族的语言发展，1876 年出版《儿童与民族语言的研究》一书。

以上这些研究，有一些共同的特点：（1）大多限于早期年龄，特别是 3 岁以前；（2）大多限于感知觉、动作、语言发展的研究，思维、个性方面的研究很少；（3）大多是用日记法（或传记法），观察研究较多，其他方法较少；（4）由于方法上的问题，科学性一般不高。这些研究为普莱尔的研究工作积累了经验和材料。

普莱尔被称为科学儿童心理学的奠基人是由以下四个因素共同决定的：第一，普莱尔所著的《儿童心理》问世的时间较早；第二，他把研究儿童心理的特点作为写作目的和内容；第三，他采用系统观察和心理实验的方法与手段；第四，其影响受到国际心理学界的重视。

三、儿童心理学形成时期几位有影响的心理学家

（一）霍尔和复演说

霍尔（G. S. Hall，1844—1924）是受冯特影响而在美国创办第一个心理实验室的心理学家，同时也是在推动美国儿童心理学研究上最有影响的人物。他把普莱尔的著作译成英文，1891 年他创办了《教育学报》，大量刊载有关儿童心理研究的论文报告（这个刊物在霍尔逝世后改名为《发展心理学杂志》，作为对他的

纪念，现在仍继续出刊）。他主要用问卷法研究儿童心理的发展，虽然积累了大量的材料，但由于方法不完善，这些材料的科学价值不太高。《青年期》（1904）一书是他的代表著作，中译本《青年期的心理与教育》① 是《青年期》的缩写本。从这本书中可以看到，他不仅把儿童心理学的研究对象从普莱尔的学前期扩展到青少年期，而且在方法上广泛运用问卷法，在理论上运用当时生物学上的复演学说来解释儿童心理发展。他认为，胎儿在胎内的发展复演了动物的进化过程（如胎儿在一个阶段是有鳃裂的，这是重复鱼类的阶段），儿童时期的心理发展则复演了人类进化过程。这是儿童心理学上的复演学说，一直引起心理学界很大的争论。

（二）鲍德温、杜威的儿童心理学思想

在美国的儿童心理学史上，除霍尔之外，还要提一下鲍德温（J. M. Baldwin，1861—1934）和杜威（J. Dewey，1859—1952）的工作。

1. 鲍德温的儿童心理学思想

鲍德温生于南卡罗来纳州。他曾任美国第四届心理学会主席、国际心理学联合会主席，和卡特尔（J. M. Cattell，1860—1944）合办过《心理学评论》《心理学家索引》《心理学专刊》《心理学公报》等刊物。他的著作也很多，主要有《心理学手册》《儿童与种族的心理发展》《心理发展中的社会性与伦理的诠释》。

鲍德温的儿童心理学的主要观点为融合理论，其目的在于勾画发生心理学体系的轮廓，以期创立一种将最新的有机体适应的生物学理论与婴儿发展的学说融合生成的理论。② 他要阐述的核心问题是贯穿于进化过程中的某种现象的心理顺序的发展。鲍德温将发展分析为三个部分，即儿童认知的发展、人格的社会和认识基础、行为的个体发生与种系发生的关系，三者是相互交织、密不可分的。在鲍德温的著作里，我们能见到皮亚杰发生认识论和认知发展思想的雏形。

---

① ［美］霍尔著，李浩吾译：《青年期的心理与教育》，世界书局 1929 年版。

② Baldwin, J. M.（1895）. *Mental development in the child and the race: Methods and processes*. New York: Macmillan & Co.

2. 杜威的儿童心理学思想

杜威生于美国的佛蒙特州，是哲学家、心理学家和教育家。杜威的论著很多。1886 年出版第一本美国心理学教科书，1896 年他在《心理学评论》上发表了《心理学中的反射弧概念》一文，被认为是芝加哥机能主义心理学派的正式开始。杜威的重要贡献之一是把心理学运用到教育和哲学方面，使三者结合起来。他强调教育促进儿童本能生长，提出了儿童中心主义的教育原则。他认为，儿童心理学的内容基本就是以本能活动为核心的习惯、情绪、冲动、智慧等天生心理机能不断生长的过程。教育就是本能的生长过程。①他还大声疾呼：必须以儿童为教育的出发点，把儿童当作目的，而不是当作手段来看待，教育措施一定要围绕儿童来实施。这种儿童中心主义对皮亚杰有很大影响。

（三）施特恩和人格主义学派

在普莱尔以后，20 世纪初期，德国的施特恩（W. Stern，1871—1938，又译施太伦）是一位出色的儿童心理学家。他的《6 岁以前早期儿童心理学》是一部权威性著作。他受普莱尔的影响，和他的夫人一起对他们的孩子进行了长期系统的观察，直到他们的孩子 6 岁。过去的儿童心理观察研究，包括普莱尔的工作，大多限于 3 岁以前，而施特恩则把它扩充到 6 岁。同时，他的一些研究也是有开创性的，如他关于儿童语言发展的研究，虽然在某些观点上（如固定化和一些不完全恰当的解释）存在一些问题，但总的说来，他的研究有很高的科学性，对以后的研究工作有很大的影响。他的研究材料值得我们批判地吸收。当然，我们应当注意的是，他在儿童心理发展理论上的很多观点是错误的。施特恩是属于人格主义哲学观点的心理学家，他认为在宇宙中人格是唯一的实在，个人是这一人格的具体体现。他还认为人格是有目的性的，目的的实现和客观环境分不开，一方面目的要选择适合于自己的环境，另一方面环境又可以影响目的的实现。因此，他在遗传与环境的关系问题上提出了所谓“辐合说”，认为遗传与环境是不可分的。这是一种折中调和论。他和霍尔一样，也特别强调复演说。

---

①［美］杜威著，王承绪译：《民主主义与教育》，人民教育出版社 2001 年版。

（四）比奈和测验学派

过去儿童心理学研究所用的日记法或传记法，大多一次只能研究一个或少数儿童。霍尔广泛应用的问卷法，虽然可以用于较多儿童，但科学性较差。测验法的出现，为用比较精确的数量方法研究较多儿童的心理发展，特别是智力发展，开辟了新的道路。法国心理学家比奈（A. Binet，1857—1911）是这种测验学派的代表人物。

当然，测验法并不始于比奈，在比奈以前，就有人提出并加以应用，如美国的卡特尔、德国的艾宾浩斯（H. Ebbinghaus，1850—1909）。只是他们还没有给测验法以有系统的、精密的设计，只有在比奈的智力测验出现以后，测验法才真正完善起来。1905 年，比奈和西蒙（T. Simon，1873—1961）合作编制了由许多题目构成的第一个测验儿童智力发展的标准量表——比奈—西蒙智力量表。1908 年，该量表第一次修订，同年比奈出版了他的著作《儿童智力的发展》。1911 年，该量表第二次修订。

比奈—西蒙智力量表只提智力年龄（通过某些测验就算达到某一智力年龄）。后来美国斯坦福大学心理学教授推孟（L. M. Terman，1877—1956）继续研究，对比奈和西蒙 1911 年的量表再加以修订，于 1916 年推出斯坦福—比奈智力量表。在该量表中，他将施特恩的心理商数改为智力商数（IQ），其公式是：

$$\frac{\text{智力年龄（MA）}}{\text{实际年龄（CA）}} \times 100 = \text{IQ}$$

测验法至此算是达到比较成熟的地步。自此以后，一方面，各种儿童心理测验不断出现，如奥地利彪勒（C. Bühler，1893—1974）的维也纳发展量表、美国格塞尔的耶鲁发展量表等；另一方面，除了智力测验以外，还有很多其他心理测验出现，如能力测验、品格测验等。当前西方各国还把测验当作一个重要的研究儿童心理发展的工具。

测验在儿童心理研究上是有一定用处的，但有关测验的一些理论问题还搞不清楚（如先天与后天的关系问题，测验的是智力、能力还是知识经验，以及测验本身的信度、效度等问题），滥用它来贸然断定一个儿童心理发展的水平是有问题的。

第二节　西方儿童心理学的分化和发展

一、弗洛伊德和精神分析学派

弗洛伊德（S. Freud，1856—1939）是精神分析学派的创始人。精神分析理论是弗洛伊德根据他对病态人格进行研究提出的人格理论，其核心思想是情欲说。认为人生而有追求快乐（特别是性欲）的本能，但这种本能和欲望同社会道德、风俗习惯、法律规定等往往是不相容的，因而被排挤到意识阈之下。这就是人的心理生活深层的潜意识。潜意识中的成分在不自觉地积极活动，追求满足，因而构成了人的行为背后的内驱力。弗洛伊德后来修改了这种意识与潜意识的"二分法"，提出了他的人格学说。人格的组成成分为三个：本我、自我和超我。本我类似于弗洛伊德早期理论中的潜意识的概念。自我是意识结构部分。超我包括两个部分：良心和自我理想。心理性欲发展阶段的理论是弗洛伊德关于儿童心理发展的主要理论。他把力比多（libido）作为划分发展阶段的标准，认为儿童心理发展的各个阶段之所以有区别，是由于其性生活的发展所造成的。弗洛伊德的儿童心理发展阶段具体如下：口唇期（0～1岁），肛门期（1～3岁），性器期（3～6岁），潜伏期（6～11岁），青春期（11或13岁开始）。

弗洛伊德的一个学生叫阿德勒（A. Adler，1870—1937），他特别注意儿童心理的治疗。与弗洛伊德不同，阿德勒不强调情欲，而强调个人的优越感。所谓优越感，就是要求比别人优越，如果优越感受到压抑，就产生自卑，这就成为心理疾病的根源。阿德勒著有《儿童教育》① 一书，总结了他的一些研究成果。

精神分析学派提倡本能决定论，否认人的意识作用，有不少错误的地方，但该学派深入了解儿童内心世界的精神和方法则是可以借鉴的。

---

①［奥］阿德勒著，包玉珂译:《儿童教育》，商务印书馆1937年版。

二、华生和行为主义学派

美国心理学家华生（J. B. Watson，1878—1958）是行为主义学派的创始人。他反对研究意识，主张只研究人的行为；反对用内省方法，主张用实验方法。他提出S—R公式，认为：有什么刺激，就有什么反应；知道是什么反应，就可以推想出是什么刺激所引起的。他的主要实验方法是条件反射法。他的重要著作有《行为主义的心理学》①（1919）和《行为主义的儿童教育》②（1928）等。

华生的儿童心理研究工作主要是在美国一个医院中进行的。他和他的同事们一起观察了婴儿的各种反射活动、情绪表现等，并且布置情境，进行实验。在儿童心理学中应用实验的方法，并不从华生开始，但由于行为主义者注意行为的客观研究，因而推动了儿童心理学中的实验研究方法的大量应用。

例如，华生应用条件反射法研究儿童情绪的发生发展。儿童本来是不怕兔子的，但如果兔子每次都和引起惧怕的刺激（如大声）同时出现，那么儿童对兔子形成了条件反射，见了兔子也害怕起来。

和巴甫洛夫（И. П. Павлов，1849—1936）不同，华生反对内部的心理活动，如思维、意识、动机等等。他认为思维不过是一种无声的语言活动。

行为主义者对心理进行客观研究，这是应当肯定的，但他们否定意识、否定儿童的主动性的机械唯物主义观点，则是错误的。

三、考夫卡、勒温和格式塔学派

德国格式塔学派在儿童心理学方面的主要代表人物是考夫卡（K. Koffka，1886—1941）和勒温（K. Lewin，1890—1947）。考夫卡著有《心灵的成长——儿童心理学导论》③（1924），勒温著有《拓扑心理学原理》④（1936）。

① ［美］华生著，臧玉淦译:《行为主义的心理学》，商务印书馆1925年版。

② ［美］华生著，杨汉麟译:《行为主义的儿童教育》，人民教育出版社2017年版。

③ ［德］考夫卡著，高觉敷译:《心灵的成长——儿童心理学导论》，商务印书馆2015年版。

④ ［德］勒温著，高觉敷译:《拓扑心理学原理》，商务印书馆2011年版。

考夫卡的《心灵的成长——儿童心理学导论》并不是总结实验的结果，而主要是用格式塔学派的原则来说明心理发展的事实。众所周知，格式塔学派是反对元素主义的，反对心理学上的构造主义（构造主义认为高级心理事实是由低级心理元素构成的）、联想主义（如感觉联合为知觉，知觉联合为思维，等等）和行为主义。他们认为整体先于部分，整体不是部分的机械相加，而是具有和部分不同的质的特点。例如，婴儿的动作，最初是整体反应，以后才逐步分化。又如，思维不是由感知觉元素拼凑起来的，而是有其自己的本质的。格式塔学派这些观点是有一定的合理成分的。但是他们否认物质决定意识，把心理发展归于先验的所谓格式塔（Gestalt）的形成，则是错误的。

勒温主要是从格式塔学派的观点对儿童个性形成进行了实验研究。他用拓扑学的概念来说明儿童心理现象。他认为儿童个体和其环境组成不可分的心理生活空间，在心理生活空间中有各种区域关系，有各种力量相互作用，这就决定了儿童的心理活动。例如，当儿童心理生活空间里存在着母亲和玩具时，儿童可以很高兴地玩耍，但如果只有玩具存在而母亲不存在时，儿童可以有相反的心理表现。勒温的心理生活空间虽然强调心理的内部运动和关系，但完全是一些主观臆想的东西，因为他是否定物质环境的决定作用的。

四、彪勒夫妇和维也纳学派

彪勒夫妇（K. Bühler，1879—1963；C. Bühler，1893—1974）是奥地利维也纳大学的教授，是维也纳心理研究所的领导人。在20世纪20—30年代，维也纳学派关于儿童心理学的研究工作是很有特色的，是欧洲最重要的学派之一。

K. 彪勒的主要著作是《儿童心理发展》(1930)。C. 彪勒的主要著作有《人生第一年》①（1930)、《儿童发展测验》②（1934)、《从出生到成熟》(1935）等。他们关于儿童心理发展的基本观点是一致的，但他们的研究工作各有特色。K. 彪勒偏重儿童思维的研究，C. 彪勒则偏重儿童发展测验的研究。

① [奥] C. 彪勒著，李芳经译述:《人生第一年》，商务印书馆1944年版。

② [奥] C. 彪勒、黑策著，徐儒译:《儿童发展测验》，商务印书馆1940年版。

彪勒夫妇关于儿童心理发展的基本观点主要是从生物发展来看儿童心理发展，是属于复演学说的。他们认为，动物行为发展经过三个层次，即本能阶段、训练（熟练、习惯）阶段、智力阶段，儿童心理发展也服从这个规律。他们通过实验证明：新生儿处于本能阶段（如吸吮动作、反射情绪），生命的头半年主要是训练阶段（如抓、握、爬、坐等），个体约从1岁开始进入智力阶段（或黑猩猩智力阶段）。他们认为，儿童心理发展是儿童内部素质向着自己的目的有节奏的运动过程。这实质上是一种遗传决定论的观点。

K. 彪勒关于儿童思维的研究主要属于德国的符兹堡学派，即思维心理学派，在儿童概念的形成、判断和推理的研究上积累了一定的资料。C. 彪勒对儿童心理发展测验更有兴趣，做了大量工作。她和她的助手黑策（H. Hetzer，1899—1992）编制了儿童发展量表，也叫作维也纳量表。这个量表包括从出生到6岁的各种行为的年龄常模，每一年龄包括六个项目：（1）感觉作用；（2）身体运动；（3）社会行为；（4）学习；（5）运用物体能力；（6）心理创造力。该量表具有一定的参考价值。

五、格塞尔和成熟势力说

美国耶鲁大学教授格塞尔是著名的儿童心理学家，做了大量的研究工作。他的著作很多，主要有《学前儿童心理发展》（1925）、《儿童生活的最初五年》（1940）、《儿童从5岁到10岁》（1946）、《儿童发展研究》（1948）、《青少年，从10岁到16岁》（1956）等。

格塞尔研究工作的一个主要特点是追踪式研究或纵向研究。对儿童心理发展做长期的追踪考察，是具有一定特点和价值的。

格塞尔研究工作的另一主要特点是有关测验的研究。他差不多和C. 彪勒同时编制出自己的儿童发展量表——耶鲁量表。这个量表包括从出生到5岁的各种行为的发展常模，每一年龄包括四个项目：（1）运动；（2）语言；（3）适应；（4）社会行为。每一大项目又分为许多小项目，评定的等级用A、B、C等字母表示。

格塞尔的研究工作还有一个特点，就是他更多地运用摄影记录。

格塞尔的主要观点是成熟势力说。他认为支配儿童心理发展的因素有两个：

成熟和学习。他更着重于成熟，认为成熟与内环境有关，而学习则与外环境有关。儿童心理发展是儿童行为或心理在环境影响下按一定顺序出现的过程。这个顺序与成熟（内环境）关系较多，而与外环境关系较少，外环境只是给发展提供适当的时机而已。他的一个双生子爬梯实验是很著名的。在这个实验中，有双生子T和C：T从第48周起每日进行10分钟爬梯训练，连续6周；在此期间，C不做爬梯训练，只从第53周起开始做爬梯训练。根据他的实验结果，C只接受2周的爬梯训练，就能赶上T的水平。因此，他得出结论说：不成熟就无从产生学习，而学习只是对成熟起一种促进作用。他对于这个实验的解释曾经引起很多人的兴趣和争论。

六、皮亚杰和日内瓦学派

皮亚杰是当代国际著名的儿童心理学家，是瑞士日内瓦大学教授、卢梭研究所所长。他和他的同事们以研究儿童的认知，特别是儿童的思维或智力的发展闻名于世，人们称之为日内瓦学派。

他早期关于思维的五本著作，即《儿童的语言与思维》（1924）、《儿童的判断与推理》（1924）、《儿童的世界概念》（1926）、《儿童的因果概念》（1927）、《儿童的道德判断》（1932），基本上都是他通过个案调查和测验，对儿童思维做质的分析的成果，是一些很有特色的作品，并为他以后的进一步研究奠定了基础。

20世纪50年代，他对儿童思维或智力的发展进行了规模庞大和系统完整的研究。他以数理逻辑作为刻画儿童思维发展的工具，他的一篇讲演录《逻辑学与心理学》（1956）对此有简要的说明，在儿童思维研究的领域中开辟了新的研究途径。他的《智力心理学》（1950）和《儿童心理学》（1969）是两本比较系统的儿童心理学的理论著作。他的《儿童智力的起源》（1953）、《儿童的心理意象》（1971）、《儿童逻辑的早期形成》（1964）、《从儿童到青年逻辑思维的发展》（1958）等书分别就不同年龄阶段儿童的思维发展做了深入的研究。他的晚年代表作是《结构主义》（1968）和《发生认识论》（1970），分别表明了他的结构主义的哲学立场和他的发生认识论体系的确立。

皮亚杰认为自己的儿童心理学发展理论是属于内因与外因相互作用的发展

理论。他列举了和他不同的一些理论：（1）只讲外因不讲发展的［如英国的罗素（B. Russell）］；（2）只讲内因不讲发展的（如K. 彪勒的思维研究）；（3）讲内外因相互作用而不讲发展的（如格式塔学派）；（4）既讲外因又讲发展的（如联想心理学派）；（5）既讲内因又讲发展的［如桑代克（E. L. Thorndike，1874—1949）的尝试错误学说］。而皮亚杰认为自己的理论与这五种理论不同，是既讲内外因相互作用又讲发展的。从这里可以看到皮亚杰的发展理论是有丰富的辩证思想的。

但是，皮亚杰的理论主要是从生物学的理论演绎而来的（皮亚杰原来是一个生物学家）。他认为智力或思维只是一种适应。儿童心理或行为乃是儿童的心理或行为图式（如吮乳动作、抓握动作以及其他心理活动，这是内因）在环境（外因）影响下不断通过同化、顺应（或异化）而达到平衡的过程，从而使儿童心理不断由低级向高级发展。他认为这种发展是和环境条件有关的，但环境（包括社会、教育和语言）不起决定作用（或者用他的话说：环境只是必要条件，而不是充分条件）。这也反映他有一定的先验主义观点。

皮亚杰把儿童心理发展划分为四个阶段。

（1）感知运动阶段（0~2岁）。儿童只能协调感知觉和动作活动，在接触外界事物时能利用或形成某些低级行为图式。

（2）前运算阶段（2~7岁）。表象或内化了的感知或动作在儿童心理上起重要作用，词的功能开始出现。儿童能用表象和语言作为中介来描述外部世界，这就扩大了儿童生活和心理的范围。但在这一时期，儿童还没有所谓“守恒”和“可逆性”，只能从自我考虑问题，不能从多方面考虑问题（如只能辨别自己身体的左右，而不能辨别对面人的左右），这就限制了儿童掌握逻辑概念的能力。

（3）具体运算阶段（7~12岁）。儿童开始出现“守恒”，开始能独立组织各种方法进行正确的逻辑运算（如分类等），但还离不开具体事物或形象的帮助。这一时期的运算主要属于群集运算（分类和序列）。

（4）形式运算阶段（12~15岁）。这时儿童根据假设对各种命题进行逻辑推理的能力在不断发展，开始接近成人的思维水平。

关于皮亚杰的这些研究，国际上很多人在做重复验证的工作，有的证实了他的一些结论，也有的得出不同的结论。例如，儿童在什么年龄才能出现“守恒”

和“可逆性”，就有各种各样的争论性意见。

七、瓦龙和巴黎学派

瓦龙（H. Wallon，1879—1962）是法国共产党党员、法兰西学院名誉教授，曾主持“心理学与儿童教育”讲座，是西方著名的马克思主义的儿童心理学家。以他为首的研究集体一般被称为巴黎学派。

瓦龙力图站在马克思主义的立场来捍卫辩证唯物主义的观点，并跟各种唯心主义和机械唯物主义的儿童心理学观点进行了不懈的斗争。

瓦龙的主要著作有《儿童心理发展》（1941）、《从行动到思维》（1942）、《儿童思维的起源》（1943）、《学校心理学》等。

瓦龙关于儿童心理发展的主要观点如下。

（1）强调社会环境对儿童心理发展的作用。他不同意皮亚杰关于儿童思维是从所谓“自我中心主义”逐步达到社会化的观点，他认为儿童心理发展从一开始就是在社会生活中进行的。

（2）强调儿童心理发展的辩证规律。

①强调儿童心理发展的动力。瓦龙认为，外因和内因的不断相互作用是儿童心理发展的动力。他和皮亚杰不同，特别重视环境，尤其是社会环境的作用。他认为所谓内因，是指个体的机体生长、兴趣、学习等主观因素，而不像皮亚杰所说的那种主要来源于先天的行为图式。瓦龙指出，儿童心理发展就是在这种外因和内因不断相互作用、不断矛盾和平衡过程中进行的。

②强调儿童心理发展的质变。瓦龙认为，在儿童心理发展过程中，不只是产生量的变化，更重要的是经过量的积累产生质的变化，不同的发展水平就是不同的质的变化。他还认为，不同发展水平与儿童心理发展上内化作用的程度有关，同时也与整合作用的程度有关。从内化作用看，低级水平的心理机能更多是外化的，如反射活动，而高级的心理机能则更多是内化的，如思维活动。从整合作用来看，越是高级的心理机能，越是具有较高的整合作用，智力或思维就是一种具有高级的自我整合、自我调节作用的心理机能。

瓦龙在儿童心理研究方法上也有自己的特点。首先，他认为在儿童心理研究上，各种研究方法都有一定的作用，如观察、实验、测验、统计、临床研究等。例如，他认为年龄量表的研究是有一定价值的。其次，他特别强调要注意运用方法时的观点，他称之为参照体系。他认为，不同的观点决定对材料的不同选择，同时也会得出不同的结论。

瓦龙的研究重点和皮亚杰有许多共同之处，但又有本质的差别。例如，瓦龙和皮亚杰都着重研究儿童思维，但瓦龙又同时注意研究儿童心理的整个面貌，研究儿童的个性发展。又如，瓦龙和皮亚杰使用的术语有许多是相同的，但解释不同。以可逆性为例，瓦龙的研究认为，4 岁儿童就出现可逆性，就有初步的逻辑思维。

瓦龙还有一点是和皮亚杰不同的。瓦龙在早期也注重理论研究，但后来，则更注重实践性课题的研究，他的著作《学校心理学》就鲜明地体现了这一特点。

以上我们把从普莱尔出版《儿童心理》起到 20 世纪 70 年代儿童心理学研究的发展变化做了简单扼要的介绍。由于种种原因，这种介绍是不全面的，也不可能是非常准确而深刻的。

第三节　西方儿童心理学的新进展

一、西方儿童心理学理论观点的演变和丰富

第二次世界大战以后，西方儿童心理学的各种思想学派有的影响逐步减小了，如霍尔的复演学说、施特恩的人格主义学派以及格式塔学派等等，有的虽然还很有影响，但已不是旧时的内容，而是以新的姿态出现，如测验研究在今天仍然非常流行，而且可以说更为完善。当然，争论也仍然很多。像在儿童智力测验方面，韦克斯勒（D. Wechsler，1896—1981）的儿童智力量表（WISC）已经比比奈量表（包括以后修订的）得到更广泛的应用。C. 彪勒和格塞尔的发展量表也不像以前那样风行了。有的学派则公开打出革新的旗号，直到现在还有很大的势力。这主要是指新行为主义和新弗洛伊德学派。有的学说还在进一步发展，且影响很大，如皮亚杰的认知发展观。与皮亚杰的观点基本相同的还有美国的布鲁

纳（J. S. Bruner，1915—2016）。科尔伯格（L. Kohlberg，1927—1987）也属于认知发展学派，他的重点放在道德发展方面。此外，新的儿童心理发展观也不断出现，乔姆斯基（N. Chomsky，1928—　）和班杜拉（A. Bandura，1925—　）等就是代表。

（一）新行为主义的儿童心理学

大约从 20 世纪 20 年代华生建立行为主义以后，这个学派一直在心理学，包括儿童心理学研究中保持着强大的势力。它的强调 S—R 的简明而又富于实用主义的观点，它的强调环境作用和实验方法的机械唯物主义的科学的外貌，都对西方心理学界有很大的吸引力。但是，第一，这个学派只能很好地研究一些较低级的心理过程的发展，如感知觉、动作、情绪等等，而把思维、语言、智力、动机等等统统排斥于研究课题之外。第二，这个学派的 S—R 公式虽然简单明了，却非常粗糙、贫乏，缺乏一种系统的、深刻的理论。由于这种原因，各种以“新”行为主义作为旗号的学派先后出现。这些新学派的一个重要特点，就是承认 S 和 R 之间有一个机体的内部过程作为中介，而不是 S 对于 R 的简单的、直线的决定作用。关于这些新行为主义派别的评述不是本书的任务。在这里只想指出对儿童心理学研究有较多影响的一个学派，即以斯金纳（B. F. Skinner，1904—1990）为首的这一派别①。在属于这一派别的比茹（S. W. Bijou，1908—2009）和贝尔（D. M. Baer，1931—2002）等人关于儿童发展的研究工作中，他们标榜自己的观点是自然科学的发展观点，他们声言只研究那些可以观察的行为，而不研究他们认为不能观察的东西（如动机、冲动、欲望等）。他们根据 S—O—R 公式，主张研究操作性的（operant）行为，即根据对儿童过去历史和现在情况的了解给予刺激，以引起所要引起的可以控制的行为。为了控制儿童行为的发展，他们在进行研究工作时要考虑四种条件的变化：

（1）第一基线水平，即儿童在实验操作以前的状态，如小学一年级新生上课时的不安定、离开座位等表现；

① 山口薰:《斯金纳学派的发展理论》,《教育心理学研究》(日文版) 1974 年第 1 期。

（2）第一实验期间，即给予一定刺激（如指示儿童坐好并加以强化），观察儿童行为的变化（与安静坐下的关系）；

（3）第二基线水平，即取消第一实验期间所给的刺激，以检查第一实验条件的作用（如观察不加指示和强化与儿童安静坐好行为的关系）；

（4）第二实验期间，即把第一实验期间给予的刺激再度给予儿童，从而确定第一实验期间所给予的刺激的作用。

根据以上的实验处理，他们可以画出儿童行为变化的曲线，找出行为变化的规律。他们就用这样的方法来研究儿童心理各个方面（感知、运动、语言、学习、情感等）的发展。

新行为主义儿童心理学根据斯金纳的思想，特别强调操作性或工具性（instrumental）条件反射和积极的有步骤的强化。操作性条件反射和巴甫洛夫的经典条件反射最大的不同在于：条件反射（如动物学习开门跑出去的行为）是有机体在学习中逐步发现的，无条件刺激（如食物）对条件反射起着积极的奖惩作用，即强化作用，使条件反应不断改进。而巴甫洛夫实验中的唾液反应（条件反射）则和学习关系不大。而且，新行为主义主张，为了形成和控制一种行为（如儿童学习词汇），还必须有大量的、及时的强化。斯金纳的程序教学或机器教学就是根据这个观点提出的。从计算机辅助教学中软件程序编制的需要来看，从儿童早期发展和早期教育的要求来看，新行为主义的这些观点和技术是有一定积极作用的。但新行为主义把人和动物等同起来，忽视人的主观能动性的机械观点则应当坚决加以反对。

（二）新弗洛伊德主义的儿童心理学

由弗洛伊德创立的精神分析学派在20世纪的几十年里，在西方特别是美国非常流行。弗洛伊德提出的情欲说却受到了各种批评。前面已经说过，甚至在弗洛伊德提出这个学说的当时，在他的学生中，如阿德勒等人就提出过不同的意见。20世纪40—50年代，一种新的所谓精神分析社会学派开始出现，代替并系统修正了弗洛伊德的思想，成为所谓新弗洛伊德主义。新弗洛伊德主义不同意弗洛伊德的本能主义情欲说，认为现代人的一切心理上的变态，如焦虑、不安全感、寂寞感等等都是人的本性需要和社会要求不相适应以致失调的结果。认为只要有了良好的社会、教育措施和预防治疗，这些变态的心理现象就可以防止和消除。这种不触动资本主义社会经济基础的妙计，当然会受到这种社会的赞许和欢迎。在这方面有独特表现的学者很多，如弗洛姆（E. Fromm，1900—1980）、霍妮（K. Horney，1885—1952）、沙利文（H. S. Sullivan，1892—1949）等都是。在儿童心理学上有特殊影响的美国的埃里克森（E. H. Erikson，1902—1994）可算是当前比较突出的代表。作为例子，下面简单谈谈他的观点。

埃里克森认为，人的一生可以分为既连续又不同的八个阶段，而从出生到成人则经过六个阶段。每一阶段都有其特定的发展任务。发展任务完成得成功或不成功，会形成两个极端，靠近成功的一端，就形成积极的品质，靠近不成功的一端，就形成消极的品质。每个人的个性品质都处于两极之间的某一点上，教育的作用就在于发展积极的品质，避免消极的品质。个体如果不能形成积极的品质，就会出现发展的“危机”。①

埃里克森认为儿童在18岁以前经历如下五个阶段，每个阶段对立的品质是：第一阶段，信任感对怀疑感（0~1.5岁）；第二阶段，自主性对羞怯或疑虑（1.5~3岁）；第三阶段，主动感对内疚感（3~6岁）；第四阶段，勤奋感对自卑感（6~12岁）；第五阶段，自我同一性对角色混乱（12~18岁）。

0~1.5岁的儿童需要有规律的满足和舒适的照料。这一点如果能达到，儿童就对周围世界产生信任感，否则就会对周围世界产生怀疑，形成消极品质。因此，这个阶段的发展任务是建立信任感。

1.5~3岁的儿童和过去处于依赖状态的儿童不同，由于行走和语言的出现，开始探索世界，要求独立性，要求我“自己来”。如果此时成人处处束缚他的手脚，横加限制，他就会形成羞怯、疑虑，甚至孤独感和反抗。因此，这个阶段的发展任务是成人在关怀儿童安全的条件下培养儿童自由活动的自主性。

3~6岁的儿童一般是进入幼儿园的孩子，应当培养他们在没有成人控制的情况下，能靠自己的良心控制自己的行为，能形成正确的亲子关系。因此，这个阶段的发展任务是发展儿童自己的主动性。

① Erikson, E. H.（1950）. *Childhood and society*. New York: Norton.

6~12 岁的儿童主要是进入小学学习。成人要帮助儿童勤奋学习，掌握基本的文化知识，正确对待竞争。如果顺利发展，儿童就能为一生勤奋工作打下基础，否则就会出现自卑感，自暴自弃，无所作为。因此，这个阶段的发展任务是培养儿童的勤奋品质。

12~18 岁的青少年主要是进入中学学习。成人应让他们去积极探索，使他们自己的角色更为统合。如果成人给予他们过大的压力，他们可能会面临自我角色混乱。

埃里克森对于儿童个性品质发展的研究，对我们也是有一定的启发作用的，但他改头换面的弗洛伊德学派的反理智主义的观点则是和我们格格不入的。

（三）乔姆斯基和心理语言学

心理语言学是 20 世纪 50—60 年代兴起的语言学和心理学的交叉学科，主要是探讨和研究语言产生、理解的心理活动中的有关现象、机制，以期从这个角度为深入理解人类本质开创一条新路。心理语言学自产生之日起，便引起许多语言学家、心理学家的注意。在短短的几十年中，其研究的中心内容几经改变，从 50—60 年代的句法研究到 70—80 年代的语义学和语用学的研究等。心理语言学发展的每一历史进程，都与乔姆斯基的理论紧密相连。乔姆斯基理论的精髓在于他的语言习得装置（language acquisition device，简称 LAD）。他认为儿童的大脑里有一种天生的语言习得装置。这是人类头脑中固有的内在的语法规则。儿童运用这种普遍语法，就很容易理解别人的言语，从而掌握这种语言。为了证明这种先天机制，乔姆斯基提出了语言能力（linguistic competence）和语言运用（linguistic performance）、表层结构（surface structure）和深层结构（deep structure）等概念。所谓语言能力，就是指说话人和听话人对于本族语的潜在的知识；而语言运用，则是这种能力的具体运用。语言运用并非语言能力的简单反映，它涉及许多因素，特别是心理因素。例如，有的人因为记忆力差，注意力不集中，心绪不好，会说出一些不合语法的话。关于深层结构和表层结构，乔姆斯基认为，每个句子都有两个结构层次——深层和表层。深层结构显示基本的句法关系，决定句子的意思；表层结构则表示用于交际中的句子的形式，决定句子的语音。句子的深层结构通过转换规则变为表层结构。乔姆斯基认为，通过深层结构和表层结构的理论，可以把表面不同而意思相同的句子联系起来。例如，“约翰吃了苹果”和“苹果被约翰吃了”，表层结构不同，深层结构却相同。乔姆斯基把语言看作句子的无限集合。所谓掌握语言，即听懂和说出无限多句子的能力。句子的创造是有规则的：其一是短语结构规则，它与深层结构相联系；其二是转换规则，即把句子的深层结构转换为表层结构的规则。

乔姆斯基的转换生成理论对心理学有着巨大影响，但他过分强调先天的作用则是我们不能完全接受的。

二、西方儿童心理学具体研究方面的新进展

（一）在研究课题方面

1. 早期心理发展的研究成为具有战略性的新课题

（1）关于乳婴儿认知能力的研究。长期以来，关于乳婴儿认知能力的研究，由于方法技术上的困难，一直处于落后状态。20世纪60年代以后，美国心理学家范茨（R. L. Fantz，1925—1981）、吉布森（E. J. Gibson，1910—2002；J. J. Gibson，1904—1979）等人的创造性工作，使得这方面的研究获得了一些新的成果。近年来，美国的一些心理学家采用一些新的方法和技术研究乳婴儿认知能力的发展。

①注视时间。这是目前研究者采用较多的一种探索婴儿感知能力发展的方法，其中最常用的是偏视方法。这种方法的具体程序是，将两个不同的刺激物同时呈现于乳婴儿面前，观察被试是否对其中之一注视的时间更长，如果是这样，则表明乳婴儿对该刺激的偏好。

②动作表现。动作在出生后的第一年就开始发展了。很多心理学家把动作作为另一项测查儿童早期感知能力发展的指标，如吉布森的视崖实验。

③物体辨别。美国的一些心理学家，如范茨等人，用“习惯化”和“去习惯化”的方法研究早期儿童辨别不同物体的能力。实验者反复向乳婴儿呈现一定结构的图形或一定色调的颜色，开始，刺激物的新颖性使得乳婴儿对它产生偏视，但是，当不断地呈现同一刺激时，乳婴儿就不再注视了，这就是出现了习惯化。如果这时呈现另一不同刺激，儿童又积极注意了，这是去习惯化。由习惯化到去

习惯化的过程，证明了乳婴儿能够辨别两种不同的刺激。用这种方法可以研究乳婴儿的图形知觉、深度知觉及颜色知觉等各种感知能力，也可以研究乳婴儿的记忆力。

④心率及其他生理变化。研究者发现，当乳婴儿在睡眠中被突然叫醒或受惊时，心率就加快；而在这时，若呈现新颖、有趣的刺激，则心率就减慢。心率的下降和平稳状态表明乳婴儿此时在积极感知某一刺激物。在这方面，研究者常使用的其他生理指标有脑电、皮肤电等。

以上所举的这些研究，只是表明一些新进展，但尚不很成熟。

（2）早期智力、早期经验及教育问题。美国心理学家布卢姆（B. S. Bloom，1913—1999）通过追踪研究发现人的智力早期开发的重要性，尤其是儿童出生后的最初 4 年是智力发展的重要时期。20 世纪 70 年代以后，西方心理学家对学前儿童心理发展更为重视。例如，美国一些心理学家对不同家庭背景的儿童进行追踪调查，在调查的基础上，他们建立教育发展中心，编印促进儿童发展的材料，采取多种形式向家长提供教育咨询，等等。心理学家们同时还开展了早期经验和早期教育问题的研究。

（3）儿童发展的关键期问题。关键期的概念最早是由奥地利生态学家洛伦茨（K. Lorenz，1903—1989）提出的。近年来，有关关键期的研究工作仍在进行。例如，有人试图通过研究某一特定心理能力的变化，来探讨特定的环境和经验在关键期中的作用。美国心理学家戈特利伯（G. Gottlieb，1929—2006）于 1976 年提出了知觉发展的三种模式，以此来描述在关键期中，经验对于儿童知觉的影响。1982 年，阿斯林（R. N. Aslin，1949—　）等人对这三种模式又进行了进一步的补充，在结论中更加突出了经验的作用。

2. 关于儿童个性研究的重点明显转向儿童社会性发展方面

关于儿童社会性发展研究的课题，主要包括亲子关系、同伴关系、自我系统的发展，性别化、攻击行为和亲社会行为的发展，道德发展，社会认知发展，学校、社区及其他文化环境对儿童社会化的作用，等等。下面就主要课题的研究情况做简要介绍。

（1）亲子关系的研究。一般认为，亲子关系是一种双向作用关系，儿童在双亲的抚养下长大，同时，儿童的身心反应又影响着双亲的行为。亲子关系研究中的一个重要方面，是母婴依恋关系的研究。研究者首先对动物进行了观察和实验，进而又研究了人类乳婴儿，发现，乳婴儿对母亲有一种天然的情感依恋。目前，对于依恋的研究涉及动物的依恋行为、人类依恋行为的生物学和社会学意义、依恋的起源及发展变化、依恋产生及消失的原因、早期依恋的后果、不同依恋类型的特点，以及母亲和乳婴儿在依恋关系中的作用等。亲子关系的另一方面的研究，是探讨父亲对于儿童发展的作用。有研究表明，父亲对于男女儿童的性别角色发展有着特殊的作用，那些早年未与父亲有过接触的男女儿童在其性别的社会化方面往往是不完全的。

（2）同伴关系的研究。同伴关系从 20 世纪 30 年代开始就受到心理学家们的关注，后来由于某种原因中断了，近年又研究了起来。主要的研究课题包括：不同年龄阶段的同伴活动的特点及其发展，儿童友谊的发展，儿童群体的形成、结构、活动特点和功能，以及儿童同伴关系对个体社会化的作用等。关于同伴关系的研究还有许多新的领域，如有关同伴关系的情感基础、儿童友谊的研究等。

（3）自我系统或自我意识发展的研究。这是儿童心理学的传统课题。近年来，在这方面的主要研究有：自我系统的起源，各年龄阶段自我系统的发展特点，自尊心和自我控制的发展。具体研究内容包括：自我认知，即儿童如何认识自己的面貌和身体；自我命名，即儿童如何理解和学会使用“我”之类的人称代词；儿童如何确认自我和他人以及如何发展理想的自我；等等。自尊心和控制点（个体将自己的行为归因于内部还是外部）的研究，相对来说在儿童个性研究领域中出现较晚，但近年来也有了很快的发展。

（4）性别化的研究。近年来，性别化的概念有了很大变化，男性化和女性化已不再被看作截然相对的两极，它们在某种意义上被赋予了相容和并列的综合性色彩。性别化的研究涉及个体的活动内容、兴趣、人格特点、社交行为、成就领域、职业倾向和家庭生活等方面。关于儿童性别化的研究重心也发生了变化，从强调动机的精神分析法转向强调认知的发展。儿童性别化的研究还包括下面一些课题：性别化中认知和行为之间的关系，儿童对同伴的性别爱好倾向，性别化对儿童完整的社会性发展的意义，等等。

（5）攻击行为和亲社会行为的研究。这是儿童典型的交往方式中两种相对应的社会行为。近年来，人们对攻击行为的一般观点有所变化。首先，人们认识到，攻击行为的发展对于儿童来说具有一定的积极作用；其次，认为攻击性的发展受到各种因素的影响，当前主要强调生物遗传因素和环境情境因素；最后，人们将儿童的攻击行为置于不断运动的社会背景中去理解，这种背景包括家庭、同伴、团体以及整个文化环境。

关于亲社会行为的发展问题，早在20世纪20年代就有心理学家开始研究；40—50年代，这方面的工作不太多；到了60年代后期，这类研究又逐渐多了起来。70年代以来，在亲社会行为的研究领域中出现了大量的新研究，由于认知心理学的发展，人们开始把亲社会行为的发展与社会认知、观点获取、角色获取及人际推理等问题联系起来研究。有关儿童亲社会行为发展的研究包括以下一些课题：亲社会行为的起源、发展过程及机制，亲社会行为的习得条件，亲社会行为的情感体验，以及亲社会行为对儿童社会性发展的意义。

3. 更加重视理论与实际应用的结合

（1）关于儿童电视、电影以及网络等多媒体的研究。目前，网络和电视对成人和儿童都有着重要影响。因此，如何使网络内容和电视节目对儿童产生正向的、积极的引导，成为心理学家研究的课题。良好的适合儿童的网络信息和电视节目对儿童的认知发展和社会性发展都有积极的作用。例如，美国的儿童电视教育片《芝麻街》（*Sesame Street*），就是在广泛吸收心理学家和教育学家意见的基础上，采用将娱乐手段和教育目的相结合的原则制作的。

（2）关于儿童学习的研究。自从计算机辅助教学和远程网络教学出现以后，在关于儿童学习的研究方面出现了一些新的研究课题，包括：如何教会儿童利用计算机或网络学习，如何把学生的自学与教师辅导及同学间的讨论更合理地结合起来。

（3）关于儿童心理卫生和治疗的研究。由于儿童个性的早期发展、问题行为等研究的开展，由于临床或诊断心理学的出现，对儿童心理卫生和治疗的研究开始受到重视。美国、瑞士和加拿大的心理学家的工作都很出色。以美国心理学家的研究为例，他们在医院里及在学校里各有一套工作程序，收到了良好效果。

（4）在自然情境中研究儿童心理学。近年来，在西方心理学界出现了生态运动（the ecological movement），自然也对儿童心理学研究产生影响。儿童心理学界的生态运动，强调在自然与社会的生态环境中研究儿童的心理特点。这是儿童心理学领域中理论与实际相结合的另一表现。而研究技术手段的现代化，使这种从生态学角度研究儿童心理发展的普遍思想倾向成为可能。

（二）在研究方法方面

过去许多关于儿童心理的研究，大多属于横断研究，特别是一些实验研究，多数是关于个别心理过程发展的，这样偏重局部、分析的研究不能反映发展的整个面貌和完整的发展过程。因此，近年来，有些人特别强调从整体观点去研究儿童的发展，要把儿童的心理发展看作多因素不断变化的整合再整合的过程。当然，研究个别心理过程也是必要的，但更重要的是从生理的、心理的、活动的相互关系上去研究。

还有人把信息论、控制论、系统论的观点引进儿童心理研究，使之与现代化科学的步伐密切协调起来。

对于儿童心理学研究中过多地强调实验法，也有人提出批评，认为在儿童心理发展的研究中应该更多应用长期自然观察的方法，才能真正掌握儿童发展的规律。

（三）在研究技术方面

1. 强调两种效度

近年来，儿童心理研究更强调内部效度和外部效度。所谓内部效度，就是指某一项研究所得出的行为变化产生于操作变量变化的结论的确定性程度。所谓外部效度，就是指将研究结果概化到其他情境和总体的程度。

2. 准实验设计

准实验设计是指在自然情境下不用真正的实验设计来控制无关变量，而用真正实验设计中的某些方法去收集材料，获得结果。准实验的条件控制没有实验室实验那么严密，但它在一定程度上保证了观察情境的自然性。

3. 观察手段的改进

现代观察法有一些新的特征：（1）观察规则和程序越来越复杂和详细；（2）重

视信度和效度的统计;(3)观察器材趋于现代化。观察手段的改进，主要体现在现代观察技术的应用上。在对儿童进行观察实验时，许多心理学家采用现代化的技术装备，如录音机、录像机、计算机等，还有装有单向玻璃和监听、监视设备的儿童观察室。近年来，一些研究还采用核磁共振成像、近红外脑成像、事件相关电位（ERP）等技术方法对儿童脑神经认知发展进行了探索，并采用基因测查技术考察儿童认知能力的遗传因素。

4. 重视因素分析

影响儿童心理发展的因素不是单一的，而是多种多样的，如遗传、生理成熟、营养、社会、学校、家庭、教育、实践活动等。使用现代因素分析的方法，可以从众多的可观察的变量中概括和推论出少数的因素，用最少的因素来概括和解释大量的观察事实。

三、21世纪西方儿童心理学的最新进展

近年来，西方儿童心理学的发展可从多次修订的美国《儿童心理学手册》（*Handbook of Child Psychology*）上有所窥见。从对该手册的新近版本与1970年版本的对比中，我们发现一个急剧的扩展与变化时期。最明显的变化是，20世纪80年代中期，已处于支配地位长达半个世纪的行为主义学派的学习理论、精神分析学派的人格发展理论、皮亚杰的认知发展理论遭到质疑。20世纪80年代是儿童心理学历史上一个重要的转折时期。正如最近版本的《儿童心理学手册》所揭示的：在这个时期，一个支离破碎的领域正在让位于一系列新颖而强有力的理论模型，这些理论模型涉及多种影响水平上的多种相互作用的变量和维度。

当前西方儿童心理学最大的特点是，强调该学科与心理学的其他分支学科以及其他学科的联系。神经心理学、社会心理学、教育心理学、健康心理学、临床心理学、生物学、儿科学、社会学、人类学以及其他的学科，既推动了儿童心理学的发展，又给儿童心理学提供了重要思路。

首先，在研究体制上，西方儿童心理学经历了横向和纵向两个维度的发展变化。横向整体化的变化包括：新的交叉学科不断出现，研究向人生两极延伸，重视社会性发展的研究。而其研究体制的纵向化包括：认知神经发展的研究，多媒

体与人的发展，计算机辅助教学，等等。

其次，在研究方法上，西方儿童心理学趋向系统研究、生态化研究，重视纵向（或聚合交叉）的研究。与此同时，近期研究的特点是：包含连续性与不连续性的研究，跨文化的研究，综合化、现代化和结果数量化的研究；注重揭示因果关系；重视对发展机制的探讨；运用现代化技术手段。

最后，在研究理论上，西方儿童心理学的变化体现在如下三个方面。（1）儿童心理学一般理论从结构主义（structuralism）向建构主义（constructivism）转变。（2）社会性和品德发展理论凸显了心理理论（theory of mind）、社会道德反思（socio-moral reflection），以及品德是年龄、教育、智力、社会文化经验的函数的概念。（3）认知发展出现两种理论趋势。其一是两个三级水平，即卡罗尔（J. B. Carroll）提出的智力的三层级理论（the three-stratum theory of intelligence）和德梅特里奥与瓦拉耐兹（A. Demetriou & N. Valanides）提出的智力发展的三级水平系统。其二是五种智力新理论，即加德纳（H. Gardner）的多元智力理论、斯滕伯格（R. Sternberg）的成功智力理论、珀金斯（D. N. Perkins）的真智力（true intelligence）理论、切奇（S. J. Ceci）的生态学智力模型、迈耶（J. D. Mayer）与戈尔曼（D. Goleman）的情绪智力理论。

四、西方儿童心理学发展简评

在对半个多世纪以来西方儿童心理学的发展情况做了简要的论述以后，我们作为中国的儿童心理学工作者，有必要谈谈自己的一些看法。

（一）对于西方儿童心理学的成就必须给予高度重视

世界进入近代社会以后，西方在科学上一直是比较先进的，儿童心理学也是一样。我国的儿童心理学本来是比较落后的。我们承认落后，不是自卑，而是要找出差距，更快地赶上去，并且要创造条件超过西方。如上面所介绍的，西方儿童心理学呈现一种百花齐放的形势，有各种独到的理论，也有丰富多彩的资料。研究文献是大量的，研究方法是多样的，研究装备也日益现代化。对于这些，我们不能采取虚无主义、无动于衷的态度，必须加强向西方儿童心理学学习，要有计划、有系统地翻译介绍西方具有权威性的各种儿童心理学著作。要知道西方已经搞了些什么，正在搞什么，做到心中有数，然后才能迎头赶上。当然，学习西方的儿童心理学，绝不能采取迷信的态度，而要采取科学的、一分为二的态度，要取其精华，去其糟粕，这样才能真正为我所用，才能真正起到借鉴作用。

（二）对西方儿童心理学的各种理论成就必须用辩证唯物主义的观点来加以鉴别

西方心理学理论学派的哲学基础不同，因此呈现多元化倾向。为了在借鉴西方时不致迷失方向，我们要注意用辩证唯物主义的观点对它们的理论和结论做出实事求是的判断，只有这样，才能从它们的成就中真正吸取营养。

（三）对西方儿童心理学的研究资料必须采取“洋为中用”的方针

西方儿童心理学研究资料是大量的，我们在运用这些资料时，除了必须坚持辩证唯物主义的观点以外，就是要根据我国的国情和文化背景的实际，有的放矢地去选择那些对我们有益和有用的东西。例如，在西方儿童心理学领域，新行为主义、新弗洛伊德主义、皮亚杰学派各有特色，我们一方面从观点上鉴别它们的有益方面和错误方面，另一方面更要根据我们的实际需要，根据它们研究资料的有益或有用与否，分别加以取舍。例如，新行为主义者在早期教育、教育手段现代化上，新弗洛伊德主义在对儿童个性发展深入研究的精神上，皮亚杰学派对儿童智力发展结构的探索上，都有很多有益有用的东西，是值得我们参考的。

第四节　苏联儿童心理学的发展

一、十月革命前俄国的儿童心理学

十月革命前的俄国，心理学或儿童心理学基本上是属于西方心理学体系的。1910—1912 年，莫斯科大学的切尔潘诺夫（Г. И. Челпанов，1862—1936）建立了第一个心理研究所。他的实验心理学的观点是唯心主义的，是为唯心主义哲学服务的。当时彼得堡的涅恰耶夫（А. П. Нечаев，1870—1948）虽然注意到心理学为教育服务，研究某些与教育有关的儿童心理学问题，但他的研究大多同当时西方的儿童学研究一样，用简单的测量数据作为解决复杂的儿童教育心理问题的依据，结果当然是令人失望的。

另外，也有一些学者在儿童心理学的研究上提供了积极有益的思想，对此后苏联时期儿童心理学的建设产生了一定的作用。下面主要介绍生理学家谢切诺夫（И. М. Сеченов，1829—1905）和教育家乌申斯基（К. Д. Ушинский，1824—1871）的工作。

谢切诺夫是俄国生理学家，也是唯物主义的心理学家，列宁曾高度评价过他的工作。他的《实体思维与现实》《谁去研究如何研究心理学》《思想要素》等著作[①]是重要的唯物主义的心理学文献。他认为，科学心理学的全部内容不外是关于心理起源的一系列学说，心理学的主要任务就在于研究人的心理过程，如人的有意义的、学会了的心理活动是怎样发生发展的，记忆和语言在心理发生发展上起着怎样的作用。他认为，儿童思维发展经过如下的一些阶段：最初，凭借对象进行思维；然后，用词思维；最后，在词的调节下进行复杂的分析综合的思维活动。

谢切诺夫虽然偏重心理的生理方面的研究，而且也没有对儿童心理进行过系统性的实验研究，但他为苏维埃时代唯物主义的儿童心理学，特别是儿童高级神经活动的研究开辟了道路。

乌申斯基的主要著作是《人是教育的对象》。在这部著作里，他特别强调教育要考虑儿童心理的发展，要照顾儿童的年龄特征。他指出，如果教育学要从各方面去教育人，那么，它首先必须从各方面去了解人。……从具体到抽象，从观念到思想的学习过程是十分自然的，而且是建立在十分明确的心理学规律之上的。

乌申斯基根据心理发展的原理指出，教学要经过两个阶段。

第一阶段，包括三个步骤：

第一个步骤，在教师的指导下，儿童初步阅读教材；

---

① ［苏］谢切诺夫著，杨汝菖等译：《谢切诺夫选集》，人民卫生出版社 1957 年版。

第二个步骤，在教师引导下，学生通过比较、对照等对教材形成初步概念；

第三个步骤，学生通过补充解释、标出主要东西等，使知识系统化。

第二阶段，在学生的参与下，教师对所讲过的教材进行概括，并进行巩固知识和形成熟练技巧的教学工作。

乌申斯基的思想对于苏联儿童心理学密切联系教育实际有很大的作用。

二、十月革命后的苏联儿童心理学

十月革命后的苏联儿童心理学的发展历史是探索在辩证唯物主义指导下儿童心理学研究的路线和方法的历史。在大约六十年的时期内，有成功的经验，也有失败的教训，而且有许多问题还有待于进一步探索。现在把这一时期内有关儿童心理学发展的一些重要人物或事件简述如下。

（一）维果茨基是苏联儿童心理学的开创者

维果茨基（Л. С. Выготский，1896—1934）是苏联建国时期卓越的儿童心理学家，他的思想是在20世纪20—30年代形成的。他尝试用马克思主义的基本观点来建立新的心理学和儿童心理学。他的主要著作有《思想和语言》（1934）和《高级心理机能的发展》（1960），都是在他去世以后刊布的。

维果茨基的观点，尽管在当时引起很大争议，但就是在这些观点的影响下，产生了一批很有影响的儿童心理学家，如艾利康宁（Д. Б. Эльконин，1904—1985）、赞科夫（Л. В. Занков，1901—1977）、查波罗塞兹（А. В. Запорожец，1905—1981）、达维多夫（В. В. Давыдов，1930—2002）等。

维果茨基创立了文化历史发展理论，用于解释人类心理在本质上不同于动物的那些高级的心理机能。

维果茨基根据恩格斯关于劳动在人类适应自然和生产过程中借助工具改造自然的作用的思想，认为工具的使用引起人的新的适应方式，即物质生产的间接方式，而不像动物一样是以身体的直接方式来适应自然。在人的工具生产中凝结着人类的间接经验，即社会文化知识经验，这就使人类的心理发展基本上不再受生物进化规律的制约，而受社会历史发展规律的制约。

当然，工具本身并不属于心理的领域，也不加入心理的结构，只是由于这种间接的“物质生产的工具”，人类的心理上出现了“精神生产的工具”，这就是人类社会所特有的语言和符号。生产工具和语言符号的类似性就在于它们使间接的心理活动得以产生和发展。所不同的是，生产工具指向于外部，它引起客体的变化，符号指向于内部，它不引起客体的变化，而是影响人的行为。控制自然和控制行为是互相联系的，因为人在改造自然时也改造着自己。

维果茨基指出，必须区分两种心理机能：一种是作为生物进化结果的低级心理机能，另一种是作为历史发展结果的高级心理机能。

维果茨基正是用这两种心理机能的理论来创建他的儿童心理学的。他认为，由于人的心理是在人掌握间接的社会文化经验中产生和发展起来的，因而在儿童心理发展上，作为传递社会文化经验的教育就起着主导作用。这就是说，人类心理的发展不能在社会环境以外进行，同样，儿童心理发展离开了教育教学也就无法实现。在社会和教育的制约下，人类或儿童的心理活动，首先是属于外部的、人与人之间的活动，以后就内化为人类或儿童自身的内部活动，并且随着外部和内部活动相互关系的发展，人所特有的高级心理机能就形成了。

维果茨基关于人类心理的社会起源的学说，关于儿童心理发展对教育教学的依赖关系的学说，是俄罗斯儿童心理学的基石，也是马克思主义儿童心理学理论宝库中的犀利武器。

此外，他从文化历史发展理论出发，探讨发展的实质；他提出了教学与发展，特别是教学与智力发展的关系的思想，这是他的儿童心理学与教育心理学理论的重要组成部分；他分析了智力形成的过程，提出了“内化”学说；他研究了儿童的思维与言语，提出了儿童思维与言语发展的理论；他强调科学的研究方法，并创建了诸如双重刺激法等儿童心理发展的研究方法。

（二）关于对儿童学和心理技术学的批判问题

儿童学是在19世纪末20世纪初西方流行的一门有关儿童发展的生理学和心理学的混合学科，基本上受生物学、遗传决定论的观点所支配。与此有关，儿童学也大量采用了测验技术来判断儿童心理发展的水平，即所谓的心理技术学。当然，心理技术学除了儿童心理测验以外，也包括劳动心理测验在内。

儿童学本身是有争议的学科，它在当时的苏联也造成了很多混乱。1936年联共中央做出了废除儿童学的决定。针对当时的情况，尽管这个决定有一定意义，但是，对于这样的学术问题，是否应当采取政治的方式，则是值得讨论的。苏联在批判了儿童学以后，产生了一系列消极的后果。例如，在儿童心理学的研究工作上，在测验法的应用上，引起了不必要的思想顾虑。学术问题应当通过学术讨论来解决，绝不能由于某些学术上的错误和缺点，就用行政命令的方式对这一学科加以否定或废除。这是需要我们引以为戒的。

（三）巴甫洛夫学派的儿童高级神经活动的研究

巴甫洛夫所开创的高级神经活动学说，是现代生物科学的重大贡献之一，它给心理学、教育学甚至哲学从生理学方面奠定了自然科学的基础。

在儿童心理学中，作为儿童心理的生理基础的儿童高级神经活动的研究，是苏联儿童心理学的重要特点之一。

儿童高级神经活动的研究，在十月革命前就开始了。克拉斯诺高尔斯基（Н. И. Красногорский）在 1907 年首先开创了儿童条件反射的研究方法，取得了儿童大脑活动的客观指标。

在克拉斯诺高尔斯基以后，人们对于儿童高级神经活动进行了大量的研究工作，这方面的文献非常丰富。

在新生儿的无条件反射，即先天反射方面（如食物反射、防御反射、定向反射等），伯恩斯坦（А. И. Бернштейн）等人的研究工作是很有意思的。

在婴儿条件反射方面，特别是个体条件反射的形成和发展上，卡萨特金（Н. И. Касаткин）等人的工作是很著名的，因为这涉及个体心理活动的起源问题。

在儿童两种信号系统的产生和发展方面，伊万诺夫－斯莫林斯基（А. Г. Иванов-Смоленский）、科里佐娃（М. М. Кольцова）等人的研究在理解儿童语言与思维的发展上有重要意义。

在儿童高级神经活动类型的研究方面，克拉斯诺高尔斯基、伊万诺夫－斯莫林斯基、捷普洛夫（Б. М. Теплов）等人进行了卓有成效的研究，在了解儿童个性特征的生理基础方面提供了许多科学的材料。

在儿童高级神经活动的一些专门问题（如兴奋和抑制、高级神经活动病理现象等）上，人们更是进行了大量、深入的研究。

儿童高级神经活动的研究对于儿童心理学的研究是有重要意义的，不能否定。当然，对儿童心理的生理基础的研究只限于高级神经活动方面，这也是有局限性的。

（四）鲁宾斯坦、列昂节夫的贡献

鲁宾斯坦（С. Л. Рубинштейн，1889—1960）和列昂节夫（А. Н. Леонтьев，1903—1979）是苏联著名的心理学理论家，在马克思主义心理学理论的探索上做出了重要贡献，在儿童心理学研究的指导思想上也有重大的影响。

鲁宾斯坦不仅坚持辩证唯物主义的决定论原则，而且还把活动或实践的概念引进了心理学，认为心理不但在活动中表现，而且在活动中形成，用以克服唯心主义的内省派和机械唯物主义的行为派在心理学理论中所造成的困境。以后，他又提出“外因（或外部条件）通过内因（或内部条件）而起作用”的原理，把唯物辩证法引进到心理学。虽然他对这些原理的解释还有不够确切和完善之处，但他把这些原理贯彻到心理学中来，对建立马克思主义心理学确实具有重大意义。

列昂节夫是维果茨基的学生。他继承并改造了维果茨基的一些关于儿童心理发展的原理，也批判地利用了鲁宾斯坦的一些心理学的基本观点，对当时苏联的心理学或儿童心理学的研究工作是有指导意义的。

列昂节夫在早期的著作如《儿童心理发展》、《心理学中的活动问题》（1972）和《心理发展问题》（1959，此书曾获得列宁奖金）中，就强调儿童心理是在儿童活动中形成的，儿童在活动中获得社会生活经验，而教育则对儿童心理的发展起着主导作用。同时也强调儿童心理发展不但有量的变化，而且有质的飞跃，儿童心理从低级状态到高级状态的发展是经过不断量变质变过程的。

1977 年，列昂节夫出版了《活动、意识、个性》，对人的心理的发生发展提出了系统的理论。他认为，“活动”是心理学中的一个最根本的概念。首先，儿童的心理起源于外部活动，心理是在个体和外部世界相互作用中形成的，不研究儿童早期和外界的联系，特别是和人的联系，不研究儿童的活动，就无从说明儿童心理的起源和发展。其次，心理的发展是在个体和外部世界相互作用的外部活动中逐步内化而成为内部的智力活动的过程，心理就是在这个过程中逐步发展起来的。而且外部活动和内部活动又是互相作用、互相过渡的，外部活动可以转化为内部活动，内部活动又可以转化为外部活动。在苏联，有许多心理学或儿童心理学的理论就是在这种思想指导下形成的，如加里培林（П. Я. Гальперин，1902—1988）的智力形成理论。当然，列昂节夫的理论也并非十分完善。例如，他所说的“活动”和客观世界的关系怎样，和实践的关系怎样等，都还有待于进一步明确。

（五）教育与发展相互关系问题的讨论

在苏联儿童心理学里，“教育在儿童心理发展上起主导作用”这一命题已经成为公认的正确观点。但是教育如何对儿童心理发展起主导作用，在 20 世纪 50 年代还是一个很不明确的问题。

由于上述原因，《苏联教育学》杂志在 1956—1958 年组织了“儿童教育和发展相互关系”问题的专题讨论①，参加这个讨论的有心理学家和教育学家，如科斯秋克（Г. С. Костюк，1899—1982）、列昂节夫、缅钦斯卡娅（Н. А. Менчинская，1905—1984）、赞科夫等，最后由赞科夫做了“讨论总结”。

在讨论中，根据列宁在《谈谈辩证法问题》中提出的两种发展观，即形而上学的发展观和矛盾统一的发展观，只有第二种发展观“才能提供理解现存事物的‘自己运动’的钥匙”的指示，参加讨论的专家都认为，外界条件（环境和教育）不能机械地决定儿童心理的发展。外因必须通过内因起作用，这个内因就是儿童心理发展的内部矛盾、动力、源泉。但是，儿童心理发展的内部矛盾、动力是什么呢？专家们各自提出了自己的看法。

例如，列昂节夫认为，在儿童活动中产生的行动和意识之间的矛盾就是认识发展的内部矛盾。而科斯秋克则认为，儿童新的需要、要求、愿望和他们发展的可能性的水平之间的矛盾是内部矛盾。此外，还有其他的一些看法。

在这个讨论的基础上，柳布林斯卡娅（А. А. Люблинская，1903—1983）在 1959 年出版了她的《儿童心理发展概论》②，在“儿童心理发展规律”这个题目中

---

① [苏] 科斯秋克等著，唐琼等译:《儿童教育和发展相互关系问题讨论集》，科学出版社 1959 年版。

② [苏] 柳布林斯卡娅著，李子卓等译:《儿童心理发展概论》，人民教育出版社 1961 年版。

系统地论述了儿童心理发展的本质、可能性、原因和条件、动力、阶段性等有关外因和内因（内部矛盾、动力）相互关系的一系列的理论问题，使这个问题第一次获得了比较明白的表述。她认为，儿童已有的能力和新的要求之间的矛盾是儿童心理发展的内部矛盾或动力。当然，关于内部矛盾究竟是什么性质的矛盾，至今还没有取得一致的看法。虽然如此，我们认为，这在马克思主义的儿童心理学理论研究上已经大大前进了一步。

（六）艾利康宁和达维多夫的儿童心理学观点

20 世纪 60 年代以后，艾利康宁在维果茨基的思想基础上，借鉴列昂节夫的活动理论，系统地提出了儿童心理发展阶段论。他的学生达维多夫是这个理论的积极推崇者，并进一步发展了这个理论。

艾利康宁和达维多夫的儿童心理发展阶段论是一个比较完整的心理学思想体系。它大致包括下述几个方面。

1. 儿童心理发展阶段的基础

（1）艾利康宁和达维多夫的儿童心理发展阶段论，是对维果茨基关于儿童心理发展的分期观的继承，又是他们自己研究的成果。

（2）艾利康宁和达维多夫分期的标准是儿童发展的主导活动。

（3）艾利康宁和达维多夫的儿童心理发展阶段论强调主导活动与儿童心理，特别是个性形成的一致性。

（4）艾利康宁和达维多夫强调要研究儿童心理的整体发展，研究儿童心理发展的整个面貌，要研究儿童心理从一个阶段转变到另一个阶段的条件、特点等等。在这个前提下，个别心理机能（如感知、记忆、思维等）是可以研究的，但孤立的、官能主义的研究是应当反对的。

2. 儿童心理发展的阶段性

艾利康宁和达维多夫认为，儿童的主导活动可以分为六个阶段：

（1）直接的情绪性交往活动（0~1 岁）；

（2）摆弄实物活动（1~3 岁）；

（3）游戏活动（3~7 岁）；

（4）基本的学习活动（7~11 岁）；

（5）社会有益活动（11~15岁）；

（6）专业的学习活动（15~17岁）。

3. 儿童心理发展是按两类主导活动交替进行的

达维多夫认为：第一类主导活动是儿童的需要、动机的发展占主导地位，它包括三个阶段，即乳儿期（0~1岁）、学前期（3~7岁）、少年期（11~15岁）；第二类主导活动是儿童的智力、认识的发展占主要地位，它也包括三个阶段，即先学前期或婴儿期（1~3岁）、学龄初期（7~11岁）、青年初期（15~17岁）。他认为，儿童心理发展的规律是以需要、动机发展为主的时期有规律地被以智力、认识发展为主的时期所代替。

4. 关于关键年龄问题

儿童心理发展的关键年龄是3岁、7岁、11~12岁。这是一种转变的年龄，是产生急剧变化的年龄，或者叫作危机年龄，即3岁危机、7岁危机、少年危机。危机时期具有两个特点。

（1）危机时期是比较短暂的，但变化是急剧的。危机时期在儿童心理发展上表现为容易发生否定现象（如学习兴趣低落，和周围的人容易发生冲突等），但如教育及时，也可以不发生。

（2）危机时期如能正常度过，儿童心理发展则会出现新的面貌。例如，正常渡过3岁危机后，儿童的自我抑制能力会迅速发展。正常渡过7岁危机后，儿童会有更大的独立性，和别人的关系也更加丰富多彩。

艾利康宁和达维多夫还认为，在危机年龄之后，儿童心理发展就进入了一个平稳期。

艾利康宁和达维多夫关于儿童心理发展的理论是当时苏联具有代表性的理论，有很多可供参考之处。但是也有许多问题还是很不清楚的，例如，有关儿童心理发展过程是以需要、动机为主和以智力、认识为主两者互相交替的过程，还缺乏充分的科学性的阐明。

（七）关于儿童心理发展速度问题的争论

儿童心理发展速度问题是当前的一个国际性问题，也是一个战略性问题。在第二次世界大战以后，特别是在苏联第一颗人造地球卫星上天以后，如何提高儿童掌握知识的数量和质量，如何促使儿童心理能力（如理解力、创造性思维能力等）发展得更快些，也就是早出人才、出好人才的问题，在儿童和教育心理学中有着突出的地位。在西方，如布鲁纳所领导的课程改革，就是一例。在苏联，这个问题也同样受到重视。但同时也引起一些争论。如何正确对待这一问题，是儿童心理学中应当考虑和研究的重大课题之一。

苏联心理学家赞科夫的思想可以作为这方面的代表。① 赞科夫强调儿童心理发展的主要标志是它的质的变化，即不断从简单到复杂、从低级到高级的由旧质到新质的变化过程，儿童心理的发展当然有赖于知识的领会掌握，而更重要的是他的心理品质（观察力、理解力、概括能力、解决问题能力、逻辑思维能力等）不断发展，也就是儿童的头脑变得越来越聪明，学习的本领变得越来越大。只是死记硬背、死抠书本，在赞科夫看来，那不是发展，而是阻碍儿童的发展。

因此，赞科夫强调发展性教学，既要在教学中促进发展，更重要的是要依靠发展来促进教学。为此，他从 1957 年起就进行教学实验，在实验中他提出改革儿童教育的三原则：（1）以高难度进行教学；（2）以高速度进行教学；（3）增加理论知识的学习。他提出把苏联小学学制由四年改为三年，并且在教育部的同意下进行实验。他的实验有成功的方面，也有失败的方面。他的理论也有很多不明确的地方，如他强调高难度可以激起儿童的学习兴趣，但也有人认为太难会阻碍儿童的学习和发展。他强调在更快地学习新教材的过程中去复习旧教材，不要过多练习，但也有人认为尽管过多的机械练习不好，也不能过分地赶进度。至于他主张由抽象到具体，争论就更多些。抽象的概念、规律的掌握有利于儿童逻辑思维的发展，这是事实。但很多人认为，抽象的概念、规律的掌握一般还是应当从具体开始，不能由此反对从具体到抽象的认识规律。而且，具体和抽象这一对矛盾的关系也是不断发展的，从具体引向抽象，还要再从抽象引向更高的具体，这应当是一个不断反复的上升运动。

达维多夫也强调从小学起就要注重发展理论思维。他从辩证逻辑关于认识的发展应当从抽象上升到具体的原理，批评了过去关于儿童认识发展的研究受形式

① 杜殿坤：《Л. В. 赞科夫的教学论思想》，《上海教育》1979 年第 1 期。

逻辑和联想主义心理学观点的限制，过多强调从具体上升到抽象，而且这种抽象只是事物的一般表象，而不是反映事物的关系和本质的抽象，以致阻碍儿童认识的发展。因此，他主张认识要着重从一般到个别，从简单的抽象到丰富的具体，强调小学教学要注重演绎法等。但正如缅钦斯卡娅等人所指出的，不顾儿童思维的年龄特点，使儿童思维发展中的较晚阶段过分提前，是不正确的。这个争论基本上是围绕着早期教育和年龄特征的关系问题进行的。在西方也有同样情况，行为主义者往往过多强调早期教育，而以皮亚杰为代表的结构主义者则更多强调年龄特征。对于这个争论也必须用辩证法的观点加以处理，才能获得正确的解决。

三、苏联儿童心理学的进展

（一）理论上取得重要进展

在苏联心理学界，特别是在年龄（儿童）心理学的范围内，出现了三种重要理论，即以列昂节夫为代表的活动—个性理论、以艾利康宁和达维多夫为代表的儿童心理发展阶段论、以包若维奇（Л. И. Божович，1908—1981）为代表的活动—动机理论。

（二）适应形势发展提出的研究课题

20 世纪 60 年代的主要研究课题有：（1）心理差异的问题；（2）加里培林的智力活动按阶段形成的理论；（3）儿童技术思维发展的问题；（4）关于教学的心理学基础问题；（5）组织儿童劳动的和职业的教育教学的心理学问题。

20 世纪 70 年代以后的主要课题有：（1）小学生年龄特点及其在教育教学过程中的意义；（2）学习活动理论现状及其在教学实践中运用的成果；（3）学校改革与教育心理学的任务；（4）儿童言语的发展与入学准备问题；（5）国外的学习理论；（6）年龄（儿童）心理学与教育心理学发展的主要倾向；（7）现代美国发展心理学；（8）交往在儿童心理发展中的作用；（9）儿童个性发展问题。

四、苏联儿童心理学发展简评

在简略回顾了苏联儿童心理学发展的道路以后，我们提出如下的几点看法。

第一，苏联儿童心理学在贯彻马克思主义的基本原理方面进行了初步的探索。苏联在十月革命以后，在列宁、斯大林的领导下，在儿童心理学贯彻马克思主义理论观点方面进行了积极的探索。在鲁宾斯坦、列昂节夫的理论研究中，在维果茨基的理论和实际的研究中，关于意识和活动统一的原理、外部动作向内部心理转化的原理、外因通过内因而起作用的原理、内部矛盾或发展动力的原理、量变质变的原理等，都对建立辩证唯物主义儿童心理学有着重大的意义，是值得我们参考的。当然，在这些原理的论述上，还存在着很多的争论，还有许多问题没有弄清楚，甚至有些并不完全符合马克思主义的反映论、辩证法以及对社会实践和主观能动性的正确理解。例如，列昂节夫的活动概念和客观存在的关系如何，活动和实践的关系如何等，都还有待于进一步澄清。

第二，苏联儿童心理学密切为教育服务，强调儿童发展与教育的不可分的关系，是具有积极意义的。苏联儿童心理学有一个突出的特点，就是一开始，甚至从十月革命前算起，就具有这样一个优良传统。维果茨基的思想是具有代表性的，列昂节夫继承了这一思想，赞科夫、达维多夫以及其他许多苏联儿童心理学家都把教育和发展的不可分的关系当作自己研究的指导方针之一。而教育和发展的关系问题的讨论，则更是其突出的表现。事实是，儿童心理的发展是在教育指导下进行的，离开了教育，儿童心理的发展是不可能的。而且，儿童心理学要为社会实践服务，首先要为教育服务，单纯地为研究而研究，不与教育发生关系的观点，是没有前途的。像皮亚杰的研究工作，早期并不重视儿童心理学与教育的关系，但在客观事实和社会要求面前，他终于还是在他的研究中把这个问题放在一个适当的位置。①

第三，在苏联儿童心理学发展的道路上，也有许多缺点错误是值得我们引以为戒的。以 1936 年批判儿童学为例，被批判者当然是有缺点的。但是，对于这样一些学术问题采取行政命令的政治手段来处理，而不采取百家争鸣的方法来处理，从历史的事实看来，是有很多消极后果的。对此，我们应当引以为戒。

苏联儿童心理学还存在一些缺点和不足之处，如儿童心理发展年龄阶段的划

---

①［瑞士］皮亚杰著，傅统先译:《教育科学与儿童心理学》，文化教育出版社 1981 年版。

分还缺乏充分的理论和事实根据，少年期、青年初期心理发展的研究还较为薄弱等，就不一一列举了。

第五节 我国儿童心理学发展概况

一、1949年以前我国儿童心理学发展概况

虽然在我国古代学者的著作中有很丰富的心理学思想，也包括儿童心理学思想，但心理学或儿童心理学作为一门独立的学科在我国科学史上的出现，则是晚近的事情。

近代中国心理学也和其他学科一样，是随着资本主义侵入中国时一起进来的，是和中国资产阶级知识分子向西方寻求救国救民之道和近代文明文化的运动分不开的。

从1840年鸦片战争起到新中国成立的一段时间里，中国社会是半殖民地性质的。各种学科也都打上这个烙印，大多是原封不动地把资产阶级的东西照搬进来，而且是为半封建半殖民地统治服务的。心理学或儿童心理学也是一样。而真正的马克思主义的心理学，只有在新中国成立以后才有建立的可能。

最早的心理学著作是什么时候被介绍到中国来的，现在还不确切知道。有人说，1907年王国维译、丹麦学者赫夫丁（H. Höffding，1843—1931）著的《心理学概论》算是最早的，也有人说，比它更早的可能还有。

儿童心理学著作被介绍进来，则更晚些。大约在“五四”运动前后，已有几种资本主义国家的儿童心理学著作被翻译过来，如艾华编译的《儿童心理学纲要》，陈大齐译、德国高普（R. Gaupp，1870—1953）著的《儿童心理学》。与此同时，当时的师范学校和高等师范学校也开始开设儿童心理学课程。例如，我国最早的儿童心理学家陈鹤琴于1919年留学回国后，就在南京高等师范学校讲授儿童心理学课程。讲授的内容也大都是根据西方儿童心理学家如普莱尔、鲍德温、霍尔、华生等人的著作编译而成的。

最早的儿童心理学的研究工作可能要算陈鹤琴的研究。他对他的儿子陈一鸣从出生到大约 3 岁进行了长期的观察，做了日记式的记录，而且还做了摄影记录［见陈鹤琴著《儿童心理之研究》（1925）］。在他的影响下，以后有很多人从事类似的研究，如葛承训的《一个女孩子的心理》、费景瑚的《均一六个月心理的发展》等。同时，在陈鹤琴的指导下，南京鼓楼幼稚园也进行了一些有关幼儿心理的研究。

儿童心理的测验研究引进我国也是比较早的。1921 年陈鹤琴、廖世承合编的《智力测验法》出版，对智力测验做了详细的介绍。1924 年陆志韦等修订了比奈—西蒙智力测验。随后，先在南京、上海一带，以后在全国范围内测验就流行起来。

也有人用问卷法对儿童心理进行研究，例如，葛承训用问卷对儿童兴趣进行调查并加以统计说明，出版了《儿童心理与兴味》一书。以后这样的研究散见于刊物上的也很多。

弗洛伊德学派的心理学传入中国也很早。在这个学派的影响下，我国一些医疗和儿童福利机构也开始了儿童行为诊疗和指导工作。以后，儿童心理卫生的研究也逐渐发展起来。

1949 年前，西方有关儿童心理学的著作（其中也包括儿童学的著作）陆续被译成中文（如霍尔、华生、阿德勒、考夫卡、勒温等人的著作），但翻译没有计划，不系统，也不完整。

20 世纪 20 年代至 1949 年，在儿童心理学研究上贡献较大的是陈鹤琴。其次是黄翼，他在浙江大学主讲儿童心理学，创办培育院，进行研究工作，著有《儿童心理学》《神仙故事与儿童心理》《儿童绘画心理》等书。他曾重复皮亚杰的一些实验，提出自己的一些看法。他还指导他人进行了儿童语言发展、儿童性格评定等方面的研究。

二、1949 年后我国儿童心理学发展概况

1949 年新中国成立，这为建立马克思主义的儿童心理学提供了政治条件。

新中国成立以后，我国儿童心理学的发展大体上经过四个阶段。

第一阶段：1949—1958年。主要是学习苏联的儿童心理学，学习苏联儿童心理学工作者在党和政府领导下所取得的成就，学习他们探索建立马克思主义儿童心理学的经验（正面的、反面的），以及学习他们关于儿童高级神经活动的研究。在这些方面，我们的学习是有很大收获的，它为以后建立中国自己的马克思主义儿童心理学奠定了良好的基础。在学习苏联儿童心理学的过程中，大多数人都能够注意中国实际，当然，也有少数是教条主义的学习，但这不占主要地位。有些人在学习苏联儿童心理学的过程中，结合中国儿童实际进行了试探性的研究，如学前儿童方位知觉的研究、词在儿童概括认识中的作用的研究等，特别是为了配合教育改革进行了6岁和7岁儿童年龄特征的比较研究、小学生学习代数知识的研究，取得了很好的研究成果。有些人进行了有关我国儿童高级神经活动，特别是儿童两种信号系统相互关系的研究。此外，为了建立马克思主义的儿童心理学理论，有些人对在我国儿童心理学和儿童教育方面影响很大的美国实用主义者杜威的心理学思想进行了系统的反思。

但是，到了1958年，这种学习和建立马克思主义儿童心理学的势头受到严重的挫折。当时在心理学界进行的一次批判运动，完全否定新中国成立以来心理学（包括儿童心理学）的成就，而且对学术问题采取了违反“双百方针”的方式，造成极为恶劣的影响。心理学（包括儿童心理学）从此陷于万马齐喑的局面。

第二阶段：1958—1965年。这一阶段可以说是恢复和繁荣的阶段。1958年的“批判”引起了心理学界的普遍愤慨，心理学中断的工作局面引起了党和群众的关怀。为了扭转这个尴尬的局面，1959年“五四”以后，各地有关学校和报刊在心理学（包括儿童心理学）领域中重新恢复了百家争鸣的讨论，允许并鼓励被批判的心理学家发表自己的意见。这又为心理学（包括儿童心理学）的健康发展创造了良好的气氛。

20世纪60年代初期这一段时间内，可以说是新中国成立以来我国儿童心理学第一个繁荣时期。

首先，在20世纪60年代初期的五六年中，仅仅在举行过的第二次心理学代表大会（1960）、第一届教育心理学术年会（1962）、心理学会第一届年会（1963）

上提交的儿童心理学论文就达到百篇以上。就年龄阶段说，从儿童早期到青少年期都有研究，其中以关于幼儿心理和学龄初期儿童心理的研究较多。就研究的方面说，也是丰富多彩的。在生理机制方面，除了研究古典的儿童高级神经活动之外，还研究了不同年龄阶段儿童的脑电活动。在心理过程方面，从感知觉、记忆、语言、思维到个性发展，都有一些有价值的研究，特别是结合教育教学进行的思维发展的研究占有突出地位。在马克思主义儿童心理学理论的探索方面，研究者也做出了很大的成绩。关于建立马克思主义儿童心理学理论的尝试受到国内外的注意，其中关于儿童心理发展的动力或内部矛盾的研究，包括已发表和未发表的就有几十篇论文，提出了各色各样的意见，真是做到百花齐放。关于儿童心理发展年龄特征的理论问题，也有一些很好的论文。

其次，在 1961 年文科教材会议上，有关部门组织编写了高等学校用的普通心理学、儿童心理学和教育心理学的教科书。《儿童心理学》（即此书第一版）于 1962 年开始出版，这是我国第一部以马克思主义观点为指导的儿童心理学教科书，在培养我国儿童心理学专业工作者和教育工作者方面起了一定的积极作用。当然，也还存在着不足之处，有待于进一步改进。

至于对西方儿童心理学的评价工作，这一阶段也开始有所注意。如有了一些关于皮亚杰、瓦龙等人的儿童心理学的介绍、评论及翻译资料等，甚至还有人重复了他们的实验，逐步转变新中国成立初期那种对于西方心理学的轻视态度。但是评价工作仍然做得很不够。

第三阶段：从 1966 年到 20 世纪末。这是心理学（包括儿童心理学）从濒临毁灭再度走向繁荣的阶段。“文化大革命”前夕，姚文元从对一个儿童心理学的实验报告的批判开始，袭用 1958 年心理学“批判”的腔调和手段，对心理学（包括儿童心理学）发动了新的围攻。接着，在“四人帮”打击迫害知识分子和扼杀科学文化的险风恶浪中，心理学被宣布为资产阶级的“伪科学”，老一辈的心理学家普遍受到批斗，心理学的研究和教学工作下马了，人员失散了，心理学（包括儿童心理学）再度陷于毁灭状态。

1976 年，党中央一举粉碎了“四人帮”，挽救了党，挽救了人民，也挽救了心理学。在党的实现四个现代化的伟大号召下，心理学（包括儿童心理学）再次走向繁荣的道路。

党中央指出：实现四个现代化，关键是科学现代化，而基础在教育。为了早出人才，快出人才，出好人才，党和国家给心理学工作者提出了研究相关课题的光荣任务。我国儿童心理学工作者为了更好地完成这一任务，更好地为四个现代化服务，大家意气风发，干劲十足。仅以1978年两次心理学专业学术会议收到的儿童心理学论文来看，不仅数量上是比较多的，而且质量上也在逐渐达到甚至超过“文化大革命”前60年代初期的水平。1985年，我国第一份发展心理学与教育心理学的学术期刊——《心理发展与教育》创刊了。

第四阶段：从2000年到现在。随着21世纪信息科学、基因技术、脑科学技术的快速发展，全国多个研究机构开展联合攻关，从基因—脑—行为—环境多层面深入研究我国儿童青少年心理发展的特征。例如，由北京师范大学牵头，组织全国52家科研机构单位共同承担的科技部基础性工作重点专项“中国儿童青少年心理发育特征调查”，通过对全国近10万名儿童青少年的调查数据加以分析，建立了我国儿童青少年心理发育指标体系、具有全国代表性的6~15岁儿童青少年的各项心理发育特征常模和大型基础数据库。该类研究可以用于提升我国亿万儿童青少年的智力和心理健康水平，提高我国人口素质，从而满足国家重大的需求。

三、今后我国儿童心理学前进的道路

要实现儿童心理学为现代化服务，要实现儿童心理学本身的现代化，我们要抓哪些问题呢？我们认为，以下四个基本问题是应当优先加以考虑的。①

1. 儿童心理学研究方向的问题

没有正确方向的研究，就会产生很大的盲目性，甚至可能给实践带来不良后果。那么，什么是正确的方向呢？

（1）在理论上必须坚持马克思主义的原则。前面说过，马克思主义是经过考

① 朱智贤：《儿童心理学研究中的若干问题》，《北京师范大学学报（社会科学版）》1979年第1期。

验的关于自然、社会和思维的最一般的理论。在研究儿童心理学时，我们必须坚持马克思主义关于辩证唯物主义的观点，必须坚持唯物论、辩证法、社会实践和主观能动性这样一些基本观点。

（2）在实践上必须坚持为我国社会主义建设服务。我们要为实现现代化培养合格的人才服务，特别要针对家庭教育、幼儿教育、小学教育、中学教育以及各种校外儿童教育工作中提出的有关儿童心理学的课题进行研究工作，提供科普知识。

（3）在吸收外国科学资料上，必须贯彻“洋为中用”的方针。对待外国的儿童心理学资料，必须重视，既要反对盲目崇拜，又要反对虚无主义。要以马克思主义为指导去粗取精，去伪存真，取其精华，去其糟粕。

2. 进一步探索儿童心理发展规律的问题

科学的任务就是发现事物的客观规律来为实践服务。要完整地、正确地掌握儿童心理发展规律，必须正确处理以下几个关系问题。

（1）先天与后天的关系问题。必须用辩证唯物主义观点，根据科学材料，探明遗传、环境和教育在儿童心理发展上的作用及其辩证关系。

（2）内因与外因的关系问题。必须根据辩证唯物主义观点和实验材料阐明儿童心理发展的动力（内因）和外部条件（外因）的辩证关系。

（3）教育与发展的关系问题。必须从理论上和实践上弄清教育与儿童心理发展的相互关系，如何在教育中既要考虑发展的因素，又要通过教育不断促进发展。

（4）年龄阶段特点与个别特点问题。必须根据一般和个别的辩证关系，正确处理年龄阶段特点与个别特点的关系。

关于这些问题的一般内容，我们在本书第三章将做扼要的论述。

3. 儿童心理发展速度的问题

前面说过，儿童心理发展速度是一个国际性问题、战略性问题，它涉及很多问题。

（1）儿童心理发展上的动机、目的、兴趣、意志问题，也就是调动儿童主观能动性的问题。

（2）早期心理发展与早期教育问题，也就是促进儿童的智力更早、更快发展的问题。

（3）教育内容现代化与儿童心理发展问题，也就是教育内容既要不断现代化，又要适合儿童心理发展的问题。

（4）教育手段方法现代化与儿童心理发展问题，也就是在采用现代化教育手段方法的同时，注意促进儿童心理发展的问题。例如，如果儿童滥用电子计算器，反而会阻碍他们计算能力的发展。

全面研究这些问题，需要儿童心理学、教育心理学、教育学的密切合作。

4. 儿童心理学研究方法的问题

（1）整体研究和分析研究的问题。我们既要研究儿童心理发展的整体面貌（如主要矛盾、活动特点、认识特点、个性特点），也要在进行整体面貌的研究条件下，就智力或个性中的各个方面（如感知、记忆、思维、性格等）进行分析研究。

（2）研究技术的问题。对于研究技术，我们要在正确方法论指导下采取百花齐放的方针，对现代化技术装备既要积极采用，又不单纯依赖。

（3）专业队伍和群众队伍相结合的问题。儿童心理学专业工作者要和广大家长、幼儿园教师、中小学教师以及校外儿童教育工作者密切合作。

今后，在我国儿童心理学前进的道路上，我们必须正确处理以上这些问题，才能逐步建立以马克思主义为指导的、密切联系我国现代化实际的、正确运用现代化科学成就的中国特色的儿童心理学。

要点小结

儿童心理学的产生源于近代社会、自然科学、教育的发展和要求。1882年出版的普莱尔的《儿童心理》奠定了科学儿童心理学的最初基石。霍尔、鲍德温等人对儿童心理学的形成产生了重要影响。弗洛伊德、华生、考夫卡等人推动了儿童心理学的发展。近年来，儿童心理学在理论和具体研究内容、方法和技术上都有了各种新的进展。苏联儿童心理学的发展源于有一批像维果茨基这样有代表性的儿童心理学家。我国儿童心理学的发展当前需要考虑的基本问题包括：儿童心理学的研究方向和方法，儿童心理的发展规律和速度。

思考与练习

1. 为什么说普莱尔是儿童心理学的奠基人？

2. 请简述你对皮亚杰的儿童心理发展理论的理解。

3. 请简述维果茨基的文化历史发展理论。

4. 如何进行儿童心理学的中国化？

拓展性阅读导航

1. 朱智贤、林崇德著：《儿童心理学史》，北京师范大学出版社 1988 年版。

本书以各历史时期在儿童心理研究中取得卓越成就的科学家为主线，运用辩证唯物主义观点，全面而系统地介绍了儿童心理学的发展历史。

2. 林崇德：《北京师范大学发展心理研究所三十年回顾与展望》，《心理发展与教育》2015 年第 1 期。

本文回顾了 1985 年到 2015 年北京师范大学发展心理研究所的发展历程，从一个侧面反映了我国发展心理学与教育心理学的发展轨迹和学术成就。

3. 李其维著：《破解“智慧胚胎学”之谜：皮亚杰发生认识论》，湖北教育出版社 1999 年版。

本书是《20 世纪西方心理学大师述评》系列之一，主要介绍了皮亚杰的发生认识论。

4. 郭本禹主编：《当代心理学的新进展》，山东教育出版社 2003 年版。

本书回顾了自 20 世纪 80 年代以来心理学在许多领域获得的突破性发展，以期对我国心理科学的理论建设和实践应用有所贡献。

第三章

儿童心理发展的基本规律

内容提要

本章阐述儿童心理发展的基本规律，涉及先天与后天的关系、内因与外因的关系、教育与发展的关系、年龄特征与个体差异的关系。

学习目标

1. 明确儿童心理发展中遗传、环境和教育的作用。
2. 理解心理发展中的动力问题。
3. 认识儿童心理发展中量变和质变的关系。
4. 理解年龄特征的含义。

关键词

儿童心理发展　基本规律　发展动力　年龄阶段性

在人的一生中，无论在生理上或心理上，儿童时期都是一个迅速发展的时期。儿童从出生时起，在社会生活条件和教育条件的影响下，经过一系列的发展阶段，到达青年时期以后，出现了令人惊异的本质变化：从一个软弱无能、不识不知的个体，发展成为一个具有一定的思想观点、知识文化和劳动能力的独立的社会成员。

那么，我们怎样理解和说明这个发展过程的实质呢？其中有没有客观规律存在呢？如果有，支配这个发展过程的基本规律是什么呢？所有这些问题，都是儿童心理学必须首先明确的带有根本性的理论问题。

在儿童发展的理论问题上，也跟在一切其他科学理论问题上一样，唯物主义与唯心主义的斗争，久已存在。唯物主义的思想家们曾经为维护唯物主义的儿童心理发展观点做出了卓越的贡献。但是由于心理现象的复杂性，由于旧唯物主义的局限性，他们不可能对儿童心理发展理论问题做出完全正确的解决。只有到了马克思主义辩证唯物主义出现以后，才能给儿童心理发展理论问题提供真正科学的、完整的说明。

第一节　遗传、环境和教育在儿童心理发展上的作用

一、遗传是儿童心理发展的生物前提

（一）承认遗传是先天的东西，但并不是神秘的东西

遗传是一种生物现象，遗传传递着祖先的许多生物特征。遗传的生物特征主要是指那些与生俱来的解剖生理特征，如机体的构造、形态、感官和神经系统的特征等。这些遗传的生物特征也叫作遗传素质。

研究遗传素质的物质基础和遗传规律的学科，叫作遗传学，这是在 19 世纪才发展起来的一门新的学科。

进化论者达尔文对于遗传的本质和规律有了初步的了解。第一个发现遗

传物质的是奥地利的孟德尔（G. J. Mendel，1822—1884）。他通过豌豆杂交试验，提出“遗传单位”的概念，并且总结出遗传定律。随后，德国的魏斯曼（A. Weismann，1834—1914）和丹麦的约翰逊（W. L. Johannsen，1857—1927）分别通过实验研究提出“染色体—基因”的概念，认为：性细胞的染色体内含有一定数目的、占有一定位置的、按直线排列的遗传物质，它决定下一代的不同遗传性状，就叫作“基因”。再以后，由于细胞遗传学的发展，人们已经弄清楚各种生物生殖细胞的染色体的数目。例如，人的染色体的数目是 23 对，其中 22 对是常染色体，1 对是性染色体（决定性别的）。同时，由于生物化学的研究，科学家进一步提出了“遗传信息”（或“遗传密码”）的概念，认为基因中的主要成分是一种叫作脱氧核糖核酸（简称 DNA）的化学物质，它是储存一定遗传信息或密码的单位，它通过一定的过程控制着蛋白质的合成，从而决定生物和人类千差万别的性状。现在的遗传工程就是在这种科学研究的基础上发展起来的育种技术。

（二）既不否认遗传的作用，也不夸大遗传的作用

一方面，我们应当承认，遗传素质是儿童心理发展的生物前提、自然条件，没有这个条件是不行的。例如，无脑畸形儿生来不具有正常脑髓，因而就不能产生思维，最多只能有一些最低级的感觉，如关于饥、渴的内脏感觉等。一个生来就是全色盲的孩子，就无法辨别颜色，更无法成为画家。而且，由遗传带来的解剖生理特征，特别是中枢神经系统的特征，在儿童心理发展上是有一定作用的。例如，儿童自出生的时候起，高级神经活动类型就表现出天然的差别。在产房中观察那些出生几天的孩子，有的安静些，容易入睡，有的手脚乱动，大哭大喊。当然这些天然的神经类型在后天的生活条件下是可以改变的，但是人们在进行护理工作的时候，不能不考虑到这些特点。又如，儿童生理发展的情况和特征（像青少年时期的性成熟和由此引起的两性差异）虽然不是儿童心理发展的决定条件，却是儿童教育上必须注意的一些起作用的条件。

研究也证明：有许多遗传疾病是直接与儿童智力低下有关的。例如，唐氏综合征是在遗传过程中，第 21 对染色体上多了一条染色体，这种儿童一生下来就有躯体和智力上的缺陷，也叫作“先天愚”（大约占产儿中的 1/650）。又如，苯丙酮尿症（phenylketonuria，简称 PKU）是由于在遗传过程中，血液中缺乏一种分解苯丙酮酸的酶，以致损害中枢神经系统，造成儿童严重的智力低下。患者如果在 6 岁以前通过饮食治疗（通过饮食降低苯丙酮酸），也可以使智力恢复正常。

另一方面，我们也绝不夸大遗传这个条件。因为它只能提供儿童发展的自然前提和可能性，但绝不能预定或决定儿童心理的发展。谁都知道：一个言语器官生来很健全的儿童，如果出生以后不与人类社会接触，就不可能学会说话，甚至不可能形成人的心理。所谓“狼孩”“猪孩”等，就是很好的例子。在我们的日常生活中也可以看到，尽管一个儿童生来听觉器官是健全的，但如果没有适当的音乐环境或音乐教育，就不可能成为音乐家，如果没有适当的外语环境或外语教育，就不可能学会外语。因此，父母和教师在教导工作中遇到困难时，就轻率地诿罪于儿童的遗传素质，那是很不正确的。

总之，遗传在儿童心理发展上起着一定的作用，否认这一点是不对的。不过它只是必要的条件，而不是决定的条件。儿童心理向什么方向发展，并不决定于遗传，而决定于环境和教育。

二、环境和教育在儿童心理发展上的决定作用

儿童的心理发展是由儿童所处的环境条件（生活条件）和教育条件决定的，其中教育条件起主导作用。

（一）遗传只提供儿童心理发展的可能性，而环境和教育则规定儿童心理发展的现实性

例如，儿童虽然同样生来就有健全的头脑和眼睛，但有的孩子能读书识字，有的是文盲，这就在很大程度上影响他们抽象逻辑思维的发展。又如，高级神经活动类型同是属于所谓“不可遏制型”的孩子，其中一个由于受到良好的教育，就可能比“强而平衡型”的孩子更守纪律些，而另一个由于受到的是比较差的教育，就可能使这个神经类型的一些弱点（如暴躁、放纵等）得到发展。

对动物进行的感觉剥夺的实验研究也证明了这一点。两组同样的老鼠：一组饲养在视觉刺激丰富的环境里，另一组饲养在视觉刺激缺乏的环境里。结果，在“智力”表现上，在脑细胞形态结构的发展上，后者都比前者差。

（二）社会生产方式是环境条件中最重要的因素

在儿童的环境条件或生活条件中，最重要的是社会生产方式，即一定的生产力和生产关系。这对儿童的心理发展起着根本性的决定作用。首先，生产力的发展对人的心理发展有巨大作用。生产力发展不但影响国民经济生活，而且影响科学文化和教育水平的发展，从而也影响儿童智力的发展。其次，在生产关系方面，也很明显。对比一下我国不同时期教育与儿童心理发展的变化，就可以看出社会生产方式对儿童心理发展的重要意义。

社会生活条件在儿童心理发展中的决定作用，常常是通过有计划、有目的的教育来实现的。

（三）教育条件在儿童心理发展上起着主导作用

教育受社会性质的制约，它本身也是人的一种社会生活条件，从这一意义说来，教育和社会生活条件一样，也是一种环境影响。

但是教育又跟一般的社会生活条件或环境影响不同，它是一种有目的、有计划、有系统的影响，它是由一定的教育者按照一定的教育目的来对环境影响加以选择，组织成一定的教育内容（包括教材、设备等），并且采取一定的教育方法，来对儿童心理施行的有系统的影响。我国的教育就是按照教育方针的要求把儿童培养成为德、智、体、美都获得发展的人才。

在我们国家里，托儿所、幼儿园有了很大的发展，义务教育已经普及，因此，大多数儿童都在受着社会集体的教育。党和国家对儿童的希望和要求，主要是通过教育，特别是学校教育和社会教育来实现的。新一代的思想觉悟、道德品质的提高，人生观、价值观的形成，劳动态度的培养，心理健康水平的提高，以及从事社会活动所必需的知识、技能的掌握，主要是由教育，特别是学校教育和社会教育决定的。因此，我们说，教育在儿童心理发展上起着主导作用。

（四）环境和教育是儿童心理发展的决定性条件，但是这并不意味着它们可以机械地决定儿童心理的发展

辩证唯物主义既承认环境和教育对儿童心理发展的决定作用，又反对把环境和教育的决定作用做机械的、简单化的理解。辩证唯物主义决定论和机械论根本不同，认为环境和教育对于儿童心理发展的决定作用总是通过个体或主体的活动，通过儿童心理发展的内部原因来实现的。这就是毛泽东在《矛盾论》中所指出的：“外因通过内因而起作用。”①

我们不能强迫幼儿园的孩子去学习系统的数学，更不能学高等数学，因为这时儿童仅有关于简单数量的表象和概念，而不能掌握复杂的、抽象的数学知识。同样，我们用讲抽象理论的方法对小学低年级儿童进行思想道德教育，一定不会有多少效果，因为他们还没有掌握那些高深的道德概念，当然无法理解抽象的道德理论。一个教师，如果不了解儿童心理发展的内部状况，一味地强调教育的决定作用，而在所谓“教育的决定作用”不能实现的时候，不去虚心地考虑问题，反而急躁、埋怨，责怪儿童，其结果必然会由于违背客观规律，而给儿童的教育工作带来一定的损失。因此，要使教育工作真正能对儿童心理发展起良好的作用，在教育方向确定以后，父母和教师还必须用辩证唯物主义的观点来考虑儿童心理发展的内部原因、内部矛盾，以及教育跟这个内部原因、内部矛盾的辩证关系。

辩证唯物主义认为，遗传是先天的东西，环境和教育是后天的东西。先天的遗传是在生命出现以后才有的现象，它是物质运动长期发展的产物。而且，前面说过，先天的遗传对一个儿童来说，只能提供发展的可能性，而不能决定发展的现实性，决定发展现实性的则是后天的环境和教育，教育起着主导作用。因此，从人发展的总体上可以说：先天来自后天，后天决定先天。在先天和后天的关系问题上，遗传决定论、环境决定论是错误的，同时，我们绝不能不分主次地加以并列、折中、调和，否则必然会陷入二元论和唯心主义。

第二节　儿童心理发展的动力

我们承认环境和教育对儿童心理发展的决定作用，同时，又反对把环境和

① 毛泽东：《矛盾论》，见《毛泽东选集》第1卷，人民出版社1991年版，第302页。

教育的决定作用做机械、简单化的理解。也就是说，一方面，我们应当承认环境和教育对心理的决定作用，因为心理是脑对客观现实的反映，是由客观现实决定的；另一方面，我们也应当承认环境和教育只是儿童心理发展的外部原因（外因），即外部矛盾。这个外部原因如果要对儿童心理发展起作用，就必须通过儿童心理发展的内部原因（内因），即内部矛盾，才可能实现。离开了儿童心理发展的内因或内部矛盾，环境和教育这个外因或外部矛盾就无法起作用或不能很好地起作用。

那么，什么是儿童心理发展的内因或内部矛盾呢？

关于儿童心理发展的动力问题，目前还有各种不同的理解。我们认为，在儿童主体和客观事物（客体）相互作用的过程中，亦即在儿童不断积极活动的过程中，社会（包括广义和狭义的社会因素）和教育向儿童提出的要求所引起的新的需要和儿童已有的心理水平或心理状态之间的矛盾，是儿童心理发展的内因或内部矛盾。这个内因或内部矛盾也就是儿童心理不断向前发展的动力。

一、儿童心理的内部矛盾是在儿童主体和客观事物相互作用的过程中产生的

离开儿童主体和客观事物的相互作用，离开儿童不断的积极活动，也就没有什么儿童心理的内部矛盾可言。

儿童从出生的那一天起，就不是消极地接受环境的影响，而是在不断的积极活动中反映客观现实——反映客观现象中的各种矛盾，反映客观现实和儿童主体之间的各种矛盾。儿童心理的内部矛盾就是这些矛盾在儿童头脑中的反映。例如，新生儿饿了的时候，就哭起来，积极地探索食物，这时跟他发生关系的客观事物就可能组成各种不同的矛盾关系。例如，母亲的乳头和母亲的指头在满足他的食物需要上，关系是不一样的，是有矛盾的，因此，在他的头脑里就产生不同的反映。也可能过些时候，要用牛乳代替母乳，这时儿童跟他的环境就产生了新的矛盾关系，这种新的矛盾关系也必然会在他的头脑中产生新的反映。因此，儿童心理的矛盾是儿童主体和客观事物相互作用的结果，是在儿童不断的积极活动中客观事物的矛盾、客观事物跟儿童主体的矛盾在儿童头脑中

的反映。

儿童心理的内部矛盾不但产生于儿童的活动中，而且矛盾双方的转化和统一也都是在儿童的活动中实现的。事实证明：7岁儿童如果继续留在幼儿园，他在一定时期内仍保留学前儿童的心理特点，仍以游戏为主导活动，从而仍以具体形象思维为主要的思维形式。儿童及时进入小学和在新的生活条件下从事正规学习活动以后，就能更快地实现从具体形象思维向抽象逻辑思维的过渡或转化。

二、需要也是一种反映形式

任何需要都是在一定生活条件下，即在一定的社会和教育条件的要求下产生的对一定客观现实的反映。需要这种反映和一般反映活动的不同之处在于，需要是一种追求和倾向于某种事物的关系的体验，它是由个体和社会的需求所引起的反映和体验。

需要可以因个体的要求而产生。例如，由于口渴这一生理上的要求，个体就产生了对于水的追求和倾向。由于求知欲这一心理的要求，个体就产生了对于书籍的追求和倾向。需要也可以因社会的要求而产生。

需要可以是物质方面的（如对水的需要），也可以是精神方面的（如对阅读的需要）。而人的需要总是带有社会性的。

需要可以表现为各种形态，动机、目的、兴趣、理想、信念等乃是需要的不同表现形式。

需要在人的心理活动中，经常代表着新的一面、比较活跃的一面。需要总是不断发展的，主客观的关系也在不断发展着，人周围的事物改变了，人的需要也就跟着改变。一种需要满足了，另一种需要又会产生。

三、心理水平或心理状态是过去反映活动的结果

人们已形成的认识水平、心理特征，也就是一个人心理发展的水平或状态。从生理机制上说来，也就是已经形成的暂时神经联系系统，已经形成的动力定型。

已有的心理水平或状态，经常代表着人的心理活动中旧的一面、比较稳定的一面。

四、儿童心理发展的动力是新的需要和已有的心理水平或状态之间的对立的统一和斗争

第一，儿童心理上的新的需要和已有的心理水平或状态是统一的、互相依存的。

需要总是在一定的心理水平或状态上产生的，换言之，需要依存于一定的心理水平或状态。例如，3 岁儿童的言语处于最初步的口头言语发展水平，因此，他只能掌握某些日常词汇来表达自己的愿望，来跟别人进行简单的言语交际，而没有掌握书面言语的需要。

反过来说，一定心理水平或状态的形成，也依存于儿童是否有相应的需要。例如，小学一年级儿童有了学习加减法的需要，才能逐步掌握加减法的运算。同样，儿童只有在进入小学以后，有了掌握书面言语（阅读和书写）的需要，才会推动他努力去提高自己的阅读和书写水平。

第二，儿童心理上的新需要和已有的心理水平或状态又是互相斗争、互相否定的。

新的需要总是否定着已有的心理水平或状态，换言之，心理发展的水平或状态总是满足不了日益增长的需要。例如，1.5 岁左右的儿童在学会了一些简单的词像“爸爸”“妈妈”“娃娃”“球球”“帽帽”等以后，自己非常高兴，周围的人也很高兴，但是随着这种水平的形成，他就会产生新的需要。因为单靠这些简单的词，并不能满足他进一步交际的需要。当他对成人说“帽帽”的时候，并不能使人了解他是要戴帽子，还是要玩帽子，还是表达帽子脏了。因此，新的需要推动他进一步去学会一些简单的句子。

反过来说，一定心理水平或状态的形成，也就意味着原来的需要的否定。儿童进入小学以后，逐渐形成了从事正式学习的能力和习惯，因而，游戏不再像学前时期那样是他的主导需要了。这就是说，心理水平提高了，原来的需要也就逐步被否定了。在心理水平或状态不断发展的基础上，儿童就会不断地产生新的需要。

第三，在社会和教育的影响下，儿童的新的需要跟已有的心理水平或状态不断处于矛盾统一的运动过程中，这就推动儿童心理不断向前发展，这也就是儿童心理发展的动力。

五、儿童心理发展的内因和外因

对于儿童心理发展来说，内部矛盾是它的内因，是儿童心理发展的根据。但是内部矛盾的运动，任何时候都离不开一定的外因，教育就是儿童心理发展的最主要的外因，是儿童心理发展的最主要的条件。

辩证唯物主义在强调事物发展的内因的时候，绝不把内因和外因形而上学地对立起来。毛泽东在《矛盾论》中说："唯物辩证法是否排除外部的原因呢？并不排除。唯物辩证法认为外因是变化的条件，内因是变化的根据，外因通过内因而起作用。"①

教育这个外因、这个条件是很重要的，但是要真正发挥它的主导作用，就必须考虑儿童心理发展的新的需要和已有水平之间的矛盾，就必须考虑儿童心理发展的内部矛盾这个内因，内因是发展的依据。外因只有充分考虑了内因这个特点，才能调动儿童心理发展的主动性和积极性。这就是说，外因离开了内因就无法起作用，更不用说主导作用，甚至会起反作用。因此，所有的父母和教师为了更好地按照客观规律进行教育工作，就必须了解儿童、研究儿童，了解和研究儿童的个别特征和年龄特征。

可能有人会问：把教育说成是儿童心理的外因或条件，是不是降低了教育在儿童心理发展上的主导作用呢？既然说教育在儿童心理发展上起决定作用，为什么又说内因是发展的依据？究竟是教育起决定作用还是内因起决定作用？

也可能有人会问：如果教育这个外因能够适合儿童心理的内因，是不是儿童的心理就立刻得到发展了呢？

这两个问题都属于教育和发展的关系问题，我们将在下一节详细讨论。

---

① 毛泽东:《矛盾论》，见《毛泽东选集》第1卷，人民出版社1991年版，第302页。

第三节 教育和发展的辩证关系

一、儿童心理发展上的外因和内因的相互关系

关于在儿童心理发展上内因和外因的关系，我们认为，如果不通过儿童心理的内因、内部状况，即需要和心理发展水平的矛盾状况，教育这个外部条件就无法起作用。可是如果只有儿童心理的内因、内部状况，而没有适当的教育条件，儿童的心理也无法得到发展。儿童心理如何发展，向哪里发展，不是由外因机械决定的，也不是由内因孤立决定的，而是由适合于内因的一定外因决定的，也就是说，儿童心理发展主要是由适合于儿童心理内因的那些教育条件决定的。

具体来说，一方面，教育决定儿童心理的发展，因为教育总是不断地向儿童提出新的要求，总是在指导着儿童的发展；另一方面，教育本身又必须从儿童的实际出发，从儿童心理的水平或状态出发，才能实现它的决定作用。下面的两个事例生动地说明了教育上外因和内因的相互关系。

有一个学生干部学习好，经常帮助任课老师批改作业，就是一条让班主任费心：比较脆弱，遇事哭鼻子。于是班主任每次交给他任务时，总是提出高于他的原有水平，经过他努力又能达到的要求，甚至给他带有适当“冒险”性质，让他去碰钉子，但他肯定能够胜任的任务。就这样，经过近两年的锻炼，他不仅逐步克服了哭鼻子的毛病，而且为班级做了大量的工作。在一次单独面对三个闯入学校的流氓时，他勇敢地应对，没有让对方的目的得逞，为此，他在全校赢得了较高的威信，当上了校级学生干部。工作以后，在每次给班主任的信中他都感激班主任当年对他的培养。其实，班主任也感激他为建立班集体而做出的贡献。

不是所有的班干部在班里样样都能做榜样，有时在某方面还存在不少问题。有一个姓王的学生，淘气得很，可是他天天来学校做好事。班主任提名他当生活委员。有一次班主任在三层别的教室上课，这个学生在位于四层的教室用绳子放下一个铃铛，铃铛每到一层响一次，惹得三层、二层、一层教室里一次次发出哄

笑声。三层的学生冲班主任说："老师，这是您班的玩意儿。"班主任十分恼火，根据位置判断准是王某干的，可是下了课班主任回班里一问，他硬不承认。过了不久，街道来贴表扬信，说王某从女厕所背出并救活一老太太，他撕掉表扬信，硬说没有这回事。事后班主任了解他是不愿听"女厕所"三个字，生怕别人起哄。他可谓软硬不吃。一天班主任病了，便捎信给王某，请他起个早为班主任去挂个号，没想到此事改变了他对班主任的看法，认为班主任最信任他。从此，他遵守纪律，当好班干部，也不许别人违反纪律。现在，他是已过"知天命"之年的外贸官员。

由此可见，强调教育这个外因必须通过儿童心理的内因、内部矛盾起作用，绝不是限制和贬低教育的作用，恰恰相反，是为了更好地按照客观规律来发挥教育的巨大作用。

因此，把外因和内因、把教育和儿童心理的内部矛盾绝对对立起来，是不对的，而应该把它们看成辩证统一的关系。

至于如何根据儿童心理发展的内部矛盾来创造条件，使它向人们所希望的方面不断转化、发展，这是心理学和教育学的共同课题。

二、从教育到发展过程中量变和质变的关系

上面说过，教育条件必须适合于儿童心理的内因，才能使儿童心理不断得到发展。但是，从实施教育措施到儿童心理得到明显的发展，不是立刻实现的，而是以儿童对教育内容的领会或掌握为其中间环节，是要经过一定量变和质变过程的。

（一）领会是教育和发展之间的中间环节

教育并不能直接、立刻引起儿童心理的发展，亦即本质性的变化，它引起儿童心理的发展总是以儿童的领会作为中间环节的。这就是说，教育必先引起儿童对知识、技能、道德、品质的领会、掌握，然后才有可能促进儿童心理的发展。事实上，并不是所有教给儿童的东西，儿童都能立刻领会。教育和领会之间总有一定的距离。对于儿童来说，从教育到领会是新质要素的不断积累、旧质要素不断消亡的细微的量变和质变的过程。

教育条件对儿童起什么作用，可以有种种不同的情况。例如，教材太容易了或太难了，都不能引起儿童学习的需要，甚至还会产生一些不良的后果，使矛盾向不正常的方面转化（如对学习感到乏味或畏惧、厌恶等）。只有当教材的难度适当的时候，只有当教材具有一定的难度而又为儿童经过一定努力能够加以克服的时候，才有产生真正领会、掌握或学习活动的可能。这就是说，教育并不等于领会。教育能否引起儿童的领会，首先是以学习内容的难度、结构的复杂性是否适合于儿童已有的心理水平并能引起学习的需要为转移的。

例如，对于刚刚进入小学一年级的孩子来说，只能从教他学会 10 或 20 以内加减法运算开始，使他掌握算术知识，而且要从实物运算开始，否则就无法使儿童领会。

关于教育如何可以更好地引起儿童的领会，这是一个复杂的问题，应当由儿童心理学工作者和教育心理学工作者共同来研究和解决。

（二）从领会到发展是比较明显、比较稳定的质变过程

儿童在掌握某些知识、技能以后，并不能立刻引起他的心理发展。掌握知识、技能是新质要素不断积累、旧质要素不断消亡的过程，是一些不明显的、细微的量变和质变的过程，只有在这些不明显的、细微的量变和质变的基础上产生比较明显、比较稳定的新质变化的时候，我们才能说儿童心理真正得到了发展。

例如，儿童在掌握新词的时候，这些词起初只是消极的，还没有成为儿童的积极词汇，或者只是初步地成为他的积极词汇，而这些词汇还没有经常出现在他的言语活动中。因此，他虽然掌握了一些新词，但是并没有达到明显的质的变化，并不能引起儿童言语的发展。

又如，小学儿童学习 5 的乘法，他虽然能求出 5×2、5×3、5×4 等算式的得数，但是他的计算方式是：5×2 就是 5+5，5×3 就是 5+5+5，5×4 就是 5+5+5+5。这时，乘法运算还没有成为他熟练的智力活动，因而还没有达到明显的质的变化，还不能引起智力活动的发展。只有当他真正掌握乘法口诀时，不假思索地就可以计算出 5×2、5×3、5×4、5×5 等，并能熟练地解答算题的时候，才能看作智力活动上的一个比较明显的质变，这就是智力活动上的一个小的发展。

苏联心理学家的研究指出，从教育到儿童领会教材，再到儿童智力活动的发展，是经过很多阶段的。① 例如，一年级小学生领会算术的时候，智力活动形成的一般过程是:（1）听教师的讲解和演示，获得一般表象;（2）运用具体的事物（如石子儿、小棍）完成计算活动;（3）儿童在掌握实物计算以后，开始不用实物，而是用出声的口头言语来完成计算活动;（4）儿童在掌握了出声的口头言语计算以后，开始在脑中用内部言语，即“心算”的方法来完成计算活动;（5）上述活动的各个环节逐渐消失了、简化了，一看算题就能很快地进行运算。这就是说，儿童真正掌握了运算的智力活动。

当儿童真正掌握了某种运算（如乘法口诀）的智力活动，达到熟练的、稳定的程度并能熟练地用以解答算题以后，也就是说，当旧的暂时神经联系系统改造成为新的暂时神经联系系统以后，他的心理就可能产生以细微的量变和质变为基础的一些比较明显、比较稳定的新质的变化。许多小的质变和发展，就能构成一个大的质变和发展。在儿童思维的发展上，从先学前期的直觉行动思维到学前时期的具体形象思维，到学龄时期的初步抽象思维、形式逻辑思维、辩证逻辑思维，就是一些较大的质变、较大的发展。这些较大的质变、较大的发展又是在一些小的质变、小的发展基础上逐步形成和发展起来的。此外，在质变和量变的转化过程中，儿童心理发展还要经历从质到量再到质的变化。例如，在学习听、说、读、写或数学学习过程中，儿童达到一定水平时，必须通过大量练习，有了量的积累，才能有新的思维质变。

儿童心理学的主要任务在于，揭示儿童心理发展上这些小的和较大的质变或发展的一般过程、具体指标和形成规律。

父母和教师的任务在于创造条件，使学习的内容适合于儿童心理的内部矛盾，在儿童已有的心理水平上引起新的学习需要，从而有节奏地、循序渐进地引导儿童健康地、尽最大可能地向前发展。

---

① 加里培林:《研究智慧活动形成的实验》，见《苏联心理学会议上的报告（1953 年）》，科学出版社 1959 年版。

第四节 儿童心理发展的年龄阶段性

根据以上论述，我们知道，儿童心理发展也跟其他事物发展一样，是一个不断矛盾统一、量变质变的发展过程。儿童时期（从出生到青年时期）心理发展全部过程的总的矛盾、总的质变是由软弱无能、不识不知的状态（一种质的状态）转化为具有一定的思想观点、知识文化和劳动能力的独立社会成员的状态（另一种质的状态）。

但是，我们只掌握了这个总的矛盾、总的质变是不够的，为了具体地理解和运用儿童心理发展的规律，还必须进一步了解在整个儿童心理发展过程中各个不同阶段的特殊矛盾和特殊质变。

儿童心理发展的各个阶段所表现出来的质的特征，也叫作儿童心理年龄特征。

一、儿童心理年龄特征的实质

儿童心理年龄特征是在一定社会和教育条件下，在儿童发展的各个不同年龄阶段中所形成的一般的、典型的、本质的心理特征。

第一，儿童心理年龄特征是就儿童心理的年龄阶段特征而言的。

在一定的社会和教育条件下，儿童从出生到成熟经历了六个重大时期，即乳儿期、婴儿期、学前期、学龄初期、少年期、青年初期。这些时期也就是一些不同的年龄阶段。年龄阶段的长短是不一样的，有的一年，有的两三年，有的三四年。这些阶段是相互连续的，同时又是相互区别的，一个时期接着一个时期，新的阶段代替着旧的阶段，不能躐等，也不能倒退。虽然由于种种条件的不同，每个时期或阶段的时距的幅度可以有些摇摆，但从总的发展过程来说，这些时期或阶段的次序及时距大体上是恒定的。

第二，儿童心理年龄特征是就儿童心理在一定年龄阶段中的那些一般的、典型的、本质的特征而言的。

儿童心理年龄特征是从许多具体的、个别的儿童心理发展的事实中概括出来的，是一般的东西、典型的东西、本质的东西。例如，儿童从出生到成熟的六个时期中，每个时期的品德都有一个一般的、典型的、本质的特征：乳儿期主要是适应时期；婴儿期为品德的萌芽时期，是一个以“好”与“坏”两义性为标准的品德时期；学前期主要是情境性品德发展阶段；学龄初期是品德发展协调性阶段；少年期为动荡性品德发展阶段；青年初期品德发展的明显特点是成熟性。① 又如，每个时期的思维也都有一般的、典型的、本质的特征：婴儿期为直观行动思维阶段，学前期为具体形象思维阶段，学龄初期思维的明显特点是从具体形象思维占优势向逻辑抽象思维占优势过渡，少年期是经验型的逻辑抽象思维，青年初期为理论型的逻辑抽象思维。②

由此可见，儿童心理年龄特征是就某一阶段的一般特征、典型特征、本质特征而言的。而在这一阶段之初，儿童可能保存着大量的前一阶段的特征；在这一阶段之末，儿童也可能产生较多的下一阶段的特征。甚至同一年龄的儿童，他们的特征也不是一模一样的。我们要用辩证的观点来掌握这些特征的个别性与一般性、典型性与多样性的矛盾，而不能用个别性来否认一般性，不能用多样性来否认典型性。

二、儿童心理年龄阶段的划分

正确地、科学地划分儿童心理发展的年龄阶段，迄今为止，还是远远没有得到适当解决的问题。古代的教育家和哲学家曾提出这个问题，近代的教育家和心理学家曾进一步探索过这个问题，苏联心理学家和现代西方心理学家也在不断地研究这个问题。为了帮助我们解决这个问题，简单回顾一下历史上有关这个问题的若干主要意见是必要的。

第一类意见是以生理发展作为划分标准。最典型的是柏曼（L. Berman）关于以内分泌腺作为分期标准的意见，如胸腺时期（幼年时期）、松果腺时期（童年

---

① 林崇德:《品德发展心理学》，上海教育出版社 1989 年版。

② 朱智贤、林崇德著:《思维发展心理学》，北京师范大学出版社 1986 年版。

时期)、性腺时期(青年时期)。① 在考虑划分儿童心理年龄阶段时，注意到生理方面的因素是必要的，但如果把儿童心理发展看成是由生理决定的，这显然是不对的。

第二类意见是以种系演化作为划分标准。施特恩的分期可以作为代表。他把儿童发展分为：幼儿期(6岁以前)，指从哺乳类动物到原始人类的阶段；意识的学习期(从小学到13岁)，指人类古老的文化阶段；青年成熟期(14~18岁)，指近代文化阶段。施特恩分期的理论依据即复演说。复演说的主要错误在于把个体发展史同种系发展史完全等同起来，从而引向生物决定论(预成论)。但是，人们也不能因此就根本否认个体心理发展史在一定程度上重复着动物和人类的心理发展史，因为个体发展史同种系发展史是有一定联系的。②

第三类意见是以智力或思维水平作为划分标准。皮亚杰的分期可以作为代表。他把儿童心理发展分为：感知运动阶段(0~2岁)，前运算阶段(2~7岁)，具体运算阶段(7~12岁)，形式运算阶段(12~15岁)。

第四类意见是以个性特征作为划分标准。埃里克森的分期可以作为代表。他把儿童心理发展分为：第一阶段，信任感对怀疑感(0~1.5岁)；第二阶段，自主性对羞怯或疑虑(1.5~3岁)；第三阶段，主动感对内疚感(3~6岁)；第四阶段，勤奋感对自卑感(6~12岁)；第五阶段，自我同一性对角色混乱(12~18岁)。

第五类意见是以活动特点作为划分标准。艾利康宁和达维多夫的分期可以作为代表。他们把儿童心理发展分为：直接的情绪性交往活动(0~1岁)，摆弄实物活动(1~3岁)，游戏活动(3~7岁)，基本的学习活动(7~11岁)，社会有益活动(11~15岁)，专业的学习活动(15~17岁)。

智力(或思维)和个性是心理发展的核心部分，用它们作为划分儿童心理年龄阶段的主要标志是可以的。但如果偏重某一方面，忽视另一方面，总使人感到不全面。以主导活动作为划分阶段的标志，能够看出儿童心理发展的整体面貌，

① 参看[美]霍林沃思(H. L. Hollingworth)著，赵演译:《发展心理学概论》，商务印书馆1935年版，第38—40页。

② 恩格斯著:《自然辩证法》，人民出版社2015年版，第312—313页。

是比较好的。但现在还缺乏一种确切的划分标准。

我们认为，划分儿童心理发展阶段时，以下两点应该特别加以考虑。

（1）儿童心理发展的每一时期的重要的特殊矛盾或质的特点，应该是划分儿童心理年龄阶段的主要依据。

（2）在划分儿童心理年龄阶段时，既应看到重点，又要看到全面。因此，儿童心理年龄阶段的划分标准可以初步地规定为：在一定的社会和教育条件下，儿童心理发展的各个不同时期内的特殊矛盾或质的特点。这些特殊矛盾或质的特点主要表现在儿童的主导活动上，表现在智力（或思维）水平和个性特征上，同时又表现在他们的生理发展（特别是高级神经活动的发展）和言语发展水平等上面。

但是，儿童心理发展的这些特殊矛盾或质的特点，还揭露得很少。因此，提出以比较确切的特殊矛盾或质的特点为标志的具体的时期划分，目前还是有困难的。而这正是我们今后要研究的重要课题之一。

三、儿童心理年龄特征的稳定性和可变性

一般来说，在一定社会和教育条件下，儿童心理年龄特征具有一定的普遍性和稳定性，如阶段的顺序、每一阶段的变化过程和速度大体上都是稳定的、共同的。但是，由于社会和教育条件在儿童身上所起的作用不尽相同，因而儿童心理发展的过程和速度可以有一定的差距，这也就是所谓的可变性。

儿童心理年龄特征的稳定性是相对的，而不是绝对的。随着各种条件的不同，儿童心理年龄特征在一定范围或程度内可以发生某些变化，而这些变化又是有限度的，而不是毫无限度的。

儿童心理年龄特征之所以是稳定的，主要原因在于，儿童心理发展是儿童在掌握人类知识经验和行为规范的活动中，心理机能不断经过量变和质变而实现的改造和提高的过程。

第一，人类知识本身是有一定顺序性的，儿童不能违背这个顺序来掌握它。谁都知道：先要学整数四则，才能学小数、分数；先要学算术，才能学代数；先要学平面几何，才能学解析几何；先要学动物植物，才能学生物进化；先要知道

历史事物，才能懂得社会发展史；先要识字，才能阅读；先要朗读，才能默读；先要阅读，才能写作；等等。再好的教育方法，也绝不能使不懂算术的儿童掌握代数，不懂欧几里得几何的学生掌握解析几何。

第二，同是掌握一门科学知识，掌握的深度和广度也是循序渐进的。小学生可以掌握代数，但就其掌握的水平或深度来说，是和中学生不同的，更不同于大学数学系的学生。同样，幼儿园的孩子或小学儿童也能理解一些道德概念，但和青少年的理解比起来，也是大不相同的。

第三，从儿童掌握知识经验到心理机能得到改造、提高，也是一个要不断经过量变和质变的过程。儿童从直觉行动思维上升到具体形象思维，再上升到抽象逻辑思维，是在掌握知识经验的过程中实现的，而不是立刻实现的。最初，儿童的智力或思维活动主要是依靠感知运动来调节的（如乳婴儿）；以后，可以主要依靠表象来调节（如学前儿童）；最后，才逐步学会主要依靠逻辑思维，即逻辑概念和判断推理来调节（如学龄儿童）。

第四，掌握知识经验是脑反映客观事物的活动，是学习活动。而儿童的脑是有一定的发展过程的，同时，在学习某一事物时，脑中所建立的联想也是有一定次序的。

儿童心理年龄特征之所以是可变的，其主要原因在于，儿童心理年龄特征的发展是受社会和教育条件所制约的。

首先，社会条件不同，儿童心理年龄特征的发展是不完全相同的。

其次，教育条件不同，儿童心理年龄特征的发展也是不完全相同的。在我国的教育改革过程中，某些学科按照儿童学习的规律重新编排了教材，改善了教学方法，使儿童能更快地掌握知识经验，从而在一定限度内使儿童心理有更快的发展，就是最显著的例证。

由此可见，我们必须全面地、辩证地理解儿童心理年龄特征的稳定性和可变性的相互关系，才能揭示儿童心理年龄特征的实质。

四、儿童心理发展的关键年龄问题

近年来，由于强调儿童心理发展的速度，发挥儿童学习潜力和早期教育问题受到人们的重视，因而关于年龄阶段，特别是早期年龄阶段上的关键年龄（或临界年龄、最佳年龄、敏感期）问题，也成为普遍关注的课题。在这里，有必要简单谈谈这个问题。

这个问题最初是从动物心理实验研究中提出来的。据认为，在动物早期发展的过程中，某一反应或某一组反应在某一特定时期或阶段最易于获得与形成，如果错过这个时期或阶段，就不容易再出现这样好的“时机”。这个关键的“时机”，也就是关键期或关键年龄。

这种现象最初是由奥地利的洛伦茨发现的。这种无须强化的、在一定时期容易形成的反应，叫作印刻（imprinting）。印刻发生的时期叫作关键期。例如，小鸡或小鸭在出生后不久所遇到的某一对象或刺激，印入它的感觉中，以至产生一种偏好和追随反应。以后再遇到这个或和这类似的对象或刺激时，就容易引起它的偏好和追随。小鸟辨认它的母亲和同类，就是通过这个过程实现的。这个现象在其他哺乳类动物身上也有所发现。据认为，小鸡的“母亲印刻”的关键期是生后 10~16 小时，小狗的关键期在生后的 3~7 周。过去都认为，动物出生后不久就会认识母亲，是由于亲子本能，后来发现，并非如此。因为实验证明，在关键期内，小动物对自己的妈妈可以发生“母亲印刻”，如果自己的妈妈在小动物生后就离开了，小动物也可以对其他类似动物发生“母亲印刻”。

以后，人们又把这种动物实验研究的结果应用到早期儿童发展的研究上，于是就提出了儿童心理发展上的关键年龄问题。例如，有人认为 2~3 岁是儿童学习口头言语的关键年龄，4~5 岁是开始学习书面言语的关键年龄。错过这个时期，效果就会差些。

关键年龄在早期教育、早出人才问题上，是一个值得大力研究的问题。例如，我国近年发现的许多超常少年儿童就是很好的研究对象。但这个问题现在还处于探索阶段，对此，我们应当采取审慎的态度。首先，要对这个问题进行具体而深入的研究。例如，几岁入学从事正规学习会更好地适合儿童心理发展，儿童在某一特定年龄时期学习语文、数学的潜力究竟有多大，应从什么年龄开始最好……都要以审慎的态度去进行实验研究，才能获得可靠的结论。其次，根据已有的知识，也不能认为儿童过了某种年龄就不能有效地进行某种学习。最后，抓住关键年龄及时进行早期教育，也仍然要考虑到内因和外因的相互作用的规律，绝不能孤立地或过分地夸大这个现象。

五、儿童心理年龄特征在教育工作上的意义

第一，儿童心理年龄特征在教育工作上具有重要意义。在教育工作方向、方针确定以后，教育者必须认真考虑儿童心理年龄特征来安排教材和选用教法，否则就会违反儿童发展的客观规律，从而使工作受到损失。让一个3岁的孩子去做一个三年级的学生，是不可能的；同样，用教幼儿园的方法去教小学生，也是违反儿童发展规律的。

第二，儿童心理年龄特征是选择教材和教法的因素之一，但不是唯一的因素。例如，幼儿园大班儿童是能够识字的，6岁儿童是能够入学学习的，但幼儿园是否要教儿童识字，还要依据整个幼儿教育计划来决定。6岁儿童虽然有可能入学，但是否让所有6岁儿童都入学，更重要的还要看国民经济发展的状况。

第三，儿童心理发展的年龄特征是教育工作的一个出发点，教师的任务在于从这个出发点来引导儿童的发展。一方面，必须根据儿童心理发展的可能性，对儿童提出适当的要求，从而引起儿童新的需要。不顾儿童心理发展水平，向儿童提出不适当的要求，是不对的。另一方面，迁就儿童现有的心理水平，不积极引导儿童向前发展，也是错误的。例如，小学儿童，特别是低年级儿童的无意注意仍占优势，有意注意还有待发展，这时，教师一面要利用儿童的无意注意，一面也要更好地引导和发展儿童的有意注意。

第四，儿童心理发展的各个相邻的年龄阶段既是互相区别的，又是互相联系的，而且同一个年龄阶段的开始和结束也常常表现出很大的差别。一方面，由于相邻的年龄阶段有质的差别，因此，混淆二者的差别是不对的。例如，不应当把学前儿童当作小学儿童看待，也不应当把小学儿童当作学前儿童看待。另一方面，每个年龄阶段又不是孤立的，前一个阶段和后一个阶段是互相联系的，它们之间不是截然分开的，而是逐渐过渡的，因此，不看到它们之间的联系也是不对的。例如6或7岁到11或12岁属于小学时期，但是事实上，6或7岁儿童还带有很多学前儿童的特征，他们跟11或12岁的儿童相比，就差别很大，11或12

岁的儿童已经多少具有少年时期的特征了。在教育工作上，考虑到相邻的年龄阶段之间的区别和联系，是很必要的。

第五，儿童心理的年龄特征是在一定年龄阶段中儿童心理发展的一般特征，除此之外，还应该注意儿童心理发展的个别特征。因为处于同一年龄阶段的儿童，由于种种复杂的因素，他们的心理发展不可能是完全一样的。因此，形而上学地一律看待处于一定阶段的儿童心理，这也是不对的。

根据教育工作的经验和心理学的研究材料，我们把儿童心理发展划分为如下的几个主要阶段：乳儿期（从出生到满1岁），婴儿期（从1岁到3岁），学前期（从3岁到6或7岁），学龄初期（从6或7岁到11或12岁），少年期或学龄中期（从11或12岁到14或15岁），青年初期或学龄晚期（从14或15岁到17或18岁）。

要点小结

遗传是儿童心理发展的生物前提，而环境和教育在儿童心理发展上起决定作用。儿童心理发展的动力是新的需要和已有的心理水平或状态之间的对立的统一和斗争。教育和发展的辩证关系包括：儿童心理发展上的外因和内因的相互关系，从教育到发展过程中量变和质变的关系。儿童心理年龄特征是在一定社会和教育条件下，在儿童发展的各个不同年龄阶段中所形成的一般的、典型的、本质的心理特征。

思考与练习

1. 如何理解遗传和环境对心理发展的作用？
2. 什么是儿童心理发展的内因和外因？它们分别有什么作用？
3. 请列举儿童心理年龄阶段划分的几种方法，以及你对于年龄特征的看法。
4. 试分析教育与年龄特征的关系。

拓展性阅读导航

1. Plomin, R., DeFries, J. C., McClearn, G. E., & McGuffin, P.（2012）. *Behavior genetics*（6th ed.）. New York: Worth Publishers.

本书探讨了遗传与环境对心理发展的影响，介绍了行为遗传学的基本原理、研究方法和最新进展。

2. 林崇德著:《教育的智慧：写给中小学教师》，北京师范大学出版社 2007 年版。

本书从教师职业的价值、教师的素质、学生的特点等方面出发，列举了大量教育中的实例，有助于读者了解教育与儿童心理发展之间的关系。

3. 林崇德著:《教育与发展——创新人才的心理学整合研究》，北京师范大学出版社 2013 年版。

本书阐述了教育的实质、功能和目标，指出教育最终是为了学生的发展，阐述了在教育与发展问题上的各种理论、观点及研究方法。

4. Berk, L. E.（2012）. *Child development*（9th ed.）. Boston: Pearson.

本书介绍了儿童发展的理论和研究、发展的生理基础、认知和语言发展、个性和社会性发展，以及儿童发展的环境因素。

第四章

乳儿期儿童心理的发展

内容提要

本章阐述胎儿、新生儿和乳儿期儿童心理发展的一些基本问题。首先介绍胎儿形成的过程和影响胎儿正常发育的因素，其次说明新生儿的一般特征、机体测定及心理的发生，最后较为详细地阐述乳儿的一般特征、神经系统、动作、语言、心理过程、气质差异及社会性的发展。

学习目标

1. 了解儿童从出生前到乳儿期的心理发展阶段。
2. 掌握乳儿期儿童感知、注意、记忆、思维等心理过程的发展特点。
3. 掌握乳儿期儿童的气质差异及社会性、依恋和情绪的发展特点。

关键词

乳儿期　胎儿　新生儿　心理发生

在整个儿童时期（从出生到成熟时期），乳儿期是一个发展最快的时期。在出生后大约一年的时间内，儿童身心各方面都有了极为显著的发展。当然，关于儿童心理的研究，虽然一般都是从儿童出生后开始的，但每个儿童都有一段出生前的发展过程，了解这段过程，对于了解儿童心理的发展是必要的。儿童出生后，首先进入到乳儿期。

乳儿期儿童心理发展的内部矛盾是：在成人的影响下，儿童不断产生的掌握随意动作、跟成人进行交往、获得对简单事物的初步认识的需要与儿童机体和心理发展水平极低的状态之间的矛盾。

这个矛盾主要表现在以下三个方面。

第一，对于机体的发展来说，儿童从吃奶过渡到断奶，再到逐步学会吃普通的食物，这在生理发展上和心理发展上都有重大的意义。

第二，从躺卧状态、完全没有随意动作过渡到用手操作物体和直立行走等随意动作。

第三，从完全不能说话过渡到能够掌握一些简单的词来跟成人进行初步的言语交际。

这一年的变化确实是非常巨大的。作为人类特点的直立行走、双手动作、言语交际的能力，经过逐步的发展，终于都开始出现了。这使儿童的独立性比刚生下来的时候有了极为显著的增长。

必须指出，这个矛盾的顺利解决，主要有赖于成人正确的养护和教育。如果没有成人正确的养护和教育，不但儿童心理发展会受到不良影响，甚至儿童本身也很难生存下去。

第一节 儿童出生前的发展

儿童在出生以前，在母体内度过了大约 10 个月（约 280 天）的寄生生活，从一个受精卵开始，逐步变成一个完整的胎儿。这就是所谓胎儿时期。胎儿时期是儿童个体发生的时期，它为儿童心理的发生准备了自然的物质前提。

一、胎儿的形成过程

（一）胚种阶段

一旦一个精子和一个卵子成功地结合了，受精卵将开始分裂再分裂。最初的细胞形成一个小球，称作胚种。胚种充满液体，随后分成三层：上层或外胚层，后来发展成为表皮、指甲、头发、牙齿、感官及神经系统；内胚层，将变成消化系统、肝、胰脏、唾液腺和呼吸系统；中胚层，最后成为真皮、肌肉、肌腱、循环系统和排泄系统。

约受孕后1周，胚种附着在子宫壁上，称作移植物。胚种是逐步把自己像种子一样埋在子宫壁上的，这个过程大约是1周。所有移植的胚种现在称为胚胎。

（二）胚胎阶段

胚胎阶段的发展展示了一个从头到脚、由近及远的发展模式。这样，头、血管和心脏等的发展早于胳膊、脚、手和腿的发展。在胚胎期，心脏已经形成，胚胎内也已形成一个小的消化系统和神经系统。当这些变化发生时，胎盘就在母体和胚胎间形成。通过胎盘，母亲给胚胎提供氧和营养物质，胚胎也可以把它血管中的废物送还给母亲。幸运的是，母体中的许多有毒化学物质和药物很难渗透至胚胎。胚胎通过脐带与胎盘相连，脐带由三根大血管组成，一根提供营养，另两根运送废物进入母体。脐带中无神经，剪掉它也不感觉疼。

（三）胎儿阶段

8周以后，胚胎发展了第一个骨细胞，这象征着结构分化的结束。在这个基点上，胚胎获得一个新名字“胎儿”，从而开始了某些小特征，如手指、指甲、眼睑、眉毛等的发展过程。它们的细小，并不意味着不重要，例如，眼睛在这个阶段完成它们的主要发展。胎儿新生长出来的眼皮大约在第10周进行闭合，而直到眼睛本身发展基本完成（大约第26周），眼皮才会睁开。不仅眼睛，在这个阶段，大部分生物特征也变得更像成人。

在孕3个月末，胎儿已能同时移动它的头、腿和脚了。另外，胎儿的心搏能透过子宫壁听到。当肌肉更进一步发展时，出现在孕2个月中的最初的反射将更增强。在孕4个月或5个月，母亲可以感受到胎儿的颤动，或在她子宫中的蠕动。虽然体重增长贯穿整个孕期，但体重的大量增长是在将出生时。在孕20周时，胎儿长度是出生时的一半，但体重只有出生时的10%。在孕7个月时，胎儿会呼吸、吞咽、消化、排泄、移动等，还能吸吮自己的拇指。在孕8个月时，胎儿开始长脂肪，这有助于调节出生后的体温。近年来，我国研究者对8个月后胎儿的研究表明，振动声音刺激能迅速引起胎儿的胎动反应，并且它的出现确实引起了胎儿的呼吸变化。①

二、影响胎儿发展的因素

中国古籍记载的胎教见于周文王的母亲太任，所谓“目不视恶色，耳不听淫声，口不出傲言，能以胎教子，而生文王”②。当今科学界进一步探索了影响胎儿发展的各种因素。

（一）生物学方面

母亲的某些自然特征与孕期出现的问题有关。例如，孕妇年龄过高或过低（随着产妇年龄的增长，其所生孩子患唐氏综合征的概率大幅增加）、身体过胖或过瘦（稍胖没有影响）、身高过矮和骨架太小等都会导致自然流产率或低体重儿的概率增加。

（二）病毒

许多病毒会损伤胎儿，虽然胎盘提供了保护作用，但对它们仍无济于事，如导致风疹、伤寒、白喉、梅毒和淋病的病毒等。

（三）其他不利因素

1. 药物

很多药物对正在发育中的胎儿有潜在影响，影响大小取决于药物本身的特点

---

① 徐芬、L. H. Pang、B. S. Kisilevsky:《振动声音刺激对妊娠后期胎儿呼吸及胎动的影响》,《心理科学》2000年第6期。

②《史记·周本纪》。

及使用的剂量、次数和时间。

2. 酒精

严重酗酒的母亲所生的孩子易患胎儿酒精综合征。研究表明，患有酒精综合征的胎儿在运动协调性、注意力、记忆力、语言、计划性和问题解决能力上都存在问题。酒精不仅仅抑制大脑机能，而且抑制大脑的生长。

3. 吸烟

吸烟的影响比酒精更普遍。吸烟会减慢胎儿的新陈代谢和正常发育，在胎儿时期接触尼古丁的儿童出生后体重偏低。如果母亲在怀孕期间吸烟，那么孩子在婴儿期和青年初期更有可能发生行为和认知困难。

4. 精神压力和意外事件

导致精神压力的因素很多。在怀孕期间过度担心和焦虑的妇女会引起高血压，进而影响胎儿的发育。意外事件主要是指母亲受到意外恐吓。此时，母体会产生一种激素叫儿茶酚胺，该激素会穿过胎盘，侵入胎儿，使胎儿也产生恐惧。研究表明，孕早期有轻度心理问题者，其胎儿患出生缺陷的风险是正常心理状态者的 1.6 倍。①

5. 环境危害

环境的影响来自多方面，如工业化学废料（如一氧化碳、铅、汞和聚氯联苯等）、X 光，以及农业化肥、杀虫剂及食物添加剂等。

因此，怀孕期间的母亲在注意营养的同时，应当注意以上提到的自身心理和外界客观因素，保持愉快的心情，从而有利于胎儿的成长。

① 曾嵘、付楚慧、罗家有、张伶俐、牟劲松、谭彩、段丹辉、杜其云、刘智昱:《孕早期心理健康状况与出生缺陷的病例对照研究》,《中国临床心理学杂志》2009 年第 3 期。

第二节 新生儿及其心理的发生

一、新生儿的一般特征

儿童心理学所要研究的是儿童从出生到成熟的一段时间内心理发展的历程，新生儿时期是儿童心理的发生期，是儿童心理发展历程的第一页。

胎儿出生后约 1 个月（28 天）的时间，叫作新生儿时期，这是一个具有质的特点的时期。

（一）从生理上的寄居生活转变为独立生活

胎儿生活是一种寄居生活，胎儿的营养、呼吸、排泄等新陈代谢机能都是通过母体来实现的。儿童出生以后，开始与外界直接发生关系，他必须独立地进行生理活动，这是一种新的矛盾。这种新的矛盾引起了儿童主体适应客观现实、独立调节自身行为的需要，为儿童心理的发生提供了直接的基础。

（二）心理现象开始发生

心理是脑对客观现实的反映。新生儿时期是心理现象的发生时期，是个体心理活动的起点。

（三）本身的软弱性和发展的巨大可能性

新生儿是软弱无能的，适应环境的能力很差，处处需要成人的关怀和照顾。但是同时他又是富于无限发展前途的，他是社会生活的新鲜血液，他将发展成为新的社会成员。

二、新生儿机体的测定

新生儿刚刚产出时，不像有些人想象的是个美丽的婴儿。他也许被多种物质，即来自羊膜囊的液体、来自胎盘的血和他自己的褐色粪便所覆盖。如果一个新生儿是从产道而非手术产出，他的头也许被拉长，或有一个明显的印迹。刚出生的新生儿平均体重为 3~3.5 千克，平均身高为 50 厘米。

一般来说，在出生 15~30 分钟内，新生儿对环境做出强有力的反应，也许是哭，也许是吸吮等。

医生、护士和家长都需要一种能很快确定新生儿机体是否正常的方法，美国医生阿普加（Apgar）设计的阿普加量表（Apgar Scale）提供了一种测定的方法，可供参考。阿普加量表由不同等级组成，测量的内容包括心率、呼吸、肌肉弹性、颜色和应激反射。

三、新生儿心理的发生

人的心理的起源问题，是哲学和科学共同关心的课题。

儿童心理学从人的个体发展史上来探索这个问题。

从个体心理发展史看来，儿童出生时并不具有心理现象。儿童心理的发生是跟儿童在社会生活和教育条件下儿童的神经系统，尤其是与脑的结构发展分不开的，是跟儿童的脑反映外界刺激物的机能发展分不开的。因为心理不是别的，而是在客观现实的影响下脑的活动的产物。没有脑这个器官，就不可能有人的心理产生；没有人脑对客观现实特别是社会现实的反映，也不可能有人的心理产生。如众所周知，无脑畸形儿是没有心理活动的，只有一些最低级的饥渴之类的无条件感觉。而“狼孩”虽然能产生动物的心理，但是不可能产生人的心理。

（一）新生儿神经系统的发展

儿童出生后几天，虽然大脑在结构上已初具成人的脑的规模，但它的重量、容积特别是机能方面还远远发展得不够。例如，大脑上主要的沟已经有了，但是还不深，神经细胞的体积还小，神经纤维还很短很少，而且大部分没有髓鞘化，因此，大脑皮质上不容易形成比较稳定的优势兴奋中心。

观察证明，儿童出生后几天，大部分时间处于睡眠状态。这是由于新生儿大脑皮质还不能适应外界刺激物的强度。虽然对于一般人来说是一些普通的刺激，但对新生儿来说则是一些超强刺激，这种超强刺激就引起保护性抑制——睡眠。

大脑所有的部位不是都以相同的速度生长。出生时，发展最好的区域是脑的低级中枢。这些中枢控制着觉醒、新生儿反射和生命所必需的其他功能。大脑最先发育成熟的部位是初级运动区和初级感觉运动区。新生儿之所以能够对外界刺激做出反射，具有感知运动能力，是因为新生儿的大脑只有这些感觉和运动区域功能良好。

（二）新生儿的无条件反射

儿童刚刚降生以后，主要是依靠由皮下中枢实现的无条件反射来保证他的内部器官和外部条件的最初适应。

1. 重要的无条件反射

（1）食物反射。接触儿童的嘴唇，就引起吸吮动作。

（2）防御反射。儿童出生后的头几天就能对温度刺激或痛觉刺激产生泛化性的反应（刺激一处，全身反应）。

（3）定向反射。儿童出生两周左右就能对强烈的刺激（如强光或大声）产生定向反射（如眼睛转向光源或暂时停止吸吮动作）。

2. 其他一些无条件反射

以上几种无条件反射具有环境适应性的生物学意义，但是还有一些无条件反射并无明显的生物学意义，可能在人类进化过程中它们曾经有一定的生物适应的意义。

（1）巴宾斯基反射。轻轻地抓或刺激儿童的脚心的时候，就引起脚趾向上张开的动作。以后（约在 8 或 9 个月时）这个反射就逐渐消失了。

（2）抓握反射。物体接触手掌的时候，新生儿就握住不放，甚至可以把物体悬挂起来（又叫达尔文反射）。大约在出生后 2 个月时，这个反射就消失了。

（3）惊跳反射。新生儿突然失去支持或受到大声刺激时，常常表现为惊恐状态，如双臂伸开，又迅速收回胸前，紧握拳头等。这个反射约在出生后 4 个月消失，又叫莫罗反射。

（4）游泳反射。托住新生儿的腹部，他就会做出像游泳一样的动作。这种反射约在出生后 4 个月消失。

（5）行走反射。用两手扶在新生儿的腋下，使其脚心着地，他就会做出行走样的动作。这个反射约在出生后 2 个月消失。

此外，还有其他一些无条件反射，如眨眼反射、瞳孔反射、吞咽反射、打嗝儿、打喷嚏等。无条件反射是遗传而来的，是本能性的，是固定神经联系，因此，它的适应性是非常低的，但是它同时又是形成条件反射的自然前提。

（三）新生儿条件反射的出现

条件反射是大脑皮质的活动，是高级神经活动，是暂时神经联系。它的形成除有赖于一定的环境条件以外，还要求大脑皮质结构和机能有一定的成熟程度，分析器有一定的发展水平，亦即要求大脑皮质一定的兴奋和抑制机能的发展、优势兴奋中心及其联系的形成。

虽然目前对于儿童最早在何时具有条件反射还有很大争议，但是许多研究表明神经机制的发展是形成这种联系的基础。李虹通过研究胎教音乐对胎儿的影响，发现胎教音乐可以使胎动时间延长，并证明在胎儿后期即存在条件反射。① 也有研究证实，出生后两小时的新生儿能学会把头顶的钟声和送入他们口中的糖水联系起来，最终当钟声出现时新生儿也会出现吸吮反应。② 在这些研究当中，新生儿形成的条件反射的质量有差异（如形成的速度、稳定性等）。而在日常生活中，儿童最初的条件反射常常是由母亲的喂奶姿势所引起的、由本体感受器迷路刺激而产生的食物性的条件反射。在这种条件反射形成以后，每当母亲把他抱在怀里的时候，他就积极去寻找母乳，于是母亲高兴地说：小东西“知道”要吃奶了。

新生儿形成条件反射的特点：形成的速度慢，要求条件刺激和非条件刺激的多次结合；形成以后不是很稳定，如不继续练习，就容易消失；不易分化，如对母亲各种抱的姿势都产生条件反应。

因此，这种最初的条件反射是很低级的，适应性还是很差的。虽然如此，这却是一个新的事物，是由脑来实现的一种信号机能，它反映和揭示刺激物的意义，从而使人能根据事物的信号和意义来调节自己的行为。心理是脑对客观现实的能动反映。根据这种理解，可以说条件反射的产生是儿童心理发生的标志，标志着作为个体的人的心理的最原始的形态（人的意识是在言语产生以后出现的）。

---

① 李虹：《胎教音乐对胎儿影响的实验研究》，《心理学报》1994 年第 1 期。

② Blass, E. M, Ganchrow, J. R., & Steiner, J. E.（1984）. Classical conditioning in newborn humans 2–48 hours of age. *Infant Behavior and Development, 7*（2）, 223–235.

还有一种观点认为，感觉的产生是心理发生的标志。20世纪50年代，西方和苏联就有儿童心理学家持这种观点，特别是60年代以后范茨、吉布森等心理学家提出了研究新生儿、乳婴儿的心理实验技术，如感觉习惯化与去习惯化、偏视与偏爱等。

这些研究都是以感觉定向和感觉分化为指标的。例如，在新生儿出生后2~8小时吃奶的时候，同时让他听口琴或敲击的声音。开始时，他一听到声音往往停止吃奶，但次数多了，就没有这种反应了，这是习惯化。以后，突然改变音调或用另一种不熟悉的声音，他又会停止吃奶，这是去习惯化。因此可以认为，新生儿很早就有区别声音的感觉发生。又如，研究者对出生后10小时的新生儿呈现各种人脸图片，发现新生儿生来就喜欢看人脸，特别是正常的人脸，而不喜欢怪脸。他们还发现，新生儿对比较规则、复杂的图形比对简单、单调的图形（如圆、三角形等）注视时间长些。这种对刺激物的偏爱，被认为新生儿有区分不同图形的感觉发生。在我国，有人重复过这种实验，得出同样的结论。①

有些人因此得出结论，认为以感觉为标志的“新”观点推翻了以条件反射为标志的“旧”观点。我们认为，这两种观点只是视角不同，它们是互相补充的。的确，儿童一生下来，就有这种感觉。感觉的生理基础是分析器，儿童出生后各种分析器先后成熟，能对事物做初级的粗糙的分析，这基本上是为无条件反射服务的。把无条件的感觉视为心理产生的标志，是一种比较广义的看法。因为无条件的感觉是以皮下中枢制约的无条件反射为基础的，而条件反射则是以脑的成熟为主要条件的。儿童生理学告诉我们，神经系统成熟的标志是它的髓鞘化。儿童出生时，脊髓、脑干传导通路的髓鞘化过程已经完成，而大脑两半球的髓鞘化过程主要是在儿童出生以后，在外界刺激的影响下逐步形成的，而且大脑两半球各个部分的髓鞘化过程也是不平衡的。在大脑两半球上，首先是感觉系统的髓鞘化，然后是运动系统的髓鞘化，而和高级智力活动有直接关系的部分如额叶、顶叶区的髓鞘化最迟。从严格科学意义上（而不是从广泛的意义上）说，心理是人

① 冯晓梅、张晓冬、张厚粲、徐雅文、张之芬:《新生儿视觉分辨能力的研究》,《心理学报》1988年第3期。

脑对客观现实的反映，它的生理基础是条件反射，而不是无条件的、本能的感觉。但无条件反射又是形成条件反射的前提。因此，从这个意义说，我们认为这两种观点不是矛盾的或谁否定谁，而是可以互补的。

第三节 乳儿神经系统的发展

乳儿期指儿童0~1岁。在此期间，儿童心理发展将获得突飞猛进的成就。这跟儿童正常生活条件下神经系统，特别是脑结构和机能的发展分不开。

一、神经系统结构的发展

（一）脑重量的不断增加

由于脑细胞的体积和神经纤维的增长，脑的重量不断增加。新生儿的脑重平均为390克，相当于成人脑重的1/3（成人脑重平均为1 400克）。9个月的时候增加到660克（约增加一倍）。2.5~3岁的时候，脑重量增加到900~1 011克，相当于成人脑重的2/3。因此，母亲怀孕的最后三个月和儿童出生后的头两年被称作大脑发育加速期。到7岁的时候，脑重达1 280克，已基本接近成人的脑重。比较起来，乳儿期是脑重增加最快的时期。

（二）神经突触的数量和长度的增加

保证皮质细胞形成联系的神经突触无论在数量上还是长度上都在不断增加，并且以不同的方向向皮质深入，这就给儿童个体跟外界环境发生复杂的暂时联系提供了物质的前提。一个有趣的现象是一般婴儿有比成人更多的神经元和神经连接，然而随着神经元的生长，生命早期诞生的神经元大约有一半在生命早期就凋亡了。这反映了新生儿大脑的可塑性，反映了细胞对经验的高度反应性。

（三）神经髓鞘的形成

保证神经兴奋迅速传导的神经髓鞘的形成，是脑内结构成熟的重要标志。神经髓鞘形成以后，就像电线加上了绝缘层一样，能使神经兴奋沿着一定的道路迅速传导，而不致蔓延泛滥。神经纤维髓鞘是逐步形成的。出生后不久，感觉器官和大脑之间的通路已经髓鞘化。接下来，由于大脑与骨骼肌肉之间通路的髓鞘化遵循头尾模式和远近模式，因此儿童逐渐可以掌握较为复杂的动作。虽然髓鞘化在儿童出生后的第一年内发展最为迅速，但是全部皮质神经纤维的髓鞘化还要经过很多年的时间才能完成。

二、皮质抑制机能开始发展

皮质抑制，即中枢抑制或内抑制机能的发展是大脑机能发展的重要标志之一。皮质抑制机能的发展就使大脑有可能更细致地分析综合外界刺激。从儿童心理发展的角度来说，皮质抑制机能是儿童认识外界事物和调节、控制自身行为的生理前提。

从儿童大脑皮质的兴奋和抑制过程的关系来说，儿童年龄越小，兴奋过程比抑制过程越占优势，兴奋就特别容易扩散。这也是小儿容易激动的生理上的原因。但同时应当看到，在外界事物的影响下，乳儿的皮质抑制机能也开始发展。

在儿童出生后的 15~30 天，分化抑制就已经明显地出现了。实验研究表明：出生后 2 个月的儿童能够分辨糖水和白水的味道，分辨小铃和电铃的声音。如果在抱他的时候，左右摇晃时就给予强化（吃奶），上下摇晃时就不给强化，他也能很快学会对上下摇晃不再做出期待吃奶的动作。到出生后 3 个月的时候，儿童能分辨红色和黄色，两种不同音高的声音，咸的、甜的和酸的味道等。不过，这种分化抑制的形成最初还是非常缓慢的。例如，分化两种不同的嗅觉刺激物，出生后 40 天的儿童要经过 315 次，并且在 55 天之后才能形成，而出生后 108 天的儿童只要经过 33 次，并且在 8 天以后就能形成。

除了分化抑制以外，在儿童出生后的前半年，其他各种内抑制，如消去抑制、条件抑制、延缓抑制也都能形成起来。在出生后的第二个月，儿童有明显的消去抑制，条件抑制和延缓抑制则因形成较为困难，一般要在出生后第五个月才能明显出现。

三、条件反射的定向强化作用的增长

乳儿期皮质机能发展的另一特点，是在外界刺激物的影响下，形成条件反射时起强化作用的基础反射也在发生着重要的变化。

新生儿时期，条件反射形成时起强化作用的主要是食物反射和防御反射。到了乳儿期，除了这两种反射的强化作用以外，定向反射的强化作用开始不断增长，并且逐步占有更重要的地位。

第一批条件性的定向反射在儿童出生后第三个月就已经形成，在第五个月它们就非常巩固了，而到了第七个月，只要经过几次的结合，定向反射就能形成。这样，儿童就开始能对周围的“新鲜事物”（如发声的、光亮的、活动的东西等）产生定向探究反应。

在以定向反射为基础的条件反射中，儿童对于与照顾他的成人相联系的刺激而引起的定向探究反应迅速地发展起来。大约在儿童出生后第二个月末或第三个月初，我们可以明显地看到儿童对照顾他的成人发出一种特有的所谓“天真快乐反应”。每当他见到熟悉的成人的时候，他总是注视着成人的脸，手脚乱动起来，甚至有些像微笑的样子，而对其他人则无此反应。这种行为是人类幼儿所特有的，也可以说是儿童最初发生的人与人之间的交际形式或“社会关系”。为了促进儿童的心理发展，成人跟儿童多接触，经常引起儿童天真快乐的反应，是非常必要的。

至于言语强化，在乳儿期，特别是乳儿后期，虽然也可以用到，但作用不大。这只有在以后，儿童掌握了语言，并且跟成人进行言语交际，成人用词对儿童的行为进行赞许或斥责时，言语强化才开始在儿童新的暂时联系的形成上起着越来越大的作用。

正是由于儿童机体和神经系统，特别是大脑皮质机能一天一天地增强，儿童每天觉醒的时间也逐步加长，睡眠时间相对减少。到儿童 1 周岁的时候，每天觉醒的时间可达 7~8 小时。这样，儿童积极活动的时间就逐步增多，从而为形成更多更复杂的暂时联系、为儿童的心理发展提供了有利条件。

第四节 乳儿动作的发展

儿童的心理也跟成人的心理一样，并不是对外界事物的直观的、机械的、像镜子般的反映，而是在自己积极的活动中，在跟周围事物积极交往中的能动的反映。

儿童从很小的时候起，就不是消极地接受外界刺激，而是在积极的活动中反映现实。例如，饿了就叫起来，饱了就安然睡去，对甜的东西表示欢迎，对苦的东西表示拒绝。当然，在这里，活动的意向性是很低的，但他正是在这样和客观事物相互作用过程中反映了或者逐步认识了客观事物的性质。就这样，儿童通过积极的活动形成和发展着自己的心理，同时，已形成的心理又反过来调节以后的活动。

儿童各种动作的发展是儿童活动发展的直接前提，活动是由动作组成的。

一、儿童动作发展和动物动作发展的本质区别

在人生第一年的乳儿期，动作的发展取得了非常大的成就。特别是作为人类特有的动作——手的动作和直立行走的出现，标志着人和动物的本质区别。

很多观察证明：儿童动作的发展从一开始就跟动物动作的发展有完全不同的路线。① 动物出生后不久，动作能力就发展得很好，可以自由行动起来。而人类的幼儿，在出生后的前半年，首先发展的是一些感觉的能力（如味觉、嗅觉、听觉、视觉等），至于动作，特别是手的动作、爬和行走等，都发展得较晚。这个事实表明，具有高度复杂性的儿童的动作，特别是手和行走的动作，是在大脑皮质的直接参加和控制下发展起来的，而动物的动作机能则在出生不久后经过一定的练习就逐步成熟了，大脑皮质的支配作用则远远不能与儿童相比。

① 参看［苏］索明斯卡娅等:《儿童在第二年里的运动官能的发展》,《儿科学与妇婴保健问题》(俄文版）1948 年第 2 期。

二、乳儿动作发展的顺序或规律

乳儿期是动作发展最迅速的时期，这种发展是按一定顺序或规律进行的。

（1）从整体动作到分化动作。儿童最初的动作是全身性的、笼统的、散漫的，以后才逐步分化为局部的、准确的、专门化的动作。例如，C. 彪勒指出：把毛巾放在2个月儿童的脸上，就引起全身性的乱动；5个月的儿童开始出现比较有定向的动作，双手向毛巾方向乱抓，而8个月的儿童能毫不费力地拉下毛巾。①

（2）从上部动作到下部动作。如果使乳儿俯卧在平台上，他首先出现的动作是抬头，至于俯撑、翻身、坐、爬、站立，以至行走，则是按照一定顺序发展起来的。

（3）从大肌肉动作到小肌肉动作。乳儿首先出现的是躯体大肌肉动作，如头部动作、躯体动作、双臂动作、腿部动作等，以后才是灵巧的手部小肌肉动作，以及准确的视觉动作等。

三、乳儿手的动作发展

人类手部动作的发展，在儿童心理发展上具有无比巨大的意义。

儿童约从出生后第三个月起，一种不随意的手的抚摸动作就开始了。他无意地抚摸着襁褓或被褥，抚摸着亲人或玩具，抚摸着自己的小手。到第五个月左右，由于抚摸动作的不断反复，同一个动作总是引起同一个结果，这就形成了反映事物关系的稳固的感觉——运动表象，这就成为一种"学会了"的动作，从而使动作带上了一定的随意性。以后，当他看见亲人或玩具的时候，他不但会发出快乐的声音，而且要伸出手来抓抓摸摸。这样，儿童开始把手作为认识的器官来感知外界事物的某些属性。

儿童动作的重复是由定向反射来强化的，因为通过每个动作，儿童都会发现事物的新的方面或新的因素。而成人言语的强化、组织作用也越来越明显。

---

① ［奥］C. 彪勒著，李芳经译述：《人生第一年》，商务印书馆1944年版，第二章。

研究表明，出生4个月的婴儿已经开始了左利手与右利手的分化。① 从儿童出生后下半年开始，手的动作有了进一步的发展。第一，儿童逐步学会拇指与其余四指对立的抓握动作，这是人类操作物体的典型方式。随着这种操作方式的发展，手才有可能从自然的工具（跟动物的肢端一样，五指不分）逐步变成使用和制造工具。第二，儿童在抓握动作过程中，逐步形成眼和手，即视觉和动觉联合的协调运动，这就发展了儿童对隐藏在物体当中的复杂的属性和关系进行综合分析的能力，这就发展了儿童的知觉和具体思维的能力。

手的动作继续发展下去，情况就越来越复杂了。在眼睛的配合下，从两只手玩弄一个物体，到同时玩弄两个物体，到用种种不同的方式来玩弄多个物体。例如，通过把小盒子放在大盒子里，用小棒敲击铃铛等，儿童就进一步认识了事物的各种关系。

随着儿童动作的发展，动作的随意性也日益增长。但是，在整个乳儿期，有目的、有计划、有预见性的随意动作还是看不见的，因为有目的、有计划、有预见性的随意动作是跟儿童言语的发展直接相联系的。

李惠桐等人（1979）对乳儿手的动作发展顺序和手的抓握动作发展顺序进行了研究。顺序依次为：4.7个月时，能抓住不放；6.1个月时，能抓住面前的玩具；6.4个月时，能用拇指、食指拿；7.5个月时，能招手；7.6个月时，传递（倒手）；7.9个月时，能拿起眼前玩具；10.1个月时，从瓶中倒出小球。

四、乳儿爬行和行走的发展

儿童行走动作的发展在儿童心理发展上的意义也是非常巨大的。行走动作的发展同样要经过一个漫长的道路。大约3个月的时候，儿童开始能够翻身；到6个月的时候，能够坐起来；大约8或9个月的时候，开始会爬。

爬行虽然被认为是乳儿期比较自然简单易行的动作，但是婴儿需要较长的时

① 陈晶、詹启生:《4个月婴儿左利手与右利手倾向的鉴别研究》,《中国健康心理学杂志》2009年第7期。

间，才能协调头和肩的运动及伸手和蹬的动作。

我国研究者针对乳儿期的爬行进行了许多研究。

第一，爬行起始年龄。随着儿童出生季节的不同，其爬行起始年龄存在显著的差异。冬季出生的儿童与其他三个季节出生的儿童相比，其爬行起始年龄提前 2~4 周。①

第二，爬行与认知能力的关系。会爬的乳儿比不会爬的乳儿在完成绕过障碍物取得目标物的任务上表现得更为出色。② 爬行对乳儿的注意力发展也有影响。③

婴儿到 1 周岁的时候就会站起来，并有可能开始行走。当然，由于种种条件，如营养状况、练习的机会等，儿童之间是有个别差异的。

图 4–1 显示了行走动作发展顺序中几个关键步骤：从站到走的过程。

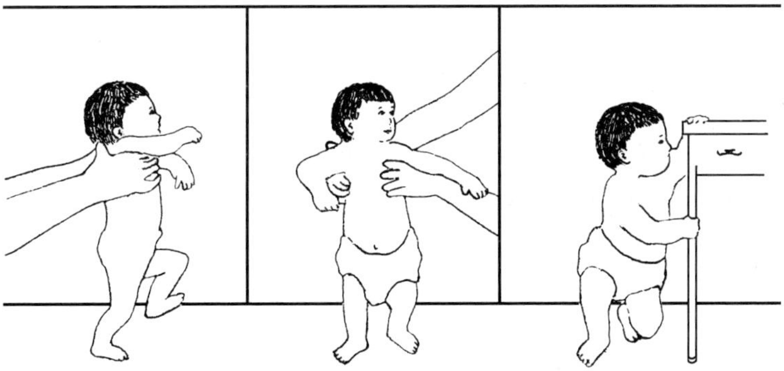

① 新生儿的行走反射　② 2 个月时，如果被扶起可举头片刻　③ 9 个月时，可以自己扶着家具站立

① 董奇、张红川、陶沙：《出生季节与婴儿爬行动作的发展》，《心理发展与教育》1999 年第 1 期。

② 陶沙、董奇、王雁平、J. J. Campos：《爬行经验对婴儿迂回行为发展的影响》，《心理学报》1999 年第 1 期。

③ 曾琦、陶沙、董奇、芦咏莉、张红川：《爬行与婴儿共同注意能力的发展》，《心理科学》1999 年第 1 期。

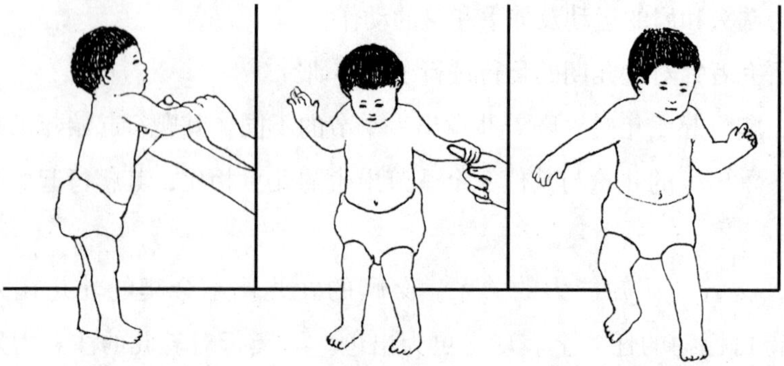

④ 10个月时，扶两手能走　⑤ 1 岁时，稍扶一手能走　⑥ 13个月时，无帮助可独立走

图 4-1　乳儿行走动作发展顺序

开始直立行走，不但使儿童有可能主动去接触各种事物，而且有利于各种感官（听觉器官、视觉器官、言语器官）的发展，从而大大地扩大了儿童的认识范围。

在人类发展史上，直立行走是从猿到人转变过程中的重要的契机。恩格斯认为："由此就迈出了从猿过渡到人的具有决定意义的一步。"① 同时，直立行走也为人类意识的产生提供了极为有利的条件。可以设想：如果猿猴总是用四只脚行走，而不直起身子，那么它就不能自由地利用自己的肺和声带，因而也就不能说话，而语言是人类意识发展的重要条件。如果猿猴总是用四只脚行走，总是向下方看并从下方摄取印象，也就没有可能向上方看、向四周看，因而也就没有可能使自己头脑获得的印象比四脚动物多，这就从根本上阻碍了作为猿猴后代的人类意识的发展。

由此可见，儿童对外界事物的认识，儿童心理的发展，首先是跟儿童的动作和活动的发展分不开的。

同时，应当指出，儿童的心理也不是儿童行为和活动中的一种消极的副产品或副现象，而是始终积极地参与在儿童的动作和活动中的。一方面，它作为动作和活动的前提，调节着全部动作和活动的过程；另一方面，它又作为动作和活动

① 恩格斯著:《自然辩证法》，人民出版社 2015 年版，第 304 页。

的结果，来进一步参加到以后的动作和活动中。

要发展乳儿的动作，就应该使他有一定的练习动作的机会，这就要求我们提供适当的设备。例如，使儿童在干净的地板上爬来爬去，在有木栏的床上学习站立和迈步。同时，我们也要提供一些适当的玩具，如活动的、颜色鲜亮的、发声的、大的玩具，以及乳儿喜欢的图片。

第五节 乳儿言语的发生

语言有几个方面，儿童必须全部掌握了它们，才能获得真正的言语能力。首先，必须学习语言的音，这就是语音；其次，必须掌握它的意义，也就是语义或词汇；最后，必须把语音和语义或词汇组成一个整体，即句子或句法。

整个乳儿期，可以说是言语的准备时期，或言语开始发生的时期，我们一般称之为言语前期。

语音在乳儿期就得到迅速发展，词汇在乳儿期也有一定程度的发展。句子或句法在婴儿期才开始发展，即到了婴儿期，儿童才开始能把词结合成短语或句子。

一、言语获得的理论

语言学家和心理学家提出了几种言语获得的理论。其一，以斯金纳的操作性条件反射为基础的强化说。这种理论认为：父母总是对孩子的发音活动进行鼓励和反应，以刺激孩子发出更多的音；父母总是以正确的语音词进行强化，所以乳儿期的咿呀语（babbling）朝着正确的语音、语义方向发展。其二，以班杜拉的社会学习理论为基础的模仿说。这种理论认为，乳儿和父母从事相互模仿的游戏，他们中的一个发出一种声音，另一个则以同样的声音愉快地回答。在这样的游戏中，乳儿不仅仅练习了语音，也练习了相互谈话这种方式，还获得了语义。随着乳儿开始学会一个词或说有意义的语音，他的父母也得意地重复这个声音，使其更容易理解。其三，乔姆斯基的LAD，即语言习得装置。他认为，所有的人都有一种获得语言的先天倾向，这是由于人类有一个天生的获得语言的体系，图示如下：

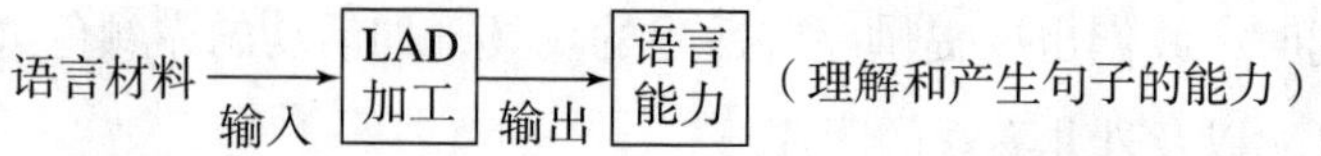

有三个事实支持这种理论：（1）所有健康的儿童获得本民族的语言无须专门训练；（2）没有任何动物可以获得与人类同等程度的语言；（3）大脑的某些区域显然有特殊的言语机能区。其四，以巴甫洛夫的条件反射为基础，特别是以两种信号系统学说为基础的理论。这种理论研究词如何代替具体事物而获得“信号的信号”功能，以及词与词之间如何形成相互联系的言语系统。这个过程分为四个阶段：

第一阶段，直接刺激物—直接反应；

第二阶段，词的刺激物—直接反应；

第三阶段，直接刺激物—词的反应；

第四阶段，词的刺激物—词的反应。

总的来说，我们认为这四种理论各有可取之处，但就四种中的某一种理论来说，是不能说明言语获得的过程的。

二、语音的发生

新生儿呱呱坠地时的第一声啼哭，就发出了他的第一个响亮的音。新生儿的哭声常能引来其他人的关注，所以新生儿很早就能发现声音的作用，但是它并非语言。有人把乳儿语音的发生发展从国际音标的角度分为三个阶段。①

第一阶段：0~4个月。最初的2个月发的都是单音节，而且都是元音，如[ə]、[ɔ]、[ʌ]和双元音[əu]、[au]；到3~4个月，开始发出辅音，而且能把元音和辅音结合起来，如[ha]、[kou]，此外还出现了个别双音节。

第二阶段：4~10个月。这阶段新增加了[μ]、[i]等单元音和[uei]、[əei]

① 张仁俊、朱曼殊：《婴儿语音的发展——一例个案的分析》，《心理科学通讯》1987年第5期。

等复合元音，同时元音和辅音更多地结合起来。还出现了［v］、［m］等辅音以及多音节的音，如［d］–［pu］、［d］–［tia］等，其中有些类似于成人语言中的音节。4.5个月的婴儿能识别自己名字的声音。

第三阶段：10～13个月。能正确模仿成人的语言，如［mie］–［mie］，并能把某些语音、语义结合起来。

研究表明，儿童早期语音知觉（phonetic perception）在语言发展中有着重要作用。① 研究者用条件性转头任务测量了6个月儿童的言语分辨能力，并在他们13个月、16个月、24个月时测量了其语言发展情况。结果显示，6个月婴儿的言语知觉能力与之后的语言能力（如在单词理解、单词产生、短语理解方面的能力）显著相关。这证明了语音知觉在语言获得中的重要作用。一项利用注视偏好范式的研究表明，普通话声调在12个月中国婴儿词汇表征中具备语义特性。②

还有人在对乳儿的咿呀语进行了研究以后认为，从2或3个月开始，当儿童吃饱了而且身上舒服的时候，就发出一种咿咿呀呀的声音，像ai–ai、ei–ei、a–a–a、e–e–e、ou–ou–ou、hei–hei等，6个月左右的儿童能发出更多的语音，如ma–ma、ba–ba、da–da、na–na等。这时人们已发现，儿童用不同的声音表示不同的情绪。例如，儿童哭的时候，由于哭的原因不同（如饥饿、疼痛、假哭），常常夹杂着一些不同的声音，有经验的母亲常常从儿童哭的声音中辨别出孩子哭的原因。

有心理学家认为，乳儿的这种咿呀语是由于一种内在的动力，他们这样做是为了听到他们自己的声音。心理学家之所以认为乳儿咿咿呀呀是来自一种内在的动力，是因为一方面乳儿显然不是通过模仿自己听到的语言而咿咿呀呀的，另一方面，即使是聋儿，也以正常的方式咿呀，只是在1岁左右突然停止了，也许是因为他们缺乏听到他们自己声音的鼓励和强化。

① Tsao, F. M., Liu, H. M., & Kuhl, P. K.（2004）. Speech perception in infancy predicts language development in the second year of life: A longitudinal study. *Child Development, 75*（4）, 1067–1084.

② 陶冶、徐琴美：《12个月中国婴儿熟悉词表征中声调的语义特性》，《心理学报》2013年第10期。

前语言期的咿呀语类似人类的语言不是因为有可识别的单词，而是因为其中有类似成人语言中的韵律结构。通过比较婴儿和成人读双音节词的音频、音强和音长，研究者发现：成人在发最后音节时表现为低频率、低强度，但持续时间长。婴儿只在音强上有所降低。两组重读音节和非重读音节在这三种变量上变化相似。由此推论，英语环境下婴儿在产生词之前就能产生和成人类似的重音形式。①

咿呀语和真正的语言不同，它不需要教，父母可以通过微笑和鼓励增加乳儿咿咿呀呀的次数，但是父母不能影响乳儿对于特殊的咿咿呀呀的选择。

在乳儿后期，某些咿呀声更像真正的语音，因为它们变得相当复杂，有正常的音调和抑扬顿挫。有人考察了声调如何影响乳儿的咿呀语，发现9~14个月的乳儿经历着咿呀语的偏移，这期间他们发出的声音会逐渐局限于母语的声音。②

三、语义和最初的词汇获得

语义和词汇的获得表现在两个方面：理解词和说出词。理解发生在前，说出在后；前者是言语理解的开始，后者是言语交际的开始。

（一）言语理解的开始

从7个月或8个月的时候起，由于儿童多次感知某种物体或动作并同时听到成人说出关于这一物体或动作的词，在他的头脑中，这个物体或动作的形象和词的声音之间建立起暂时联系，以后他只要听到这个词的声音就能产生相应的反应。例如，成人常常一面拍手，一面说“拍手、拍手”，经过不断反复以后，只要成人说出“拍手”这个词的时候，儿童就会做拍手这个动作。又如，成人如果当着儿童的面指着猫说“猫、猫”，经过多次反复以后，只要成人说“猫呢”，儿

① Davis, B. L., MacNeilage, P. F., Matyear, C. L., & Powell, J. K.（2000）. Prosodic correlates of stress in babbling: An acoustical study. *Child Development, 71*（5）, 1258–1270.

② Weir, R. H.（1966）. Some questions on child’s learning of phonology. In F. Smith & G. A. Miller（Eds.）, *The genesis of language*. Cambridge, MA: MIT Press.

童就会转头去看猫。由此可见，词的声音已开始成为物体或动作的信号。

研究表明，8 个月的儿童能用声音和手势结合完成目标行为。第一个手势是张开双臂，期待抚养者抱起他。8 个月的婴儿能理解一些单词和短语的意义，这种语言理解力先于词和短语的产生。

从 10 个月或 11 个月起，在词的声音和物体或动作发生联系的基础上，儿童逐步过渡到对词的内容发生反应。此时，儿童不再对相似的音调发生反应，而是开始“懂得”词的意义，对词的意义发生反应。也就是说，词开始成为言语信号，即第二信号。

当儿童开始听懂词的时候，虽然儿童还不能利用言语，但可以说这是儿童与成人言语交际的开端。

当然，这种言语交际是非常低级的。

第一，这时儿童能听懂的词是有限的。

第二，这时第二信号系统经常需要第一信号系统的支持。例如，成人的言语指示常常要和相应的物体或动作一起出现：成人一面说“拍手”，一面做“拍手”动作；成人一面说“猫呢”，一面指着旁边的猫。实验证明：在没有相应的物体或动作的情况下，词的指示往往无效。可见，此时的第二信号还带有很浓的第一信号的色彩，或者还是第一和第二信号协同活动的开始。

第三，这时的第二信号跟第一信号相近，因而还不能像成人的词那样包罗万象，那样具有更大的概括性。

（二）言语交际的开始

儿童真正具备了言语交际的能力，就不仅能听懂词，而且还能在听懂词的基础上说出词。只有在儿童的言语听觉分析器和言语运动分析器之间建立联系以后，语言才真正开始成为交际的工具。

言语交际一般要到 1 岁左右出现。而这时儿童说话的积极性是不高的，词汇量仅 20 个左右，词的概括功能和调节功能也只是刚刚开始。因此，乳儿期结束的时候，言语的交际职能还是很差的。虽然如此，这意味着儿童心理发展的一个新阶段的开始，它的特征是在儿童和成人之间建立了新的关系。

四、父母对乳儿言语获得的影响

父母能够影响儿童言语获得的过程，但他们如何去做呢？父母要把他们的小宝宝当成羽毛丰满的谈伴，耐心地、经常地同他交谈。例如，一个母亲同她3个月的孩子谈话，内容如下：

母亲：儿子今天好吗？（停）你好吗？（停）好，你说。/你觉得好吗？/我很高兴那样。/是的，我是。你现在想要什么？/你的奶瓶？这是你想要的？好，它在这儿。

在交谈中，母亲假设她的孩子是有能力回答的。更进一步，母亲保持了停顿，这是母亲给她的小宝宝回答的机会，然后又轮到她自己。母亲的这些行为，至少向小宝宝表达了她的愿望，希望他们彼此能够交谈。当小宝宝终于开始谈话时，父母仍可继续这种方式，但要注意：第一，尽量做到言语简化、句子简短、词义简单，因为这种保持儿童言语特色的交谈方式更能刺激儿童的言语发展；第二，谈话速度要慢，要使用比正常更高的音调和更多变的频率；第三，要对关键词进行强调，并重复和解释某些词。

第六节 乳儿心理过程的发展

已有的关于儿童心理发展的观察记录和实验资料表明，儿童在出生后的第一年里，感觉有比较迅速的发展，知觉开始出现，注意和初步的记忆比较明显。当然，思维还是说不上的，如果说有的话，那也只能说是处于一种萌芽状态，是属于第一信号系统的，并且是跟知觉、表象相近的一种心理活动。

一、乳儿感觉的发展

新生儿就已具备各种感觉，但这些感觉基本上是为无条件反射服务的。随着神经系统，特别是大脑机能的发展，在日益多样的、丰富的环境刺激影响下，各种感觉迅速发展起来。

（一）皮肤觉

儿童的皮肤觉很早就开始出现。在触觉方面，儿童从很小的时候起，就能对跟身体接触的襁褓或被褥所引起的任何不舒服的刺激做出强烈的反应，特别敏感的是嘴唇、手掌、脚掌、前额、眼帘等处。触觉是一种主动和被动的感觉，婴儿用它探求物体以及他人和自己的身体。例如，在物体接触手掌的时候，就立刻抓握物体等。在温冷觉方面，感受性也是比较敏锐的。儿童刚出生的时候，由于外界环境较冷，因而大叫起来；如果处于温暖的地方，他就不哭了。在洗澡的时候，如果水太冷或太热，儿童也会大哭起来。吮吸是儿童最早发展起来的用来使自己安静的策略之一。吮吸和用嘴咬是婴儿最早的探索性触觉的形式。吃牛奶的儿童，如果牛奶太冷或太热，他甚至会因此而予以拒绝。在痛觉方面，目前还不十分明确，但儿童遇到痛刺激以后，就能立刻产生全身的或局部的反应，则是毋庸置疑的事实。

在许多不同文化中，有的父母常常用一块布把乳儿裹起来，或者仅仅是抱着他，就可以让他减少哭叫。因此，有心理学家提出乳儿的“皮肤饥饿”理论，认为儿童在很小的时候，皮肤具有“饥饿感”，只要成人轻轻抚摸或抱起来，他就会感到安全和解除“饥饿感”。这就是为什么通常当小孩子哭的时候，把他们抱起来，哭声即止。

5~6 个月的婴儿能用手控制对物体的探求。手的表面能感觉物体细节，乳儿能将物体从一只手换到另一只手来探查物体的棱角、形状和表面的弹性，还有物体的大小、温度以及重量。

（二）嗅觉和味觉

嗅觉和味觉也发生得较早。嗅觉在儿童寻找母乳时起一定作用。在哺乳时让乳儿闻甘菊味的实验发现，与早期哺乳有关的强化可以调节乳儿对新异气味偏好的快速学习。①4 个月的儿童就能比较稳定地区别好的气味和不好的气味。新生

① Allam, M. D., Marlier, L., & Schaal, B.（2006）. Learning at the breast: Preference formation for an artificial scent and its attraction against the odor of maternal milk. *Infant Behavior & Development, 29*（3）, 308–321.

儿就能对不同的味觉物体发生不同的反应。新生儿生来就喜欢甜的味道，对甜的味道有积极的反应，而对苦和酸的东西产生一种特有的消极的表情，如皱脸、闭眼、张嘴等。出生后2个月的儿童就能比较明确而精细地区别酸、甜、苦等不同味道。例如，吃惯了母乳的儿童，在刚刚换吃牛奶的时候，往往会加以拒绝。

（三）视觉

视觉和听觉在儿童心理发展中具有重要的意义。

儿童出生后的2~3周，我们常常可以看到儿童两眼的不协调运动，如一只眼睛偏左，一只眼睛偏右，或两眼对合在一起。同时，一遇光线，眼睛就眯缝着或闭合着。这就说明儿童的视觉活动还未成熟。之后，两眼不协调运动就消失了，并且我们可以开始看到儿童对光线或物体有视觉反应，但不能长久地把视线集中在一个物体上。例如，儿童能开始注视燃着的火柴，但不能随火柴的移动而长久地注视。视觉敏感性在儿童出生后4个月内发展迅速。约从儿童出生后1个月末或2个月初起，我们可以看见儿童集中的视觉活动，并且儿童逐渐能随着移动的物体而移动自己的目光。此时，婴儿对有序列的物体形成期待。3个月时，儿童的视觉更加集中而灵活，特别是对亲近的成人的面孔的集中视觉能长久维持。这时成人能用忽而隐藏忽而出现的方法来逗儿童发笑。此时，婴儿对不同波长的光有反应，如蓝、绿、黄、红。从4个月起，儿童开始能对颜色有分化反应，特别是红色的物体最能引起儿童的兴奋。从5个月或6个月起，儿童开始能够注视远距离的物体，如飞机、月亮、街上的行人等。此后，视觉的进一步发展就已经不只是集中注视，而是对事物的积极观察。研究者曾经测查了婴儿在抓取水平和垂直放置的棍棒时视觉的作用，通过测量手与棍棒接触之前手的指向，看婴儿的手是否有区别地指向棍棒所在的方向。① 由此可见，婴儿在环境中逐渐学会正确地运用视觉。

（四）听觉

新生儿出生后，因耳内羊水还未清除干净，因而听觉不甚灵敏。当羊水完全

① McCarty, M. E., Clifton, R. K., Ashmead, D. H., Lee, P., & Goubet, N.（2001）. How infants use vision for grasping objects. *Child Development, 72*（4）, 973–987.

排除后，听觉就有了显著的改善，例如，对强烈的声音可以产生震颤、抽搐及眨眼等反应。

听觉是新生儿和母亲之间最早的联系方式。研究已确定胎儿对听觉刺激的敏感性。出生前，胎儿听到母亲的心跳，这种声音在出生后的几天或几周内一直对其有抚慰作用。新生儿对母亲的声音表现出一种偏好，并且对母亲在孕期内哼唱的歌曲、朗读的诗歌也表现出偏好。由此推断，婴儿对听觉刺激的偏好是基于胎儿期对声音的熟悉性。

集中的听觉从何时开始还没有一致的研究结果。有人认为在出生后的 2 周或 3 周开始，有人认为在出生后的 2 个月或 3 个月开始。一般认为，儿童出生后 3 个月有明显的集中听觉，能感受不同方位发出的声音，并且向声源转头。出生后 3 个月或 4 个月，儿童能倾听音乐的声音，并且对音乐（如催眠曲）表现出愉快的情绪，而对于强烈的声音则表示不快。从 4 个月开始，儿童能分辨成人发出的声音，如听见母亲的说话声就高兴起来，并开始发出一些声音，似乎是对成人的回答。儿童辨别声音能力的不断发展，为儿童言语的发生准备了条件。

二、乳儿知觉的发生发展

感觉是通过一定的分析器对事物个别属性的反映，而知觉则是由于各种分析器的协同活动而产生的对复合刺激物（事物的整体）分析综合的反映。关于新生儿知觉的发生有不同的看法，有人认为新生儿出生后约 2 周就有距离知觉，如物体向新生儿面部徐徐移动，当靠近时新生儿就产生防御反应。如果说这是知觉的话，这只能说是知觉的一种低级形式。乳儿知觉的发展，常常在视觉和运动觉协同发展时出现的手眼协调运动中表现得最为明显，即他不仅看见物体，而且摆弄物体，从而认识物体的形状、大小等。这一般发生在出生后 5 个月左右。关于乳儿知觉发生发展的问题，还有待于更深入的研究。

关于乳儿期知觉发展的研究有许多新的成果和看法，以下做一扼要介绍。

（一）视知觉

1. 图形知觉

有研究表明，刚出生后 2 天的儿童就可以分辨人脸和其他模型。他们看人脸的时间比看圆盘或不规则盘子的时间长。在乳儿出生后的几个星期，视觉距离大约为 20 厘米，接近母亲的脸和怀抱的婴儿之间的距离。研究表明：3 个月的儿童更偏好本族面孔；4 个月的儿童对本族及他族面孔均进行整体加工；8 个月的婴儿只对本族面孔进行整体加工，不能对他族面孔进行整体加工。①②

关于图形知觉的更近期的研究又修改了这种结论，认为乳儿并非对人脸感兴趣，而是对它的轮廓线、复杂化和曲度感兴趣。新生儿特别容易被轮廓线或光和暗的交界线吸引。到了 2~3 个月时，他们的知觉兴趣转移到复杂化和曲度，在这个年龄，乳儿更喜欢看许多小矩形组成的图案，而不愿意看仅仅几个大方块。他们更喜欢看曲线而非直线，人脸正好具备这种性质，人脸上的发际线提供了明暗交界线。当面部特征分离或倒置时，婴儿表现出惊奇。研究显示，上下不对称性在决定婴儿的人脸偏好性中起重要作用。③4~7 个月的婴儿能识别和分辨像高兴和生气这样的一些面部表情。

2. 深度和空间知觉

深度和空间知觉是对一个物体有多远、多深的认识。乳儿大约在 2 个月或 3 个月时就有这种能力。最有力支持这个结论的是吉布森的视崖实验。实验大致是这样的：在一个桌子上盖上很厚的玻璃，玻璃下面是一块黑白相间的格子布，布的一部分直接贴着玻璃，另一部分隔开几英尺，这样，爬过桌子的乳儿就似乎在水面上的一只小帆板上，感觉有掉下去的危险。

在这个装备上，即使 2 个月的乳儿也能分辨出视崖的两边。有趣的是，当他们探索这个视崖时，心率通常减慢。这个发现证明，他们主要是对视崖好奇而不

① Kelly, D. J., Liu, S., Ge, L., Quinn, P. C., Slater, A. M., Lee, K., et al. (2007). Cross-race preferences for same-race faces extend beyond the African versus Caucasian contrast in 3-month-old infants. *Infancy, 11* (1), 87–95.

② Ferguson, K. T., Kulkofsky, S., Cashon, C. H., & Casasola (2009), The development of specialized processing of own-race faces in infancy. *Infancy, 14* (3) 263–284.

③ Turati, C., Simion, F., Milani, I., & Umità, C. (2002). Newborns' preferences for faces: What is crucial? *Developmental Psychology, 38* (6), 875–882.

是害怕。

当乳儿长大到能爬过视崖的时候，表现出明显的视崖恐怖。他们的心率明显加快；他们不往深的一边爬，尽管他们的父母在对面，尽管他们也能感觉到玻璃板的坚固支撑。这种从好奇到害怕的变化，也许是因为乳儿爬行动作的发展，使他们能更实际地观察深度和距离，也因为他们从经验中得知摔倒很疼，所以他们对高度格外小心。

图 4-2 是视崖实验中的一幅照片。母亲试图让这个儿童爬过深的一边到自己跟前，儿童则望而却步。

图 4-2　视崖实验

近年来，研究者针对乳儿对人的步态的空间位置特征的敏感性进行了研究。实验中人的步态用光点呈现，结果表明：3 个月的婴儿只能对胳膊或腿的绝对和相对运动做出反应；5 个月的婴儿能对身体各部位间的关系做出反应，尤其是对肢体的对称性。①

（二）听知觉

乳儿对声音的反应很早就有，但他们能从听到的声音中领悟到什么？心理学

① Booth, A. E.（2002）. Perception of the symmetrical pattering of human gait by infant. *Developmental Psychology, 38*（4), 554–563.

家们研究了几个事例:(1)每天大约17点钟时，佳佳（2个月）就开始莫名其妙地哭，她父亲发现吸尘器的声音能使她立刻平静下来;(2)明明（10个月）有时吵闹，他母亲发现打开录音机能使他很快平静，并且流行歌曲使他平静的时间最久。

大多数人猜测，明明从他听到的音乐中领悟到了某种意义，如歌曲的优美构成，但是佳佳不可能从她所听到的吸尘器的声音中领悟到任何意义，似乎是这种噪声唤起了她的听觉，她的确感到了噪声的不良刺激，所以平静了。

此外，研究发现乳儿能分辨声音的大小、高低、持续时间和声源位置。① 新生儿能表现出这些能力，6个月时敏感性开始提高。婴儿能用声音确定物体的空间位置。研究表明，4~6个月的乳儿用听觉信息探测相对速度和距离，6~8个月的乳儿能在黑暗条件下指向发声物体的正确方向。

（三）知觉常性和客体永久性

知觉常性（perceptual constancy）是由于儿童过去经验而使知觉完善化的结果，即一个物体尽管由于移动而距离不同，它传递到人眼中的感觉改变了，但它仍以同样的形状和大小保留在人脑中，知觉没有变。例如，儿童喜欢的一个玩具鸟总是飞来飞去，在儿童的视网膜上不能精确投射同样的像，这个像根据距离和角度的不同总是在变化，但儿童知道这个千变万化的像实际只是一个永恒的鸟——它是不变的，尽管看起来不同。

有人分别对乳儿的大小常性和形状常性进行过实验研究，结论是3个月左右的儿童即有了这两种知觉的能力。而其他研究者如皮亚杰则认为儿童要到6个月以后才有这种能力。

客体永久性（object permanence）是知觉常性的进一步发展，它指客体从视野中消失时，儿童知道这客体并非不存在了。如和乳儿做“藏猫儿”游戏时，你藏起来，不见了，他还用眼睛到处寻找。这个概念是由皮亚杰提出的。实际上，这已进入了表象的范畴。一般认为乳儿要到8~12个月时才有这种能力。

① Newman, B. M., & Newman, P. R.（2003）. *Development through life: A psychological approach*（8th ed.）. Belmont, CA: Brooks/Cole, pp. 137–138.

三、乳儿注意的发生发展

注意是与定向反射相联系的。无条件的定向反射在儿童出生后1个月内就可以出现。因为形成条件反射的时候，对于物体的集中定向是必备的先决条件。但这还说不上是一种注意，或者最多是一种无意注意的萌芽。约从3个月开始，由于条件性的定向反射的出现，儿童开始能比较集中注意某一个新鲜的事物；从5个月或6个月起，儿童能够比较稳定地注视某一物体，但是时间还不能持续很长。

四、乳儿记忆的发生发展

由于条件反射的建立和发展，记忆能力也初步发展起来，这时的记忆还纯粹是无意记忆。就记忆的表现来说，首先出现的是再认。一般来说，5个月或6个月的乳儿就可以再认妈妈，但此时再认的保持时间很短，只能再认相隔几天的事物。再认的范围也在逐步扩大，最初再认自己的妈妈、其他亲人，以后是周围的事物。至于重现，则还没有发展起来。

五、乳儿思维的萌芽表现

思维是人脑对客观事物概括的、间接的反映，是对客观事物的本质和规律的反映。它是在人的实践活动中，在感知觉的基础上，以表象为中介，借助于词、语言和过去经验而实现的一种高级的心理过程。

儿童刚生下来是没有思维的，他们只有从先天带来的一些无条件反射。虽然在整个乳儿期（包括新生儿期），从心理的产生到各种心理过程的发展，确实有非常巨大的变化，但是从严格意义上讲，真正的思维现象还没有出现。因为人的思维是和第二信号系统，即言语相联系的。从整个个体心理的发展来看，乳儿期只能说是思维产生的准备期，或者最多也只能说是逐步出现了思维的一些萌芽表现。

从儿童心理的产生到儿童思维的萌芽，是在儿童机体与生活环境不断相互作用中，在感性认识（感觉、知觉、表象）产生和发展的基础上，在分析综合能力不断提高、语言开始出现以及生活经验逐渐丰富的条件下实现的。

近年来，研究者对于儿童早期问题解决能力的形成和发展进行了一系列实验。例如，在问题解决过程中，8~11个月儿童的尝试行为及方法的有效性水平都呈逐步上升的趋势，其注意集中水平与其解决问题的成效显著相关。① 此外，定期让6~12个月的乳儿进行提取练习任务，结果表明，反复地呈现任务和是否能清楚地看到物体可增加乳儿问题解决的速度。②

总之，在儿童出生后的第一年，由于动作的发展，由于感知觉的发展，由于语言的产生和经验的积累，具有一定概括性和间接性的思维活动就开始产生了。虽然实质上它只能说是思维的萌芽，但它有着无限的发展前途。在儿童今后的生活活动（游戏、学习、劳动）中，儿童的思维就从这种萌芽状态开始，一步一步地发展成为典型的、高级的人类的思维。

第七节 乳儿的气质差异及社会性的发展

一、乳儿的气质差异

乳儿期是说不上有什么稳定的个性的，但儿童降生以后，就表现出行为的个别差异。只要到产房观察一下，就可以看到：有的孩子生来好动些，有的活泼些，有的安静些，有的则似乎急躁些。这些个别差异也就是先天带来的气质差异。托马斯（A. Thomas）研究了儿童出生后几个月的行为表现特征，把儿童归纳为三种主要的气质类型。

（1）“容易护理的儿童”。他们的行为倾向于有规律性，容易适应。他们是愉

① 董奇、陶沙、张华、刘玉新、李蓓蕾：《婴儿问题解决行为的特点与发展》，《心理学报》2002年第1期。

② Bojczyk, K. E., & Corbetta, D. (2004). Object retrieval in the first year of life: Learning effects of task exposure and box transparency. *Developmental Psychology, 40* (1), 54–66.

快的儿童，一般会对新的刺激产生积极的反应，容易感到舒适，有安全感，也似乎少有行为问题。

（2）“慢慢活跃起来的儿童”。他们是不积极的，对新的经验适应比较缓慢，很少表现强烈的情绪——无论积极的还是消极的情绪。他们总是缓慢地适应新情境，开始时有点儿害羞和冷淡，但这些儿童一旦活跃起来，就倾向于适应得很好。

（3）“困难的儿童”。他们在吃、睡和一般活动中都不规律。他们是情绪型的，对新经验往往有强烈的反应，安全感的形成比较困难。

以上各种气质类型，只有在乳儿期表现得最充分。随着儿童的长大，各种因素都会影响他们，那时表现出的气质特征就比较复杂了。

虽然儿童的个性发展是以气质为原始基础的，但父母的特点、家庭的环境以及社会生活环境均会对儿童个性的形成和发展产生巨大影响。研究表明，1~4 个月乳儿的气质特征与父母的年龄、文化程度及母亲在孕期的心情等因素存在相关关系。①

新生儿或乳儿的气质差异，可以影响父母对他们的照看方式。例如，被认为“可爱”的新生儿或乳儿明显得到更多的爱抚；反之，如果父母一开始就发现自己的孩子属于“困难的儿童”，他们也许会以对待“困难的儿童”的方式来对待自己的孩子。久而久之，这种方式会影响儿童的个性发展，甚至会影响他们生理的、情绪的、社会的和智力的特征。虽然儿童出生时就带有自己的气质特征，但个性的差异很大部分决定于儿童的经验，尤其是同其他人相互作用的经验。这是父母以及那些保育人员所应当注意的。

二、乳儿的社会关系

乳儿的社会关系，总的来说，是非常简单的，他们主要是同照看者发生关系，而一般的主要照看者自然是父母。如果是别的照看者，如保育人员、祖父母

① 黄春香、马静、李介民、皮匹湘、夏爱斌:《1~4 个月婴儿的气质特征研究》,《中国临床心理学杂志》2009 年第 3 期。

等，情况一样。

（一）母婴同步性

母亲和乳儿之间，似乎多少有些神秘的色彩，他们彼此不用言语，却能很好地协调起来。当乳儿需要母亲的时候，母亲似乎总是恰好准备要去看她的小宝宝；而当母亲去看孩子的时候，孩子也似乎总是正在等待着她的到来。这种紧密协调的相互作用模型被称为母婴同步性。据观察，仅仅几个星期的乳儿在接触母亲时会睁开和合上眼睛。借助于摄像的研究表明，母亲和她的小宝宝之间实际存在着“交谈”关系，在许多方面类似于成人间的对话，只是乳儿不会用词而已。

这样的交流是如何进行的呢？一个母亲也许凝视着她的小宝宝，平静地等待着他说话、动作或至少注意她。当这种行动实际发生时，即小宝宝天真地做出了反应时，母亲也许通过模仿乳儿的姿势，或者对着乳儿微笑，或者说某些事情来回答乳儿。母亲每这样做一次，中间都略有停顿，以给乳儿一个轮流“交谈”的机会，好像乳儿是在这种社会交流中的一个很有能力的人。

当这种交流持续时，乳儿明显地表现了紧张：他的动作和声音不仅变得更频繁，而且更突然和不稳定。在某些时候，乳儿会打断这种紧张，不去注视他的母亲，而是用一小会儿注视或触摸其他的物体。在任何情况下，在一个适当的间隙之后，母亲和乳儿又都回到对彼此的注意上去，同时使这个循环一直持续。

直到乳儿几个月时，这种母婴之间的协调活动仍然保持着。但这时的交流有了新的内容和形式，小宝宝开始主动影响他的母亲，他友善地向母亲微笑，注视母亲并咿咿呀呀地说话。这样，母婴之间实际上彼此强化着他们的关系。

（二）同父亲的相互作用

在对乳儿的影响方面，父亲和母亲确实有很大的差异。比如，父亲和母亲同乳儿玩同样的游戏，但他们的方式不同。同父亲的游戏往往倾向于出现高峰和低谷，例如，有些父亲喜欢把孩子忽而高高举起，忽而又放在床上。同母亲相比，父亲总是喜欢用更多的时间同孩子玩，而不是“交谈”。

如何解释这种差异呢？研究者同时调查了作为主要照看者的父亲组和作为辅助照看者的父亲组，发现：第一组父亲的行为和母亲的行为无大差异，而第二组父亲的行为和前面所说的情形类似。因为乳儿大部分时间主要由母亲照看，所以第二组父亲占了绝大多数。

无论是母亲还是父亲，都能以适当的形式同他们的小宝宝发生相互作用，这是毋庸置疑的。所以应当相信，父亲和母亲在培养、教育自己的幼小子女方面有着同样的义务和能力。

三、乳儿依恋的形成和发展

依恋（attachment）是指乳儿和照看者之间亲密的、持久的情绪关系。这种关系被具体描述为乳儿和照看者之间相互影响并渴望彼此接近，它主要体现在母婴之间。

许多心理学家认为，依恋行为是有生物学根源的，它同吃饭一样也是儿童生存的基本需要。最有力支持这一观点的是著名的哈洛（Harlow）的猴实验。实验采用两个假的"母亲"：一个是用金属做的，但能提供食物（乳汁）；另一个是用柔软的布做的，但不能提供食物。实验中发现，如果强迫婴猴做出一种选择，它们宁愿同一个温暖的、柔软的、毛巾质料的"母亲"接触，尽管这个"母亲"不能提供食物，而不喜欢同一个冰冷的、硬的、金属质料的"母亲"接触，虽然这个"母亲"能提供食物，但它不可以拥抱。哈洛也发现，被剥夺了肉体接触的婴猴，虽然在其他方面得到很好的照看，但它们极端胆小和畏缩，无能力和同伴建立良好的社会关系，生病和死亡率也较高。

（一）依恋形成的阶段

依恋的形成和发展分为四个阶段，即前依恋期、依恋建立期、依恋关系明确期、目的协调的伙伴关系。在乳儿期主要表现为前两个阶段。

在前依恋期（0~2 个月），乳儿对所有的人都做出反应，但不能将他们进行区分，没有对特殊人的特殊反应。出生时，乳儿用哭声唤起别人的注意，似乎懂得成人绝不会对他的哭置之不理，而必须同他进行接触。随后，乳儿用微笑、注视和咿呀语同成人进行交流。这时的乳儿对于前去安慰他的成人无选择，所以此阶段又叫无区别的依恋阶段。

在依恋建立期（2~12 个月），乳儿对他人的社会性反应强度增加，对熟悉的人有特殊友好的关系，能从周围的人中区分出最亲近的人，并特别愿意与之接近。这时的乳儿一般仍然能够接受比较陌生的人的注意和关照，也能忍耐同父母的暂时分离，但是带有一点儿伤感的情绪。

（二）对依恋形成的影响

1. 母亲的影响

依恋形成的关键阶段是乳儿期，在这个时期起主要作用的是母亲。母亲与乳儿关系的性质，包括母亲是否能够敏锐地和适当地对乳儿的行为做出反应，母亲是否能积极地同她的小宝宝接触，母亲是否能正确认识小宝宝的能力及软弱性，母亲是否能在拥抱她的小宝宝时更小心体贴，母亲能否在孩子哭的时候给予及时的安慰等，都直接影响着孩子依恋的形成。一个有关母婴相互关系的研究发现，乳儿在 1 个月、3 个月、9 个月时接受的来自母亲的刺激的多少会造成今后依恋类型方面的差异。

2. 父亲的影响

大多数研究认为，乳儿期儿童在依恋方面没有明显的差异。

乳儿对母亲和父亲的依恋几乎同等，尽管母亲通常和乳儿在一起的时间多。但如前所述，母亲和父亲同他们孩子的相互关系是有区别的，父亲通常更充满活力和体力，母亲更安静和有更多的语言。

总之，在我们对依恋的讨论中，有两点应该指出：（1）大多数乳儿表现出强烈的和持久的倾向去形成同他们主要照看者的亲密依恋关系，这些照看者一般是他们的母亲和父亲；（2）乳儿依恋安全感的形成，主要有赖于同照看者之间的关系的性质及稳固的程度。

四、乳儿情绪的发生发展

由于开始适应新的环境，新生儿消极的情绪较多。2 个月以后，积极情绪逐渐增加。当吃饱而又感到舒适的时候，乳儿会有微笑的表情，特别是对妈妈或亲近的人有一种特有的表情。有研究者探讨了 3.5 个月的乳儿对情绪表达的认知能力。结果显示：当呈现的是乳儿自己母亲的表情时，他对面部表情的注视时间较其他不熟悉女性的表情长。当存在更多乳儿熟悉的情境信息时，3.5 个月的乳儿能确认高兴和悲伤的情绪。①

当前许多研究关注早期表现出消极情绪的乳儿。② 研究发现，4 个月表现有高度活动性和哭闹不止的乳儿，随着年龄的增长会表现出高度的厌烦、恐惧和害羞。而父母对婚姻的高度不满以及父亲对情绪的不敏感与乳儿消极情绪的增加有关。3~9 个月的乳儿随着逐渐形成对家长抚养过程中的情绪状态的知觉，这种现象逐渐显著。此外，研究发现乳儿的情绪特征和母亲的行为有密切联系。③ 乳儿的负性情绪行为可能直接影响其与母亲的情绪交互行为，而负性情绪较多的乳儿的母亲更易感觉自己缺乏与乳儿有效交往的技能，也更易产生形式简单的生气、体罚等消极情绪行为。

因此，为了培养儿童良好的情绪状态，经常跟儿童交往，并且提供适当的玩具，是必要的。如果儿童没有活动的自由，也没有适当的工具，不跟成人交往，即使他的生理需要得到满足，也不会有良好的情绪状态，而这对儿童身心发展是不利的。

要点小结

儿童在出生后第一年的生活中，身心各方面获得了非常巨大的进展，在正常的生活条件和教育条件影响下，机体方面，特别是神经系统方面有了很大的发展。儿童从躺卧状态发展到能够直立行走，开始产生了最初的言语活动，出现了各种基本的心理过程，发生了同照看者最初的社会关系。他们虽然还很软弱，但是比起刚出生的时候，心理发展的水平可以说已经有了大大的提高。这种发展水

① Kahana-Kalman, R., & Walker-Andrews, A. S. (2001). The role of person familiarity in young infants' perception of emotional expressions. *Child Development, 72* (2), 352–369.

② Newman, B. M., & Newman, P. R. (2003). *Development through life: A psychological approach* (8th ed.). Belmont, CA: Brooks/Cole, pp. 162–163.

③ 陶沙、李蓓蕾、王耘、张华、周江、陈瑶、董奇:《母亲社会情绪行为的相关因素研究》,《心理科学》2003 年第 2 期。

平的提高，就为儿童过渡到下一阶段提供了可能性。

思考与练习

1. 名词解释：

客体永久性　深度知觉　依恋

2. 新生儿具有什么样的无条件反射？它们有何作用？

3. 什么时间被称作大脑发育加速期？它对儿童心理发展有何影响？

4. 请谈谈你对儿童早期动作发展的理解。儿童早期的动作发展有何意义？

拓展性阅读导航

1. 林崇德主编:《发展心理学》，人民教育出版社 2018 年版。

本书前两章阐述发展原理，并评价诸多心理学派关于心理发展规律的理论；后八章则系统地论述个体心理各个发展时期的特征。有关乳儿期的内容请参照本书第五章。

2. [美] D. R. Shaffer 和 K. Kipp 著，邹泓等译:《发展心理学——儿童与青少年》，中国轻工业出版社 2016 年版。

本书系统介绍了人类心理发展进程以及各个阶段的特点，汇集了各领域经典研究和最新研究动态。与乳儿期相关的是第四、五章。

3. [美] B. M. Newman 和 P. R. Newman 著，白学军等译:《发展心理学》，陕西师范大学出版社 2005 年版。

本书以新精神分析学派代表人物埃里克森的心理社会性观点为指导，系统阐述了人生发展各阶段心理发生发展的特点及规律。有关乳儿期的内容请参照第五、六章。

4. [美] J. W. Santrock 著，桑标等译:《毕生发展》，上海人民出版社 2009 年版。

本书从研究、教学、应用等角度探讨了人类毕生发展问题，其中有关新生儿和婴儿的内容有助于进一步了解儿童早期的心理发展状况。

第五章

婴儿期儿童心理的发展

内容提要

本章介绍婴儿期儿童心理发展的一些基本问题。首先介绍婴儿期儿童心理的四点变化，继而说明婴儿的神经系统、动作和活动、言语、具体心理过程的发展，最后阐述婴儿的社会性发展和个性特征的萌芽表现。

学习目标

1. 了解婴儿期儿童动作发展的状况、意义和个体差异。
2. 掌握婴儿期儿童感知、注意、记忆、思维和想象等心理过程的发展特点。
3. 掌握婴儿的社会性、情绪和情感等个性特征的萌芽表现。

关键词

婴儿　心理发展　动作和活动　个性特征萌芽

第一节 婴儿的一般特征

婴儿期是指儿童 1~3 岁这段时间。因为这是学前期以前的一个阶段，又叫作先学前期。

这一时期是在前一时期所获得的成就的基础上发展起来的。通过前一时期的发展，儿童开始能够初步地独立活动，能理解和运用最简单的言语。在这些成就的基础上，环境和教育就有可能向儿童提出新的要求，要求儿童能够自由地独立行走、操纵物体、进行言语交际，并且初步理解周围事物。当这些新的要求变成儿童的需要并且跟儿童已有的发展水平发生矛盾的时候，就推动儿童心理向新的、更高的水平发展。这样，儿童生活范围逐步扩大了，活动能力也日益提高了，独立性开始有了明显的表现，因而从本质上改变着儿童和周围事物的关系。

在婴儿期，儿童的心理发展有了极其重大的变化。

第一，在这个时期，儿童学会了随意地独立行走，这就扩大了他的生活范围。手的动作也有了一定程度的发展，因而儿童可以准确地玩弄和操纵他所熟悉的物体。

第二，在这一时期，儿童的言语在迅速地发展着。他不但能理解成人的言语，也能够运用语言跟成人进行交际。词的概括作用和对行为的调节作用（遵从成人的指示）也初步地发展起来。

第三，由于动作和言语的发展，儿童开始出现了最初的游戏活动，同时有可能逐步进行最简单的模拟活动和自我服务性的劳动。这在儿童心理发展上有重大的影响。

第四，在儿童初步的独立活动中，儿童心理有了进一步的发展。在摆弄物体和初步游戏及其他活动的过程中，儿童能更好地知觉和理解事物，特别是在言语的帮助下，儿童开始能对事物的性质进行最初步的综合和概括，从而加深了对于物体和现象的认识。但同时由于经验还比较贫乏，言语能力还较差，因而儿童的各种心理活动都带有明显的直觉行动性。这就是说，各种心理活动总是受儿童当前直接感知的事物和实际活动所制约。认识的抽象概括性和计划预见性还很差，注意和情绪也都很不稳定。教育的任务，就在于依据我国教育的要求和儿童的实际情况，逐步引导儿童心理向更高的水平发展。

第二节　婴儿神经系统的发展

在正常的生活条件下，婴儿期神经系统的结构和机能有了进一步的发展。

一、脑的重量继续增加

由于皮质各层的细胞在继续增大，神经纤维在继续生长，因而脑的容量和重量都在继续增加。前面已经指出，新生儿脑重约为 390 克，而 2.5~3 岁的时候则增加到 900~1 011 克，相当于成人脑重的 2/3。乳儿期儿童在短短一年内，脑重增加最快（从 390 克到 660 克），婴儿期儿童两年内脑重增加速度（从 660 克增加到 900~1 011 克）则仅次于乳儿期。

在脑的结构上，不但细胞体在增大，神经纤维在加长，而且神经纤维髓鞘化过程也在迅速进行。

这样一来，就使大脑皮质机能有了进一步的发展，兴奋过程变得比以前集中了，同时也更有利于更多的、更复杂的暂时联系的形成。

二、皮质抑制机能继续发展

婴儿期神经系统的发展，也突出地表现在皮质抑制的发展上。

总的来说，在整个婴儿期内，仍然是兴奋过程比抑制过程占优势。如果跟乳儿期比较，可以说，由于抑制过程的发展，婴儿的兴奋和抑制越来越趋向于平衡。这就逐渐改变着皮质和皮下的关系，加强了皮质对皮下的控制调节作用，从而有可能使儿童的冲动性逐渐减少。而且，也由于抑制过程的发展，神经过程更能集中，这就更有利于对外界事物进行分析综合，从而使儿童的各种心理过程（如感觉、知觉、记忆、情绪等）有进一步的发展。

当然，从整个儿童时期说来，婴儿期的抑制过程还是很差的，兴奋和抑制过程还是不平衡的。例如，儿童还是常常容易激动，容易疲倦，容易受外界刺激物的影响，因而注意力不集中、不稳定等。在教育方面，我们既要锻炼儿童的神经系统，使它有健全的发展；同时，也要考虑儿童神经系统的特点，不要提出脱离实际的要求。

第三节 婴儿动作和活动的发展

婴儿在前一时期动作发展的基础上，在环境和教育的影响下，在言语发展的影响下，各种复杂的动作能力也逐步发展起来。这就为儿童产生最初的有目的的活动准备了条件。

一、行走动作的发展

跟乳儿期比较起来，婴儿在行走动作方面有了很大的进步。这主要表现在掌握行走的技巧上。

一般来说，1.5 岁以前，不是每个儿童都能走得很好，这时，成人要特别帮助他们，使他们有练习行走的机会。儿童学着到处走动，不但对于儿童身体的健康和发展有重大意义，而且能够帮助儿童广泛地、多方面地、积极地去接触和认识事物，从而使儿童的心理更快地发展起来。

在正常情况下，在将满 2 岁的时候，儿童就能掌握行走的技巧，在平坦的道路上行走能达到自动化的程度。此时，儿童行走更为稳健，而把爬行作为一种游戏，不再把它当作运动的最佳方法。

从此，行走变成了儿童的需要，儿童经常喜欢到处走动。

在 2~3 岁的时候，儿童不但学会了行走，而且也逐渐学会了跳、跑、攀登阶梯、越过小的障碍物等复杂的动作。在教育的影响下，他们也学会跟着节奏做某些动作。

表 5-1 中以 70% 的婴儿通过某项目的年龄作为达到该项目动作的标准年龄。

表 5-1　1～3 岁儿童大运动动作发展顺序 ①

顺序	动作项目名称	年龄 / 月
1	走得好	13.7
2	走，能向后退	15.7
3	会上台阶	17.5
4	举手过肩扔球	18.2
5	踢球	18.6
6	双足并跳	23.9
7	独脚站 1 秒钟	28.0
8	跳远	29.8
9	独脚站 5 秒钟	33.3

行走动作的发展在儿童心理发展上具有如下重大意义。

（1）可以发展儿童的动作，使动作具有灵活性。

（2）可以扩大儿童认识的范围，使他们不但能主动地接触物体，还能从各个方面来认识物体。

（3）为空间知觉、初步思维活动的形成准备条件。空间知觉主要是动觉与视觉的联系，行走动作的掌握就给这种联系的形成准备了条件。儿童多方面接触物体，也就能导致对事物的比较复杂的分析综合活动的产生，导致初步思维活动的产生。

（4）为有目的的活动——最初的游戏活动准备条件。

婴儿行走动作发展顺序可用图 5-1 来表示。

（5）发展儿童的独立性。

必须指出，这一年龄的儿童，行走动作仍然是不稳定的，很容易跌倒。这

① 范存仁、周志芳:《从初生到六岁儿童智能发展规律的探讨》,《心理学报》1983 年第 4 期。

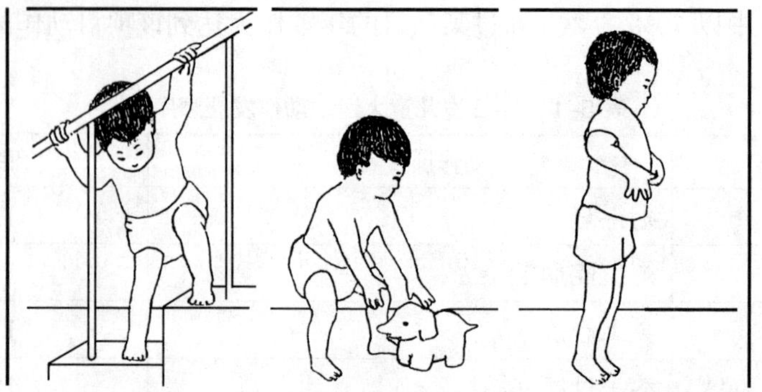

① 1.5岁时婴儿能够无须帮助地上下楼梯

② 2 岁时婴儿能够退回去平稳地捡起东西

③ 2.5岁时婴儿能够用足尖平稳地站立，并能双足跳

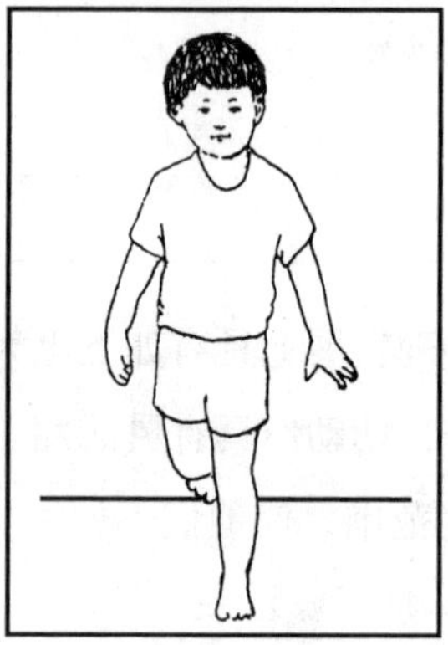

④ 3 岁时婴儿能平稳地用单足站立好几秒钟

图 5-1 婴儿行走动作发展顺序

时，成人应当特别注意：①鼓励和帮助儿童有练习行走动作的机会；②使儿童练习行走动作与休息互相交替，不要让儿童过于疲劳。同时应该注意儿童的安全卫生。

二、手的动作发展

除了行走动作之外，儿童还发展着运用手的动作能力。3 岁前儿童手的动作在出生后第一年和第三年发展较快，第二年发展较慢，使得发展具有一定的阶段性。①

在乳儿期，儿童的抓握动作已经发展起来，也出现了初步的手眼协调地摆弄物体的动作。但是，这些动作往往还不是准确而灵活的。在正常的生活和教育的条件下，进入婴儿期的儿童在经常接触日常物体的过程中，由于成人的反复示范，儿童经过不断模仿，逐步学会了熟练地玩弄和运用这些物体的动作，如用茶杯喝水、用匙子吃东西、自己穿衣服、扣纽扣、戴帽子、揩鼻涕、洗手等。

我国研究者发现，婴儿学会动作、手势的数量随着月龄的增长而直线上升。②早期手势包括欢迎、再见、摇头、点头、指向等。对于这部分手势，婴儿在 8~9 个月时就可以掌握 50%，在 12 个月时掌握 75%。后期手势包括模仿父母、其他成人的较难的动作。对于这部分手势，婴儿在 11~12 个月时方能掌握 50%，14~15 个月时才掌握 75%。

儿童运用物体动作的进一步发展表现在两个方面：一方面是掌握更加复杂、准确而灵巧的动作，使手开始成为使用工具的工具；另一方面是动作的概括化，就是能把某一动作推广到同一类的物体上，或把同一类的物体用于某一种动作上。例如，把给小狗（玩具）“喂食”这个动作推广到“小猫”“小熊”“小马”等，把饭碗、茶杯、酒杯都当作喝水的用具等。而言语的参加（首先是成人的言语，以后是儿童自己的言语），则在动作的概括化上起着重要的作用。

儿童运用物体动作能力的发展，在儿童心理发展上具有极为重大的意义。首先，儿童通过运用物体的动作来掌握使用物体的方法，这也就是初步地掌握了成人使用工具的方法和经验。其次，儿童通过运用物体的动作来使用各种物体，同时也就认识了这一类物体的共有的特性，因而使知觉更加具有概括性，并为概括表象和概念的产生准备条件。许多研究还发现手势可以促进言语和数数行为的

① 李惠桐、李圣丽编著：《三岁前儿童动作发展的教养》，天津科学技术出版社 1988 年版，第 88—89 页。

② 梁卫兰、郝波、张致祥、T. Tardif、P. Fletcher：《北京地区婴儿动作、手势沟通能力发展研究》，《中国儿童保健杂志》2005 年第 6 期。

发展。①

三、独立行动的倾向

由于儿童能够自由地行动，并且逐步获得了运用物体的动作的能力，成人就对儿童提出了更高的独立行动的要求，因而儿童独立行动的倾向就日益发展起来。一方面，父母此时不得不采取一些防护性的措施，以防止儿童把书撕烂或打翻物品。而限制儿童的某些探索活动经常会造成母亲与孩子之间的冲突和意志较量。② 另一方面，这种倾向表现在“我自己……”这种表达上。儿童对于自己可以完成的动作，总是要求自己独立来完成，而不要成人的帮助，如“我自己吃”“我自己扣纽扣”等。这种独立行动的倾向，给儿童有目的、有意识的活动提供了有利的条件，因此，成人应该积极地加以鼓励和引导。

四、实践活动的萌芽

儿童心理的发展也跟成人心理的发展一样，是在自己的实践活动中发展起来的。但是也应当指出，儿童的实践活动是跟成人的实践活动有区别的。成人的实践活动，首先是改造世界的生产劳动和科学艺术活动。而儿童出生以后，并不能立刻参加这些实践活动，儿童只能在成人教育影响下，首先发展着各种动作和行动，以后才逐步出现了最初的有目的的活动——实践活动——的萌芽。

儿童的实践活动是有自己的发展过程的。否认儿童的实践活动是不对的，夸大儿童的实践活动，以至抹杀儿童实践活动和成人实践活动的差别，也是不对的。

约在儿童生活的第三年，在动作发展的基础上，在言语的帮助下，儿童逐步从运用物体的动作过渡到最初的有目的的活动。这是人的实践活动的萌芽。

① 李红、何磊:《儿童早期的动作发展对认知发展的作用》,《心理科学进展》2003 年第 3 期。

② Biringen, Z., Emde, R. N., Campos, J. J., & Appelbaum, M. I. (1995). Affective reorganization in the infant, the mother and the dyad: The role of upright locomotion and its timing. *Child Development, 66* (2), 499-514.

（一）最原始的游戏

这种游戏的水平是很低的。最初只是一种比较复杂的运用物体的动作，以后在成人生活的影响下，在言语的帮助下，儿童开始通过这些比较复杂的动作来反映周围的现实生活，因而这种游戏具有一定的目的性。例如，儿童看见母亲如何喂自己吃东西，也就在玩布娃娃的时候，学着“喂”布娃娃吃东西，或者按母亲照料自己睡觉的情况来安置布娃娃睡觉等。

这种最初的有目的活动的出现，是儿童在言语调节下对过去的表象和当前的知觉印象进行分析综合的结果，是动作和表象概括化的结果。例如，儿童已经开始能够按照自己当前的目的把一个物体当作不同的东西来使用。一根小棍，有时可以当作刀子，有时可以当作匙子，有时也可以当作体温表等。

当然，这时活动的目的性还是很差的，而且也是不稳定的、容易变化的。

婴儿期的游戏和学前期的游戏是有本质差别的。

第一，这时的游戏还离不开实物或玩具的帮助。也就是说，游戏是包括在玩弄物体或玩具的动作之中的。一旦物体或玩具拿走了，游戏也往往随之停止。例如，儿童拿起布娃娃的时候，就用匙子喂它；儿童放下布娃娃的时候，游戏也就停止了。

第二，这时的游戏是非常简单、贫乏而片断的。游戏中既没有什么主题，也没有什么角色，儿童还不能把自己跟自己所扮演的角色（如妈妈、司机等）分开，而只能模仿这些角色的个别动作。例如，儿童正在喂布娃娃吃东西，忽然又把东西放到自己的嘴里，而且往往单调地重复喂这个动作，没有其他更复杂的情节。只有到了婴儿晚期的时候，儿童的游戏中才开始出现角色。

第三，这时的游戏，想象的成分是非常少的。大约要到 3 岁的时候，儿童的游戏中才有一些最初的想象活动。例如，儿童给布娃娃“看病”，把竹竿当马骑等。

（二）最原始的劳动活动

婴儿期也开始了劳动活动的萌芽。第一，由于儿童独立行动倾向的发展，到婴儿晚期，儿童已经开始做一些自我服务的活动和最简单的劳动活动（如摆碗筷、洗手、穿衣、吃饭、抹桌子、搬椅子、拔野草、拔萝卜等）。第二，儿童开始模仿成人运用劳动工具的活动（如使用小锤子、小铲子等）。这就表现出儿童参加成人实践活动和掌握劳动对象的意向。

五、婴儿动作发展中的个体差异

实际上，每个婴儿的动作发展存在很大差异。导致这种差异的因素是多方面的，一般归为三个方面，即遗传和经验、性别、文化和种族差异。

（一）遗传和经验共同促进发展

举例来说，体重超重的孩子通常比正常孩子活动少，因而超重孩子的运动技能不如正常孩子发展得好。遗传可能引起原始的体重差异（当然，有些孩子的肥胖状况也可能源于食物）。在这个基础上，超重孩子一开始就动得少，学习、练习的机会自然也少，这造成了最终的动作技能差异。

再比如说，实验者把新生儿举起来，让新生儿的脚轻轻接触桌面，刺激新生儿“行走”，帮助新生儿学习如前所述的行走反射。结果，这些孩子后来学习真正行走早于平均水平。研究者认为，经常让婴儿处于站立姿势有助于锻炼他们的颈部、躯干和腿部肌肉，从而促进站立和行走这样的动作技能的早期发展。显然，这种早期的练习经验促进了婴儿行走，但这种学习是建立在先天的行走反射基础之上的。

由此可见，在动作技能发展中，遗传提供生物前提或发展的可能性，教育和经验促进或延缓发展的速度，将这种可能性变成了现实。

（二）性别差异

有的研究认为，在整个婴儿期，性别差异并没有在能力方面有所表现，但有时在动作和活动中有所表现。

首先，男婴和女婴活动的兴趣不同。它体现在活动内容、大动作和精细动作的运用上。据观察，在婴儿期，男孩比女孩的动作量更大些，男孩更喜欢到室外去跑、跳等，而女孩则喜欢待在家中做一些精细动作，像观察妈妈的针线包等。这种差异也许是由于父母的不同鼓励，也许是由于儿童自己渴望模仿“正确”的性别行为。但无论如何，这种差异是有遗传、生理差异基础的。

其次，男婴和女婴动作的能力不同。一般来说，女孩更善于精细动作技能，如搭建积木塔时往往更快，搭得更高，错误更少。女孩也更多表现出平衡和韵律方面的技能，像舞蹈等。男孩则在速度和力量方面超过女孩，如在室外跑得更快，更喜欢玩打仗游戏等。

这种差异是婴儿学习经验、自我意识发展和性别方面的生物学差异共同作用的结果。

（三）文化和种族差异

儿童的生理发展及动作发展，也受到文化背景和种族的影响。例如，瑞典人的孩子出生时体重约为 3.8 千克，比刚出生的印度人的孩子重，后者为 2.3 千克。中国儿童出生时的体重一般为 3~3.5 千克。这些差异显然不是由于简单的营养或其他明显的健康问题。

随着婴儿的成长，由于他们生活的社会不同，他们显示出更进一步的差异。一般来说，在非洲国家长大的孩子比在北美洲长大的孩子动作技能发展得好，这种差异特别表现在坐和走的方面：非洲婴儿能做这两种动作比美国白人孩子早两个月。这种动作技能发展早熟的原因尚不清楚，但至少某些差异是由于文化。一些研究者报告了几种非洲社会的情况：成人主动教孩子坐和走，通过把婴儿放在一个小的凹坑里和用被褥或衣物支撑他们，教他们坐；在婴儿很小的时候把他们举起来，帮助他们练习新生儿反射。在不发达的某些非洲国家，尽早获得坐和走的技能也许能对家庭有所帮助。

第四节　婴儿言语的发展

一、婴儿言语发展的作用

儿童的心理主要是在跟成人交际过程中吸取人类经验而发展起来的，在这里，言语起着极为重要的作用。

巴甫洛夫指出，词、言语、第二信号系统给人的高级神经活动带来了新的原则，从而使人的心理和动物心理有了本质的差别。

词、言语在儿童心理发展过程中的主要作用有以下两个方面。

（一）概括作用

列宁指出："任何词（言语）都已经是在概括。"① 在直观的即第一信号系统的基础上，形成了词的联系即第二信号系统以后，人就能凭借对外界刺激物进行不同等级的抽象概括，从而使人有可能认识事物的本质属性和规律性。例如，"桌子"一词可以概括各色各样的桌子，而"家具"一词可以概括桌子、椅子、床、衣架等。

（二）调节作用

人们通过词、言语调节行为，使行为成为有意的、自觉的行为。

但是，在儿童心理发展上，词、言语的这些作用并不是立刻实现的，而是要经过一定的发展过程逐步实现的。

儿童在生活的第一年末，就有可能理解并说出很少的词。在这个基础上，儿童经过了婴儿期，在教育的影响下，言语才逐步发展起来。

二、婴儿言语发展的两个阶段

婴儿期言语的发展，大体上可以划分为两个阶段。

（一）第一阶段（1～1.5 岁）

这主要是理解言语的阶段，即儿童对成人所说的言语的理解在不断发展，但是儿童本身积极的言语交际能力发展得较慢。

前面已经说过，儿童满 1 岁，就能懂得成人说出的某些词。当成人说出这些词的时候，儿童就用定向反应或运动反应来回答。例如，成人问："小猫呢？"儿童就会注视小猫或转头去找小猫。成人问："饼干呢？"儿童就会把饼干放到成人嘴里。1 岁以后，儿童也能说出某些词，但是数量非常少，这只能算是言语交际能力的开始。

从 1.5 岁起，儿童对言语的积极性就大大高涨起来。随着对言语的理解，儿童也开始更多地表现出言语活动。言语交际的机会也日益增多，从而使儿童的言

① 《列宁全集》第 55 卷，人民出版社 2017 年版，第 233 页。

语过渡到一个新的阶段。

（二）第二阶段（1.5～3 岁）

这是儿童积极的言语活动发展的阶段，在儿童言语发展上是一个跃进的阶段。儿童的言语表达能力也很快发展起来，言语结构也更加复杂化。这就为儿童心理的进一步发展提供了重要条件。

1.5～3 岁这段时间，儿童的言语具有许多新的特点。

1. 单词句

1.5 岁以前主要是单词句时期，即用一两个词来代表一个句子。例如，儿童说“帽帽”（儿童常用重叠词，如宝宝、咪咪、汪汪、灯灯等），这可能是说“我要戴帽帽”，也可能是说“我的帽帽给哥哥拿走了”等。因此，它不能很好地表达儿童的意思，而且发音也常常有不准确、不清楚的情况。理解儿童的这种单词句比较困难，即使是父母也包含着许多猜的成分，他们有时借助于儿童的非言语信息，如姿势、面部表情等去理解。

2. 词汇的增长

1.5 岁以后，儿童的词汇数量明显增加，词类范围也明显扩大。一般认为：1 岁左右出现 20 个左右的词，2 岁出现 300～500 个词，3 岁出现约 1 000 个词。我国有研究指出：16 个月的儿童平均可听懂 314 个词，会说 78 个词；30 个月的小儿平均会说 709 个词；一些月龄女童“会说”词汇的能力较男童超前 1～2 个月。① 而我国研究结果的共同趋势是：1.5 岁以后，在儿童的口语中，除了名词、动词之外，其他各类词，如形容词、副词、代词、连词等都是随着年龄的增长而增加的。此外，成人言语输入特点促进了婴儿早期对动词和名词的理解。②

国外研究表明，对 2 岁婴儿来说，母婴对话中的词汇的数量、丰富性和句法

---

① 梁卫兰、郝波、王爽、杨艳玲、张致祥、左启华等：《中文早期语言与沟通发展量表——普通话版的再标准化》，《中国儿童保健杂志》2001 年第 5 期。

② 陈杰、Setoh Peipei、孟祥芝、Tardif Twila：《成人言语输入对儿童早期单词获得影响的个案追踪》，《心理学报》2009 年第 8 期。

复杂程度对婴儿词汇有促进作用。① 此外，2 岁婴儿还能从无意听到的话语中学到新的词，特别是新的物体名称。② 而 27 个月的婴儿能通过注意行动线索如目光注视、手势动作等来区分特定动词的含义。虽然 2 岁婴儿每天所听到的单词有上百个，但他们只能学会其中的几个。影响婴儿所学单词的因素有婴儿对这个词的概念的认知准备性、所意识到的该词在日常生活中的有用性和实际语境的透明度等。③

正是由于上述能力的增长，1.5 岁以后儿童开始出现了多词句。

3. 运用句子的能力增长

1.5 岁以后，由于词汇数量的增长、词类范围的扩大，儿童有了说出句子的可能。婴儿首先是学会父母经常说出的单个词，然后才能学会整个句子。2 岁婴儿已经在母子对话中表现出对话轮转换规则的初步意识。3 岁婴儿开始在同伴谈话中表现出对话轮转换规则的意识，略晚于在母子对话中的表现。虽然这些句子开始时很简单，也谈不上什么句法规则，但毕竟运用句子的能力开始产生了。我国研究发现，16~30 个月儿童早期语法发育有较大的个体差异，月龄越小，个体差异越大。④

1~3 岁儿童说出的句子的字数随着年龄的增长而增加。1.5~3 岁儿童说出的句子从以 5 个字以下为主，增长到出现 10 个字以上的句子。句子字数的增加，反映了言语表达内容的发展。儿童到 2 岁时，句子的字数较以前有明显增加，句子内容有显著的变化。

（1）开始表达时间方面的内容。2 岁以前儿童的言语内容通常只涉及当前存在的事物或当前的需要，2 岁以后则可以表达不同时间范畴的事情。例如，一个

---

① Hoff, E., & Naigles, L. (2002). How children use input to acquire a lexicon. *Child Development, 73* (2), 418–433.

② Akhtar, N., Jipson, J., & Callanan, M. A. (2001). Learning novel words through overhearing. *Child Development, 72* (2), 416–430.

③ Childers, J. B., & Tomasello, M. (2002). Two-year-olds learn novel nouns, verbs and conventional actions from massed or distributed exposures. *Developmental Psychology, 38* (6), 967–978.

④ 郝波、梁卫兰、王爽、季成叶、杨艳玲、张致祥等:《北京城区 16~30 个月正常幼儿语法发育状况》,《中国心理卫生杂志》2005 年第 1 期。

2 岁 4 个月的孩子告诉妈妈：“我刚刚洗过手，现在干干净净了。”“我马上就来，现在顾不上。”一个 2 岁 3 个月的孩子对爸爸说：“天亮了，你该起床了。”“我只睡了 1 分钟。”“今天是星期天，不去幼儿园了。”“昨天去了奶奶家，明天该去幼儿园了。”虽然他们所表述的时间概念有时与实际不相吻合（比如“我只睡了 1 分钟”，事实上他睡了 3 个小时），但他们开始意识到这些表达时间的词与他们的生活有联系，并且能够在一定场合加以运用。

（2）开始表达人际关系方面的内容。2 岁以前的儿童几乎不去“考虑”所谓的人际关系，而 2 岁以后，他们的言语中包含了许多这样的关系。例如，一个 2 岁 2 个月的孩子对姑姑说：“你悄悄带我去上街，别告诉你哥和你嫂子。”有一次，他妈妈病了，他对舅舅说：“你姐病了。”

（3）开始表达年龄方面的内容。据观察，2 岁以前的儿童除了能表达自己几岁以外，并没有真正的年龄概念，因为前者是在家长反复教的情况下记住的。2 岁以后，儿童能在许多方面运用年龄的概念。例如，一个 2 岁 3 个月的孩子把饭撒在地上，妈妈批评他，他说：“我还小呢。”他想自己脱衣服，就说：“我长大了，能自己脱了。”还有“妈妈是大人，宝宝是小孩”，“大狗专门咬小孩”，“这衣服太小了，给小妹妹穿吧”等。虽然他们还搞不清楚究竟 2 岁大还是 3 岁大，但笼统的年龄大小的概念已经开始萌芽了。

（4）开始表达美与丑的内容。这在 2 岁前也是不具备的。2 岁以后的儿童开始注意美的东西和丑的东西。例如，一个 2 岁 3 个月的男孩穿上姨的结婚礼服，自己惊叹道：“多漂亮！”每当妈妈穿上好看的衣服，他就说：“妈妈真美。”每天早晨他都要穿干净衣服。见了开电梯阿姨就叫：“漂亮阿姨。”一个 2 岁 4 个月的孩子弄脏了手，爸爸叫他吃饭，他说：“我手太脏了。”这个阶段的儿童对“好”“坏”有了明确认识。例如，一个小男孩打碎了碗，爸爸说：“好孩子以后小心。”他说：“打碎了碗就不是好孩子。”

总之，2 岁以后，儿童言语中所包含的内容有了突飞猛进的增长，到 2.5 岁左右，他们几乎能够表达日常生活中经历的所有事情。

4. 言语的概括作用和对行为的调节作用逐渐发展

1.5 岁以前的儿童所掌握的词不但数量很少，而且内容很贫乏。有些词还接近于第一信号系统，只代表某个或某几个非常相似的个别具体事物。在2~3岁的时候，情况就大大不同了。在正确教育的影响下，儿童的词汇数量增多了，每个词所代表的内容也比较丰富了。有些词不只代表某个个别的具体事物，而且还能代表比较多的一类事物，因而词的概括性开始发展。例如，“猫”这个词，不只代表自己家里的黑猫，而且代表曾经见过的各色各样的猫。“衣服”这个词，不只代表某一件衣服，而且代表曾经见过的各色各样的衣服。正是从这个时候起，借助于词的帮助，在儿童的认识活动中，个别和一般、具体和抽象、特殊和概括就开始成为辩证的统一。正像列宁所说：“从最简单、最普通、最常见的等等东西开始；从任何一个命题开始，如树叶是绿的，伊万是人，茹奇卡是狗等等。在这里（正如黑格尔天才地指出过的）就已经有辩证法：个别就是一般。”①

至于言语对行为的调节作用，也是逐渐发展起来的。

1.5岁以前的儿童，当他能听懂某些词的时候，这些词经常能够引起有关的第一信号系统的活动，从而也就具有调节行为的作用。例如，成人对儿童说“拍手”或“摇头”，当儿童真正能听懂这些词的时候，每当成人发出这些词的声音刺激，他就会做出相应的动作来。

但是，这时词对儿童行为的调节作用还是很差的。词的调节作用往往还离不开第一信号系统的强化。当成人说“拍手”的时候，同时也要做出拍手的姿态，才能引起儿童拍手的反应。单单依靠词的刺激的调节作用，往往只限于成人所说出的词。儿童自己说出的词的自我调节作用还是很差的。在2~3岁的时候，在正确的教育影响下，这种情况就逐渐改变了。从这时候起，儿童开始有可能在只有成人的词的刺激物而没有直接刺激物的情况下，就能按照成人的词的指示来调节自己的行为。例如，成人往往利用“好”“可以”“对”来进行积极的强化，利用“不好”“不可以”“不对”来进行消极的强化。而更重要的是，从这时候起，儿童开始有可能不但通过成人所说出的词来调节自己的行为，而且也通过儿童自己所说出的词（大声的）来调节自己的行为。这是言语自我调节机能的萌芽。例如，儿童自己对自己说“我要……”“我不要……”等。这意味着儿童的行为越

①《列宁全集》第55卷，人民出版社2017年版，第307页。

来越有自觉性，这是人的有目的、有意识活动的最初表现，这是人的各种有意的或随意的心理过程的最初根据。2～3.5岁儿童的言语能力对该年龄段执行功能各成分间的关系有一定的影响。①

言语的概括作用和调节作用的意义是非常巨大的，它给儿童学习社会经验、形成道德品质提供了可能性。因此，教育儿童积极地掌握言语，通过言语来丰富儿童的经验、培养儿童的道德品质是非常必要的。为此，我们应该注意：

（1）多给儿童以言语交际的机会，如谈话、说歌谣、讲故事等；

（2）积极发展儿童的言语，在儿童已有的词汇的基础上，不断扩大和丰富儿童的言语；

（3）利用言语交际，不断丰富儿童的知识；

（4）对于儿童言语中的错误和缺点，不要加以嘲笑，不要故意重复他的错误和缺点，而要给予正确的示范；

（5）多鼓励儿童说话，积极而巧妙地回答儿童的发问。

第五节　婴儿心理过程的发展

在正确的教育影响下，随着儿童动作和活动的发展，特别是言语的发展，儿童的各种心理过程也在起着质的变化。

一、感觉和知觉的发展

（一）感觉的发展

在视觉方面，儿童开始能够正确地辨别各种基本颜色（如红、黄、蓝、绿），但是对一些混合色（如紫色、橙色等）和色度不同的颜色（如粉红、大红、深红

① 吴慧中、王明怡：《2～3.5岁儿童执行功能发展特点及其言语能力的影响》，《心理发展与教育》2015年第6期。

等）还不能很好地辨别。在听觉方面，由于言语的发展，儿童就能更好地辨别语音，如音强、音调等。在皮肤觉方面，能够更好地辨别客体的各种不同属性，如软的、硬的、冷的、热的等。

（二）知觉的发展

婴儿知觉在乳儿知觉发展的基础上，得到了更进一步的发展。在成人的教育影响下，儿童不断掌握事物的名称，通过这些名称就能掌握某一事物的各种特性，儿童的知觉因此得到发展。例如，“兔子”一词就包括“四只脚”“有毛”“长耳朵”“红眼睛”等特征。

1. 颜色知觉

在乳儿期视知觉发展的基础上，婴儿期视知觉的发展表现在：不但深度知觉、客体恒常性得到了更进一步的巩固和提高，而且颜色知觉得到了发展。

我国心理学工作者对1.5~3岁儿童进行了颜色感知能力的测定，结果如下。（1）同色配对：1.5岁儿童同色配对的能力很低，只有个别儿童能进行一两种颜色的配对；2岁儿童约有20%能配对；2.5~3岁儿童几乎100%能配对。（2）颜色爱好：儿童在8种颜色积木中挑出喜爱的颜色。1.5岁的儿童还挑不出爱好什么颜色，2~3岁儿童对颜色爱好的平均顺序为红、黄、绿、橙、蓝、白、黑、紫。儿童的共同特点是倾向于鲜明的暖色，如红、黄。（3）颜色命名：1.5岁的儿童不能正确命名任何颜色；2岁儿童有40%会进行颜色命名，但正确率仅为7.9%；2.5岁儿童80%会进行颜色命名，但正确率也只有25%。①

此外，国外研究者的研究表明，2~4岁儿童对颜色术语的知识并不会改变他们对颜色分类的感知。② 在研究方法上，研究者使用触摸屏，让1~3岁儿童辨别屏幕上呈现的不同颜色和形状的目标物体和干扰物体，从而探索婴幼儿的基本感

① 张增慧、林仲贤、茅于燕：《1.5~3岁幼儿的同色配对、颜色爱好及颜色命名的初步研究》，《心理科学通讯》1984年第1期。

② Franklin, A., Clifford, A., Williamson, E., & Davies, I.（2005）. Color term knowledge does not affect categorical perception of color in toddlers. *Journal of Experimental Child Psychology, 90*（2）, 114–141.

知觉加工过程。①

2. 数的知觉

数的知觉是指人脑对直接作用于感受器的客体数量或数目的反映。14 个月的婴儿可以进行简单的、不同感觉通道的、小数量（4 以内）的精确辨识。② 研究者发现:（1）2~5 岁儿童辨数（即分辨两堆不同数量的物体哪堆多）、认数（即凭直觉而不凭点数，在瞬间认出物体数目）及点数（即按物点数，说出是几个）的能力是随年龄的增长而提高的;（2）数的感知的发展有一定顺序，最早是辨数，而后是认数，最后是点数。③

3. 空间知觉

空间知觉是指人脑对物体大小、形状、方位、距离等空间特性的反映。我国的研究者们曾在空间知觉的各个方面进行过探索。

（1）大小知觉。研究发现，2 岁儿童能按语言指示选择大小物体的正确率为 60%，能用语言说明大小物体的正确率为 40%。④

（2）形状知觉。形状知觉是指人脑对物体形状或几何图形的反映。研究者要求儿童辨认快速呈现的 12 种图形。图形均为正方形，但内部结构不同，分成十字形（如：)、半月形（如：）和四方形（如：）三类。儿童看到一张快速呈现的图形后，立即在全部 12 种图形中指出看到的图形。结果表明，3 岁儿童在 0.1 秒的呈现时间下辨认形状的正确率为 35.8%。⑤

① Gerhardstein, P., & Rovee-Collier, C.（2002）. The development of visual search in infants and very young children. *Journal of Experimental Child Psychology, 81*（2）, 194–215.

② 刘锋、陈旭:《婴儿的数认知核心系统》,《心理科学进展》2009 年第 1 期。

③ 吕静、王伟红:《婴幼儿数概念的发生的研究》,《心理科学通讯》1984 年第 3 期。

④ 杨期正、王默君、陈珊:《婴幼儿判别物体大小能力发展的初步研究》,《心理科学通讯》1981 年第 2 期。

⑤ 张增慧、林仲贤:《3~6 岁儿童颜色及图形视觉辨认实验研究》,《心理学报》1983 年第 4 期。

4. 时间知觉

2岁以后，儿童已有很多表达时间概念的词汇，如“马上”“刚刚”“1分钟”“今天”“昨天”“明天”“天黑了”“天亮了”等。这些词汇的出现，一方面确实说明2岁以后的儿童已有了一定的时间概念，另一方面说明他们有时表述的时间概念与客观事实不相吻合。比如，他明明睡了3个小时，却说只睡了1分钟。这说明该阶段儿童对时间认识的含糊性或局限性。他们从成人那里模仿了一些词，却不知怎么用。对这种情况，只要成人注意纠正几次，儿童就能够正确运用了。到了3岁，儿童的时间知觉开始清晰起来。

二、注意的发展

婴儿期无意注意有了进一步的发展，有意注意才刚刚开始萌芽。

1岁儿童注意看一个玩具的时间仅能维持2秒，到2岁时集中注意玩一个玩具的时间可达到8秒以上。①

从生活的第二年起，随着活动能力的增长、生活范围的扩大，儿童开始对周围很多事物感兴趣，这就使儿童的无意注意有了进一步的发展。

无意注意是整个婴儿期占主导地位的注意形式，它表现在许多方面。

第一，对周围事物的无意注意。2岁儿童对周围事物的留意程度有时超过我们的预料。例如，一个2岁2个月的孩子注意到奶奶家窗户外面经常有辆自行车，可回到自己的家趴在窗上看就没有了，于是问妈妈：“怎么没有自行车呀？”

第二，对别人谈话的无意注意。2岁左右的儿童很留心别人的谈话，他们经常出其不意地接上别人的话茬。例如，一个2岁3个月的孩子每当听到大人谈论有关他的话题时，无论正在干什么都立刻停下来，说：“说我呢。”

第三，对事物的变化的无意注意。2岁多的儿童不仅注意到周围不变的事物，而且对事物的变化也很敏感。例如，幼儿园的某个儿童穿了件新衣服，老师说“××真漂亮”，一个小男孩马上跑过来说“我先看见的”。

① Ruff, H. A., & Lawson, K. R.（1990）. Development of sustained, focused attention in young children during free play. *Developmental Psychology, 26*（1）, 85–93.

同时，由于言语的发展和成人的要求，儿童的注意也开始能服从成人提出的活动要求，因而也出现了有意注意的萌芽。比如，成人要求婴儿看电视里的少儿节目，他们能集中注意看一小会儿，但如不感兴趣，很快就把注意转移了。据观察，婴儿在成人要求下看电视的时间不如他们自己去看电视保持的时间长。

在教育上，我们一方面可以利用无意注意来引导儿童的注意指向于富有教育意义的事物，另一方面应当通过组织活动来培养儿童有意注意的能力。

三、记忆的发展

由于儿童注意范围的扩大，因此他们能记忆更多的人、物和事实。

婴儿短时记忆容量及其发展的研究表明，12 个月的婴儿中有一半能再认 3~4 个项目。① 28 个月的婴儿能正确做出 4 个月前看到的动作，并按照看到的顺序完成。② 这一时期，婴儿再认和重现的能力也都比较低。

2 岁以前，婴儿的记忆主要是无意记忆。婴儿还不能为了特定的目的进行记忆，而最容易记住那些印象强烈或带有情绪色彩的事情。2 岁以后，婴儿的有意识记开始萌芽，同时无意识记也得到进一步的发展。有意识记的萌芽是和言语的发展、词汇量的扩大直接相联系的。这一时期，婴儿不但可以记住成人的一些简单的委托，并付诸行动，而且可以记住一些歌谣、故事等，再认的能力也得到进一步发展。

有趣的是，尽管婴儿的记忆能力已经有了一定的发展，但是大多数成人不能回忆他们 3 岁以前发生的事件。近年来，许多研究者都对这种婴儿期记忆缺失进行了探索。研究者认为，这可能与婴儿语言、认知和自我概念发展水平较低有关。

当然，儿童记忆能力的发展是存在个体差异的，有的儿童发展早些，有的儿

---

① Rose, S. A., Feldman, J. F., & Jankowski, J. J. (2001). Visual short-term memory in the first year of life: Capacity and recency effects. *Developmental Psychology, 37* (4), 539-549.

② Bower, B. (2002). Memory grows up in 1-year-olds. *Science News, 162* (19), 301.

童发展晚些。这一方面和生物学因素有关，另一方面也和教育有关。

四、思维和想象的发展

在儿童出生后第一年心理发展的基础上，带有一定概括性和间接性的人的思维的萌芽终于产生了。到了婴儿期，即从1岁末到3岁，在儿童个体及其环境，特别是社会和教育的相互作用下，这种萌芽状态的思维获得了进一步的发展。

（一）思维的直觉行动性

婴儿期的思维主要是直觉行动思维。其基本特点是，这种思维与儿童的感知觉和行动密切相联系，儿童只能在感知行动中思维。与此同时，儿童语言的产生和发展也逐渐加强了这种思维的概括性和间接性。

直觉行动思维是在直觉行动中进行的思维，因此，儿童只能借助自己的动作及动作所接触的事物进行思维，而不能在感知和动作之外思考，更不能考虑自己的动作、计划自己的动作、预见动作的后果。例如，儿童身旁如果有布娃娃，他就拿起来做喂布娃娃的游戏；布娃娃被拿走了，游戏活动也就停止了。因此，儿童还不能离开物体和行动来主动地计划和思考什么。观察证明，当儿童的皮球滚到床下的时候，他立刻就往床下窜，如果成人提醒他“你想想该怎么办”，儿童就会回答说：“不是要想，是要把它拿出来。”

（二）直觉行动思维中最初的词的概括调节作用

婴儿期直觉行动思维中的词的概括调节作用是逐步产生的。一般来说，2~2.5岁儿童的思维更多地依赖于直观和动作，而词的概括调节作用在2~3岁儿童的思维中才比较明显。

研究表明：9~14个月、15~20个月和21~26个月的婴儿能显著地区分基本水平的类别（如同属于动物类的狗和马），15~20个月和21~26个月的婴儿能显著地区分上位水平的类别（如动物和交通工具），21~26个月的婴儿能够区分下位水平的类别（如不同品种的猫）。①

---

① 刘志雅、刘芳、朱莹莹、靳凯丽：《9~26个月婴儿上位、基本和下位水平类别学习的发展顺序》，《心理科学》2015年第6期。

（三）想象的发生

在婴儿期儿童身上，我们可以看到想象的最初形态。想象是借助于词实现的对已有的表象所进行的带有一定创造性的分析综合活动。新生儿没有想象。1~2岁的儿童由于经验的缺乏，言语发展较差，只有想象的萌芽，实际上，还说不上是想象，最多只是一种生动的重现而已。例如，儿童拿到布娃娃的时候，就给布娃娃“穿”衣服、“喂”东西，这时在儿童的头脑里重现妈妈或阿姨给自己穿衣或喂食的情景。

3岁儿童，随着经验和言语的发展，逐渐产生了带有最简单主题和主角的游戏活动。例如，把布娃娃当作主角，给它穿衣、洗脸、喂饭等。在这种游戏活动当中，想象也就开始形成和发展起来。并且此时，婴儿已经可以从客观事物中区分想法和想象。

但是，在整个婴儿期，想象的水平是很低的：（1）想象的内容总是非常简单贫乏的；（2）想象经常缺乏自觉的、确定的目的，因而总是零散片断的。

（四）人的意识的萌芽

直觉行动思维虽然仍是第一信号系统和以外部行动占优势，但这已是人的词的思维的开端。人的意识是跟人的言语分不开的。由于儿童初步掌握了词的思维，因而也就有可能初步地意识到外部事物的存在和自己本身的存在，从而开始出现了最初的意识（包括自我意识）。

第六节　婴儿个性特征的萌芽表现

儿童出生后就有神经类型的差异。这些差异在后天的生活和教育影响下不断改变着，有些类型特点给掩蔽了，有些更加发展了。

在儿童生活的前三年，我们可以看到儿童之间的个别差异。例如，有的活泼或灵活些，有的沉静或呆板些；有些发展了某些良好的行为倾向，有些发展了某些不良的行为倾向。

当然，这些特点或倾向还是极不稳定的、容易转变的，还说不上是一些稳固的个性特征。但是，我们不能不认为这是一些值得注意的个性特征的萌芽表现，因为这些特征或倾向有可能在以后的教育影响下，逐步变成个性特征的组成成分。

在婴儿期儿童个性特征的萌芽表现上，自我意识的形成及初步的道德判断和道德行为的开始出现是值得特别注意的。

一、自我意识的发生发展

所谓自我意识，是意识的一个方面、一种形式，即关于作为主体的自我的意识，特别是关于人我关系的意识，如自我感觉、自我评价、自我监督、自尊心、自信心、自制力、独立性等。

认识自己，把自己作为主体从客体中区别出来，这是人的个性特征的重要标志之一。同时，这也是人类意识区别于动物心理的重要标志之一。

儿童在生活的第一年，是说不上什么自我意识的，他甚至还不能知道自己身体的存在，吸吮自己的手和小脚等像吸吮自身以外的别的东西一样。

一些心理学家认为：只有在 1 岁末的时候，儿童才开始能把自己的动作和动作的对象区分开，这算是自我意识的最初表现。以后儿童进一步能把自己这个主体和自己的动作区分开。例如，儿童开始知道由于自己扔皮球，皮球就滚动了。儿童从这里认识了自己跟事物的关系，认识了自己的存在和自己的力量，这就使他产生了一种“自豪”之感。

但是，这时的所谓自我意识，实质上，只能算是一种自我感觉，还不是明确的自我意识。

研究者让母亲悄悄在婴儿鼻子上涂红点，然后把婴儿放在镜子前面，从而考察婴儿的自我再认能力。研究者假设如果婴儿能够认出自己，那么婴儿就会注意到新出现的红点而去擦鼻子。研究发现，1.5~2 岁的大部分儿童才会明显意识到自己脸上的红点，并摸鼻子。而在此之前的儿童很少能够进行这种自我再认。

自我意识的进一步形成是跟儿童（在跟周围的人的共同活动中）对有关自我的词的掌握相联系的。

首先，知道自己的名字。约在出生后第二年，儿童开始知道自己的名字。例如，成人叫他“宝宝”，他也学会把自己叫作“宝宝”，像叫在他之外的别的事物一样。此时，儿童开始认识自己的身体，认识自己身体的各部位，也意识到自己身体的感觉。他可以告诉你“宝宝饿了”。但是，这时儿童只是把名字理解为自己的信号，因此，在遇到叫同名的别的孩子的时候，他就感到有些困惑了。

然后，掌握人称代词“我”。儿童从知道自己的名字过渡到掌握人称代词“我”，这是一个新的阶段，也是一个困难的任务。一般来说，儿童先掌握物主代词“我的”，以后才掌握人称代词“我”。儿童在 2~3 岁的时候，才有可能在关于自己的表象的基础上，通过言语交际开始掌握这些词汇。

掌握人称代词比掌握名词困难得多。因为在言语交际中，人称代词跟一般名词不同，它有明显的相对性。别人对你说“你”，而你自己对自己则说“我”；反过来也是一样。例如，别人问你：“你吃不吃？”你自己只能回答“我吃”或“我不吃”，而不能回答“你吃”或“你不吃”。要学会这一点，就必须进行复杂的抽象和概括，就要把过去已经形成的用第三人称的名字（“宝宝”）那种简单而固定的联系打破，代之以新的具有灵活性的联系。

当儿童开始掌握“我”这个词的时候，在儿童自我意识的形成上，可以说是一个质的变化，即儿童从把自己当作客体转变为把自己当作一个主体的人来认识。从此，儿童的独立性大大增长，表现为儿童常常说“我自己来”。

随着儿童把自己当作一个主体的人来认识，他们也就逐步学会了对自己的评价。首先是成人对儿童行为的评价，如成人说“乖”或“不乖”，“好”或“不好”。以后儿童也学会自己评价自己，而这就可能出现最初的道德判断。

二、初步的道德行为和道德判断

儿童的道德判断和道德行为是在成人的影响下，在儿童心理发展的一定条件下产生的。

1 岁儿童还不可能有道德判断，也不可能有意地做出什么道德行为。1 岁以后，在儿童与儿童之间，我们就可以看到各种积极的和消极的关系，这可算是人与人的社会关系的一种初级的表现，也可以算是道德行为的最初的形态。

根据观察，1~2 岁儿童之间的关系主要有以下几种。（1）良好的相互关系：

情绪上良好的游戏关系；共同游戏，如共同使用某些玩具的游戏；配合其他儿童的动作，如以自己的行为动作去配合或帮助其他儿童；儿童对别的儿童的评价。（2）不良的相互关系：攻击性的动作，如夺取玩具；防御性的动作，如哭泣。

防止儿童之间不良关系的发生，培养和巩固儿童之间的良好关系，应当是儿童教育的重要任务之一。

儿童的道德行为和道德判断是在儿童掌握言语以后才逐步产生的，而且也多少包含着一些意志行动的成分在内。当儿童在日常生活中做出良好行为的时候，成人就有愉快的表情，并且用“好”“乖”这些词给予正向的强化；当儿童做出不良行为的时候，成人就有不愉快的表情，并且用负性词给予负向的强化。在这样的过程中，儿童就能不断做出合乎道德要求的行为，从而养成各种道德习惯。以后再遇到类似场合，儿童就能不加迟疑地做出合乎道德要求的行为。而对不合道德要求的行为，则采取否定态度。例如，儿童看到别的孩子有新奇玩具的时候，很想拿过来玩，但是又觉得强拿别人的东西是不对的。这也就是儿童道德感的源泉。

至于儿童的道德判断，也是在跟成人交往的过程中逐步学会的。凡是成人表示赞许并说“好”“乖”的行为，儿童便认为是好的行为；反之，凡是成人表示斥责并说“不好”“不乖”的行为，儿童便认为是坏的行为。因此，“好”“不好”是儿童最初的道德判断中的两大类别。3 岁儿童已经能把人分为两类：好人和坏人。

应当指出：婴儿期的儿童只有一些道德判断和道德行为萌芽的表现，我们绝不能做很高的估计，也不能提出过高的要求，原因有两点。（1）儿童还不可能掌握抽象的道德原则，成人试图用抽象的道德原则影响儿童，显然是不正确的。成人只能用简单明了而具体的事例来使儿童知道什么是好的，什么是不好的。（2）儿童的道德判断和道德行为也是不稳定的，经常需要成人加以鼓励和督促。例如，当儿童看见别的孩子折花的时候，他正确地提出警告说：“妈妈说的，折花就是不乖。”但是过了一会儿，他自己可能忍不住也折起花来。

从儿童很小的时候起，就用合乎儿童年龄特征的方法来培养儿童正确的道德判断和良好的道德行为，对儿童以后的个性品质的形成有非常巨大的意义。

第七节 婴儿社会性的发展

一、婴儿的社会关系

在乳儿期发展的基础上，婴儿期儿童不但继续发展着同父亲、母亲的关系，而且还发展了同兄弟姐妹和同伴的关系。

（一）和父母的社会相互作用

我国研究者分别对婴儿与其父母的关系进行了一系列研究。结果表明，如果母亲表现出高控制的交流行为，孩子则使用更多的表态行为和注意行为。① 如果父亲表现出高控制的交流行为，孩子则以顺从行为为主。② 由此可见，父亲和母亲对待婴儿的方式有所不同，而婴儿也表现出相应的适应性行为。

（二）同兄弟姐妹的社会相互作用

心理学家们进行了许多相关研究，如关于兄弟姐妹的相互关系（如兄姐照顾弟妹），关于出生次序的关系（如最先出生的哥哥或姐姐和最后出生的弟弟或妹妹，由于父母对他们的要求不同，也影响了儿童的行为）等。在独生子女的家庭里，注意为儿童提供和别的孩子接触的机会（如托儿所）是非常必要的。

（三）和同伴的社会相互作用

这里所说的同伴关系指的是婴儿与婴儿之间的相互关系。一般认为，婴儿与同伴的相互作用不如与父母的相互作用发展得快、稳固。婴儿之间往往不能很好相处，他们互相抢玩具、揪头发、抓脸，对待对方如同对待物体和玩具一样。真正的相互合作，被认为在 2 岁以后才开始出现。

---

① 王立新、彭聃龄:《家庭游戏情境对母婴交流行为的影响》,《心理发展与教育》2004 年第 3 期。

② 王立新、陈宝国、彭聃龄:《家中游戏情境对父婴交流行为的影响》,《心理科学》2005 年第 4 期。

但是，近期研究发现，甚至很小的婴儿也表现了对其他婴儿的兴趣，他们对其他婴儿注视、微笑和喊叫。婴儿的同伴关系的发展与其社会经验直接相关。研究者把实验组的22名婴儿放在一个班里，让他们相互交谈、共同游戏等，其中1~2岁11名，2~3岁11名。经过4个月之后，研究者发现实验组的婴儿在词汇、微笑和交换玩具等方面都远远超过对照组（对照组是在一般情况下，如在家里由老人、保姆照看等）。有趣的是，实验组中仅仅15个月的婴儿，在社会行为的形式和数量方面就已接近2岁儿童。另一个研究发现，如果能够选择，婴儿经常喜欢同同伴玩而不是同父母玩。实验者把一组10~14个月的孩子分放在几个房间里，每个孩子同他的母亲和一个小朋友在一起，10个月的婴儿注视和跟着他的同伴多于他的母亲。婴儿与同伴交往的行为会影响婴儿对他人的意图理解。①

总之，不仅仅婴儿同父母的相互关系对他们的早期社会经验有重要影响，婴儿同兄弟姐妹及同伴的相互关系也对早期社会经验有重要影响。如果父母不允许大孩子同小孩子一起玩，他们其实是在剥夺这些孩子的一种重要社会经验。

因而，我们认为，在我国现代家庭中，父母应当尽可能地送孩子入托，而不要误认为由爷爷、奶奶（或姥爷、姥姥）在自己家中照看最放心。事实上，让孩子入托，是给他们创造了一种重要的社会环境。在其中，儿童可以经历一种重要的社会体验——和同伴相处，它的意义是深远的。早期社会关系发展的好坏，直接影响到儿童情绪和个性的发展。

二、情绪和情感的发展

有研究认为：儿童在出生时只能表现出未分化的兴奋；3个月左右，分化为积极和消极两方面——快乐和苦恼；在此之后，分化继续进行，到2岁左右，显示出成人所具有的大部分复杂情绪（如图5-2所示）。②

① Hunnius, S., Bekkering, H., & Cillessen, A. H. N.（2009）. The association between intention understanding and peer cooperation in toddlers. *European Journal of Developmental Science, 3*（4）, 368–388.

②［美］斯托曼著，张燕云译:《情绪心理学》，辽宁人民出版社1986年版，第271—272页。

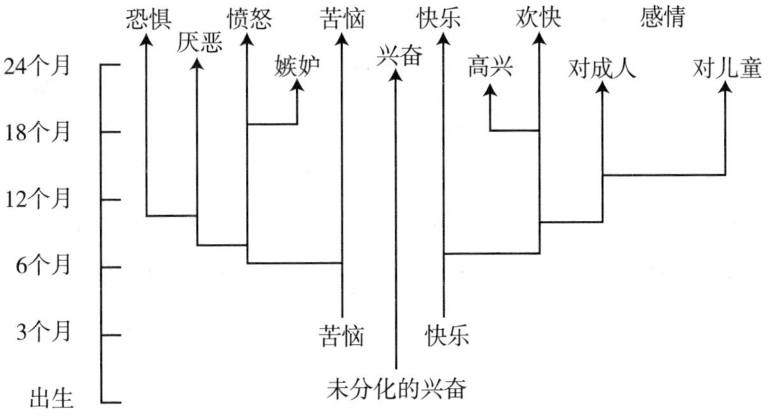

图 5-2　儿童的情绪发展

一般认为，婴儿期开始的时候，也跟前一时期一样，情绪主要决定于需要满足的情况和健康的情况。在正确的教育下，儿童一般总是充满着肯定的情绪。儿童喜欢不停地活动，而活动的主要动机是为了得到愉快。

近期研究表明，12 个月的婴儿能根据他人的情绪反应来调整自己对新异且模棱两可的物体应采取的行为反应。18 个月的婴儿能利用推理线索来理解他人的情绪信号，从而指导自己的行为，12 个月的婴儿对推理线索不敏感。而且，亲子对话质量对婴儿情绪理解能力的发展具有影响。①

除了情绪之外，儿童也开始有了比较复杂的情感体验，即在情绪的基础上产生的对人、对物的关系的体验。例如，喜欢跟亲近的成人交往，因为在交往中往往产生愉快的体验。也有对人的同情感，首先是对周围的人（如母亲）的痛苦表示同情，以后也能对其他儿童表示同情，如为了使别的孩子快乐而放弃自己的一些快乐。在正确的教育下，儿童也会有最初的责任感的萌芽，如上床以后不乱动、不说话。

在不正确的教育下，儿童也会产生和发展一些否定的、不良的情绪和情感，

① Taumoepeau, M., & Ruffman, T.（2008）. Stepping stones to others' minds: Maternal talk relates to child mental state language and emotion understanding at 15, 24, and 33 months. *Child Development, 79*（2）, 284-302.

如嫉妒、见生人怕羞、怕黑暗、怕雷声、爱发脾气等。

无论是肯定的或否定的情绪和情感，都带有一种易变的特点，也就是说，儿童的情绪、情感很不稳定，一会儿还在哭着，一会儿又会破涕为笑。这也说明儿童还没有稳定的主观意识或个性倾向，非常容易受外界刺激物的影响。

教育的任务就在于，从儿童很小的时候起，培养其良好的情感和道德感，如对祖国的热爱、对人的同情、照顾别人、有东西大家玩、不自私等。

三、意志行动的发生

新生儿是没有意志的。在乳儿期，儿童开始只有一些不随意运动，以后逐步产生了一些随意运动，即学会了的运动，如玩弄玩具、使用杯筷、学会走路等。这就发生了对自己运动的初步掌握的能力，并为意志的产生准备了最初的条件。

进入婴儿期以后，由于言语的产生，儿童的随意运动就达到了一个新的阶段。最初是由成人的词来调节儿童的行动，如强化某些行动或者禁止某些行动；以后儿童就能进一步用自己的词来调节自己的行动，如常常说“我要”“我不要”。这就使儿童的行动带上了最初的目的性。当儿童开始能在自己的词的调节下有意地行动或抑制某些行动的时候，这就出现了意志的最初形态。

特别是在婴儿期的后一半时间里，即生活的第三年的时候，儿童表现出强烈的独立行动的愿望，要求“自己来”，而不愿接受成人的帮助。这正是儿童意志行动开始发展的标志。

我国研究者发现，2 岁儿童已经具有延迟性自我控制行为，且存在性别差异，女孩的自控力高于男孩。① 但是，这一时期儿童的意志行动还是很差的，他们经常不能较长时间地控制自己，也就是说，行动的冲动性还是主要的一面。婴儿的大脑皮质抑制机能尚未完善，兴奋过程占优势，表现为活泼好动，所以自我控制能力（包括自制力、自觉性、坚持性和自我延迟满足水平）往往较低。

在正确的教育下，儿童已经可以养成一些最初的良好的意志品质，如打针或

---

① 陈会昌、阴军莉、张宏学:《2 岁儿童延迟性自我控制及家庭因素的相关研究》,《心理科学》2005 年第 2 期。

摔倒时不哭，短时间坚持完成一种委托或活动等。

教育的任务就是要引导儿童初步辨别是非，为遵从社会行为习惯的要求而控制自己、克服困难，从而为发展儿童良好的道德品质奠定最初的基石。

四、婴儿依恋的发展

（一）依恋发展的阶段

随着婴儿期的到来，依恋也得到进一步发展。婴儿期依恋的发展也可以分为两个阶段，即依恋发展的后两个阶段。

1. 依恋关系明确期（12~24个月）

在此阶段，婴儿对于特殊人的偏爱变得更强烈。由于婴儿运动能力的发展，他们可以去主动接近亲近的人，主动探索环境，同时他们把母亲或照看者作为一个“安全基地”，从此点出发，去探索周围世界；当有安全需要时，又返回照看者身边，然后进一步去探索。此阶段的婴儿不但形成了分离焦虑——离开照看者时感到不安，而且形成了陌生焦虑——对陌生人的谨慎与回避。他们以反抗、紧握、恐惧等对待与亲人的分离。

2. 目的协调的伙伴关系（24个月以上）

2岁以后，婴儿能较好地理解父母的愿望、情感和观点等，同时能调节自己的行为。例如，他们能够忍耐父母迟迟不给予注意，忍耐同父母的短期分离，他们相信父母将会返回。

（二）依恋的类型

最广泛使用的评价依恋类型的方法为陌生情境技术。最先使用它的是美国心理学家安斯沃思（M. Ainsworth），她通过对婴儿的依恋行为进行实验研究，指出婴儿的依恋行为可以分为三种类型。

A型（约占20%）为回避型。这个类型的婴儿容易与陌生人相处，容易适应陌生环境，在与母亲刚分离时并不难过。但独自在陌生环境中待一段时间后会感到焦虑，不过很容易从陌生人那里获得安慰。当分离后再见到母亲时，对母亲采取回避态度。

B型（约占70%）为安全型。当最初和母亲在一起时，这个类型的婴儿很愉快地玩；当陌生人进入时，他们有点儿警惕，但继续玩，无烦躁不安表现。当把他们留给陌生人时，他们停止了玩，并去探索，试图找到母亲，有时甚至哭。当母亲返回时，他们显得比以前与母亲更亲热。当再次把他们留给陌生人时，婴儿很容易被安慰。

C 型（约占 10%）为反抗型。这个类型的婴儿表现出很高的分离焦虑。由于与母亲分离，他们感到强烈不安；当再次与母亲团聚时，他们一方面试图主动接近母亲，另一方面又对来自母亲的安慰进行反抗。

我国的研究表明，中国 2 岁儿童对母亲的依恋有四种类型，即淡漠型依恋、安全型依恋、缠人型依恋、混乱型依恋，分布比例分别为 11%、73%、7%、9%。① 其中，与前面的分类方式相比较，比较特殊的是缠人型依恋。它是指：婴儿单独与母亲在一起时，喜欢缠在母亲身边，和母亲的身体接触或接近比较频繁，探索活动不积极；对陌生的人和事物表现出拘谨、退缩；与母亲分离时，表现出反抗、哭泣，悲伤程度高；与母亲重聚时，急切地寻求母亲的安慰，但是不容易平静下来。

婴儿属于哪种依恋类型，与母亲的教养方式及婴儿本身的气质特点等因素有关。

（三）依恋类型的影响

不同的依恋类型影响着儿童在其他方面的行为。例如，研究发现婴儿与母亲之间的依恋类型会影响婴儿联合注意的发展。② B 型儿童倾向于和父母有良好关系。他们更常遵守一些规则，也更愿意学习新的东西。这些儿童也更容易适应新环境。C 型儿童则经常用焦虑和反抗来对付父母的帮助。他们很难从父母的经验中得到教益。A 型儿童似无特殊问题，但是因为他们的被动性，也许父母在某些方面对他们丧失信心。

---

① 梁兰芝、陈会昌、陈欣银：《两岁儿童对母亲的依恋类型》，《心理科学》2000 年第 3 期。

② Meins, E., Fernyhough, C., Arnott, B., Vittorini, L., Turner, M., Leekam, S. R., et al.（2011）. Individual differences in infants' joint attention behaviors with mother and a new social partner. *Infancy, 16*（6）, 587-610.

这样的区别一直延续到学龄期。B 型儿童喜欢直接同教师接触，他们发现，直接接触可以引起教师的注意。A 型和 C 型儿童则频繁地请求帮助，但很少对得到的感到满意。其中 A 型和 C 型儿童寻求注意的方式不同：C 型儿童表现出长期的抱怨；A 型儿童则间接通过羊肠小道接近教师，他们总是被动地等待教师通知。

儿童的依恋是一个不断发展的过程，它将不断地反映父母—儿童关系的变化。在某种程度上，家庭情况及父母—儿童关系的变化会改变早期依恋的性质。

* * *

儿童经历了婴儿期的两年时间，在成人的教育影响下，跟乳儿期比较起来，身心各方面都获得了新的进一步的发展。

这时，儿童已经能够随意地到处行走，手能够熟练地操作他所熟悉的物体。儿童已经能够跟成人进行日常的言语交际，词的信号开始具有概括作用和调节作用。由于这些情况，儿童开始产生了初步的游戏活动，这是人的社会实践活动的最初形态。儿童在操作物体、进行言语交际和从事初步的游戏活动的过程中，不断吸取着人类的社会经验，从而也就发展了各种心理过程，特别是出现了有词参加的人的思维过程——直觉行动思维。这种思维形式虽然还很低级，但这已经是跟动物心理不同的人的意识的开端。

但是，我们也绝不能过高地估计这些成就。这时，儿童的心理发展水平仍然是很低的。他的生活范围非常狭小，他还不能从事有目的、有计划的活动，他的心理过程还在很大程度上受着周围事物和当前行动的限制。因此，儿童思维的独立性很差，情绪容易随外物而变化。虽然到本期之末，儿童已经能逐步意识到自己是一个主体，是一个和客体相区别的主体，但是他还远远没有成人那样稳定的、有系统的主观世界。

要点小结

婴儿期儿童的发展表现在：可以随意地独立行走，手可以准确地操纵所熟悉的物体；能够与成人进行言语沟通，词的概括作用和对行为的调节作用也初步发展起来；出现了最初的游戏活动；对事物的性质进行最初步的综合和概括；产生了自我意识以及初步的道德行为、道德判断。

思考与练习

1. 影响婴儿动作发展的主要因素是什么？

2. 请举例说明婴儿的言语发展与心理过程发展的关系。

3. 婴儿期儿童的依恋有哪几种类型？它们各有什么特点？

4. 请综述近期的有关婴儿期个体的心理发展理论。

拓展性阅读导航

1. 方富熹、方格著:《儿童发展心理学》，人民教育出版社2004年版。

本书结合最新的研究结果和日常的生活实例来论述儿童的心理发展，读者可从中了解教育儿童的有用知识和技能。

2. 庞丽娟、李辉编著:《婴儿心理学》，浙江教育出版社1993年版。

本书探讨了婴儿大脑、动作的发展，婴儿感知、注意、记忆、编码加工能力等的发展，婴儿的早期气质、早期情绪和社会化等问题。

3. [美] L. E. 伯克著，陈会昌等译:《伯克毕生发展心理学——从0岁到青少年》，中国人民大学出版社2014年版。

本书是发展心理学的教材，其中第四章到第六章详细论述了婴儿期的身体发育、认知发展、情绪和社会性发展。

第六章

学前期儿童心理的发展

内容提要

本章介绍学前期儿童心理发展的一些基本问题。首先介绍学前期儿童心理的三个特点，继而说明其神经系统、动作活动、游戏、学习和劳动、语言及具体心理过程的发展，最后阐述其社会性发展。

学习目标

1. 了解学前期儿童的一般特征，以及神经系统和动作的发展。
2. 领会学前期儿童游戏和学习的基本状况和具体的教育方法。
3. 掌握学前期儿童言语、感知、注意、记忆、思维和想象等心理过程的发展特点。
4. 掌握学前期儿童自我意识、心理理论、道德意识的发展特点。

关键词

学前期　游戏　学习和劳动　心理发展

第一节 学前儿童的一般特征

学前期是指儿童从 3 岁到 6 或 7 岁这一时期，是儿童正式进入学校以前的一个时期，所以叫学前期。又因为这时儿童进入幼儿园，所以又叫幼儿期。

这一时期，儿童在前一时期发展的基础上，在新的生活条件和教育条件的影响下继续发展。

我们知道，儿童出生以后，在一定的社会生活和教育条件下，经过三年的时间，已从一个软弱无能的个体发展到能够直立行走，广泛操纵物体，进行初步的言语交际，并且能从事一些最初步的游戏活动。就在这样发展的基础上，儿童进入了学前期。

进入学前期的儿童，由于身心各方面的发展，初步产生了参加社会生活的愿望。同时，由于考虑到儿童独立生活能力的增长，成人也对儿童提出了比以前更高的要求，开始要求儿童独立地担负某些简单的职责，如自己穿衣、吃饭、收拾玩具和当值日生等，开始要求儿童从事一些力所能及的社会生活活动。

这就是说，学前儿童开始产生了新的需要，即渴望参加成人的社会实践活动，特别是劳动和学习活动的需要。

但是，另一方面，我们也会看到，学前儿童的能力还是非常有限的，他们还不能很好地掌握自己的行动，他们的知识经验还非常缺乏，还不能很好地控制自己，使自己的行为服从于比较远大的目的，因此，在儿童渴望独立参加社会实践活动这种新的需要跟从事独立活动的经验及能力之间产生了重大的矛盾。这是学前儿童心理上的主要矛盾。而游戏活动就是解决这一矛盾的主要活动形式。在游戏活动中，儿童心理的主要矛盾逐步得到解决，从而也就推动儿童心理不断向前发展。这是学前儿童的第一个特点。

学前儿童的第二个特点是：各种心理过程带有明显的具体形象性和不随意性，抽象概括性和随意性只是刚刚开始发展。

学前儿童由于知识经验的贫乏，由于言语还不够发展，因而主要以直观表象的形式来认识外界事物。当然，学前儿童也在不断形成一般表象和低级的概念，他们已能对事物进行分析、综合、抽象、概括，从而进行初步的逻辑思维。但是无论如何，这些概念和逻辑思维都具有很大的直观形象性的特色。他们一般不能给事物下抽象的定义，而只能下功用性的定义。例如，花是好看的，果实是好吃的，椅子是可以坐的，等等。学前儿童也能掌握数的概念和进行计算，但是同样需要直观形象的不断支持和强化，否则就会有很大的困难。

同时，也正由于学前儿童知识经验的贫乏和言语的不够发展，他们还不能经常有意地控制和调节自己的行动，一般心理过程带有很大的不随意性，心理活动也带有很大的不稳定性。因此，在很大程度上，学前儿童还是受外界事物的调节支配的，他们很容易受外界新颖事物的吸引而改变自己的心理活动，独立思考能力很差。当然，在整个学前期，在教育的影响下，这种特点正在逐渐发生改变。一般来说，从中班开始，特别是到了大班的时候，儿童各种心理过程的随意性和稳定性都在不断地增长着。学前儿童心理过程的随意性和稳定性的不断增长，为儿童进入学校学习准备了重要条件。

学前儿童的第三个特点是：从这时期起开始形成最初的社会性倾向。

婴儿的行为主要是受直接作用于他的事物所支配的，把这些事物挪开，婴儿的心理活动也就随之而停止或改变。到了学前期，在教育的影响下，儿童皮质的抑制功能迅速发展，言语系统也初步发展，因而行为的自觉性就逐渐发展起来，能逐渐使自己的行为服从较远的目的，这就为儿童形成最初的个性倾向提供了主要条件。这种最初的个性倾向在人的一生中都会保留痕迹，因而在人的心理发展上具有一定的作用。幼儿教育工作者和家长应当从儿童很小的时候起，就培养儿童良好的个性品质、道德行为，使儿童的个性从一开始就能沿着正确的道路向前发展。

第二节　学前儿童神经系统的发展

在生活条件和教育条件的影响下，学前儿童的神经系统有了进一步的发展，这给儿童心理的发展提供了生理的前提。当然，神经系统的发展并不能完全决定儿童心理发展的水平。

一、大脑结构的继续发展

学前儿童的大脑结构在继续发展，这表现在以下方面。

大脑重量继续增加。以前说过，新生儿的脑重约 390 克，3 岁儿童的脑重达到 1 011 克，而 7 岁儿童的脑重则能达到 1 280 克，基本上已接近于成人的脑重。

神经纤维在继续增长，分支加多，长度加长，这更有利于神经联系的形成。

到本期之末，神经纤维，特别是大脑联络神经纤维的髓鞘化基本完成。这就使神经传导更加迅速而精确。

整个大脑皮质达到相当成熟程度。根据我国心理学工作者关于我国儿童脑的发展的年龄特征的研究，我们可以得出以下结论。

（1）4~20 岁，脑的发展有两个明显的加速时期，也可以说是两个飞跃时期：一个在 5~6 岁，脑的结构已相当成熟，但还未达到成人水平；一个在 13~14 岁，脑的结构基本成熟。

（2）从大脑各区成熟的程序看，到学前末期，大脑皮质各区接近成人水平。它的成熟程序是：枕叶—颞叶—顶叶—额叶。7 岁时颞叶接近成人，额叶也相当成熟。因此从大脑生理结构方面来看，这保证了学前儿童智力活动迅速发展的可能性。

儿童大脑发展成熟的程序如图 6-1 所示。

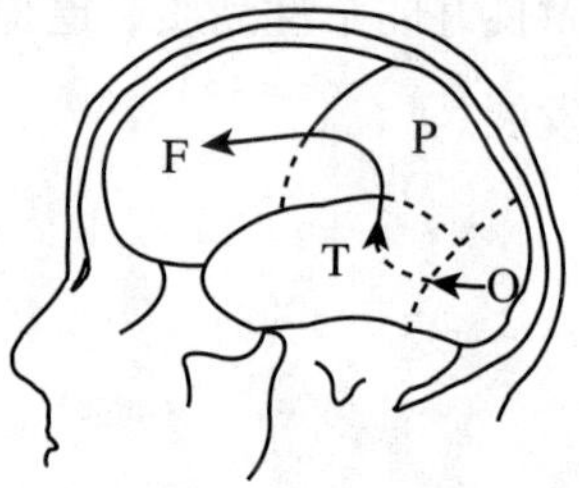

（“O–T–P–F”线路）
O——枕叶　T——颞叶
P——顶叶　F——额叶

图 6-1　儿童脑发展成熟程序

研究发现：在学前阶段，皮质表面积随年龄的增长而扩大，在 4 岁时变化最显著的区域主要集中在前额叶、颞叶联合区等；与皮质表面积不同的是，皮质厚度随年龄的增长逐渐变薄，在 4~6 岁这一阶段，内侧枕叶、前额叶以及内顶叶等区域的皮质厚度以每年减少 2% 的速度随年龄的增长而变薄；就皮质体积而言，不同区域的皮质体积仍表现出较大差异，一些区域表现出了皮质体积的下降，如枕叶的大部分区域、位于顶叶的初级躯体感觉区等，而在另外的一些区域则表现为皮质体积的增加，如颞叶、背侧运动区以及额叶运动前区等。①

大脑结构的继续发展就使大脑机能有了进一步的发展。

二、神经过程的不断增强

学前儿童的高级神经活动的基本过程——兴奋和抑制机能都在不断增强。

首先，由于皮质的兴奋与抑制过程日趋平衡，兴奋过程本身也比以前增强了。这表现在儿童每日醒着的时间比以前相对地增加了。新生儿每日睡眠时间几乎达到22小时，3岁儿童只需要睡14小时左右，而7岁儿童每日睡11小时左右就够了。

其次，暂时联系的形成和巩固也比以前加快了。婴儿期条件反射的形成较慢，常常需要多次的反复，形成以后也常常不稳定、不巩固，在缺乏强化的情形下容易消退。学前初期的儿童还带有这些特点。随着儿童神经系统结构的发展，情况就逐渐发生改变，到学前晚期，儿童的条件反射形成得较快，并且形成以后也比较稳定、巩固。这特别是跟皮质抑制，即内抑制的发展相联系的。

三、皮质抑制的蓬勃发展

儿童从很小的时候起，皮质抑制就在不断发展着。在乳儿期，各种内抑制都已经出现了。但是，一般来说，3岁以前儿童的内抑制发展得很慢，约从4岁起，由于神经系统结构的发展，由于生活条件的要求，更重要的是由于言语的掌握，内抑制开始蓬勃发展起来。内抑制的蓬勃发展就使儿童有可能形成更复杂、更细致的暂时联系，从而更好地分析综合外界事物，同时也使儿童有可能更好地控制、调节自己的行为，从而使自己的行为更有组织性。

当然，学前儿童的内抑制是远远不能跟学龄儿童或成人相比的，从兴奋和抑

① Brown, T. T., Kuperman, J. M., Chung, Y., Erhart, M., McCabe, C., Hagler, D. J., et al. (2012). Neuroanatomical assessment of biological maturity. *Current Biology, 22* (18), 1693-1698.

制两种神经过程的关系来说，抑制的机能还是很差的，因而过久地抑制自己的行动，或者从事过分细致的作业活动，常常是儿童所不能胜任的。过分的抑制就会诱导出皮下的兴奋。

动作抑制能力是幼儿动作发展的重要方面，也是大脑执行功能的重要方面，反映了额叶功能的成熟程度。我国研究者通过停止信号任务发现，4~6 岁儿童已具有一定水平的动作反应抑制能力。但是，在需要立即停止动作的情况下，儿童动作反应抑制的水平还比较低，反映出该年龄阶段的儿童的额叶执行功能远未发展完善。①

四、大脑两半球功能的发展

在学前期，儿童的大脑两半球开始明确显现不同的作用——左半球和右半球开始执行不同的功能，被称为大脑单侧化现象。一般来说，左半球的功能与言语和抽象逻辑思维的发展相关。有研究发现，大脑左半球顶颞区 θ 波段的活动与学前儿童的语言任务能力特异性相关。② 右半球的功能与空间认知、情感表达和形象思维的发展有关。自出生开始这种脑半球的特异化已经开始，但是学前期这种功能之间的区别是相当明显的。

其中比较有特点的是优势手的形成。优势手是指使用较多的手。手的运动随大脑功能的发育而发展，因此手的使用也随大脑功能的侧性化而逐渐偏向一侧。我们可以清晰地判断学前儿童是属于左利手还是右利手。左利手也就是我们生活中常说的左撇子。不同利手儿童大脑的优势半球不同。③ 成人对不同利手的儿童可因势利导，充分发挥他们的优势。

---

① 孟祥芝、谢利苹:《幼儿动作发展与动作抑制研究》,《心理发展与教育》2004 年第 3 期。

② Kikuchi, M., Shitamichi, K., Yoshimura, Y., Ueno, S., Remijn, G. B., Hirosawa, T., et al. (2011). Lateralized theta wave connectivity and language performance in 2-to 5-year-old children. *Journal of Neuroscience, 31* (42), 14984-14988.

③ 潘筱、王玉玮:《左利手与右利手儿童智力特点的对比研究》,《中国全科医学》2007 年第 10 期。

第三节　学前儿童动作的发展

一、运动技能的发展

学前儿童的运动技能和婴儿期相比较，又提高了一步，这主要表现在掌握了跑和跳的技巧。我国的研究结果表明：38 个月的儿童能够独脚站 10 秒，40 个月的儿童能够独脚跳。①

许多因素会影儿童运动技能的发展，如家庭的社会经济地位、父母的受教育程度、儿童是否存在兄弟姐妹等。② 我们在学前教育中应适当加入运动技能的训练以促进幼儿运动能力的发展，同时在训练中要考虑到性别差异等因素。

二、运用物体动作的发展

学前儿童运用物体的动作也比婴儿期有了很大的提高。这主要表现在学前儿童能够准确地抛出物体并能准确地拿回它，还表现在精细动作的协调上。

（一）较小动作的适应性的发展

对于婴儿，最初的抛出物体也许是由事故引起的。他们也许仅仅是想摆弄一个物体，不小心失手了，结果使它抛了出去。大约 2 岁多，婴儿开始有意地抛出物体，但他们对所有的物体几乎都以同样的方式——向前抛——不管物体的大小和重量。3 岁以后，幼儿的抛掷动作开始依据物体的特征：对小物体他们更多使用手腕的力量，对大物体则更多使用臂力。

拿的动作也经历了类似的过程。3 岁左右的儿童一般只是早早地伸开双臂去够一个滚过来的球。4 岁左右，儿童开始有了较为正确的方法：在球到来的最后一瞬间伸出手去接球，在此之前，他们的手和胳臂坚持不动，这样可以弥补意外的角度和速度的变化。显然，这样的动作已经十分精确、巧妙。

① 范存仁、周志芳:《从初生到六岁儿童智能发展规律的探讨》,《心理学报》1983 年第 4 期。

② Venetsanou, F., & Kambas, A.（2010）. Environmental factors affecting preschoolers' motor development. *Early Childhood Education Journal, 37*（4）, 319–327.

（二）精细动作的协调

精细动作的协调是学前儿童动作发展的一个至关重要的方面，和幼儿的执行控制能力有较强的相关。研究发现，精细运动和非言语智力在学前期（5~6 岁）具有显著正相关，这一时期的精细动作技能能够显著预测一年后（6~7 岁）的非言语智力。①

关于精细动作的协调，主要表现在绘画技能的发展中。

许多运动要求小动作的协调而非力量，比如系鞋带、洗手、扣纽扣、拉拉链、用匙（甚至筷子）吃饭和旋转门把手等，这些动作在学前期都已得到发展。

在学前儿童中特别广泛的精细动作技能是绘画。在我国，几乎每个学前儿童都在某些时候尝试使用铅笔、粉笔和其他绘画工具。

在学前期，绘画能力的发展包括两个阶段：第一阶段是 3 岁到 4 或 5 岁，这一时期的绘画是无描述性的或前描述性的，有人叫它为象征期；第二阶段是 4 或 5 岁到 6 或 7 岁，这一时期的绘画是描述性的，有人叫它为意象期前期。

1. 前描述性绘画

在婴儿末期，儿童就开始乱画。对于 2~3 岁的孩子来说，握住铅笔或粉笔等是可能的，但这时，他们只是乱画。3 岁以后，儿童在绘画之前也许设想了某些意义，他们也开始对人、物和事件感兴趣，但他们的兴趣远远超出了他们能这样做的能力。2~3 岁为纯前描述性绘画阶段；3 岁以后有了描述性绘画的意识，但被动作技能所限制。

2. 描述性绘画

4 或 5 岁以后直到入学前这段时间，儿童的精细动作技能得到很大发展，特别是在幼儿园受过专门训练的儿童，他们能够熟练自如地绘画，再不像以前只会画黑乎乎的一团了。同时，这一时期儿童的观察力、想象力等也都发展起来，表现在绘画方面，就是发展了描述性绘画技能。这个时期的儿童能够画很多内容的

① Roebers, C. M., Röthlisberger, M., Neuenschwander, R., Cimeli, P., Michel, E., & Jäger, K.（2014）. The relation between cognitive and motor performance and their relevance for children’s transition to school: A latent variable approach. *Human Movement Science, 33*（1）, 284–297.

画，他们可以画日常生活中的事物，也可以根据故事情节来画图。4~5 岁是儿童绘画故事发展过程中的重要转折时期。① 此时，儿童人物画突出的结构特点是比例不协调。幼儿自由画人躯干面积和头的面积的比值平均为 1.30，远远小于正常人体部位之间的比例。② 而这种比例总趋势随着年龄的变化逐渐减小。图画中头的面积没有显著差异，但是躯干面积变化较大。研究者认为，躯干的面积变化与幼儿对于人体结构的认知发展有关。

学前儿童的绘画在一定程度上显示了其概念理解水平，对他们的心理发展有很大的促进作用。绘画有助于幼儿语言和读写能力的发展，促进其对知识的构建，对幼儿科学概念的获取有重要作用。③

3. 对筷子的使用

近年来，我国研究者对儿童使用筷子做了诸多研究。有关 3~7 岁儿童和成人使用筷子的比较研究表明，儿童和成人中均存在八种筷子使用动作模式，各种模式在手指的分工、配合及完成任务的稳定性、适应性等方面表现出不同的特点，具有不同的效率水平。④ 随着年龄的增长，个体筷子使用动作模式日趋转向效率较高的类型。4~5 岁是儿童筷子使用技能迅速提高的特殊阶段，5~8 岁时增长则较缓慢。⑤ 但从总体来看，幼儿阶段的发展水平仍远未达到成熟程度。

---

① 李橦、李文馥、杨玉芳:《3~6 岁儿童绘画故事能力的发展》,《心理发展与教育》2005 年第 3 期。

② 王贞琳:《年幼儿童人物画结构变化及其影响因素》,《心理学报》2000 年第 2 期。

③ Chang, N. (2012). The role of drawing in young children's construction of science concepts. *Early Childhood Education Journal, 40* (3), 187-193.

④ 林磊、董奇、孙燕青、Claes von Hofsten:《3~7 岁儿童与成人筷子使用动作模式的比较研究》,《心理学报》2001 年第 3 期。

⑤ 李蓓蕾、林磊、董奇、Claes von Hofsten:《儿童筷子使用技能特性的发展及其与学业成绩的关系》,《心理科学》2003 年第 1 期。

第四节 学前儿童的游戏

一、游戏是学前儿童的主导活动

学前儿童动作和言语的发展、生活范围的扩大、独立性的不断增长，更重要的是渴望参加社会实践活动的需要和从事这些活动的经验与能力之间的矛盾，决定了游戏是学前时期的主导活动。

前面说过，儿童的社会实践活动形式有三种，即游戏、学习和劳动。这些活动都是有目的、有计划的社会性活动。成人的主要社会实践活动形式是生产劳动，这是人改造世界的活动。但是在人的个体发展过程中，作为社会实践活动的主导形式的生产劳动并不是从一开始就具备了的。新一代人在出生之后，由于身心条件的制约，他们最初只能从事以游戏或学习为主导形式的社会实践活动，然后逐步过渡到独立参加以劳动为主导的社会实践活动。当然，这也不是说，这些活动形式是互相排斥的。可以说，从学前期开始，在儿童发展的各个时期内，这三种活动的形式都是同时并存的，不过主导活动的形式各不相同罢了。

主导活动是最适合儿童身心发展的一种活动形式。通过这种活动，儿童身心发展上许多新的变化就能更好地产生和形成。当然，主导活动又是和其他活动互相联系、互相影响的。

游戏之所以是学前儿童的主导活动，是和游戏本身的性质和它在学前儿童身心发展上的作用分不开的。

（一）游戏是适合于学前儿童特点的一种独特的活动形式

游戏是一种有目的、有系统的社会性活动。儿童在游戏中反映周围的现实生活，通过游戏，儿童体验着我国劳动人民的劳动、生活和道德面貌，同时，也就理解和体验着人们之间的相互关系，因此，游戏的主题和内容都是由社会生活条件决定的，都是跟儿童周围的生活条件密切联系的，都是社会性的活动。在一定意义上说，游戏在儿童生活中具有极重要的意义，就像活动、工作和服务对成人具有重要的意义一样。

但是，游戏又跟劳动、学习这些有目的、有系统的社会性活动不完全一样。

首先，游戏跟劳动不同，劳动要生产物质财富，而游戏并不生产什么。其次，游戏也跟学习不同，学习虽然也不创造什么财富，它却是一项必须完成的社会义务，如要回答问题或完成作业，而游戏则不是一种强制性的义务。

因此，游戏是一种独特的社会性活动。一方面，它是一种有目的、有系统地反映现实生活的社会性活动；另一方面，它又像劳动和学习活动那样是一种社会义务。在某一意义上，也可以说，游戏是在假想或想象中完成的一种现实活动，是想象和现实生活的一种独特的结合，是人的社会活动的一种初级形式。

学前儿童由于身心发展的情况，由于心理发展上的特殊矛盾，即一方面渴望参加成人的社会生活，另一方面经验、能力又差，这就决定了他们只能以游戏作为主导活动，而不能以劳动或学习作为主导活动。这也就是说，游戏是适合于学前儿童特点的一种独特的活动形式。

（二）游戏是促使儿童心理发展的一种最好的活动形式

游戏不但是适合学前儿童特点的活动形式，而且是促使学前儿童心理发展的最好的活动形式。在正确组织的游戏活动中，儿童的心理过程和个性品质能够得到更快更好的发展。

首先，在游戏中，儿童的运动器官能得到很好的发展。由于儿童担任游戏中某一角色的任务，必须努力去完成，他的动作就更富有目的性和积极性，而身体的运动器官就会得到很好的发展。

其次，在游戏中，儿童的各种心理过程也能够更快更好地发展起来，个性品质也在游戏中获得发展。研究表明，社会游戏与角色游戏之间密切相关。假装游戏有助于提高儿童理解他人的思想、情感、观点的能力。社会扮演（角色）游戏的频率与各种承担能力存在显著的正相关。不管什么年龄、性别、智商和活动性水平的幼儿，经常与同伴进行假装游戏的幼儿比其他幼儿更易与同伴相处，更受同伴欢迎，社会技能更强。游戏训练能显著改善幼儿的社会性行为，合作形式的游戏训练能显著提高学前儿童的合作行为水平。①

必须指出，游戏在儿童心理发展上的作用绝不是自然而然实现的，而是跟成人特别是教师的正确组织和指导分不开的。成人要关心、组织、指导儿童的游戏，同时不要包办代替，更不要随意打断儿童的游戏。教师更应该根据学前儿童游戏的特点，有计划地把游戏作为对儿童进行教育的重要手段。

二、学前儿童游戏的种类

儿童的游戏是多种多样的，所以，要确切地对其进行分类并不容易。有些心理学家从两个角度对游戏进行了分类，一是从认知的水平，二是从社会化的水平。

（一）从认知的水平看游戏

从认知的角度对游戏进行分类的基本思想是，儿童的游戏能力依赖于他们的思维和解决问题的能力。认知理论家认为，游戏包括四种类型，这四种类型反映了认知发展的各主要阶段的性质，也反映了认知发展各阶段的顺序：机能游戏出现在感知—动作阶段，建筑游戏和假装游戏出现在前运算阶段，规则游戏出现在具体运算阶段。

1. 机能游戏

机能游戏是一种最简单、最基本的游戏形式。它包括简单地、重复地移动自己的身体或反复地摆弄某物体。儿童这样做，没有任何目的，只是从动作本身获得乐趣。所以，机能游戏的根本特征是无象征性活动。虽然机能游戏没有目的性，它对学前儿童却是十分重要的，因为它教给儿童关于他的活动的效果以及物质世界的某些性质。

机能游戏主要出现在婴儿末期及学前初期，以后就慢慢地与其他游戏活动相结合，而以新的形式出现。当然，有些机能游戏持续在人的一生中，例如，成人也常常无意识地摆弄自己的笔。

① 张丽玲、白学军:《合作游戏训练对学前儿童合作行为的影响》,《心理与行为研究》2010 年第 3 期。

2. 建筑游戏

建筑游戏是指儿童为了建成某些东西而对物体进行操作的游戏。建筑游戏可以培养儿童的想象力、创造力及实际操作能力。建筑游戏的出现晚于机能游戏的出现，但它并不总是清楚地出现在机能游戏结束的地方。比如，一个儿童本想在沙滩上造一座山，但他后来也许忘了自己的目的，最终却是把沙子铲平。随着儿童长大，到学前中期以后，游戏的建筑因素变得非常清楚，儿童能“修车”“筑路”“建桥”“盖房子”。

3. 假装游戏

假装游戏是指既与现实相似而又充满了戏剧色彩的游戏。假装游戏的根本特征是“替代性”“假定性”。比如，儿童假扮成飞鸟，把小板凳变成马，等等。假装游戏的作用在于：能帮助学前儿童练习和巩固先前获得的知识和技能；促进儿童创造力的发展；有助于儿童练习各种社会角色，从而发展社会性技能；帮助儿童区分幻想和现实。

假装游戏在婴儿期就已出现，持续整个学前期。它的发展过程是从简单到复杂，从自我中心到社会化。3 岁儿童对假装心理的认知仍处于萌芽阶段，4~5 岁是一个快速发展阶段，5 岁儿童已逐步形成对假装心理的认知。①

4. 规则游戏

儿童按照一定的规则从事的游戏叫规则游戏。规则一般是由成人事先制定的，也可以是故事情节要求的，还可以是儿童自己规定的。规则游戏对于培养儿童遵纪守法的好习惯有重要作用。规则游戏在学前中期开始出现，但不稳定，儿童往往因意外的刺激而忘记规则。学前晚期儿童的规则游戏已比较稳定。

（二）从社会化的水平看游戏

从社会化的角度对游戏进行分类的基本思想是，儿童的游戏能力依赖于他们的社会活动能力。社会理论家认为，游戏包括六种类型，这六种类型反映了社会化发展的各阶段的主要性质和顺序。下面按照由低到高的顺序介绍这六种游戏。

---

① 王桂琴、方格：《3~5 岁儿童对假装的辨认和对假装者心理的推断》，《心理学报》2003 年第 5 期。

（1）无所事事游戏：儿童并未参加游戏，只是注视着偶尔引起兴趣的事情。

（2）单独游戏：儿童独自玩玩具或其他东西，一边玩一边自言自语，专注于自己的活动，毫无参与其他儿童的活动的意识。

（3）旁观游戏：儿童把大部分的时间用来观看别人的游戏，自己却不参加。他们有时同游戏者交谈，有时喝彩、焦虑等，他们的情感和注意力集中在某些儿童的游戏中，只是不亲自参与活动。

（4）平行游戏：几个儿童同时玩同样的玩具，方式也相仿，距离非常靠近，也意识到彼此的存在，但彼此并不交谈，也不交换玩具，只是各玩各的，既无共同的目的，也无合作意识。

（5）联合游戏：儿童共同参加一项游戏并彼此交谈，但没有分工，也没有具体的共同目的，小组中的个人不能把自己的兴趣服从于整个小组的兴趣。这种联合是表面化的，只有行为的联合，而没有内在的联合。

（6）合作游戏：有明确的分工、合作，儿童能按照自己的角色去完成任务，目标很明确。

游戏的社会化水平和年龄、环境等因素有关。首先，儿童年龄越大，社会化能力就越强，游戏的社会化水平也自然就越高。幼儿在群体游戏中的总体表现及参与性与幼儿的社会能力呈显著正相关，并对其今后的社会能力有显著的预测作用。① 其次，去幼儿园的儿童，游戏的社会化水平高于不去幼儿园的儿童；而在条件、设备好，尤其是教师素质好的幼儿园的儿童，其游戏的社会化水平高于其他儿童。

此外，我们也可以按游戏的具体形式把游戏分为：（1）创造性游戏（儿童自己想出来的游戏）；（2）建筑性游戏；（3）教学游戏（目的在于发展儿童智力和运动能力的游戏）。

三、学前儿童游戏的发展

在学前期，随着儿童身心的发展，游戏的内容、形式以及时间的长短、参加

① 兰岚、雷秀雅：《幼儿在群体游戏中的应用行为与其社会能力的关系》，《心理研究》2014 年第 5 期。

的成员等也在不断地发展变化着。

（一）从游戏的内容来看

小班儿童的游戏主题更多是反映一些日常生活的琐事。儿童一般总是模仿人们运用物体的一些动作片段。但与婴儿相比，小班儿童已经开始不满足于单纯动作的重复，而是力图赋予这些动作以一定的意义。中班儿童的游戏经常反映成人的社会生产活动和人们之间的一般的社会关系，如“过家家”或“开汽车”游戏等。大班儿童的游戏内容更加丰富、复杂，大班儿童在游戏中总是力求反映和揭示成人活动的社会意义，如“医院”游戏。

观察研究证明：在做“医院”游戏时，小班儿童总满足于一些医疗用具如听诊器的运用；中班儿童则把“护士”和“病人”的关系作为“医生”活动的主要内容；大班儿童更善于反映社会活动的意义，如表现“医生”对“病人”的无微不至的关怀。

（二）从游戏的形式看

小班儿童的创造性游戏已有明显的主题和角色。但是，第一，小班儿童在很大程度上受周围事物如玩具、材料等的直接支配。观察研究指出，小班儿童在拿起橡皮管（听诊器）的时候，就说“我是大夫”。只是在听诊器这个游戏材料的直接刺激下，儿童才体会着“医生”这个角色的活动。如果没有听诊器，儿童常常不可能扮演“医生”这个角色。而且，小班儿童在游戏中的纠纷也往往是由于争夺玩具或游戏材料而产生的。第二，小班儿童的游戏主要是对成人生活活动过程的无系统的模仿，因而很快就忘了游戏的规则。例如，大班或中班儿童请小班儿童参加游戏的时候，小班儿童常常有破坏游戏规则的行为。

中班儿童在进行游戏的时候，一般都能从分配角色开始。这就是说，儿童对自己的游戏活动已经有了初步的计划性。他们已经不像小班儿童那样只对游戏用具感兴趣，而是力图进一步理解和表现自己所扮演的角色的意义和任务。例如，做“开火车”游戏的时候，不只满足于摇摇手里的红旗，或“呜呜”地学火车叫，而是力图体现开火车过程中各种人物活动的关系。这时儿童最感兴趣的是游戏中有趣的角色，因此游戏中的纠纷也常常发生在角色的分配上。他们的游戏有一定的计划性，因而就能使游戏中的规则从不明显的地位提高到明显的地位。儿童开始根据规则来行动，这是一个质的变化。当然，这时儿童完全按照规则来进行游戏，而丝毫不受当前的刺激（特别是自己有兴趣的东西）的影响，还是有困难的。因此，在游戏过程中，儿童由于外部刺激或自己的兴趣而忘记甚至破坏游戏规则的事，也是常有的。

大班儿童开始能事先计划游戏，商量分配游戏角色，并能更多地理解和坚持游戏的规则。这样的游戏规则带有普遍性和概括性。在游戏中如果发生争执，儿童一般都能用游戏规则来解决问题，而且对参加游戏的成员提出严格遵守游戏规则的要求。因此，这时游戏中的纠纷常常是由于执行游戏规则而引起的。

（三）从游戏的其他因素看

在学前时期的游戏中，其他一些因素，如游戏时间和参与成员等也在发生变化。

在游戏的时间方面，小班儿童很容易受外界事物的影响，兴趣常常转变，因而在大多数情况下，对同一个游戏不能坚持很长的时间，往往只能玩几分钟或最多十几分钟。中班儿童开始能在较长时间内从事一种游戏。研究表明，中班儿童可以持续做一种游戏达 40~50 分钟。大班儿童往往在好几天内连续做一种有兴趣的游戏，对于有兴趣的竞赛游戏，甚至到了吃饭的时候也不肯中止。

在参加的成员方面，小班儿童的游戏参加的人数很少（2~3 人）。研究表明：约有 70% 的 3 岁儿童都喜欢做个人游戏，或跟其他儿童进行短时间的交际；到了中班，由于游戏的内容越加丰富，规则更加明确，因而游戏的集体也就随之扩大；而大班的集体游戏能反映较复杂的社会生活，参加游戏的人数更多，而且每个角色要按游戏的情节和规则行动，从而能使彼此之间的行动更加协调一致。此外，幼儿园大班儿童的同性别的社会互动对象显著多于异性别的社会互动对象。①这说明此时儿童的自由游戏行为和参与游戏的成员性别存在密切关系。

教师应根据儿童游戏发展的特点来组织儿童的游戏，要不断提高游戏水平，促进儿童的心理发展。

① 郑金香、阴国恩：《幼儿自由游戏行为性别差异的观察研究》，《心理与行为研究》2004 年第 2 期。

第五节　学前儿童的学习和劳动

游戏是学前儿童的主导活动，因为学前儿童在游戏活动中可以更好发展自己的体力、智力和个性品质。但是，游戏并不是学前儿童唯一的活动。除了游戏之外，还有学习和劳动。

一、学前儿童的学习

（一）学前儿童学习的特点

学习是一种有目的、有系统的社会性活动。这种活动的特点是在教师的指导下，儿童有系统地去掌握必要的知识和技能，并发展优良的个性品质。

对于儿童来说，学习是非常重要的，因为仅依靠日常生活经验的方式，是不能有系统地掌握人类创造的全部科学知识的。为了使儿童在德、智、体、美、劳几个方面都得到全面发展，成为有文化的劳动者，我们就必须要求他们从事有系统的学习。

但是，由于学习活动本身的性质，它并不是从儿童很小的时候起就能正式开始的。正规的学习活动，或者说，以学习为主导活动，是从儿童进入学校以后开始的。

学前儿童也有自己的学习活动，这就是幼儿园的作业，如故事、音乐、美工、计算等。学前儿童的学习活动具有自己的特点，它既不同于婴儿期的学习，也不同于学龄期的学习。

广义地说，儿童出生以后，或者说，从能建立条件反射以后，就有了学习活动的萌芽，但这不是真正意义的学习，因为这不是儿童有目的、有系统地掌握知识和技能的活动。只有到了婴儿期，我们才可以看到最原始的学习活动。但是，成人并不向这时的儿童提出专门的学习任务，学习本身也往往缺乏系统性。这就是说，学习还未完全从儿童生活中分离出来，成为一种明显的有目的、有系统的活动。

而学前期的学习，由于儿童身心的发展，成人有可能开始向儿童提出一些基本的学习任务，并且逐渐教会他们有系统地去完成这些任务，从而掌握知识、技能和形成个性品质。幼儿园里的教学正是以有目的、有系统的教学形式来进行的。

当然，我们也不应该把幼儿园的教学跟小学教学一样看待，它们之间有某些共同点，但更重要的是它们有原则上的区别。

第一，小学儿童上课被看作一种社会义务。上课的时候，教师不仅向儿童进行教学，还要对他们的学习进行检查、提问和记分，并且把儿童完成这些学习义务的情况作为对他们评价的重要依据。幼儿园的教学没有必要严格按照这种规则，过分的要求会约束幼儿的自由发展。

第二，由于学前儿童身心发展的情况，不但作业不是儿童的主要活动，而且作业的时间不能过长，作业的内容不能过难（当然，过分容易也不对）。作业与游戏相比，儿童要付出较大的体力和脑力劳动，时间过长，内容过难，就容易使儿童疲劳。

第三,一般来说，幼儿园里的教学还不能像小学的教学一样跟游戏严格分开。幼儿园教师经常通过游戏的方式进行教学。

因此，学前儿童的学习可以看作进入学校从事正规学习的准备。

（二）学前儿童学习的发展

在整个学前期，学习活动也在不断发展着。小班儿童的学习是跟游戏分不开的，是在游戏当中进行的。儿童总是把作业当作游戏来完成。而且，在作业前，儿童并不能经常认识、计划和预见学习的目的任务的实现。在作业中，儿童感兴趣的是活动过程本身，而不是力图去完成什么任务、实现什么目的。

中班儿童在教育影响下，开始能把作业和游戏分开。虽然他们仍喜欢用游戏的方式来完成作业，但他们逐渐知道在做作业的时候不能随便游戏。而且，他们开始能对自己的能力采取批判的态度。正是由于这种情况，在学前期的后半期，教师才有可能把教学分为各种专门作业。在这些专门作业中，儿童更好地掌握了各种知识和技能，提高了学习能力，这就为儿童进入小学从事正规学习做了准备。

近年来，研究者们对学前儿童学习能力的发展进行了大量研究。例如，一项眼动研究发现，4~6岁幼儿在阅读图画书过程中主要关注图画，但随着年龄的增长，幼儿在自主阅读过程中文字注视的水平不断提高，在学前末期，幼儿逐渐发展成为一个初步的文字阅读者。① 随着对学前儿童学习潜能的进一步认识，人们也越来越重视早期教育的问题，由此也引起一些争论。

有人认为，幼儿时期是学习的黄金时期，错过这个时期，就永远没有这样好的机会了。因此，很多人拟订幼儿学习计划并进行试验，而且在某些方面也取得了一定的积极的成果。例如，研究发现，初级的阅读（指点性朗读）训练可以促进5岁儿童字意识的发展，但对词意识的发展没有影响。② 而且，学龄前儿童提前进行书面语言学习可以使其脑电 α 波超前发展。③

也有人认为，幼儿时期在心理发展上确实有很大的潜能，我们应当适当改变幼儿教育计划以促进儿童心理的发展，但如果过分强调，以为人的一生的心理发展完全决定于幼儿时期，错过了就无法弥补，就是一种形而上学的观点。至于不顾幼儿的身心情况，使幼儿从事过分紧张的学习活动，超越限度地“促进”幼儿的发展，反而是有害的。

二、学前儿童的劳动

（一）学前儿童劳动的特点

劳动也是有目的、有系统的社会性活动。从严格的意义上来说，劳动是人们改造自然、创造物质财富的活动。在我们国家里，劳动是社会生活的基础，是光荣的事情。我们应要求儿童从很小的时候起就参加一些力所能及的劳动，以期把他们培养成有社会主义觉悟的有文化的劳动者。

从婴儿期开始，我们已经可以看到儿童有一些最原始的劳动活动。但是这些

---

① 刘宝根、周兢、高晓妹、李林慧：《4~6岁幼儿图画书自主阅读过程中文字注视的眼动研究》，《心理科学》2011年第1期。

② 徐芬、Bruce Homer、Kang Lee：《阅读训练对儿童早期字词意识发展的作用》，《心理科学》2002年第6期。

③ 金花、莫雷：《书面语言的提前学习对幼儿脑电α波的影响》，《心理科学》2003年第3期。

劳动活动并不能创造什么财富，因而还不是严格意义上的劳动。

到了学前期，由于身心的发展，儿童已经有可能从事一些简单的力所能及的事情。这些劳动的意义，同样也不在于生产物质财富，而在于使儿童理解劳动的社会意义，使儿童初步掌握最简单的劳动的技能和技巧，使儿童养成热爱劳动的习惯，培养儿童热爱劳动人民、克服困难、完成劳动义务的道德品质。因此，在这里，主要的不是劳动的多少，也不是生产了多少财富，而是通过劳动对儿童进行教育。

学前儿童的劳动活动是多种多样的。首先是自我服务的劳动，如自己穿衣、脱衣、洗脸、洗手等。其次是参加家庭或幼儿园里的简单劳动。最常见的是值日生劳动，如打扫灰尘、收拾玩具、洗茶杯等；也可以做一些带有生产性的简单劳动，如给花园除草、浇水等。

（二）学前儿童劳动的发展

在整个学前期，儿童的劳动活动也在不断发展着。

一般来说，小班儿童还不能把劳动和游戏区分开来，经常以游戏的方式完成劳动的任务。他们只满足于劳动过程本身，而不注意劳动的结果，劳动的独立性很差，很多地方需要成人的帮助，对于劳动的社会意义一般还不大理解。

中班儿童开始能适当地把劳动和游戏区别开来。在劳动中，如果儿童做游戏，当别人提醒“这不是游戏”的时候，儿童就能好好地进行劳动。这时，儿童也开始能计划自己劳动的过程，预见最近的劳动结果。当然他们还不能制订和执行一个较长时间的计划。儿童劳动的独立性也大大增加，开始能理解一些劳动的意义。

大班儿童就能明确地把劳动和游戏分开，劳动的目的性更加明确。而且，在劳动中，儿童更关心的不是劳动过程本身，而是劳动的结果。劳动的独立性也有更大的增长，儿童能掌握某些劳动的技能和技巧，能评价自己的劳动质量，对于劳动的社会意义有了进一步的理解。

综上所述，游戏是学前儿童的主导活动，因为在游戏中，儿童的身心可以得到很好的发展。劳动和学习也很重要。教师应当充分利用游戏对儿童进行教育，不但专门组织游戏活动，而且也可以在劳动和学习中加入游戏成分。

第六节　学前儿童言语的发展

在实践活动（游戏、学习、劳动）进一步复杂化的基础上，在与成人交际的范围日益扩大的基础上，学前儿童的言语能力也有了进一步的发展。这表现在儿童不仅可以通过直接的感知来认识周围的事物，而且能通过语言的描述、讲解来认识更多的不能直接感知的事物。同时，儿童不但能接受成人的言语指示来调节自己的行为，而且能通过自己的言语来调节自己的行为。

学前儿童言语的发展主要表现在以下几方面。（1）在语音方面，对于声母、韵母的发音，是随着年龄的增长逐步提高的。学前期是儿童学习语音的最佳时期。（2）词汇的数量不断增加，词汇的内容不断丰富，词类的范围不断扩大，积极词汇（主动词汇）不断增加。（3）在言语实践中逐步掌握语法结构，言语表达能力有了进一步的发展。（4）从外部言语（有声言语）向内部言语（无声言语）过渡，并有可能掌握书面语言。

一、语音的发展

近年来，我国心理学工作者在对学前儿童言语发展的研究中，也对这一时期儿童的语音发展情况进行了系统探索，发现了我国幼儿语音发展的基本趋势。

语音意识（phonological awareness）是指个体对口语中声音结构的意识及运用。它的发展对随后拼写与阅读学习有重要的预测作用。我国研究者发现，有针对性的语音训练能显著地提高幼儿的语音意识。① 动画片语境学习对幼儿英语语音意识具有促进作用，这种促进作用首先体现在首音意识上，而对末位音素意识的影响最小。②

综上所述，学前儿童的语音发展是有一定的规律可循的。在充分认识这些规

① 郑小蓓、王达科、刘冬梅、许婕、李文玲、孟祥芝：《语音训练对幼儿英语语音意识和字母知识的促进》，《心理发展与教育》2009 年第 1 期。

② 张长英、桑标、周爱保、张钘铭：《动画片语境学习对幼儿英语语音意识的促进》，《心理科学》2010 年第 5 期。

律的基础上，我们就有可能更好地发挥教育的优势。

二、词汇的发展

在婴儿期的基础上，学前儿童的词汇得到进一步发展，主要表现在词汇数量的增加、词类范围的扩大、词汇内容的丰富以及积极词汇的增加等方面。

（一）词汇的数量

我国研究表明：3~4 岁儿童的常用词有 1 730 个，4~5 岁儿童的常用词有 2 583 个，5~6 岁儿童的常用词有 3 562 个。3~6 岁儿童的词汇量是以逐年大幅度增长的趋势发展，增长率呈逐步递减趋势；3~4 岁和 4~5 岁是词汇量飞跃发展的时期。①

（二）词类的范围

研究发现，各类词汇量在学前儿童中相差悬殊，总的趋势是，名词和动词占的比例最大，但增长率在逐年递减。这说明别类词的比例在日益增加，数量词的掌握比较晚，虚词亦如此。

（三）词汇的内容

我国学者对学前儿童词汇的内容进行了十分详尽的研究，并分别按照词类进行了统计。这里我们仅以名词、动词、形容词、副词、介词为例，加以分析。

1. 名词

如前所述，学前儿童的口头言语中名词的比例最大，名词又分为具体名词和抽象名词。研究表明，无论在学前期哪个年龄段，具体名词的量都远远高于抽象名词的量。然而，这两类名词的年增长率却是抽象名词高于具体名词。

研究者还进一步分析了影响学前儿童掌握名词词汇的主要因素，认为学前儿童对名词词汇的掌握既受外部因素限制，也受内部因素限制。外部因素主要是指生活内容。研究中发现，学前儿童掌握和使用得最多的是与他们日常生活内容密

① 史慧中：《中国儿童青少年语言发展与教育（一）——3~6 岁儿童语言发展与教育》，见《中国儿童青少年心理发展与教育》，中国卓越出版社公司 1990 年版。

切相关的名词。内部因素主要包括一些心理因素，如观察、注意、思维等，还包括兴趣。

例如，研究者发现幼儿掌握自然常识类词汇是受观察、注意、思维等认知水平制约的，也受到儿童兴趣的影响。3~4 岁的儿童由于认知水平比较低，所以对比较难理解的自然现象类的词掌握得少，而 5~6 岁的儿童则提高了许多。

此外，研究者还考察了社会认知因素对儿童名词习得的影响。研究发现，语言能力高的 3~4 岁幼儿在名词学习中不仅能利用他人行为线索所传达的意图信息，而且还能考虑他人对词语确定程度的心理状态。① 这表明随着儿童语言能力的发展，儿童在词语学习中所利用的线索更加复杂和灵活了。

2. 动词

研究发现，学前儿童的常用动词词汇有三类：一类反映人物动作和行为，另一类反映人物心理活动和道德行为，还有一类反映趋向和能愿等活动和行为。其中，反映人物动作和行为的词汇量占 80%，反映心理活动和道德行为以及趋向和能愿等活动和行为的词汇量较少。

3. 形容词

形容词在学前儿童的词汇量中位居第三。我国的研究者统计了 10 个省份的儿童运用最多的形容词，它们是“小”“好”“快”“多”“大”“红”“坏”“高”“早”“新”“白”“长”“热”“干净”“脏”“香”“黑”“黄”“真”“轻”“烂”“亮”“甜”“花”“老”“圆”“绿”“胖”“饱”“满”。从中可以发现，学前儿童所掌握和使用的形容词有两个特点：第一，大都是描述外形特征和颜色的；第二，描述日常生活中的感受。

在儿童对形容词的掌握过程中，由于“大”“小”这对空间形容词表示物理的延伸度，表现物体的具体外部特征，所以在儿童掌握的形容词词汇中出现得最早。研究表明：儿童 3 岁能对两个同类物体的大小相对性进行比较；4 岁能掌握不同类物体间大小的搭配，但仅一半儿童掌握三个同类物体同时比较时的大小相

① 张旭、王庭照、方俊明：《他人知识状态觉知对幼儿名词学习的影响》，《心理发展与教育》2005 年第 1 期。

对关系，即4岁儿童还未对“大”“小”词义完全掌握。① 实验表明，儿童掌握“大”“小”空间形容词的规律是由易到难、由浅到深、由绝对静止到相对灵活、由以自我为中心到以外界为中心。

4. 副词

时间副词是汉语副词中表示时间的一类，如“已经”“将要”“正在”等。幼儿对它的正确理解有利于准确表达思想、理解句义。研究者采用定量与定性相结合的研究方法，对4~6岁儿童理解时间副词的能力进行了研究。结果表明：学前儿童对现在时间副词的理解优于对过去时间副词的理解；对将来时间副词的理解能力最低，基本处于萌芽阶段；学前儿童在理解时间副词时多种策略并存。②

5. 介词

对介词的理解是空间认知发展的一个重要方面。研究表明：幼儿对简单方位介词（前后、上下、之间、里外）的掌握在4岁已达到，但这种能力因测试材料的性质不同而有所变化；对比较复杂的方位介词“左”“右”的理解与左右方位的参照物有关，以自身为参照物的成绩比以客体为参照物的成绩好。③

（四）积极词汇的增加

积极词汇的掌握有赖于两个条件：第一，对词义有正确的理解；第二，正确使用词。有许多词，儿童能听懂，但不会使用，或不能正确地使用，这些词仍是消极的词。为把消极词汇变为积极词汇，我们就要创造条件，使儿童在各种场合使用词。

（五）词意识的发展

词意识的研究属于元语言意识研究的一个领域，它是指儿童能够理解词是语言的主要意义构造以及了解词的性质的程度。我国研究者发现，4岁儿童的字意

---

① 赖小林:《2~4岁儿童对“大”“小”空间形容词词义掌握的研究》,《心理科学》2005年第4期。

② 毕鸿燕、彭聃龄:《4~6岁儿童三种时间副词理解能力及策略的实验研究》,《心理发展与教育》2002年第4期。

③ 田学红、方格、方富熹:《4~6岁幼儿对有关方位介词的认知发展研究》,《心理科学》2001年第1期。

识和词意识及 5 岁儿童的词意识还很不清晰，6 岁儿童已达到较高的字意识水平。幼儿的字意识显著地优于词意识。①

三、语法的掌握和语言表达能力的发展

（一）语法的掌握

所谓语法，是指词的构成和变化的规则及组成句子的规则的总和。在整个学前期，儿童逐步把握各种基本语法结构形式，而且逐步有可能开始把语法结构本身作为认识的对象。

学前儿童掌握语法结构的特点是实际掌握和运用各种语法范畴，能在言语中反映事物的逻辑关系。

学前儿童掌握语法结构的表现是逐步正确使用各种句子。因而我们通过儿童掌握各种句子的过程，可以看到儿童掌握语法的过程。对于学前儿童掌握句子的过程，我们可以从几个方面来说明。

1. 句子的含词量

学前儿童句子的含词量是随年龄的增长而增加的。句子含词量随年龄的增长而增加，是儿童掌握语法结构的基本前提，也是最初表现。

2. 句子的基本类型

句子的基本类型不外乎单句和复句。在学前期的每个年龄段，儿童所掌握的单句均明显多于他们所掌握的复句，同时儿童所掌握的复句量随年龄的增长而明显上升。研究者专门对单句和复句进行了研究，发现学前儿童掌握的单句中，主要有主谓句和主谓宾句两种类型。学前儿童的复句中，既有联合复句（包括并列式、连贯式、递进式、总分式），也有偏正复句（包括条件式、因果式、转折式）。由于偏正复句是建立在抽象思维基础之上的，所以比重很小。这两种复句的数量都是随年龄的增长而上升的。

句法意识是一种重要的元语言意识，指个体反思句子内在语法结构的能力。它的发展反映了个体从注意语言的语义特征到注意语言的结构特征的发展变化。

① 徐芬:《儿童早期字词意识的发展》,《心理发展与教育》2002 年第 4 期。

我国研究表明，4~5 岁儿童的句法意识有显著发展，不同句法规则的句法意识的发展是不同步的，儿童句法意识逐渐从句子内容转向句子形式。①4~6 岁儿童的口语中存在着句法启动效应，即他们在说话时倾向于重复使用他们刚刚加工过的句子类型或者结构。②

（二）语言表达能力的发展

在儿童掌握比较丰富的词汇和基本的语法结构的同时，儿童的语言表达能力也很快发展起来。研究表明，3~5 岁是儿童口语表述的快速发展期。③ 儿童口语表述的内容以物体可视的、外在的特征为主。

1. 表达的顺序性、完整性和逻辑性的发展

采用看图说话、复述故事方式进行的研究表明，学前儿童口头表达的顺序性发展最好，其次是完整性，逻辑性的发展在整个学前期较为落后。④

此外，研究者以图画讲述作为实验任务，对 3~6 岁儿童讲述能力的发展进行了探讨。研究表明，儿童图画讲述水平经历了由低到高的发展过程，即从零散罗列、把握主要关系发展到围绕画面的主要内容和事件进行整体讲述。其中，4~5 岁是儿童图画讲述发展过程中的重要转折时期。⑤

2. 表达的准确性的发展

我国心理学工作者利用讲述图片对儿童口头表达的准确性进行了研究，把学前儿童对主要内容的讲述分为五种：一为只极其简单地触及主要内容，全部讲述没有任何其他内容；二为将图片的主要内容作为讲述重点，并对景物做简单的

① 龚少英、彭聃龄、易冰：《4~5 岁幼儿句法意识的发展》，《学前教育研究》2005 年第 7 期。

② 朱火红、郑海燕、金志成、莫雷：《中国 4~6 岁儿童口语句法启动效应的实验研究》，《心理科学》2009 年第 4 期。

③ 李甦、李文馥、周小彬、陈茜、孔瑞芬：《3~6 岁幼儿言语表达能力发展特点研究》，《心理科学》2002 年第 3 期。

④ 陈志君等：《3~6 岁儿童语言发展水平初步调查之二》，中国心理学会 1979 年年会论文。

⑤ 李甦、李文馥、杨玉芳：《3~6 岁儿童图画讲述能力的发展特点》，《心理科学》2006 年第 1 期。

叙述；三为对图片的主要内容予以想象性的发挥，使主要内容突出，讲述比较生动；四为比较注意讲图片的次要内容，对主要内容仅一掠而过；五为在简单地谈到主要内容之后，讲了许多与图片无关的事物。这五种讲述主要内容的方式，体现了学前儿童表达的准确性的年龄特点：表达的准确性是随年龄的增长而提高的，年龄越大越能表达实质性的内容；表达的准确性、生动性，甚至富于想象性，也是随年龄的增长而提高的，4 岁以前的儿童基本不具备这样的能力；表达不准确，不能把握主要内容，而对次要内容注意较多的现象在学前期的每个年龄阶段都有相当的比例。

表达的准确性，取决于儿童是否对所要表达的内容有了真正的理解。只有在真正理解内容、融会贯通的前提下，儿童才有可能准确、生动地加以表达。

此外，表达的深刻性也在发展。当然，学前儿童表达的深刻性是比较差的，他们表达具体形象事物的本质特征的水平高于表达比较抽象事物的本质特征的水平。表达的深刻性方面的特点取决于儿童的抽象概括水平。

四、内部言语的发展

内部言语是言语的一种形式：（1）内部言语是一种无声的言语（默语）；（2）内部言语是一种简略的、压缩的言语；（3）内部言语是在对话言语，即外部言语或有声言语的基础上产生的。

内部言语虽然是在外部言语的基础上产生的，它却具有跟外部言语不同的新的机能。内部言语跟抽象逻辑思维有更多的联系，它主要执行着自觉的自我调节的机能。

因此，可以说，内部言语是和人的自觉性，即真正的人的意识的产生直接联系的。

在婴儿期，是完全看不到内部言语的表现的，最多只有言语自我调节机能的萌芽。内部言语是从学前期开始产生的，它是在儿童外部言语发展到一定阶段的基础上逐步派生出来的。它的原始形态或过渡形态是一种介于有声言语和内部言语之间的言语形式，即出声的自言自语。

瑞士心理学家皮亚杰首先发现这种现象，他把这种言语形态称为自我中心言语。①以后有许多心理学家［穆霍（M. Muchow, 1892—1933）、卡茨夫妇（D. Katz, 1884—1953；R. Katz，1885—1962）、麦卡蒂（D. McCarthy，1906—1974）、维果茨基、黄翼（1903—1944）等］对皮亚杰的研究结果进行了检查性研究，虽然由于种种条件不同，结果互有出入，但学前期有自我中心言语现象存在则是不争的事实。

怎样正确理解自我中心言语这一现象？

皮亚杰认为:（1）自我中心言语是一种非社会性的言语，是儿童特有的以自我为中心的意识（唯我思维）的表现;（2）自我中心言语和社会化言语是互相对立的，只有儿童到了7或8岁时，自我中心言语才逐步消失，而让位于社会化言语。

维果茨基和其他一些心理学家都不同意皮亚杰的这种解释。维果茨基根据他的观察和实验所得的结果，认为:（1）所谓自我中心言语也是社会化言语，而不是什么自我中心的表现;（2）儿童在没有交谈者的情况下才有自我中心言语，但它仍是社会化言语;（3）儿童在行动中遇到困难时经常会出现自我中心言语，这实际上是思维的有声表现，是一种言语的自我调节的机能。因此，维果茨基认为，所谓自我中心言语，实质上是由外部言语向内部言语转化中的一种过渡形态。这是人的言语发展中的一个新的质变，是真正的人的意识的开始。②

由此可见，自我中心言语和社会化言语不是对立的东西。学前晚期自我中心言语的减少并不意味着它的消失，而是意味着它向内部言语转化。

五、书面言语的掌握问题

由于学前儿童对言语采取积极态度，掌握了较多词汇和一般语法结构，并且言语的自我调节机能也开始形成和发展，因此到了学前晚期就有可能初步掌握一些最简单的书面言语。

幼儿掌握书面言语的一个最大特点是，他们开始以词、言语本身作为分析综

① ［瑞士］皮亚杰著，傅统先译:《儿童的语言与思维》，文化教育出版社1980年版，第四章。

② Vygotsky, L. S.（1962）. *Thought and language*. Cambridge, MA: The MIT Press, pp. 231-232.

合的对象。例如，要从句中分出字词，从字词中分出音节，从音节中分出字母；反过来，要把字母组成音节，把音节组成字词，把字词组成句子。这是一种复杂的能力，一般要到学前晚期才可能具有这种能力。

汉语拼音教学的基本要求是：（1）认识字母；（2）会拼音；（3）会辨四声；（4）会写。这是四个难易不同的项目，每个项目都涉及一系列特定的能力，也就是涉及一系列特定的心理学问题。幼儿园教师在这方面有很多经验可以总结，并有必要对这些经验进行心理学分析。例如，在认识字母这项工作中，就有这样一些经验：（1）通过直观，可以让儿童较快地掌握（如 h 像小椅子，n 像城门洞，m 像两个城门洞等）；（2）突出空间知觉（如上、下、左、右），可以让儿童较快地掌握（如 b、d、p、q 的认识）；（3）通过分化、比较，可以让儿童较快地掌握（如 ai、ei……）。

第七节　学前儿童心理过程的发展（上）

学前儿童，特别是学前初期儿童的各种心理过程的主要特点是具体形象性和不随意性。这就是说，儿童的认知活动更多地依赖于感觉、知觉和表象，抽象概括的能力还是很差的。而且各种心理过程的进行还不能很好地受自己的目的和计划的支配，而是很容易受外部印象的支配。在正确的教育下，由于儿童实践活动的发展，由于内抑制和第二信号系统的发展，到学前晚期，各种心理过程的抽象概括性和随意性就能初步发展起来。教师的任务就在于考虑各种心理发展的年龄特征，更好地引导儿童心理从具体形象性向抽象概括性过渡，从不随意性向随意性过渡，从而为儿童进入学校从事正规学习做好准备。

一、感觉的发展

学前期儿童的各种感觉都在迅速地完善着，特别是一些复杂的感觉，如视觉、听觉和触摸觉有了进一步的发展。

（一）视觉

1. 颜色视觉的发展

颜色视觉在人的实践活动和儿童心理发展上有巨大的意义。我国心理学工作者曾对学前儿童的颜色辨认进行了研究。12 种颜色分别以三种速度呈现，儿童每看一次后，在贴有 12 种颜色的大卡片上指示所看到的颜色。结果表明，学前儿童对黄、红、绿三种颜色的辨认正确率最高，对 12 种颜色的辨认正确率顺序为黄、红、绿、橙、白、浅蓝、紫、深棕、品红、蓝、棕、深绿。他们对颜色的辨认能力随年龄的增长而逐步提高。颜色呈现的速度对学前儿童颜色辨认结果有明显影响，正确率和时间的长度成正比。

2. 视觉感受性的发展

儿童精确地辨别最细微的物体或远距离物体的能力开始发展起来，视觉感受性的发展对人的实践活动和儿童心理发展都有巨大的意义。

一般人认为，儿童年龄越小，视力越好。其实这是不正确的。学前初期儿童的视力比学前晚期儿童的差。例如，各年龄儿童在视力测量表上能看出某一图形所需的距离是不同的。如果 4~5 岁儿童可能看到某一图形的平均距离是 2.1 米，那么 5~6 岁儿童是 2.7 米，而 6~7 岁儿童则是 3 米。

实验证明，在有兴趣的游戏活动中，视觉感受性是可以经过训练而提高的，学前初期平均可提高 15%~20%，学前晚期可提高 30%。而词的参加则更有助于这种能力的提高。

必须注意，用机械的、形式主义的方法来训练儿童的视力，对儿童是有害的。

3. 注意儿童的视力缺陷

教师应经常注意儿童视力上的缺陷，分别予以适应或治疗，如照顾近视、弱视、色盲儿童等。

（二）听觉

1. 听觉感受性的发展

听觉感受性和视觉感受性一样，对儿童心理发展有巨大意义。

学前儿童听觉绝对感受性的个别差异很大，有的高些，有的低些。对声音频率的差别感受性的个别差异也很大，如有的很容易辨别两个相近的音，有的却不能。一般来说，儿童对声音的感受性总是随着年龄的增长而不断发展着。当然，听觉感受性也不是自然而然地发展起来的，而主要是在教育的影响下，在儿童的各种活动（如音乐、语言作业和游戏等）中发展起来的。

2. 注意儿童的听力缺陷

教师应该通过听力检查来发现有听力缺陷的儿童，对这些儿童给予适当的照顾。

（三）触摸觉

触摸觉是运动觉和皮肤觉的结合，它对人的实践活动和儿童心理发展有重要的意义。在此，我们着重探讨触摸觉和视觉的联系。儿童在实践活动中，视分析器（视觉）与运动及皮肤分析器（触摸觉）之间形成的暂时联系，对形成物体知觉和空间知觉有特殊的意义。儿童在关于物体形状、大小信号的视觉刺激物与关于物体重量信号的动觉刺激物之间形成暂时联系以后，只要看见某物的形状、大小就可以估计出它的重量。这就使儿童有可能从简单的感觉活动过渡到复杂的知觉活动。儿童的触摸觉也是在教育的影响下和儿童活动中发展起来的。

二、知觉的发展

（一）颜色知觉

我国心理学工作者对学前儿童的颜色知觉从不同角度进行了研究，获得一份比较完整的我国学前儿童颜色知觉发展情况的资料。

1. 颜色命名

颜色命名实验采用 8 种颜色，每种呈现 10 秒，要求儿童说出颜色名称。结果表明，3~6 岁儿童对颜色的正确命名能力随年龄的增长而提高，正确命名率依次为 50%、67%、90% 和 95%。儿童对不同颜色的正确命名率从高到低依次为红、白、黑、黄、绿、蓝、橙、紫。此外，我国不同民族 3~6 岁儿童的颜色正确命名率存在一定差异。① 研究者认为对儿童给予早期颜色命名教育可以明显提高

① 林仲贤、张增慧、韩布新、傅金芝:《3~6 岁不同民族儿童颜色命名发展的比较》,《心理学报》2001 年第 4 期。

和促进其颜色命名能力的发展。

2. 颜色再认

颜色再认实验用绿、青绿、紫、浅紫、深红、浅红、红紫、红橙、黄、橙、深蓝、浅蓝等 12 种颜色。其中 6 种作为刺激信号片，另 6 种作为新片。研究者先让儿童看一种刺激信号片，再将 6 种新片掺入混合，要求儿童将看过的颜色片找出，按照公式“(正确数－错误数总数)/总数”计算成绩。3~4 岁儿童仅能正确再认 1/3 左右，5 岁以后明显提高。

3. 颜色偏好

研究发现：学前儿童最喜欢的颜色依次为红、黄、橙、蓝、紫、绿；此年龄段儿童颜色偏好没有显著年龄差异，但有显著性别差异，男生最喜欢蓝色，女生最喜欢红色。①

（二）空间知觉

1. 大小知觉

辨认物体大小实验让儿童比较常玩的纸鸟的大小，比较正方形和三角形的面积，比较一系列面积不等的正方形的大小。结果发现：3 岁儿童一般已能判别图形大小，判别大小的能力随年龄的增长而提高；3 岁儿童不能判断不相似图形如正方形和三角形的大小，这在整个学前期都很困难；学前儿童判别大小的方法是按照目测—比较相应部分—借助中介物这样一个顺序发展的。②

2. 方位知觉

方位知觉是对物体在空间所处的方向、位置的反映。它首先有赖于儿童从生活经验中不断掌握各种方位现象，如由距离知觉、位置知觉、方向知觉而来的方位表象，同时也有赖于儿童不断掌握各种表示方位关系的词和短语，如“这里”“那里”“上面”“下面”“远些”“近些”“在左边”“在前面”等。近年来，研究者通过定向任务，考察了儿童对不同几何线索的利用和发展。研究发现，3

① 刘少英、葛列众、朱瑶：《4~6 岁幼儿颜色偏好实验研究》，《心理科学》2004 年第 3 期。

② 杨期正、王默君、陈珊：《婴幼儿判别物体大小能力发展的初步研究》，《心理科学通讯》1981 年第 2 期。

岁儿童已初步发展出使用几何特征和度量结构表征空间位置的能力，但不同几何特征（相对距离、角度、方向）被儿童掌握的时间存在显著差别。① 此外，3.5 岁儿童不仅可以利用空间中的几何特征进行空间再定向，还能单纯依靠空间中的路标信息来重新确定自己的方位。②

3. 形状知觉

学前儿童在辨认物体形状时配对容易，指认次之，命名最难。这项研究指出，学前儿童掌握 8 种形状由易到难的顺序为圆形、正方形、三角形、矩形、半圆形、梯形、菱形和平行四边形。③

4. 线条偏好

线条是组成形象的最为敏感的视觉符号，是人类表达情感和认知的基本语言之一。研究表明，4 岁儿童线条偏好的顺序依次是旋涡线、曲线、弧形线、波浪线、折线、直线，不存在明显的性别差异，但 4 岁儿童对不同方向的旋涡线的偏好有明显差异。④

（三）面部知觉

幼儿对面部不同部位的关注程度大不相同。眼动研究发现，在面孔加工的早期阶段，鼻子具有最佳位置优势，即幼儿的首注视点落在鼻子的概率最大，其次是眼睛。而后，眼睛部位消耗了最多的注意资源，其次是鼻子、嘴巴、前额和脸颊，幼儿极少关注下巴。⑤ 另有研究发现，幼儿在加工不同种族的面孔时存在视觉策略上的差异，在国内生活的幼儿更多地看本族面孔的鼻子和嘴巴区域，而更

① 卢静、胡清芬:《幼儿地图定向任务中几何线索的运用及发展》,《心理发展与教育》2013 年第 4 期。

② 李富洪、曹碧华、谢超香、孙弘进、李红:《路标信息在幼儿空间再定向中的作用》,《心理发展与教育》2011 年第 4 期。

③ 丁祖荫、哈咏梅:《幼儿形状辨认能力的发展——幼儿心理发展系列研究之三》,《南京师大学报（社会科学版）》1985 年第 3 期。

④ 刘少英、葛列众、朱瑶:《4 岁幼儿线条偏好实验研究》,《心理科学》2006 年第 3 期。

⑤ 赵倩、王静梅、徐侃鸿、卢英俊:《不同任务情境中 5~6 岁儿童卡通面孔加工的眼动研究》,《心理发展与教育》2013 年第 5 期。

多地看异族面孔的眼睛区域。① 此外，幼儿对情绪面孔的知觉随年龄的增长而不断发展。研究表明，幼儿在高兴和悲伤表情中体现出嘴部优势，而成人则表现为眼部优势。② 这表明面部表情部位的注意偏好受社会化发展因素的影响，呈现出嘴部优势向眼部优势及鼻部中心效应的发展过程。

（四）时间知觉

时间认知是个体对客观事件的持续性和顺序性的反映。我国心理学工作者对学前儿童的时间知觉从不同的侧面进行了研究，包括以下几个方面。③

1. 时间单位

研究者让儿童在不同的时间单位之间进行比较，从而测查他们是否理解这些单位之间的关系。研究表明，整个学前期，儿童认识时间单位的能力比较差，但总趋势是随年龄的增长而有所提高。

2. 时间定向

研究者要求儿童回答现在是什么时间，并在日历上找出星期天。结果表明，学前儿童时间定向的发展趋势是：先分清白天或黑夜、上午或下午，其次掌握哪一年、星期几、几月几日，再次是翻找星期天；最难掌握的是几点钟。

3. 时间关系

研究者要求儿童以“今天”为准，说出“昨天”“前天”“大前天”“明天”“后天”“大后天”六个时间语词，并以日历上的“今天”一页为准翻出与上列六个时间语词相应的一页。学前儿童认识时间关系的顺序是“明天”“后天”“昨天”“大后天”“前天”“大前天”。另外，“说对时间关系的语词”普遍落后于“翻对日历”，即时间语词的掌握（理解）落后于时间关系的感知。针对时间顺序发展的研究表明，儿童的时序认知能力在4.5~5.5岁出现快速发展。大部

① 王乾东、胡超、傅根跃:《幼儿面孔加工异族效应的眼动研究》,《心理学报》2013年第2期。

② 谷莉、白学军:《成人与幼儿面部表情注意偏好的眼动研究》,《心理科学》2014年第1期。

③ 葛沚云:《幼儿时间认知发展的实验研究》,《心理发展与教育》1986年第4期。

分 5.5 岁儿童知道什么是先发生的，什么是后发生的，具备了判断时序的能力。①不同年龄的儿童都表现出对现在的认知最好、对过去的认知次之、对将来的认知最差的特点。

4. 认识钟表

研究者把钟表拨到 9：00、10：30、2：00 和 4：30，要求儿童说出钟点，然后要求儿童依次把钟表拨到 3：30、5：00、8：30 和 12：00。结果发现，学前儿童认识钟表的顺序是先会看整点钟，然后会看半点钟。总的来说，学前儿童认识钟表的能力还很差。

5. 认知未来时间

未来时间是指个体主观意识到的现在以后的时间。研究表明，教学能够提高 4~6 岁儿童对未来 2 个月的时距估计的准确性，但不能促使他们对更远的未来做出更精确的估计。② 因此，儿童对未来时距的认知具有分段性。

（五）观察

婴儿的观察经常是跟摆弄物体的动作分不开的，而且目的性也很差。学前初期儿童也还具有这个特点。在正确的教育下，学前儿童的观察逐步转变为一个相对独立的、有目的、有组织的过程，他们开始形成了初步的有方向的、自觉的观察力。

1. 观察的目的性

在整个学前期，儿童观察的目的性是发展的。姚平子等人在实验中要求儿童：找出图片中的相同图形；找出图形中缺少的部分；在两张大致相同的图片中找出细微的不同之处；找出图片中物件；等等。结果发现：3 岁儿童的观察已带有一定的有意性，但水平很低；4~5 岁儿童观察的有意性有很大的提高，能用言语表达观察目的并组织自己的感知；6 岁儿童的观察就更富于目的性，能按活动的任务或成人的要求来进行，而且很多 6 岁儿童能用内部言语支配、调节自己的

① 吴睿明、黄彦萍、李红、冯廷勇、龙长权：《3.5~5.5 岁儿童时序认知能力的发展研究》，《心理发展与教育》2005 年第 3 期。

② 王小英、杨海燕、王丽娟、石友梅：《4~6 岁儿童未来时间认知教学的实验研究》，《心理科学》2006 年第 5 期。

知觉活动。①

2. 观察的精确性

学前儿童的观察最初十分笼统，通常只看到事物的大概轮廓就下结论，不再深入下去。随着年龄的增长，学前儿童对事物的观察愈加仔细、精确，50% 以上的 6 岁儿童在观察的精确性测验中能接近或达到满分。

3. 观察的持续性

学前初期儿童的观察常常是不持久的，很容易转移注意的对象。在教育的影响下，儿童逐步学会持续地注意观察某一事物。当然，这些事物必须是适合于儿童的经验或兴趣的。实验证明，学前各年龄儿童对图画自由注视的平均持续时间是随着年龄的增长而不同的，特别是 6 岁儿童持续的时间有显著的增加。

4. 观察的概括性

学前初期儿童还不善于从整个事物中发现其中的内在联系，发现其一般的性质。例如，给小班儿童两幅图画：一幅画着小孩打狗，一幅画着狗咬破了小孩的衣服。这时小班儿童常常不能说出这两幅画的关系。在教育的影响下，随着年龄的增长，观察的概括性也就不断增长起来。

5. 观察的发展阶段

学前儿童观察的有意性可以分为四个阶段：第一阶段（3 岁），不能接受所给予的观察任务，不随意性起主要作用；第二阶段（4~5 岁），能接受任务，主动进行观察，但深刻性、坚持性差；第三阶段（4~5 岁），接受观察任务后，开始能坚持一段时间进行观察；第四阶段（6 岁），接受任务后，能不断分解目标，能坚持较长时间，反复进行观察。②

我国心理学工作者还提出了一些有益的教学上的建议。例如，明确观察的任务，排除无关刺激物的影响，在选材上注意知识水平，并利用儿童感兴趣的声音、动作和鲜艳的颜色等，使儿童学会把注意力集中在预定的观察目标上。与此

① 姚平子、熊易群、王启萃、郑惠英、于文琦：《幼儿观察力发展的实验研究》，《心理发展与教育》1985 年第 2 期。

② 姚平子、郑惠英：《幼儿观察力发展的实验研究（二）》，见《全国第六届心理学学术会议文摘选集》，1987 年。

同时，也要培养儿童观察的随意性、组织性和顺序性。

第八节 学前儿童心理过程的发展（下）

一、注意的发展

在学前期，儿童的无意注意达到了高度的发展，而有意注意还在逐步形成中。

（一）注意广度

在整个学前期，儿童的注意广度由小到大发展很快。研究表明，在 0.05 秒的时间内，大部分 4 岁儿童只能辨认 2 个点，大部分 6 岁儿童已能辨认 4 个点，4 岁儿童根本不能正确辨认 6 个点，而有约半数的 6 岁儿童能辨认 6 个点。①

（二）注意稳定性

学前儿童注意的稳定性随着年龄的增长而提高，但总的水平仍然很低。有研究者采用公式“$\frac{总字数}{总用时}\times\frac{正确数-错误数}{应划字数}$”求出儿童的注意稳定性分数。此公式得出的分数越大，说明注意越稳定。结果表明：小班儿童注意稳定性水平还很低，尤其是小班男孩的注意稳定性显著低于同龄女孩；大班儿童的注意稳定性水平比小班儿童明显提高，男女儿童无显著差异。

另外，还有研究者以“无错误校对时间”为注意稳定性指标来考察 5~6 岁儿童，结果表明：5 岁时女孩的有意注意时间显然长于男孩，说明其注意稳定性优于男孩，6 岁时男孩的有意注意时间仍不如女孩长，但在 5~6 岁这一年间，男孩注意稳定性的发展速度比女孩快；无论男孩、女孩，6 岁时的注意稳定性水平显

① 天津市幼儿师范学校心理组：《有关学龄前儿童认识特点的实验特点》，见《幼儿教育经验·研究》第一辑，教育科学出版社 1980 年版。

然高于5岁时的水平。①

（三）注意分配和注意转移

学前儿童的注意分配和注意转移的能力都很差，处于正在形成的阶段。在整个学前期，这两种能力的水平是存在差异的。研究表明：小班儿童的注意转移、分配能力都很差，表现在观察图片时仅能注意主要的、鲜明的部分，在做律动时只能听琴声两手上下挥动，双脚小跑步，而不能做复杂动作，这也说明他们的注意分配能力很低；中班儿童的注意分配能力有所发展，在学习弹琴时能看乐谱并两手分弹，在手拿花束做操时不但能注意手持物的姿势，而且能注意全身的动作；大班儿童的注意转移、分配能力都有所增强。②

二、记忆的发展

由于活动的复杂性，学前期儿童记忆的范围进一步扩大起来。他们不但能记住一些直接经验，而且能记住一些间接经验，如关于乡村、城市甚至国家、世界的事情。不但能记住一些直观的材料，而且能记住一些涉及字词的材料，如诗歌、童话等。

关于学前儿童记忆的发展，国内的研究主要是从两个大的方向入手：其一，记忆的性质，这主要分有意和无意、机械和意义以及精确和持久等方面；其二，记忆的通道，这主要分视、听、味、嗅、动等方面。

（一）不同性质记忆的发展

1. 无意识记和有意识记

学前初期儿童还跟婴儿期的儿童一样，记忆还有很大的无意性。凡是儿童感兴趣的、印象鲜明强烈的事物就容易记住。单纯以记忆作为一个专门的有目的的活动，对于这个年龄的儿童来说，还很困难。

在教育的影响下，学前中、晚期儿童的有意识记和追忆的能力逐步发展起

① 李洪增、胡荣萱、杜灿珠、岑林娣、张丽芳：《五至六岁幼儿有意注意稳定性的实验研究》，《心理学报》1983年第2期。

② 厦门市心理学会鼓区学习小组：《学前儿童注意发展的几种表现》，见《幼儿心理的发展》，北京师范大学出版社1982年版。

来，而且有意识记的效果超过无意识记的效果。有研究者用事先提出识记任务的有意识记和事先不提出识记任务的无意识记去研究识记的目的性对学前儿童记忆的影响。结果表明：4~7 岁各年龄组学前儿童的有意识记成绩均高于无意识记成绩，其无意识记能力和有意识记能力均随年龄的增长而提高，其有意识记能力提高的速度高于无意识记能力提高的速度。①

儿童有意识记和追忆能力的发展是跟成人经常向儿童提出而又为儿童所能理解的词的指示或要求分不开的。例如，要求儿童重述故事的内容，要求儿童回想星期天是怎样过的等，就能锻炼儿童有意识记的能力。

活动的动机对于儿童识记的有意性和积极性有很大的影响。实验证明，儿童在游戏的条件下和实验室的条件下，识记的效果是不一样的。在游戏中，儿童识记的积极性和有意性都有非常显著的提高。

学前晚期儿童不但能为了专门的任务去识记什么，而且也能运用一些识记的方法。例如，在接受任务以后自言自语地重复与任务有关的事情，用有意义联系的方法来记住这些事情，在忘掉某一细节时再度向成人请求指示等。

内隐记忆指对先前获得的信息的无意识提取。我国研究者采用具体图片和抽象图片对 3~6 岁幼儿分别交叉进行内隐和外显两种学习方式，探讨了不同年龄幼儿内隐记忆和外显记忆的效果和特点。结果表明，幼儿存在内隐学习，幼儿对抽象材料的内隐记忆效果优于外显记忆效果。②

2. 识记的持久性和精确性与错误记忆

学前儿童识记的持久性有了进一步的发展。儿童识记的持久性受很多条件支配。对于理解了的材料、印象很深的材料和一般来说与情绪态度有联系的材料，就容易识记；反之，不容易记住。例如，大班儿童可以记住一些有趣的事情，对于饭前洗手、衣服要放在一定的地方等却不易一下子记住。

记忆的精确性也是记忆发展的标志之一。学前儿童记忆的精确性还是较差

① 天津市幼儿师范学校心理组：《有关学龄前儿童认识特点的实验研究》，见《幼儿教育经验·研究》第一辑，教育科学出版社 1980 年版。

② 钱琴珍：《幼儿对具体图片与抽象图片内隐记忆的实验研究》，《心理科学》1999 年第 5 期。

的。第一，记忆的精确性是以对复杂材料的精细分化为基础的，这对学前儿童来说还是有困难的。因此，对简单的、熟悉的材料就容易记得精确些，而对复杂的材料的复述就容易有遗漏和歪曲。第二，学前儿童受暗示性较大，这也是记忆不易精确的原因。实验证明，儿童在复述图画内容的时候，如果成人用暗示的问题，儿童就可以说出一些图画上根本没有的东西。

学前儿童记忆的精确性不足，常常被成人误解为故意撒谎，这是不对的。成人有意地采取措施来发展儿童记忆的精确性，则是非常重要的。

近年来，错误记忆的研究逐渐兴起。错误记忆是指对过去经验和事件的记忆与事实发生偏离的心理现象。儿童到法庭上作证的案例增多，使研究者对儿童记忆的量和记忆准确性及他们受暗示的影响有多大等表现出极大的兴趣，所以引发了研究者对于儿童错误记忆的探究。作为错误记忆的一个研究主题，现实性监测指对现实与想象经验记忆的区分。而时间的延迟势必对记忆的准确性产生消极的影响，记忆将产生更多的错误。我国研究者考察了 4~5 岁儿童的现实性监测在延时 0 天、3 天和 7 天条件下的成绩。结果发现，对真实动作的源混淆更多地发生在延时 3~7 天，而对想象动作的源混淆更多地发生在 0~3 天。①

3. 自传体记忆

自传体记忆是对于发生在自己身上的特殊事件的长期记忆。研究者为考察 4 岁儿童的自传式回忆的表述特征，让 4 岁儿童在实验室面对陌生实验员和另三名儿童讲述自己过生日的经历。对录像材料的编码分为四个维度，即对事件回忆的逻辑顺序性、事件内容的丰富性、表述的主动性以及讲述时的身体姿态。结果表明，儿童在对过去事件进行自传式回忆时，在事件回忆的逻辑顺序性方面，能够独立地按照事件发生顺序回忆的儿童占 36.8%。② 随着年龄的增长，幼儿的自传体记忆内容更丰富、更具体，涉及更多的他人及社会信息，幼儿的自传体记忆与

① 曾守锤、李其维:《学前儿童的现实性监测：即时和延时测验》,《心理科学》2006 年第 3 期。

② 陈会昌、俞凤茹、侯静、陈欣银:《4 岁儿童对过去事件的自传式回忆的表述特征》,《心理发展与教育》2004 年第 4 期。

自我概念存在多方面的相关。①

4. 工作记忆

工作记忆是一个容量有限的心理工作空间。我国研究者发现，3 岁幼儿已出现工作记忆和抑制的分离。② 目前，一些研究者探索了工作记忆对幼儿学习表现的影响。研究发现，4~6 岁幼儿的工作记忆能力与其学习表现存在显著的相关关系，工作记忆对幼儿阅读和写作能力有显著的正向预测作用。③ 为了提高幼儿的学习表现，许多研究者试图通过工作记忆训练来改善幼儿的认知能力，进而对其学业表现产生正向影响。例如，研究发现，适当的工作记忆训练可以提高幼儿的流体智力成绩，并且这种训练效果具有持续的稳定性。④

（二）不同记忆通道的发展

1. 各感觉通道记忆的研究发现

我国研究者采用各种方法对学前儿童的视、听、嗅、味、动、触摸各感觉通道的记忆进行了全面的研究。⑤ 视觉采用再认法和重构法，听觉采用再认法和再现法，嗅觉采用求同再认和求异再认，动觉采用动觉仪，触摸觉采用再认粗糙程度不同的砂布和形状大小不同的木块。研究表明，各感觉通道的记忆都随年龄增长而递增。此外，在动觉中，上肢动觉记忆较下肢稍强。在动作记忆中，有意义动作的记忆成绩高于无意义动作的记忆成绩。

2. 各感觉通道记忆相互比较

在各感觉通道之间进行记忆的相互比较，是十分有意义的。它可以从一个方

① 林琳琳、秦金亮:《5~9 岁儿童自传记忆与自我概念的发展及其关系》,《心理科学》2012 年第 1 期。

② 张乾一、文萍:《3 岁幼儿抑制和工作记忆的可分离性研究》,《心理发展与教育》2013 年第 3 期。

③ 肖啸、周宗奎、李卉:《4~6 岁幼儿执行功能与学习表现的关系》,《心理研究》2015 年第 1 期。

④ 彭君、莫雷、黄平、周莹、王靖、昂晨:《工作记忆训练提升幼儿流体智力表现》,《心理学报》2014 年第 10 期。

⑤ 沈德立、阴国恩、刘金香、齐彦侠、刘建华:《关于幼儿嗅、味、动、触摸感觉道记忆的研究》,《心理发展与教育》1985 年第 1 期。

面说明影响学前儿童记忆的原因，便于教师在教育教学中有的放矢地对其不足之处加以弥补，而尽可能多地利用其长处。

视、听是人类最主要的两种信息传输通道，研究者对这两个感觉通道的记忆进行了比较。结果表明，学前儿童视感觉通道的记忆效果比听感觉通道的记忆效果好，而且这种差异随年龄的增长而加大。

另外，研究者还把“视觉 + 动觉”与单纯视觉记忆效果进行了比较，发现前者优于后者。因而得出结论，多种感觉通道参与对记忆效果有促进作用。具体实验为：让一组学前儿童对刺激图形看 2 分钟后令其重构，称为非操作性图形重构，只涉及单纯视觉记忆；让另一组学前儿童在看的同时进行拼摆，2 分钟后令其重构，称为操作性图形重构，同时涉及“视觉 + 动觉”。

三、思维的发展

学前儿童的思维是在婴儿期思维水平的基础上，在新的生活条件下逐步发展起来的。

婴儿期儿童只有思维的最初级的形式，即直觉行动思维。这种思维的概括性很低，只能概括事物的一些外部特点；同时，这种思维又是跟行动分不开的，思维对行动的计划调节机能还很差。

学前儿童跟婴儿比起来，首先，生活范围大大地扩大了，儿童不但接触家庭和幼儿园的各种事物，而且接触到更广泛的自然和社会的事情，因而知识经验更加丰富而深刻。同时，儿童的认识兴趣也日益发展起来，这表现在儿童关于“怎么样”“为什么”这一类的发问上。其次，儿童言语的发展也给儿童思维发展提供了直接的前提。这时，成人的言语说明、指示的作用在不断地增长，这些说明、指示常常不仅涉及当前直接感知的事物，而且涉及一些不能直接感知的事物。这样，学前儿童的思维就在婴儿思维的水平上逐步发展起来。

（一）学前儿童思维的特点

学前儿童思维的主要特点是它的具体形象性以及进行初步抽象概括的可能性。

所谓具体形象性的思维，是指儿童的思维主要是凭借事物的具体形象和表象，即凭借具体形象的联想来进行的，而主要不是凭借事物的内在本质和关系的理解，即凭借概念、判断和推理来进行的。儿童的这种具体形象思维是跟儿童知识经验的贫乏分不开的。

当然，在整个学前期，思维的特点又总是在不断发展变化着。例如，学前初期儿童还保留着相当大的直觉行动思维的成分，而学前晚期儿童的抽象逻辑思维则开始有了一定的发展。林崇德在对学前儿童数概念与运算能力发展的研究中就得出这样的结论。研究把儿童的思维活动分为四级水平：一为直观—行动感知概括；二为直观—表象笼统概括；三为直观—言语数概括；四为表象—言语数概括。结果表明，3~4 岁儿童有 66% 达到三级水平，4~5 岁儿童有 89% 达到三级水平，5~6 岁儿童有 60% 达到四级水平。① 由此，我们可以看到学前儿童思维发展的趋势。

1. 思维的具体形象性是学前儿童思维的主要特点

虽然具体形象思维是学前儿童思维的主要特点，但婴儿期的直观行动思维还没有销声匿迹。在学前期，直观行动思维还占有一定地位，但与婴儿期相比则发生了质的变化。突出的特点是概括性的提高，直观—言语性的概括正在替代直观—动作和直观—表象性的概括。这样，学前期儿童解决直观问题的复杂性和直觉性就比婴儿期高得多。产生这个质变的原因，是言语对直观行动思维的作用逐步增加。因此，学前期继续发展着的直观行动思维在很大程度上区别于 3 岁前的思维，这个阶段新发展起来的直观行动思维向“操作性思维”或“实践性思维”靠近了一步。学前期也有抽象逻辑思维，但仅仅是个开始。

2. 思维的抽象逻辑性开始萌芽

学前期儿童在知识经验所涉及的范围内，是能够开始最初步的抽象逻辑思维的。在日常生活中，我们也可以看到学前儿童进行最简单的逻辑思维的例子。例如，4 岁儿童可以猜中像关于“花生”“星星”的谜语，5 岁儿童已知道“把桃核种在地下可以长出桃树来”这一类因果性的联系。

---

① 林崇德:《学龄前儿童数概念与运算能力发展》,《北京师范大学学报》1980 年第 2 期。

当然，对于不熟悉的事物，要想去发现它们本质上的逻辑关系，就不容易了。其实，不仅学前儿童如此，学龄儿童甚至成人也是如此。例如，小学低年级儿童往往不能理解一些在成年人看起来很简单的寓言或谚语。

在正确的教育下，到了学前晚期，随着儿童知识经验的增长，随着儿童言语特别是内部言语的发展，儿童认识活动中的具体形象成分相对减少，抽象概括成分逐步增加。虽然学前（特别是学前晚期）儿童开始能进行一些初步的抽象逻辑思维，但是他们的思维自觉性还很差，他们还不能像学龄儿童那样自觉地调节和支配自己的逻辑思维过程。

3. 思维中言语和行动的关系

实验证明：小班儿童的动作主要是受视觉映象或表象调节的，言语还起不了很大的作用，只是在他做完了这个动作以后，他才能在言语中把它反映出来；中班儿童往往是一面动作，一面言语，言语的计划作用还很差；大班儿童就不同了，他能在行动以前就用言语表达他要做什么、如何做等。这样，儿童的行动就带上了明显的目的性和计划性。

思维的抽象概括性和对行动的自觉调节作用是人的意识的两个基本特点，我们在学前儿童那里可以明显看到这两个特点。

（二）最初概念的掌握

1. 最初的词的概括和概念的掌握

概念是人脑对客观事物的一般特征和本质特征的反映。概念是在概括的基础上形成起来的，是用词来标志的。

从种系发展来看，概念是在人类历史发展过程中形成起来的。从个体发展来看，对于人类长期形成的概念只能逐步来掌握。虽然概念总是以一定的词来标志的，但是，每个儿童所掌握的同一概念的广度和深度是不同的，同一儿童在其不同发展时期，对同一概念掌握的广度和深度也是不同的。这个过程也就是从具体形象思维向抽象逻辑思维发展的过程。

儿童最初概念的掌握跟儿童最初概括的特点相联系。儿童要对某一类事物进行概括，首先需要理解这些事物，也就是说，要有关于这些事物的经验。同时，要有相应的作为概括用的词。而这两者又是密切联系的。

儿童知识经验水平的高低、词的水平的高低，制约着儿童概括水平的高低、概念水平的高低。学前儿童的词的概括水平还是很低的，跟成人的概括水平是不同的，因而学前儿童概念的水平也跟成人概念的水平有所不同。

第一，概括的内容比较贫乏。学前初期儿童还跟2~3岁儿童一样，只能进行初步的概括，概括的内容极其贫乏。一个词基本上只代表一个或某些具体事物的特征，而不是代表某类事物的共同特征。例如，“猫”只代表自己家里的小花猫或少数他看到过的猫，“树”只代表自己家门前的树或少数他看到过的树。到了学前晚期，概念所概括的内容才逐渐比较丰富。

第二，概括的特征很多是外部的、非本质的。儿童虽能概括某类事物的共同特征，但常常把外部的和内部的、非本质的和本质的特征混在一起，还不能很好地对事物内部的、本质的特征进行概括。正是由于这个特点，学前儿童大多以功用性的定义来说明关于事物的概念，如杯子是喝水的，衣服是穿的。

第三，概括的内涵往往不精确。儿童还不能进行本质的概括，因而概括的内涵往往不精确。有时失之过宽，如把桌椅、柜子概括为“用的东西”，把萝卜归为“果实”。有时又失之过狭，如4岁儿童以为“儿子”一词就代表小孩，因此，有一天看见一个高大而嘴上有短胡须的男人，说是幼儿园老师的儿子，就感到非常惊奇。

正是由于这些特点，学前儿童概念掌握的广度和深度都是很差的，他们一般只能掌握比较具体的实物的概念，而不易掌握一些比较抽象的性质概念、关系概念、道德概念。只有到学前晚期，儿童才有可能掌握一些比较抽象的概念，如野兽、动物、家具、种子、勇敢等。

我国有研究者在对学前儿童类概念发展的研究中证实了这些特点。词对之间类似性的发现过程对于类概念的形成是非常重要的。研究者把儿童发现词对差异性分为两种：一是组合差异（即与共同结构有关），例如儿童提到“小碗”和“杯子”这个词对的明显特征（如“小碗盛饭，杯子盛水”）或儿童使用了较为明显的比较句（如“用小碗吃饭比杯子更方便”）；二是非组合差异（即与共同结构无关，如“小碗是用铁皮做的，杯子是用玻璃做的”）。我国研究者探讨了学前儿童对日常生活基本概念进行的类似性与差异性判断。结果表明，3岁组儿童还未表现组合差异性，4 岁组儿童初步显现，5 岁组儿童明显表现。① 因此，5 岁左右是学前儿童思维发展的关键期。

为了使学前儿童更好地掌握概念，教师应该进行一系列有系统的组织工作。儿童掌握概念的主要条件是：（1）掌握相应的词，例如儿童如果没有掌握“驴”这个词，就不能有关于驴的概念；（2）把相应的词和一类事物多次地结合，例如为了掌握“汽车”这个概念，应该把“汽车”这个词和各种各样的汽车相结合；（3）对一类事物进行比较，发现它们之间的共同点和不同点；（4）把共同点加以系统化和概括化，以形成普遍的概念。

2. 最初实物概念的掌握

学前儿童首先掌握一些实物概念。在这些概念的掌握过程中，也体现着从具体形象思维向抽象逻辑思维过渡的矛盾统一过程。

学前儿童掌握实物概念的一般发展过程如下。

（1）小班儿童实物概念的基本内容基本上代表儿童所熟悉的某个或某些事物。例如，问：“什么是马？”答：“就是那个大马（指儿童看到过的马）。”

（2）中班儿童已能在概括水平上指出某些实物的比较突出的特征，特别是功用上的特征。例如，问：“什么是马？”答：“马是拉车的。”

（3）大班儿童开始能指出某一实物若干特征的总和，但是还只限于所熟悉的事物的某些外部和内部的特征，而不能将本质和非本质特征很好地加以区分。例如，问：“什么是马？”答：“马有头，有尾巴，有四只脚，会拉车。”

在正确的教育下，大班儿童也有可能初步掌握某一实物概念的本质特征，如“马是兽类”或“马是动物”等，这要取决于这些事物是否为儿童所熟悉，也取决于儿童是否掌握进行抽象概括时所需要的词。

3. 最初社会概念的掌握

学前儿童在口头上会说出各种社会概念的名称，但他们掌握这些概念的水平一般是比较低的。有研究证明，学前儿童的社会概念主要属于具体形象水平。从

① 王亚同、赵国祥、李嘉：《3~5 岁儿童概念比较过程研究》，《心理科学》2006 年第 4 期。

小班到大班可以分为四个等级：第一级，不理解，如说“不知道”或摇头；第二级，笼统的理解，如说“好人、坏人”“不打人、不骂人”；第三级，开始有分化，是典型的具体形象水平，如“工人是盖房子的”；第四级，能和某些本质属性联系起来，接近于初步的定义，如“工人是做工的”。当然，这些社会概念本身的难度以及它和儿童生活经验的关系，在这里也起着很大的作用。

4. 最初数概念的掌握

数概念和实物概念比较起来，是一种更为复杂抽象的概念，因而儿童掌握数概念总比掌握实物概念晚些，也比较难些。在儿童时期形成这些概念是要经过漫长的道路的。

所谓掌握数概念，包括理解：（1）数的实际意义（“3”是指三个物体）；（2）数的顺序（如 2 在 3 之前，3 在 2 之后，2 比 3 小，3 比 2 大）；（3）数的组成（如“3”是由 1＋1＋1、1＋2、2＋1 组成的）。

研究表明，学前儿童对数概念的形成依次经历如下四个阶段：第Ⅰ级是“口头数数”；第Ⅱ级是“给物说数”；第Ⅲ级是“按数取物”；第Ⅳ级是掌握数概念的水平。① 儿童数概念的发展有明显的年龄特征。2～3 岁、5～6 岁是儿童形成和发展数概念的两个关键时期。1.5～2 岁儿童开始运用次第数词“1 个、2 个”指量“1、2”，逐步达到“口头数数”水平。2～2.5 岁儿童能数到“5”上下的数。绝大多数 5～6 岁儿童能够数到“100”，给物说数和按数取物能力也接近“100”。但是，从计数能力的出现到数概念的形成，还要经过一段曲折的道路。

在数概念的发展过程中，儿童对于数概念的获得所花费的时间并不一样，小数较快，而大数较慢。幼儿一位数大小比较直接受其对数的语义表征的影响。② 不同数概念的发展阶段也不同步，倒数、序数和数符号在中班到大班期间发展迅速，而顺数、基数概念、加减理解却在小班到中班期间发展较快。③ 研究表明，

① 林崇德：《学龄前儿童数概念与运算能力发展》，《北京师范大学学报》1980 年第 2 期。

② 莫雷、邹艳春、Chen Zhen、王穗苹、温忠麟：《3～5 岁幼儿一位数大小比较的信息加工模式》，《心理学报》2003 年第 4 期。

③ 赵振国：《3～6 岁儿童数感发展的研究》，《心理发展与教育》2008 年第 4 期。

学前儿童基础数概念的发展对其高级的数学能力有正向预测作用，学前儿童近似数量加工的敏锐度能预测其符号数学能力①，学前儿童的数量比较对其加减法反演律概念的发展具有正向预测作用②。

对于数字的书面符号表征的研究发现：在幼儿园中班约40%的4岁儿童已能运用1～10的书面数符号表征数量；至中班末期，大多数5岁儿童能够较熟练地运用至少1～17的书面数符号来表征数量。③对大班儿童的跟踪调查表明，约85%的儿童能运用书面数符号来表征30个以上的物体的数量。④至大班末，94%的儿童能运用书面数符号来表征100个以上物体的数量。

儿童在数概念的形成和发展中也存在个体差异，并且差异随着年龄的增长而增大。

（三）抽象逻辑思维的初步发展

抽象逻辑思维是在感性认知的基础上，通过概念、判断、推理来揭示事物的内在联系、本质联系的过程。婴儿期儿童是说不上什么抽象逻辑思维的，这时的思维是跟直观和行动分不开的。学前期儿童的思维带有极大的具体形象性，由于经验的积累，到学前晚期，在其经验所及的事物的范围内，他们也开始能初步地进行抽象逻辑思维。

从具体形象向抽象逻辑思维的过渡，表现在儿童对事物性质、内容或关系的理解上，也表现在儿童的判断、推理能力的形成和发展上。

1. 理解

理解就是认识或揭露事物中的本质的东西，它是逻辑思维的基本环节。无论

① 牛玉柏、时冉冉、曹贤才：《学前儿童近似数量系统敏锐度与符号数学能力的关系》，《心理发展与教育》2016年第2期。

② 韩玑玑、曹仕莹、陈英和：《4～6岁儿童加减法反演律概念的发展与影响因素》，《心理发展与教育》2012年第2期。

③ 周欣、王滨：《4～5岁儿童对书面数符号的表征和理解能力的发展》，《心理科学》2004年第5期。

④ 周欣、王烨芳、王洛丹、王滨：《5～6岁儿童对书面数符号的表征和理解能力的发展》，《心理科学》2006年第2期。

是掌握概念还是进行判断、推理，都依赖于对事物的一定程度的理解。因此，理解是旧联系的应用，同时也是新联系的建立。

理解是以已知的知识为前提的，是用这些已有的知识去认识新的事物、发现新的联系。例如，儿童在吃过苹果以后，就形成关于苹果的各种联系（形状、颜色、滋味、名称等），获得关于苹果的知识。在以后再遇到苹果的时候，就能叫出它的名称，知道它的功用。而且，在认识过程中，又会不断地发现关于苹果的更多的、更深刻的性质（如成人关于苹果的讲述等）。这样，就使儿童的理解越来越丰富、深刻，越接近事物的本质。

儿童对事物的理解，决定于他们的知识经验水平和思维发展水平。学前儿童，一方面由于知识经验不丰富，思维带有很大的具体性，他们对事物的理解一般是不深刻的；另一方面由于在教育影响下知识的不断积累，理解也在不断地提高和不断地深入。在整个学前期内，对事物的理解一般是沿着以下的方向进行的。

（1）从对个别事物的理解到对事物关系的理解。例如，儿童在理解一幅图画的时候，首先看到的是个别的人物，以后，在成人的影响下，逐步认识到人物之间的关系，以至达到对整个图画的理解。

（2）从主要依靠具体形象来理解到主要依靠词的说明来理解。学前初期儿童主要依靠具体形象性来理解事物。词虽然有一定的指引和调节作用，但是不能单独起作用，随着儿童年龄、经验的发展，儿童就有可能主要依靠词来理解事物。例如，小班儿童理解故事，还在很大程度上依靠图画或儿童熟知的事物的形象，而大班儿童就能领会完全用词的描述来讲述的故事。

（3）从对事物比较简单的、表面的评价到对事物比较复杂的、深刻的评价。小班儿童对事物的评价往往是很表面的，如对故事中的人物，他们只能说出好人或坏人，而大班儿童则能说出很多理由，对事物做出比较深刻的评价。

要促进儿童理解力的发展，首先，成人必须适当地把直观材料结合起来。对小班儿童多用直观材料，并且加以适当的词的说明；对大班儿童，词的讲述就可以适当增加。其次，成人的提问对促进儿童的理解起着重要的作用，因为成人的提问能促使儿童的思维沿着一定的逻辑方向前进。

在儿童对事物的理解上，儿童对事物的情感和态度也起着重要的作用。儿童对事物的情感和态度不同，则理解不一样。例如，儿童一般是喜欢小猫的，但是，如果成人告诉小孩这是一只不好的小猫，它常常欺侮小鸡、小鸭等，这样儿童对小猫的理解、评价就完全不同了。培养儿童用正确的情感和态度来理解事物是培养儿童高尚的道德品质的重要途径之一。

2. 判断和推理

抽象逻辑思维主要是运用概念进行判断和推理的智力活动。

判断是概念和概念之间的联系，它反映事物和事物之间的关系。事物和事物之间的关系可以是肯定的，也可以是否定的，如“花生是果实”，“白薯不是果实”等。判断的正确性以其是否与客观事物本身相符合为检验的标准。

推理是判断和判断之间的联系，是在已有判断的基础上提出新的判断，可以从一般推到特殊（演绎推理），也可以从特殊推到一般（归纳推理）。所有的推理，只有当它能揭示事物之间存在的本质的和规律性联系的时候，才是正确的。

学前儿童由于知识经验和认识能力水平的限制，还不能完全跟学龄儿童或成人一样对周围事物进行抽象逻辑判断和推理。因此，在学前儿童的初步判断、推理中，有许多看起来是荒唐可笑的。例如，当母亲问起为什么汽车走起来会有风时，一个大班儿童认为风是从汽车轮子中出来的，轮子一动就有风，轮子停了就没风。

这样的推理、判断确实可笑，但是如果由此得出结论说，学前儿童是不能进行抽象逻辑思维的，学前儿童的思维是“无逻辑的”或“先逻辑的”，学前儿童只能有从特殊到特殊的所谓“转导推理”（transduction），那就不对了。

从上面这个推理来说，学前儿童并不是不能进行逻辑推理，只是因为他们在这个问题上缺乏经验，不能发现这个复杂事物的内在的、本质的联系，因而只能把外部的、非本质的联系当作内部的、本质的联系。从生理机制上来说，这是一种“短途”联系的接通，而不是一系列复杂联系的接通。

其实，由于缺乏经验而做出可笑论断的事，在成人也是常常有的。人们对于不熟悉的事物，最初常常只能看到一些外部的、表面的、片面的联系。

正是由于学前儿童一面能进行初步的逻辑判断、推理，一面又缺乏经验，所以他们在进行逻辑思维的时候，常常表现出一种成人所没有的独特性，即这种判断、推理常常以儿童对待生活的态度为依据，而不是以客观的逻辑关系为依据。

维果茨基曾举过这样一个例子：在学前初期儿童面前摆出四张图画，即马、马车、人、狮子，让他抽掉多余的一张。这时，他毫不迟疑地将狮子抽掉，他认为："叔叔把马套在马车上坐着就走了，他要狮子有什么用？狮子还能把他和马吃掉，应该把狮子送到动物园里去。"但是，大班儿童常常不这样，他开始有可能将马车抽掉，把其余的图片留着，因为除了马车以外，其余的三张都是生物。

由此可见，学前儿童的思维是有逻辑的，只是由于经验不足，判断、推理往往不正确。在教育的影响下，这种思维的独特性可逐渐改变过来。到学前晚期，儿童在所能理解的事物范围内，一般都能很好地进行合乎事物本身逻辑的判断和推理，但在进行这些判断和推理时，还缺乏自觉地分析综合自己的思维过程的能力。

我们的许多研究都证明了这一点，现在我们只援引其中的一个研究。研究采用玩具得奖游戏的方法，通过被试的具体操作，要求被试完成四步实验：（1）归纳游戏的规则；（2）分析形成规则的原因；（3）运用规则认识具体的事物和现象；（4）运用规则解决实际问题。结果表明，3~7 岁儿童在四步实验中所表现出来的推理过程的发展趋势基本上是一致的。儿童能进行推理活动的百分比随年龄的增长而有规则地增加。3 岁组儿童基本不能进行推理活动；4 岁组儿童的推理能力开始发展，除实验（1）外，其余三步实验的百分比均在 50% 以下（25%~40%）；5 岁组儿童大部分可进行推理活动（百分比平均为 75%）；6、7 岁组儿童全部可以进行推理活动。①

在能进行推理活动的儿童中，表现出由低到高三种水平：Ⅰ级水平的儿童只能根据比较熟悉的非本质特性进行简单的推理活动；Ⅱ级水平的儿童可以在提示的条件下，运用展开的方式逐步发现事物之间的本质联系，最后得出正确的结论；Ⅲ级水平的儿童可以独立而迅速地运用简约的方式进行推理活动。研究发

① 杨玉英：《3~7 岁儿童推理过程发展的初步研究》，《心理科学通讯》1983 年第 1 期。

现，儿童推理过程发展的趋势为，推理内容的正确性、推理的独立性、推理过程的概括性和推理方式的简约性几个方面在逐步提高。

研究发现，4 岁儿童开始萌发空间“前后”和“上下”方位的传递性推理能力。4~6 岁，“上下”方位传递性推理能力的发展优于“前后”方位。但是，4~6 岁儿童还不能完全摆脱知觉干扰因素的影响，形成稳定的传递性推理能力。①

此外，研究者还发现颜色相似度和质地相似度在幼儿的归纳推理中具有不同程度的重要作用。② 当测试物体在颜色相似度和质地相似度上发生相反变化时，4 岁儿童显著地依赖于质地相似度进行归纳，颜色相似度在 5~6 岁时的重要性明显提高，但仍略低于质地相似度，差异不显著。

研究表明，3 岁儿童在一定条件下能够基于概念类别进行归纳推理。③ 儿童的我方推理普遍在 3 岁 3 个月至 3 岁 9 个月发生，他方推理普遍在 4 岁至 4 岁 6 个月发生，反驳推理普遍在 4 岁 9 个月至 6 岁发生。④

四、想象的发展

婴儿期儿童只有最初级形态的想象，表现为想象的内容简单贫乏，想象的有意性很差。在教育的影响下，由于活动的复杂性、言语的发展和经验的扩大，儿童的想象也就进一步发展了。

学前儿童想象的发展与儿童游戏活动的发展有关。儿童的游戏，特别是创造性游戏，要求儿童有丰富而有目的的想象，如“骑马”“开火车”等。此外，故事、艺术活动也都能促进想象的发展。

---

① 毕鸿燕、方格:《4~6 岁幼儿空间方位传递性推理能力的发展》,《心理学报》2001 年第 3 期。

② 李富洪、李红、陈安涛、冯廷勇、高雪梅、张仲明、龙长权:《物体颜色与质地相似度对幼儿归纳推理的影响》,《心理学报》2005 年第 2 期。

③ 路晓英、龙长权、孙锋、邢东亮、李红:《知觉和概念信息对 3 岁儿童归纳推理的影响》,《心理发展与教育》2011 年第 1 期。

④ 张奇、马艳苹、张黎:《幼儿非形式推理能力的发生与发展》,《心理发展与教育》2010 年第 6 期。

学前儿童想象中的有意性和创造性正在初步发展，但总的来说，这种有意性和创造性还不占主导地位。

（一）无意想象和有意想象

整个学前期，有意想象正在发展，但无意想象仍占主要地位。具体表现在以下方面。

（1）想象的主题容易变化。儿童不能按一定的目的坚持下去，很容易从一个主题转到另一个主题。例如：在游戏中，一会儿喜欢玩这个，一会儿又喜欢玩那个；在画画时，一会儿画一头牛，一会儿画一个人。

（2）想象有时跟现实分不清。儿童还不能区分想象的事物和现实的事物。例如，儿童常常说自己没有看见过的东西，儿童还不能完全意识到童话中的人物的虚构性。

（3）想象具有特殊的夸大性。儿童喜欢夸大事物的某些特征和情节。例如，儿童很喜欢“拔大萝卜”的故事。

（4）以想象过程为满足。想象常常并不指向于某一预定的目的，而是以想象过程本身为满足，因而富有幻想性。在教育的影响下，学前晚期儿童想象的有意性逐渐增长起来。大班儿童不但想象内容更加丰富，而且想象的独立性和目的性也逐渐增大。想象逐渐成为一种相对独立的心理过程，并能服务于一定目的。儿童开始有可能意识到童话虽然是有趣的，但是其中人物故事都是虚构的。

（二）再造想象和创造想象

在整个学前期，创造想象正在发展，但是再造现象仍占主导地位。

小班儿童想象的创造性很低，基本上是重现生活中的某些经验。中班儿童开始有一些创造性，如在游戏中不单纯重复成人或较大儿童提出的主题，而是通过自己的构思来加以补充。大班儿童想象的创造性显著地发展起来。大班儿童对教师提出的游戏主题能通过自己的想象加以充实。例如，对教师提出的“开火车”游戏，儿童能主动地提出游戏的情节、角色的分配等。

想象的发展对儿童入学准备具有重大意义，因为很多知识的学习或技能的掌握有赖于有目的的再造想象和创造想象。

第九节 学前儿童个性和社会性的发展

在心理学上，所谓个性，即一个人比较稳定的、具有一定倾向性和各种心理特点或品质的独特结合。

个性是一个复杂的、多侧面的、多层次的动力结构系统。它主要包括以下成分。

（1）个性倾向性，包括需要、动机、兴趣、志向、理想、信念和人生观等，表明人对周围环境的态度，是个性结构中最活跃的成分，影响心理活动的方向。

（2）个性心理特征，包括气质、性格、能力等。这些特征最突出地表明人的心理的个别差异。

（3）自我意识，包括自我认识、自我体验、自我调节，是个性结构中的控制系统。

（4）心理过程，包括感觉、知觉、记忆、想象、思维、情感、意志等，是人的心理活动的基本成分。

（5）心理状态，包括注意、激情、心境等，是人进行心理活动的背景，表明心理活动进行时所处的相对稳定的状态，直接影响个性积极性水平。

以上各成分只有结合成为一个统一的整体，并具有稳定的、有倾向性的特点，才组成个性。

那么，人的个性是什么时候开始实际地形成起来的，或者说，人从什么时候起，才开始形成比较稳定的心理特性？这个问题不但具有理论意义，而且也具有实践意义。

人的个性不是先天决定的，而是在多元的一定生活条件下逐步形成的。

人的个性的初步形成，是从学前期开始的。学前期是个性最初实际形成的时期。学前期的重要性也正是在这里。

那么，怎样理解学前期是人的个性初步形成的时期呢？

个性是在个体的各心理过程、各心理成分发生发展的基础上形成的。而 2 岁前，儿童的各种心理过程还没有完全发展起来，不可能组成有机的心理活动系统，个性不可能发生。2 岁左右，心理各成分已经出现，但是还没有形成稳定的、有倾向性的个性系统，儿童的心理活动还是零散的、片断的、无系统的。而学前期，个性的各心理结构成分，特别是自我意识、性格、能力等个性心理特征已经初步发展起来，稳定的、有倾向性的各种心理活动的独特结合开始成形。因此，可以说，学前期是个性初步形成的时期。

这与学前期生活条件的变化密切相关。到了学前期，特别是在幼儿园的集体生活中，成人不断向儿童提出各种要求，这就使得儿童的心理活动的独立性和目的性逐步增长起来。这时，儿童开始能为较远的目的而行动，能使自己的行动服从于成人或集体的要求。在这个过程中，儿童也就逐步形成了最初的一些比较稳定、经常、有倾向性的心理特性。

由于儿童心理活动的独立性和目的性的增长，儿童行为的冲动性相对减少，自觉性相对提高。儿童不但能服从成人的要求而调节自己的行为，而且也开始能比较自觉地控制、调节自己的行为。例如，在抗拒诱惑实验中，大班儿童虽然想拿面前具有诱惑力的玩具或糖果，但还是能够为了遵守规则而自觉地控制自己。

从学前期开始，儿童出现了最初的比较明显的心理倾向，亦即开始形成最初的个性。

在学前儿童个性形成中，自我意识，特别是道德意识的发展，起着重要的作用。

一、自我意识的发展

自我意识是组成个性的一个部分，是个性形成水平的标志，也是推动个性发展的重要因素。使个性各个部分整合、统一起来的核心力量正是自我意识。

我国心理学工作者在对学前儿童不同年龄阶段自我意识发展的进一步研究中发现：学前儿童的自我意识水平随年龄的增长而提高，各年龄间存在明显差异，5 岁是自我意识发展的关键期；自我意识各因素的发展速度与程度不同，自我评价略高于自我体验和自我控制，自我评价和自我体验的发展速度比较平稳，而自我控制的发展在 5 岁左右变化较大。

西方心理学家的研究表明，交际工具和交往在学前儿童自我意识发展中起着重要作用。3岁到6或7岁的儿童在生活中已获得了许多必不可少的交际工具，如语言、姿势、绘画、数字及其他有关的符号，利用这些符号工具，儿童就不仅能顺利地与周围人交往，还能从中了解自己。通过交往，儿童可以学会把自己的行为与别人的行为相比较，在成人的帮助下简单地评价别的儿童的行为和自己的行为。

学前期儿童的自我评价表现出以下三个特点。

（1）从轻信成人的评价到自己独立的评价。学前初期儿童对自己或别人的评价往往只是成人评价的简单再现，而且，对成人的评价有一种不加考虑的轻信态度。例如，儿童评价自己是（或不是）好孩子，因为“老师说我是（或不是）好孩子”。到学前晚期，儿童开始出现独立的评价，开始对成人的评价持批判的态度。如果成人对儿童的评价不客观、不正确，儿童往往会提出疑问、申辩，甚至表示反感。

（2）从对外部行为的评价到对内心品质的评价。学前初期儿童一般只能评价一些外部的行为表现，还不能评价内心状态和道德品质等。例如，问儿童：“为什么说你自己是好孩子？”4岁儿童回答“我不打架”或“我不抢玩具”，而6岁儿童则可以说出一些比较抽象、内在的品质特点，如“我听话，遵守纪律”或“我会谦让，对小朋友友好”。

（3）从比较笼统的评价到比较细致的评价。学前初期儿童对自己的评价是比较简单、笼统的，往往只根据某一两个方面或局部进行自我评价，如“我会唱歌”“我会画画”。学前晚期儿童的评价就比较细致、全面。例如，大班儿童会指出：“我会唱歌，也会跳舞，可是画画不好。”必须提出的是，在整个学前期，甚至学前晚期，儿童对自己评价的能力还是较差的。成人对儿童的评价在儿童个性发展上有着重大的影响，因此，成人对儿童的评价必须适当、客观、公正，对儿童任何过高、过低或其他不恰当的评价都是有害的。例如，如果成人对儿童说“你永远也学不会”“你总是不会安静”“你老是爱打人”等，儿童就会认为自己真的是毫无希望的人，以致失去前进的信心与动力。

此外，学前期是自我控制能力开始产生和发展的重要时期。研究表明，幼儿的自我延迟满足在4岁时会出现明显转折，女孩的自觉性与自制力水平均显著高于男孩。①

二、心理理论的发展

心理理论（theory of mind）并不是一般科学意义上的理论，它是指幼儿对于自己和他人心理状态（如愿望、信念、意图）的理解和认知。这种知识在我们的日常生活中具有举足轻重的影响。

心理理论的经典实验范式是考察儿童对他人错误信念的理解。例如，小明和小红两个孩子看到糖果被藏到一个盒子里面，然后小红离开房间。小明看到糖果被移到另一个罐子里面。当小红回到房间之后，小红认为糖果在哪里呢？研究表明，儿童在心理理论任务上的成功从3岁到5岁有一个转折。3岁儿童会说小红将在罐子里面（新地点）寻找糖果，显然没有认识到小红离开后并不知道这个新信息。而大多数4岁儿童已经能够解决这个问题，认为小红会到原来的盒子里面寻找。研究表明，3岁儿童能理解信念推理的基本规则，5岁儿童能理解真实信念，6岁儿童能理解错误信念。②近年来，我国心理工作者对儿童心理理论的发展进行了诸多研究。研究发现，语言能力、执行功能、祖辈抚养等因素能够影响儿童心理理论的发展。③④

三、道德意识的发展

婴儿期儿童已能初步理解什么是“好”“坏”，并能做出一些合乎成人要求的

① 黄薇、阳泽:《3~6岁幼儿目标取向、自我效能感与自我控制的关系》,《心理发展与教育》2015年第5期。

② 张婷、李红、曾维希、张莉、廖渝:《3~6岁儿童信念理解能力的发展研究》,《心理发展与教育》2009年第4期。

③ 周晶、俞芳、郭力平:《3~6岁汉语儿童语言能力与错误信念理解关系的元分析》,《心理科学进展》2014年第6期。

④ 郭筱琳、任萍、马凤玲、徐芬:《幼儿执行功能的发展对心理理论发展的影响》,《心理与行为研究》2016年第1期。

道德行为。进入学前期以后，道德意识有了进一步的发展。

首先，学前儿童有了各种道德感（如同情、互助、尊敬、羡慕、义务感、羞愧感、自豪感、友谊感等）的明显表现。道德感是由自己或别人的行为是否符合社会道德标准而引起的情感。形成道德感是个比较复杂的过程。3 岁前只有某些道德感的萌芽。3 岁后，随着学前儿童交往的发展，成人不断对儿童的行为提出教育要求。儿童逐渐掌握了各种行为规范，道德感也逐渐发展起来。学前初期儿童的道德感主要指向个别行为，且往往由成人的评价而引起，因而往往很肤浅、易变。学前中期儿童不但掌握了一些概括化的道德标准，可以因为自己在行动中遵守了教师的要求而产生快感，而且开始关心别人的行为是否符合道德标准并由此产生相应的情感。中班幼儿常常“告状”，即是由道德感而激发的。他们看见小朋友违反行为规则，会产生极大的不满。学前晚期儿童的道德感进一步发展和复杂化。他们对好与坏、对与错，对老师、小朋友及常接触的其他人，有更鲜明的、稳定的不同情感。

但也有研究者认为：3 岁前儿童表现出“人之初，性本善”的特征；随着心理理论的增长，3~4 岁儿童表现出道德水平下降，心理理论和道德水平两者之间出现交互作用；5 岁以后，由于心理理论逐步完善，儿童越发表现出“镜子行为”（谁对我好，我就对谁好；谁对我不好，我就对谁不好）。①

其次，在道德判断方面，学前初期儿童的道德判断有很大具体性、情绪性和受暗示性。只要成人说是好的，或自己觉得有兴趣的，就认为是好的；反之，则是坏的。在判断行为时，他们还不能把行为的动机和效果结合起来，常常只看到行为的效果，而不能看到行为的动机，常常仅根据行为的结果来判断行为。学前晚期儿童开始能从社会意义上来判断道德行为，比较注重人的动机、意图。但是，道德判断不等于产生相应的行为。例如，我国研究者发现，幼儿对分享情境的判断与其真实分享行为之间并不一致。②

① 冯源、苏彦捷、张莉：《从儿童道德发展初探人性本源的论题》，《心理科学》2006 年第 3 期。

② 王海梅、陈会昌、张光珍：《4~6 岁儿童对“偶得物品”与“拥有物品”的分享行为》，《心理发展与教育》2005 年第 3 期。

最后，在道德动机方面，学前初期儿童的道德动机往往受当前刺激的制约，如儿童对行为本身有兴趣，或者成人对儿童提出明显的要求等。实验研究发现，小班幼儿喜欢做值日生的动机是因为值日可以穿戴围裙、玩水等。只有在学前晚期儿童身上，才能初步看到独立的、主动的社会道德动机。例如，大班孩子做值日是为别人做好事，比较注意值日的质量。但是，这些道德动机基本上仍然受具体的道德范例所支配。例如，儿童认为“不应该吵闹，如果吵闹，大家就听不见老师说话了”，但坚持性很差，一会儿说吵闹不好，但可能过一会儿自己就吵闹起来。

研究指出，如果成人对儿童行为的道德要求和说理适合儿童的道德意识水平，儿童就较容易接受，有助于儿童服从规则，抵制诱惑，抑制不良行为。比如，实验者在告诉儿童不要玩某些诱人的玩具后，即让儿童单独留在一间房间里。为使他们不玩这些玩具，实验者将儿童随机分为两组，并对他们分别采取了不同的方式。对一组儿童说的是指向客体的比较具体的道理，强调玩具的物理特性和动机的物理后果（这个玩具很脆，拿了就会打破的）。对另一组儿童则说比较抽象的道理，强调这些玩具为谁所有（是另一儿童的）。具体道理对于让 3 岁儿童不玩这些玩具比较有效，而对于 5 岁儿童来说，强调所有权比较有效。

此外，移情是对他人情绪情感状态的一种替代性的情感体验。霍夫曼（M. Hoffman）等人的研究表明，学前儿童已具有较强的移情能力，会由他人的情绪情感状态而引起自己与之相一致的情感反应。这是一种非常重要而高级的社会性道德情感，表明儿童能将自己置身于他人处境，设身处地地为他人着想，接受他人的情绪情感。它是促使儿童做出亲社会行为和抑制攻击行为的重要动因。具有较强移情能力的儿童，亲社会行为更多；并且，提高儿童的移情能力，能显著地提高儿童的亲社会行为。① 我国的研究进一步证实，移情训练能导致儿童良

① Hoffman, M.（1983）. Developmental synthesis of affect and cognition and its implication for altruistic motivation. In W. Damon（Ed.）, *Social and personality development*. New York: W. W. Norton & Company.

好道德行为的明显增多和攻击行为的明显减少。①

由此可见，一方面，由于学前儿童道德意识的发展，我们已有更大可能对他们进行有系统的道德品质教育训练；另一方面，由于这些道德意识还是很初步的，所以我们要避免空洞的道德说教，结合儿童道德发展特点的道德教育才更为有效。

* * *

在教育的影响下，经过几年的时间，学前儿童身心各方面都有了很大的发展。

在动作方面，学前儿童可以连续行走 20~30 分钟而不感到疲倦，不但走得很好，而且还会跑、跳、攀登。手的动作也更加灵巧，能够用铅笔书写、画画，能够使用剪刀一类的工具。

在言语方面，学前儿童词汇更加丰富，可以自由进行言语交际，初步掌握语法结构，开始产生内部言语，初步掌握书面言语。言语对行为的调节机能也比以前加强了，使行为带上了一定的自觉性和计划性。

在心理发展方面，虽然具体性和不随意性仍占主导地位，但抽象概括性和随意性也在逐步发展。在幼儿园的集体生活中，儿童的个性倾向开始形成，初步能够评价自己的行为，并且能按成人的要求逐步掌握社会行为规范。

所有这些成就，为儿童进入学校从事正规学习准备了必要的条件。

父母和教师应当为学前儿童，特别是大班儿童做好入学准备工作。除在日常教育教学工作中进行准备外，还可带领大班儿童参观小学，使儿童对入学有向往的心情等。做好入学准备工作能帮助学前儿童顺利地从一个年龄阶段过渡到另一个年龄阶段。

儿童入学的准备工作，幼儿园、小学和家庭要共同协作进行。

① 张莉：《榜样和移情对幼儿分享行为影响的实验研究》，《心理发展与教育》1998 年第 1 期。

要点小结

学前期儿童的发展表现在：动作更精细、灵巧；词汇丰富，可以自由进行言语交际；各种心理过程带有明显的具体形象性和不随意性，抽象概括性和随意性刚刚开始发展；能够初步评价自己的行为，能按成人的要求掌握社会规范。

思考与练习

1. 名词解释：

语音意识　自传体记忆　心理理论

2. 评析游戏本身的性质和它在学前期儿童身心发展上的作用。

3. 你认为学前期儿童与学龄期儿童在学习和劳动上的差异是什么？如何根据学前期儿童的心理特点进行适当的教育？

4. 评述学前期儿童思维和想象的主要特点。

拓展性阅读导航

1. 李红主编:《幼儿心理学》，人民教育出版社 2007 年版。

本书论述了幼儿心理发展的基本特点，幼儿心理学的基本理论、研究方法，以及根据幼儿心理发展规律进行的相应活动和教学训练。

2. 杨丽珠、刘凌、徐敏著:《早期儿童自我认知发生发展研究》，北京师范大学出版社 2014 年版。

本书包括理论研究、实证研究和教育应用三部分，深入探讨了早期儿童自我认知的发生时间、发展规律及相关影响因素等问题。

3. 朱智贤主编:《中国儿童青少年心理发展与教育》，中国卓越出版公司 1990 年版。

本书是国家重点科研课题“中国儿童（含青少年）心理发展特点与教育”的科研成果。该课题由全国二百多位儿童心理学研究工作者进行研究，历时七年。

4. Bjorklund, D. F.（2000）. *Children's thinking: Developmental function and individual differences*. Belmont, CA: Wadsworth.

本书涵盖了认知发展领域的多个研究，强调儿童认知发展的个体差异。

第七章

学龄初期儿童心理的发展（上）——学龄初期儿童心理发展概述

内容提要

本章阐述学龄初期儿童心理发展概况，具体包括学龄初期儿童的一般特征，以及神经系统、学习、劳动、游戏、言语的发展。

学习目标

1. 了解学龄初期儿童心理发展的一般特征。
2. 掌握学龄初期儿童学习的特点。
3. 掌握学龄初期儿童掌握书面言语的心理过程。

关键词

学龄初期　学习　劳动　游戏　言语

第一节 学龄初期儿童的一般特征

学龄初期是指儿童从6或7岁到11或12岁这一时期，大致相当于小学教育阶段。这时儿童进入学校，开始以学习为主导活动。学龄初期是儿童心理发展的一个重大转折时期。

一、学习逐步成为儿童的主导活动

学习和游戏是不同的。学习是在教师的指导下有目的、有系统地掌握知识、技能和行为规范的活动，是一种社会义务，因为这是社会物质和文化生活延续和发展所必需的。学生的学习和成人的劳动具有同等的社会意义，在学习过程中，儿童必须系统地掌握知识、技能，养成适应学校集体（班集体、全校集体）的个性品质。他们不仅要学习自己感兴趣的东西，而且要学习虽不感兴趣但必须学的东西。这就是说，学习和游戏比较起来，不但具有更大的社会性、目的性和系统性，而且从某种意义上讲具有一定的强制性。

学习之所以成为学生的主导活动，是在一定的社会和教育条件下，儿童心理需要和旧的水平不断矛盾统一的过程中实现的。

以前讲过，在动作方面，学前晚期儿童能较长时间（如20~30分钟）行走，初步掌握书写用具和使用日常工具（如剪刀、锤子等）。在言语方面，已能自由交际并开始产生内部言语。在心理发展方面，虽然无意性和具体形象性仍占主导地位，但是有意性和抽象概括性也开始发展，个性倾向正在形成。所有这些成就都为儿童进入学校从事正规学习准备了必要的前提。

就在学前儿童身心发展所达到的水平的基础上，一方面，社会和教育开始有可能向儿童提出更高的要求——进入学校从事正规学习，亦即要求儿童系统地掌握人类关于自然和社会的知识经验，自觉地服从和执行集体的行为规范；另一方面，儿童已有的心理发展水平却又不能完全适合于这些新的要求，如前所述，学前晚期儿童无论有意识、有目的的观察、注意、识记的能力，或者抽象逻辑思维和意志行为的能力，都还是很差的。这样一来，就使社会和教育向儿童提出的入学学习的要求所引起的种种需要和儿童已经达到的心理发展水平之间产生了新的矛盾。在教育的影响下，这些新的矛盾的不断产生和解决，就推动学龄初期儿童的心理不断地向前发展。

在学校的生活条件下，儿童的学习和儿童的心理总是互相促进、交互发展的。儿童心理的发展给儿童的学习提供了可能性，儿童的学习又反过来促进儿童心理的发展。在学习过程中，儿童各种心理过程的有意性和抽象概括性，言语能力特别是书面言语能力，积极自觉地克服困难完成学习义务和符合集体要求的个性品质，就能更好地发展起来。

正确地而有计划、有节奏地引导学龄儿童心理发展的矛盾运动的过程，也就是有计划、有节奏地引导学龄初期儿童不断掌握基本知识、技能和行为规范的过程，同时，也是儿童心理的新的品质——有意性、自觉性、抽象逻辑思维能力和比较稳定的个性倾向——不断形成和发展的过程。

二、逐步掌握书面言语和向抽象逻辑思维过渡

学前儿童也能初步掌握书面言语，但是占主要地位的仍然是口头言语。学前儿童也能初步进行抽象逻辑思维，但是占主导地位的仍是具体形象思维。这就大大地限制了儿童掌握人类知识经验的可能性及广度、深度。

儿童进入学校从事正规学习以后，他们的首要任务就是掌握读、写、算这些最基本的知识和技能，以便为进一步掌握人类的知识打下最初的基础。在掌握读、写、算这些最基本的知识和技能的过程中，儿童的书面言语能力得到了发展，儿童的抽象逻辑思维得到了发展，儿童各种心理过程的有意性和自觉性得到了发展。

从小学时期起，言语特别是书面言语成为儿童学习的专门对象。儿童在语文、数学等学科的学习中，掌握书面言语，扩大知识范围，这就为儿童进一步掌握人类知识经验开辟了广阔的道路。

在掌握书面言语、扩大知识范围的过程中，儿童的各种心理过程得到了发展。这时，儿童不但要去思考，解决各种问题（如算术应用题），而且要去记住那些应该记住的东西，要注意如何去识记和熟记，以便记得更好些。这就促使儿

童掌握概念和进行判断、推理的抽象逻辑思维能力发展起来，同时也就发展了各种心理过程的有意性和自觉性，如有意知觉（观察）、有意注意、有意识记、有意想象等。

当然，尽管学龄初期儿童书面言语的发展和抽象思维的发展还是初步的，但这是一个真正的开端，它为以后少年和青年时期掌握有一定体系的科学知识奠定了最初的基石。

三、有意识地参加集体生活

学前儿童也初步参加集体生活，不过他们还不能很清楚地意识到自己与集体的关系，意识到集体生活的目的和要求，意识到自己在集体中的地位和任务。

儿童从进入小学起，就有可能意识到自己和集体的关系，意识到自己的权利和义务。“小学生”这个称号已和“孩子”这个称号不同了，这就意味着他们已开始成为参加社会集体生活的成员，从事的系统学习是为了准备参加祖国的建设。从此，他们在家庭和学校里的地位、和周围人的关系都发生了本质的变化，这突出地表现在儿童新的义务和权利上。

儿童进入学校后，就按一定时间睡眠、起床、学习、完成作业。在上课时必须认真而安静地坐着，用心听讲，不能随便走动，也不能随便玩。要守纪律，要及时完成作业。要很好地掌握知识、技能，获得优良成绩。儿童和周围人的关系开始以自己对这些新的义务完成的情况为转移。如果他既能遵守纪律，又能得到好的成绩，他就会得到周围人的肯定的评价，否则他就会得到消极的评价。

儿童在履行新的义务的同时，开始享有新的权利。儿童入校学习以后，就要求成人，特别是家长以正确的态度来对待他的学习，例如，给他以固定的学习地点，保证他的学习时间，要为他准备学习用品等。

当然，学龄初期儿童关于集体生活的意识是逐步形成和发展起来的。刚入学的儿童还不能清楚地意识到自己的学习义务，意识到自己是这个学习集体的成员。在教师的影响下，儿童逐步意识到自己和班集体的关系，逐步意识到班集体的荣誉也就是自己的荣誉，而自己的成绩又和全班的成绩息息相关。以后，通过少年先锋队集体，通过学校集体，通过各种社会活动，儿童和集体的关系越来越密切了，儿童集体生活的范围也越来越扩大了，儿童的集体意识也就越来越强了。

在集体生活和集体意识不断发展的基础上，儿童也就发展了新的个性品质、意志、性格、人际关系等。

第二节 学龄初期儿童神经系统的发展

一、大脑结构的发展

学龄初期儿童的大脑结构在继续发展着，具体表现在以下方面。

（一）脑的重量继续增加

学龄初期儿童脑的重量在继续增加，并逐步接近成人的水平（成人的脑重平均为 1 400 克）。根据生理学资料：3 岁儿童脑的重量为 1 011 克，7 岁儿童脑的重量为 1 280 克，9 岁儿童脑的重量为 1 350 克，12 岁儿童脑的重量为 1 400 克。由此可见，学龄初期儿童脑重量的增加非常显著，而脑重量的增加又是和脑神经细胞的增大、脑神经纤维的增长相联系的。

（二）额叶显著增大

学龄初期儿童大脑的大部分都在不断地增大，特别是表现在额叶的增大上。关于额叶的机能，在现代生理学中尚无最后的定论。但从人类发展的过程来看，额叶增大是现代人类和作为人类祖先的类人猿的重大区别之一。巴甫洛夫曾指出，额叶是与有意运动相联系的。我国心理学工作者关于儿童脑的发展的研究也表明，额叶在解剖上成熟最晚。① 因此，可以认为：学龄初期儿童额叶的显著增大在其高级神经的活动上有重大的意义。

① 刘世熠：《我国儿童的脑发展的年龄特征问题》，《心理学报》1962 年第 2 期。

二、大脑机能的发展

（一）神经过程的机能进一步加强

学龄初期儿童的高级神经活动的基本过程——兴奋和抑制的机能都有了进一步的增强。大脑兴奋机能的增强表现为儿童觉醒的时间更多。新生儿每日需要的睡眠时间平均为 22 小时，3 岁儿童每日平均为 14 小时，7 岁儿童每日平均为 11 小时，而 10 岁儿童每日平均为 10 小时，12 岁儿童每日平均为 9~10 小时。在皮质抑制方面，儿童约从 4 岁开始，内抑制就蓬勃发展起来。在生活条件的要求下，特别是言语的不断发展，随着年龄的增长，儿童的内抑制机能进一步发展，这表现在儿童对外界事物进行更细致的分析综合，并且更善于调节、控制自己的行为。

（二）兴奋性条件反射的发展

学龄初期儿童的兴奋性条件反射比以前容易形成，潜伏期短，不易泛化，主要原因是内抑制机能的加强使兴奋更集中，条件反射更加准确。另外，条件反射形成以后也比较巩固。

兴奋性条件反射的发展，从生理上保证了儿童能和外界事物建立更多的联系。也就是说，儿童此时能够学习更多的东西。例如，儿童入学以后，要同时建立很多暂时联系。他听到铃声以后就迅速进入教室；当教师进入教室时，他要起立致敬；在教师进行教学时，他要学习很多新的知识，掌握很多新的技能和行为方式。而且所有这些联系，要求不经过很多次的强化就能够建立。

（三）抑制性条件反射的发展

由于神经系统结构的发展（神经细胞的增长和神经纤维的髓鞘化），并且由于学校生活的要求（要求儿童上课坐好、静静听讲、守纪律、不乱动等），学龄初期儿童能很快形成各种抑制性的条件反射，而且形成得很牢固，从而使儿童能够更好地对刺激物（如学习内容）加以精确的分析，并能更好地支配自己的行为。

根据实验材料，5~12 岁儿童的内抑制在迅速发展着，抑制性条件反射形成的速度在不断地增加。5 岁儿童的分化抑制形成时，抑制物的结合平均为 35 次，8 岁儿童只要 15 次，12 岁儿童仅仅需要 6 次。

学龄初期儿童内抑制的发展，同时也加强了皮质对皮下的控制，加强了儿童心理的稳定性。

当然，也必须指出，这时儿童大脑的抑制和兴奋过程虽有一定的发展，但若和青少年或成人比较起来，还是很差的。因此，对儿童提出过分的兴奋和抑制的要求都是不对的。过分的兴奋容易引起疲劳。例如，长时间的学习负担，会让儿童的兴奋和抑制过程遭到破坏。同样，过分的抑制会使儿童无法忍受。例如，让儿童特别是低年级儿童过久地枯坐或呆站着听一种他们既不大了解又毫无兴趣的讲话，儿童就必然会乱动起来。从儿童的神经系统来说，这是过分的抑制所诱发的不必要的兴奋所致。

第三节 学龄初期儿童的学习

一、学龄初期儿童的学习特点

学前儿童由于身心的发展特点，只能以游戏这一低级的活动作为主导的活动形式。从学龄初期开始，在学前期发展的基础上，在社会和教育的要求下，儿童才逐渐有可能以学习这一比较高级的活动形式作为主导的活动形式。

那么，学龄初期儿童学习的特点是什么呢?

（一）狭义的学习和广义的学习

必须明确，儿童在学校里所进行的学习是一种狭义的学习，是和在生活中所进行的广义的学习不完全相同的。

人自从降生以后不久，就能建立条件反射，改变个别行为。在人一生的整个生活过程和实践过程中，个体都在不断地积累知识经验，改变思想行动。所有这些，都包含学习的意义在内，但这是一种广义的学习，和狭义的学习是不完全相同的。

儿童在学校里所进行的学习是一种有目的、有计划、有系统地掌握知识、技能和行为规范的活动，而且，这是一种社会的义务。

儿童在学校里所进行的这种狭义的学习和人们在日常生活中所进行的广义的学习有某些共同之处，如一般都要遵循从具体到抽象、从低级到高级的认识规律等。但更重要的是它们之间有很大的差别：儿童在学校里所进行的学习是在教师指导下进行的，教师根据国家规定的内容，根据儿童发展水平和接受能力，考虑科学知识本身的系统性，把人类长期以来积累的知识加以选择、安排，并用合乎儿童认识规律的教学方法，使儿童在一定的时间内学习掌握人类长期以来所积累的有益的知识经验。而广义的学习就不完全是这样的。

（二）学习、游戏和劳动

在学校里，儿童除了学习以外，也进行游戏和劳动。学习、游戏和劳动虽然都是有目的、有系统的社会性的活动，但它们又是有区别的。

1. 学习和游戏不同

（1）游戏的目的包含在游戏活动中。在游戏中，成人并不向儿童提出在游戏活动以外某种外加的、遥远的目的。学习就不是这样，在学习活动中，教师首先要求儿童明确认识学习的目的，要求儿童善于使自己的全部活动服从于这一目的，并在以后适当的时间里对这一目的实现的情况进行检查。

（2）游戏和学习虽然都是有指导性的活动，但在学习中，这种指导具有更大的组织性，也就是说，对儿童提出更高的和更复杂的要求。例如，为了达到教学的目的，教师要更有计划地组织儿童的注意、记忆和思维等心理过程，要更好地组织自己和儿童的口头的和书面的言语活动，而游戏就不完全如此。

（3）学习和游戏的最大不同之处，是学习带有严格的强制性。一般来说，儿童对于游戏，可以按照自己的意愿或兴趣去参加或不参加，而学习就不能这样，学习是社会对儿童提出的要求，是儿童必须做到的，是不允许完全按意愿或兴趣行事的，是一种具有严格要求的社会义务。

当然，在教学过程中，教师也可以适当地利用游戏，但绝不等于说学习等于游戏。

2. 学习和劳动也不同

在某种意义上，学习也可以说是劳动。因为学习本身也是一种辛勤的劳动，也是作为改造世界的劳动活动的一个必要的组成部分。但严格来说，学习和劳动是不完全相同的。从严格的科学意义来说，劳动是人们改造自然、生产财富的过程。学习是劳动的准备，或劳动的必要组成部分。因为人通过学习掌握了客观事物的规律，就能更好地提高人的劳动能力。

在小学，儿童也从事劳动（服务性劳动、公益劳动、生产劳动等），但这些劳动和社会劳动不同，它们的主要目的不在于生产劳动产品。儿童参加劳动的主要目的在于从小养成劳动习惯，培养爱劳动、爱劳动人民、爱护劳动成果的思想感情。参加劳动对于儿童端正学习的方向也起着重大作用。

（三）学前期和学龄期的学习

以前说过，学前儿童也在学习，但这种学习经常还不是一种独立的活动，而是在游戏或其他实践活动中进行的。学前儿童不可能以学习为主导活动，而只能以游戏为主导活动。学龄儿童就不一样了。从学龄初期开始，在教师指导下，儿童把系统掌握知识、技能和行为规范的学习活动当作一种独立的活动。虽然在教学过程中有时也包含游戏部分，但主要是为了学习，而且和学前儿童的游戏相比，目的要求也不一样。

当然，学前儿童，特别是学前晚期儿童也有作业，这种作业和学龄初期儿童的作业是相近的。但是，对于学前儿童来说，作业并不是主导活动；成人也不把学前儿童的作业当作一种社会义务来提出严格的要求。学龄儿童就不一样了，从学龄初期开始，学习变成儿童的主导活动，变成社会义务，因此儿童只能在学习之余来游戏，而不能用游戏的态度来对待学习。

（四）学龄初期和少年期、青年期的学习

就普通教育的范围来说，中小学时期的主导活动都是学习，小学时期的学习和中学时期（相当于少年和青年期）的学习固然是有联系的，但同时又是有区别的。

小学时期的学习，主要是掌握读、写、算的基本知识与技能及学校集体所必需的最基本的行为规范。中学时期的学习主要是掌握一定体系的科学知识，逐步培养系统的道德品质和辩证唯物主义观点等。这种质的区别是由客观事实和规律决定的，人们不能按照自己的主观意图来随意废除这些事实和规律。一方面，识字、阅读、书写、计算等在小学生的学习中必须占有主要的地位，因为儿童只有掌握了这些最基本的知识、技能，才能为以后进入中学从事有系统的基本科学知识的学习打下良好的基础；另一方面，小学时期和中学时期的身心发展水平也是不一样的。就思维发展来说，学前晚期和小学时期只是抽象逻辑思维的开始发展时期，中学时期却是抽象逻辑思维相当发展的时期。因此，不积极发展小学儿童的抽象逻辑思维是不对的。但是，不顾小学儿童思维的特点，过分强调抽象逻辑思维的训练，甚至辩证思维的训练，也是不适当的。

由上述可见，从学龄初期开始，学习就变成一种狭义的学习，它和游戏、劳动是有区别的。同时，学龄初期的学习既和学前期的学习不同，也和少年期、青年期的学习不同。看不见它们之间的联系是不对的，但抹杀它们之间的区别也是不对的。

二、学龄初期儿童入学的准备

从学龄初期开始，学习有可能成为儿童的主导活动。但这并不等于说，儿童从进入学校那一天起，学习就自然而然地变成了他的基本活动，因为可能性和现实性之间总是有一定的距离的。从学前期以游戏为主导活动转变到学龄初期以学习为主导活动，这中间有一个过渡的过程，有一个从旧质向新质转变的过程。而这个过渡或转化是否顺利实现，直接取决于儿童入学学习的准备情况。

在做好儿童入学学习的准备工作上，幼儿园教师要负起很大的责任。但这不仅是幼儿园教师的任务，而且是小学教师，特别是低年级教师和家长的责任。

儿童入学的准备，除生理的准备（如行走动作和手的动作能力等）外，还有心理准备。心理准备主要包括三个方面。

（一）学习态度的准备

入学的准备，首先表现为儿童热爱学习，对学习有严肃认真的态度。例如，按时到校，上课时用心听讲，按照教师的指示进行工作，按时完成作业，把游戏和学习区别开来等。

许多观察材料证明，在我国义务教育阶段，到达入学年龄的儿童一般都有认真学习的要求和愿望，他们向往成为一个小学生。刚入学的时候，他们怀着好奇而又自豪的心情，早早起来，背着书包来到学校。在学习过程中他们注意听讲，力求更好地达到教师的要求。如果偶尔因病不能来校，他们会感到非常难过。

但是，这种情况并不能说明所有的儿童在学习态度方面都已有了很好的准备。事实上，初入学的儿童对学习的态度是各种各样的，而且正确的学习态度是长期培养起来的。

有些儿童向往学校生活常常不是为了学习，而是被一些外在现象吸引，如学校的校舍、墙上的图画、很多同学在一起等。有些儿童不能或不愿按教师的指示进行学习，不按时完成作业，或粗枝大叶地去完成。也有些儿童还保留着学前儿童的特点，把学习和游戏混在一起，对学习抱着游戏的态度，喜欢学就学，不喜欢学就不学，甚至在上课时玩耍，在作业本上乱画。所有这些，都说明这些儿童还没有形成对待学习应有的正确态度。

对于在学习态度上还没有适当做好准备的儿童，教师应该采取积极的办法进行必要的教育工作。例如，用具体的范例来鼓励儿童，启发他们的学习兴趣，引导儿童参加班级的活动，培养他们按照教师的指示进行工作的愿望，并在这一基础上形成他们对待学习的负责态度，教会他们把学习和游戏区别开来，在学习的时候专心学习。

有些初入学的儿童之所以不去执行教师的要求，一般来说，不是他们故意不做或存心捣乱，而是他们不善于按照教师的要求去做。这时教师不应急躁、埋怨，而应耐心地考虑如何教会儿童去进行学习。

在学习态度方面，家长可以做以下几个方面的工作。

（1）培养儿童对学校的热爱和对教师的尊敬，鼓励儿童对入学产生向往的心情，不要用学校或教师来恫吓儿童。例如，有的父母常常恐吓孩子：“再闹，把你送到学校里去，让老师管你。”这是不对的。也不应该在儿童面前随便议论教师，因为这样会损害教师的威信。

（2）培养儿童认真学习的态度，经常鼓励儿童认真做功课。为儿童安排固定的做功课的地方。要求儿童做功课时要细心，不潦草。及时对儿童是否完成作业以及完成的质量进行必要的检查和指导。

（3）教育儿童在上课时集中注意听讲，用心完成作业。鼓励儿童在遇到学习困难时，能努力克服困难，坚持完成学习任务。为了培养儿童的意志，让儿童在家庭中担负一定的家务劳动是很有意义的。

（4）用儿童能理解的正当理由来鼓励儿童学习（如学习好了才能建设祖国），而不应用责骂的办法（如儿童得了坏分数就横加责骂）或用物质奖励的办法（如用物质引诱来鼓励儿童获得好的分数）。

在整个学龄期，形成正确的学习态度是一个长期的工作，绝不是在儿童入学时可以一次完成的。在教育的影响下，随着年龄的增长，儿童学习态度的水平和品质也在不断提高和发展。

（二）学习习惯的准备

在学习活动上，儿童单有学习的愿望是不够的，而且还要有正确而又熟练的学习习惯。

初入学的儿童还不能完全掌握有关学习的习惯。例如：听到铃声就按时走进教室；教师来到教室时，起立向教师问好，坐的姿势要端正；要带齐学习用品，并把它放在一定的地方；要发言先举手，动作要轻一些，不要弄出响声；上课用心听讲，遵守秩序，不乱动，不乱说话；等等。教师要在这些方面做好准备工作。

有经验的一年级教师都知道，开学后的常规训练是非常重要的。常规训练的任务主要是让儿童掌握最基本的学习习惯。在常规训练上，第一次讲话或第一次上课更有特别重要的意义。如果在师生第一次见面的时候儿童产生了愉快的体验，学会了初步的学习习惯，这就为以后教师进一步提出要求打下了良好的基础。

学习习惯的培养不能完全采取讲解的办法，而要采取讲解和实践相结合的办法。例如，为了培养儿童要发言先举手的习惯，教师不但要做口头的指示，而且要结合学习活动让儿童实地练习，然后再进一步要求做得更好，并在以后的教学中坚持下去。针对儿童学习适应性的培养，教师也可以围绕预习、听讲、复习和作业等主要学习环节，实施一系列科学有效的常规训练策略，如讲解和体会相结合，充分发挥学生的主动性。①

① 田澜、曹祥勇、连昌庆:《小学生学习习惯的适应性训练策略》,《现代教育科学》2004 年第 1 期。

一般来说，初入学的儿童都愿意学这些良好的学习行为，并且能够学会，但有时不能坚持，以致常常发生违反规则的行为。教师必须正确对待这些违反规则的行为，不能急躁。儿童发生违反规则的行为的原因是多种多样的，教师应当考虑具体的情况，找出真正的原因，并采取相应的有效措施，而不能一味责备儿童:“你们多不听话啊！”“你不愿意听我的话呀！”这样反而会给师生关系带来不良的影响。

在培养良好的学习习惯上，教师应当具有预见性，应当力争主动，绝不能放任自流，等发生了问题以后再来处理和补救。

在学习习惯方面，家长可以做以下几个方面的工作。

（1）帮助儿童养成有规律的生活习惯。帮助儿童养成按时起床、按时上学、放学后按时完成家庭作业等良好的习惯，注意纠正不良的行为习惯。

（2）教育儿童爱护书籍和学习用品。给儿童准备必要的学习用品，告诉儿童不弄脏弄破书籍和本子，书籍和文具用完后指导儿童及时收拾并放在一定的地方。

（3）培养儿童守纪律、爱整洁的习惯。配合学校的要求，督促儿童在家庭中做到守纪律、爱整洁。绝不允许儿童在学校里是一种行为表现，在家庭里是另一种相反的行为表现。

（三）学习方法的准备

儿童入学以后，为了能够顺利地进行学习，除了学习态度和学习习惯的准备以外，还有学习方法方面的准备。

有些儿童对学习表现出良好的态度，也能遵守行为规则，但是不善于用正确的方法进行学习，以致影响了学习的积极性。例如，在学习计算时，还保留着用手指计算，还习惯于逐一计算，而不会用口算或心算，不会用成组计算。在教师提问时，不是开动脑筋去思考，而是乱猜，重复别人的答案，甚至抄袭等。这是因为，这些儿童还保留着学前儿童的特点：各种心理过程的有意性很差，不能把学习当作独立的活动从日常活动中区分出来，还没有学会进行智力活动的各种技巧，不知道动脑筋。

对于这样一些在学习方法上还缺乏适当准备的儿童，教师要在这方面加强指导。

（1）对儿童的学习，不仅仅注意学习的结果，如答案是否正确，还要注意学习方法、学习过程是否正确。

（2）各种不同的学习活动，方法是不一样的。教师根据具体情况，教会儿童从掌握最简单的方法开始，然后逐步掌握比较复杂的方法。当前我国的教育理论特别强调让学生学会学习，因此教师应从儿童入学开始就培养他们掌握自主学习的方法。例如在语文教学中，可以预习为切入点，通过不同的篇章训练他们的自主学习能力，同时引导学生掌握自评和互评的方法。①

（3）儿童掌握良好的学习方法不是一蹴而就的。观察证明，小学优等生经常能按一定时间准备功课，甚至玩得很高兴的时候，也能立刻停止自己的游戏而开始准备功课。在生活制度改变的时候，也能很快地适应新的情况。在完成作业时，能重视教师的指示，能确定作业的难易程度，能按照一定的顺序并且努力地去完成。所有这些成就都不是自然而然地实现的，而是教师进行有系统的工作的结果，同时也是儿童积极努力的结果。

在学习方法方面，家长要经常督促和帮助儿童。一方面，不要放任自流，要及时加以督促；另一方面，不要包办代替。例如，当儿童做功课遇到困难时，家长不应代做或代为回答，应启发儿童，鼓励儿童积极思考、克服困难。

在儿童入学准备上，教师和家长应密切合作。教师应及时访问家长，了解情况，家长也要主动联系教师，反映情况。在这里，教师应起主导作用。

三、学龄初期儿童学习活动的发展

在整个学龄初期，在教育的影响下，随着儿童身心的发展，学习活动的各个方面也在不断发展着。

（一）学习动机的发展

一个儿童在学校能否积极地学习，获得优良成绩，与他是否有良好的、正确

① 王艳、王梅:《语文教学中小学生自主学习方法指导的研究与实践》,《辽宁教育研究》2005 年第 8 期。

的动机有密切联系。动机是一种起推动作用的力量，它鼓舞儿童这样或那样地行动。如果一个儿童没有一定的学习动机，那么，他的学习就变成一种毫无乐趣的沉重的负担。

动机是需要的一种表现形式，是人们由于需要而引起的对一定事物的向往（意向或愿望）。

动机是各种各样的。有时目的相同，但动机可能不同。例如，几个学生同样想获得好的成绩，但可能一个是为了得到父母的奖励，一个是为了在班集体中受到同学们的尊重，而另一个可能是为了将来长大后更好地为祖国工作。

动机的水平也是不一样的。有短近的动机，体现的是个体需要；有远大的动机，体现的是社会需要。例如，有的是为了得到好的分数而学习，有的则是为了成为优等生，成为对祖国有用的人而学习。

每个儿童的学习动机都不是单纯的，而是非常复杂的，甚至是相互矛盾的。当然在一定的条件下，必然有一种动机占主导地位。

教师必须了解每个儿童的学习动机，并引导他们建立正确的、良好的学习动机。

了解儿童的学习动机是不容易的，但绝不是无法做到的。通过细心的观察、谈话、家庭访问以及儿童的作文、日记等，我们可以掌握每个儿童主要的学习动机。

学龄初期儿童的学习动机大体上可以归为两类。一类是远大的、与社会意义相联系的动机，例如，想成为优等生，想成为有理想、有道德、有文化、守纪律的人才等。一类是直接与学习活动本身相联系的动机，例如，希望获得好分数，希望读得好，希望演算比别人快而又没有错误等。这两类动机又是相互联系、相辅相成的。一个学生如果只有后一种动机，而无前一种动机，就常常难以坚持不懈地进行学习，因为学习并非总是成功的或让人感兴趣的。如果没有前一种动机作为学习的鼓舞力量，学生就很容易在学习失败时失去前进的动力。相反，如果一个学生只有前一种动机，而无后一种动机，那么也不能使学习成为富有乐趣的活动，因为后一种动机可以使学习过程更丰富多彩。

学习动机是个人内部需要、教育环境等多种因素综合作用的结果。研究发现，小学生学习动机发展表现出按附属性动机、威信性动机、认知性动机、成就性动机的顺序强度渐增的特点，成就性动机处在较高位置。学习动机总强度随年级升高呈下滑态势。①

同时也有研究者采用探索性因素分析方法，对四至六年级小学生的学习动机结构进行了分析。结果表明，小学生学习动机包括回报动机、求知动机、交往趋利动机、利他动机、学业成就动机、生存动机、实用动机七类。四、五年级小学生的学习动机结构差别不大，六年级小学生开始形成具有长远社会意义的自我实现动机。②

由此可见，各类学习动机在不同儿童身上是不一样的。但在整个小学时期，各类动机又是有其一定的年龄发展的特点的。聚合交叉研究发现：随着年龄的增长，小学儿童的表层动机和成就动机呈下降趋势，深层动机呈先上升后下降的趋势；男生的表层动机和成就动机都高于女生。③教师在培养儿童正确的学习动机时注意到这些特点是必要的。另外，根据德韦克（Dweck）等人提出的成就目标理论，儿童在学习活动中，主要有以掌握所学内容为定向的掌握目标和以成绩定向的成绩目标。儿童树立的目标会影响他们的动机和学习。

有些儿童入学后还没有建立正确的、良好的学习动机，这种情况也是有的。这或者是由于入学准备做得不够，或者是由于受了不良的影响。教师要根据具体情况采取相应的措施，使这些儿童也能像一般儿童一样具有正确的、良好的学习动机。

（二）学习态度的发展

小学时期是学习态度初步形成的时期。

所谓态度，是人的一种比较稳定的心理倾向，是反映人们关于自身和事物

① 王有智：《西北地区小学生学习动机发展特点的研究》，《心理发展与教育》2003年第1期。

② 张敏、雷开春、王振勇：《四至六年级小学生学习动机的结构分析》，《心理科学》2005年第1期。

③ 贾小娟、胡卫平、武宝军：《小学生学习动机的培养：五年追踪研究》，《心理发展与教育》2012年第2期。

之间的关系的一种比较稳定的心理倾向。这种倾向可以是肯定的，也可以是否定的；可以是低级的，也可以是高级的；可以是正确的，也可以是错误的。

使儿童对与学习有关的事物抱有正确的态度，也就是培养儿童对与学习有关的事物有正确的认识和情感，并能产生相应的行动。

在学习态度的形成和发展上，儿童对教师的态度、对班集体的态度、对作业的态度和对评分的态度是几个比较重要的方面。

1. 对教师的态度

和初入学儿童发生关系的是教师。低年级儿童对教师的态度的主要特点是对自己的教师有一种特殊的尊敬和依恋的心情。教师的话是无可怀疑的，例如，儿童常常回到家里说“老师说的……”。儿童经常喜欢和教师在一起，把自己的心里话告诉给教师，希望教师指名提问自己等。教师应该珍惜儿童的这种情感，用自己的威信和关怀来引导儿童积极地完成学习任务。在这个时候，儿童一般还不大理解学习的社会意义，因而教师对待儿童的态度是影响儿童的学习态度的主要因素。在教育的影响下，随着儿童的发展，中年级以上的儿童对教师的态度逐渐发生了变化。这时，能赢得儿童的尊敬、对儿童的学习起重大作用的教师，首先是作风好、教学好、指导儿童学习好、对儿童耐心帮助、对儿童公平的教师。教学不好或对儿童不耐心、不公平的教师，常常会引起儿童的不满，这些不满的情绪会对儿童的学习活动产生极为有害的影响。我们的调查结果表明，对教师依恋的人数随年级的升高而减少，在尊重教师方面开始有所选择或评论的人数随年级的升高而增加。

许多优秀教师的实践证明，教师对儿童的亲切而机智的关怀，甚至在一些被人看作有特殊不良倾向的儿童身上，也能培养正确而良好的学习态度。

2. 对班集体的态度

初入学儿童相互之间的关系还不是集体关系。初入学儿童之间的关系常常受一些偶然因素决定，如座位相邻，同住在一条街上等。以后在教师的教学影响下，儿童才逐步以教师为中心建立与其他儿童之间的关系。在初入学时，儿童彼此关心很少。例如，教师提问一个儿童时，其他儿童似乎以为与自己无关，以后才逐渐知道互相关心，以至互相帮助。但这时班集体还没有形成，儿童还不会向集体提出共同任务并组织起来实现这个任务。在儿童互相关心、互相帮助的基础上，教师就可以进一步组织儿童建立具有明确的统一目标和形成一定舆论的最初的班集体。班集体的建立是使学生形成对学习自觉负责的态度的重要条件，而班集体之所以能够很快建立起来，在很大程度上取决于教师的组织和教育工作。一般来说，低年级儿童只能在班集体的形成上打下一些最初的基础，如彼此相互认识、互相交往、互相关心、互相帮助、互相监督等。大概从中年级起，儿童才开始出现比较有组织的自觉的班集体生活，开始意识到要以优良的成绩和行为取得班集体肯定的评价，开始意识到学习是班集体的共同事业，是具有社会意义的事业，而不再事事依赖教师，事事以教师的评价为转移。我们的调查结果表明，学生能认识到班集体有明确的共同基础、统一领导、共同的纪律和舆论的人数随年级的升高而增加。

在儿童学习态度上起重大作用的是少年先锋队组织。在少年先锋队里，儿童开始把自己看作更广大集体（学校集体、社会集体）的成员，因而更加提高自己对学习、对集体的责任感，从而不断地提高学习质量和行为品质。

3. 对作业的态度

培养儿童对作业真正负责的态度是儿童学习态度发展的一个重要方面。这种对作业的正确态度的形成是要经过一定的发展过程的，而且这个过程的进展情况，在很大程度上是和教师的工作质量密切相关的。

初入学的儿童，一般还不能经常以正确的态度对待作业。有些一年级的儿童，有时能完成教师指定的家庭作业，有时就可能遗忘了，直到教师检查作业时才想起来。可见这时儿童还没有把作业当作学习的重要组成部分。

我们的调查结果表明，在教师的正确教育下，一年级儿童能逐渐形成对作业认真负责的态度。对各科作业完成者占 91%，每次不遗忘者占 78%。首先，教师要善于指定作业，使所指定的作业能够吸引儿童的注意，并鼓励儿童积极完成作业。其次，指定作业时要注意作业题是儿童所了解的，还要说明不能仓促了事。再次，对作业的完成情况要有严格的检查，并根据检查结果向儿童提出一定的要求。最后，对于不完成作业或完成作业不好的儿童，根据不同的情况，进行教育帮助，提出严格的要求。儿童对作业态度的进一步发展表现在以下几方面：

（1）能用一定的时间来准备功课，完成作业，能随时停止别的活动，甚至有趣味的活动，而立刻开始写作业，在生活上发生不得已的改变的情况下，能主动安排自己的时间；

（2）能按照一定的顺序来完成作业，而不是东抓一把，西摸一下；

（3）能按教师的指示集中精力地、细心地完成作业，而不是一面做作业，一面想其他的事情，或者粗心大意、潦草从事。

培养儿童对待作业自觉的、负责的态度是一个长期的、复杂的过程。据我们的调查分析，长期一贯坚持认真做作业且有自觉态度者，在小学生中仅占4%。教师应根据儿童发展的情况，采取各种相应的措施来及时培养这种态度，从而为提高儿童学习质量和儿童心理发展提供良好的条件。

4. 对评分的态度

从小学起，评分开始在儿童心理上起着重大的作用，因为教师经常以分数作为儿童学习成绩的客观指标。培养儿童用正确的态度对待教师的评分是十分重要的。

在教育的影响下，低年级儿童逐渐了解分数的客观意义，但常常是不确切的。他们往往认为：得好分数就是功课做对了，得好分数的学生就是听教师的话、好好用功的学生，得好分数就能得到父母的奖励等。

为了使儿童了解分数的客观意义，教师要进行很多工作。第一，应结合作业的质量使儿童对分数有真正的理解和体验，使儿童具体认识到分数是学习质量的代表，好的分数就代表好的学习成绩，而取得好的学习成绩的人是会受到全班同学尊敬的。第二，应当使儿童理解只有努力学习才会取得好的分数，并进一步知道该如何学习。第三，教师应当使儿童明白分数不是教师随便乱给的。为了做到这一点，教师在评分时要力求正确、公正。而且应使儿童理解并不是每次都要评分，学生不是为了分数而学习，而是为了更好地完成自己的社会义务和职责而努力学习。当然，对分数抱有一种可有可无的轻视冷淡的态度，也是不对的。第四，教师不应把提问、作业、坏的分数当作坏的手段来对待某些儿童，因为这样做是错误的。第五，教师要特别注意培养儿童对分数的集体主义的态度。对得好分数的儿童应当尊重，并向他学习，而不应当嫉妒；对得坏分数的儿童要设法帮助他，而不应当讥讽。

在正确的教育下，儿童逐渐理解分数的客观意义，并树立对分数的正确态度。儿童开始知道分数代表学习的成果，代表完成学习任务的情况。从中年级起，儿童就可能把优良的成绩理解为学生对本身的职责具有忠诚的态度并高质量地完成本身职责的客观表现，因为中年级儿童已经逐步理解了学习是一种社会义务。这样，就有可能在班上形成一种舆论或学风：学习好、获得优良成绩的人就会受到别人的尊敬，而且把这种优良成绩看成是集体的光荣。

（三）学习兴趣的发展

儿童的学习兴趣在巩固学习动机、激发学习的积极性上，起着巨大的作用。

儿童入学以后，学习的内容日益复杂和深刻。为了使儿童积极地学习，教师首先要培养儿童具有正确的学习动机和学习态度，对学习的社会意义有深刻的认识。但是单靠这一点是不行的，对于小学儿童来说，只靠对学习的责任感是不够的，教师还要培养儿童对学习的浓厚兴趣，只有这样，学习才会成为儿童主动追求的东西，而不会成为沉重的负担。当然，学习兴趣和学习动机、学习态度不是互相排斥的。西方教育学中夸大儿童兴趣的那种兴趣主义的观点是我们要坚决反对的。

兴趣是人们对事物的一种积极的认识倾向，是一种复杂的个性品质，它推动人去探索新的知识、发展新的能力。兴趣是在一定社会生活和教育影响下发展起来的。有些心理学家认为兴趣是天生的，这种观点是错误的。

在教师的教育影响下，在知识经验不断丰富的情况下，小学儿童的兴趣也在不断地发展变化着。每个儿童的兴趣虽然不完全相同，但也存在共同的年龄特征。

第一，在整个小学时期，儿童最初对学习的进程、学习的外部活动更感兴趣，以后逐步对学习的内容、需要独立思考的学习作业更感兴趣。

初入学的儿童最感兴趣的是各种各样的学习过程和学习活动本身，例如，一会儿识字，一会儿计算，一会儿写字。因此，一年级儿童最初还不注意学习的内容和结果，虽然有时也注意到，但一会儿就忘了。在教师正确的教育影响下，由于掌握了读、写、算等一些基本的知识、技能，儿童开始对学习的内容和结果感兴趣。这时，儿童不只想要识字，而且要求了解课文的内容；不但要计算，而且要求理解和运用解题方法。这样，学习兴趣就向前发展了一步，特别是从中年级开始，由于教材内容更加复杂，教师的要求更加提高，因而在儿童的学习兴趣上，独立性和创造性也就发展起来了。实验研究表明，约从三年级起，儿童就更加喜欢比较新颖、困难、需要独立思考的学习作业。例如：在上算术课时，儿童宁愿做应用题也不愿做算式题；在上语文课的时候，儿童宁愿默写而不愿习字或抄写，宁愿讲解而不愿默写；等等。

第二，在整个小学时期，儿童的学习兴趣最初是不分化的，在教育的影响下，儿童才逐渐产生对不同学科内容的初步的分化性兴趣。

初入学的儿童，学习兴趣没有选择性、分化性，他们对读、写、算都同样有兴趣。在整个低年级，作为个人独特爱好的分化性的学科兴趣一般还没有真正形成起来。研究表明，低年级儿童对于语文和数学的爱好已经表现出个体差异，一、二年级喜欢语文的儿童显著多于喜欢数学的儿童。① 但是，这些差异并不是由于儿童已形成了分化性的学习兴趣，而是学得好与不好所引起的。例如，有的儿童这样说："我不喜欢算术，因为我不会做习题。"

只有从中年级起，随着知识经验的增加，特别是由于教师的教学影响，儿童对学科本身的初步的分化性的兴趣才逐渐产生。约从中高年级起，儿童才对一些能提供新事实、新知识的学科或教材内容，如品德与生活、科学等，表现出一定的选择性的兴趣。

儿童对不同学科的兴趣随着年级增长也呈现不同的变化趋势。以数学为例，研究表明，小学生普遍喜欢数学，并对自身的数学能力有信心，但这种积极态度随年级升高而逐渐下降，尤其是在四到六年级之间达到了显著性。②

研究证明，学龄初期儿童的学科兴趣总是不稳定的、容易变化的，而且在很大程度上取决于儿童学习成绩的好坏。很多儿童因为有良好的学习成绩，就体

① 拉兹梅斯洛夫：《小学儿童的兴趣》，见《小学儿童心理学》，人民教育出版社 1962 年版。

② 刘儒德、陈红艳：《小学生数学学习观调查研究》，《心理科学》2002 年第 2 期。

验着一种愉快的情感；反之，有些儿童因失败而体验着一种痛苦的情感，因而就影响他们对学科的兴趣。由此可见，教师注意使小学儿童的学习能获得良好的成绩，是保持和提高其学习兴趣的重要因素之一。

第三，在整个小学时期，对有关具体事实和经验的知识较有兴趣，对有关抽象因果关系的知识的兴趣处于初步发展中。

低年级，甚至中年级儿童最感兴趣的是具体的事实和实际活动，如阅读故事书，从事技术活动、体育活动等。他们对比较抽象的有关事物因果关系的规律性知识，一般不很感兴趣。他们在看小说或故事时，也大多只注意事件的进程和变化，而不大注意人物的内心体验和作品的意义。在教学的影响下，从中年级起，特别是高年级儿童对事物的规律性知识也逐步发展起来。例如，他们开始对一些有关自然现象和社会现象发生发展的因果规律、初步计算规律的运用和语法结构的变化等，日益感兴趣。研究证明，在学龄初期的后半期，儿童询问关于各种现象的原因的问题大大增加。

当然，学龄初期儿童对事物因果关系的规律性知识的兴趣还是很初步的。比较明显而稳定的对事物规律系统深入的理解、对有关自然现象和社会现象的理论问题的思考，要到中学时期才能看到。

第四，在整个小学时期，游戏因素在低年级儿童的学习兴趣上起着一定的作用，而到中年级以后，这种作用就逐渐降低。

研究证明，一、二年级儿童对于具有游戏因素但又不是把学习变成游戏的学习形式很感兴趣。这也足以说明儿童由学前期向学龄期转化的过渡性的特色。一方面，游戏对这一时期的儿童来说，还是很有吸引力的；另一方面，由于儿童生活在新的条件，即学校生活的条件下，这些新的条件就决定了儿童处在新的地位，产生新的需要。他们虽然还保持着学前儿童喜欢游戏的特色，但又不甘于做学前儿童，要竭力表现出自己是真正的“小学生”。因此，儿童在入学以后，如果教师只带他们做游戏，而不教他们识字、计算，不给他们留作业，他们反而会不感兴趣，甚至会抱怨地说：“这像什么小学呀！”

约从中年级开始，游戏因素在学习活动上的意义就逐渐降低了，对于日益新颖而又复杂的教材内容，如何开动脑筋以便更好地加以掌握，就逐渐成为儿童学习兴趣的主要因素了。

第五，在阅读兴趣方面，一般是从课内阅读发展到课外阅读，从童话故事发展到文艺作品和通俗科学读物。

学前儿童主要是依靠听成人的讲述来领会读物的内容，而学龄儿童就开始依靠自己的阅读来领会读物的内容。

初入学的儿童首先发展的是课内阅读的兴趣。教师如果能进行形象化的、富有趣味的讲述或朗读，辅以好看的图画，就能引起儿童阅读的兴趣。以我国目前的情况来看，低年级儿童阅读困难在于识的汉字不多，如果能充分利用汉语拼音，这个问题就解决了。

在儿童课内阅读的基础上，课外阅读的兴趣就能逐步发展起来，而发展的情况在很大程度上取决于教师的工作质量。有经验的一年级教师经常用讲故事讲到有兴趣的地方就停下来的办法，让儿童自己去阅读，这是一个很好的经验。

在读物内容上，低年级儿童还是非常喜欢童话故事的，但他们已经知道童话故事的虚构性，能够用浪漫主义的态度来阅读童话作品。约从中年级起，儿童开始对描写英雄人物的、带有惊险意味的读物感兴趣，在正确的教育下，开始对通俗的科学读物感兴趣。

教师和家长应关心和指导儿童的课外阅读。要为儿童选择良好的、为儿童所理解的读物。特别要注意的是，儿童对于读物中的人物具有模仿的倾向，因此，教师和家长要指导儿童学习好的人物和行为，对消极的人物和行为应采取批判的态度。

此外，我们也可利用一些新兴的工具，如计算机，改变传统的阅读方式，从而激发儿童的阅读兴趣。研究表明，在传统印刷文本、普通电子文本与网页等超文本导航模式三种呈现方式中，儿童对超文本的正向评价要优于对传统印刷文本和普通电子文本的评价。这表明大部分儿童可以在短时间内接受并熟悉非线性文本方式。①

① 王爱平、舒华:《阅读材料的呈现方式对儿童阅读活动的影响》,《心理科学》2008 年第 2 期。

总之，使儿童对学习保持浓厚的兴趣是提高教学质量的重要手段之一。

（四）学习能力的发展

决定儿童在学校的学习中获得成功的因素主要有两个：一个是儿童的学习积极性，包括学习动机、学习态度、学习兴趣，这些我们已在前面谈过了；另一个是儿童的学习能力，即顺利学习所必需的技能技巧。

小学儿童的学习能力是在教师的影响下逐渐形成和发展起来。这里只谈两个问题。

1. 使学习变成儿童独立的活动

初入学的儿童还不善于进行真正的学习活动，他们往往像在幼儿园一样，将学习同游戏或其他实际活动混在一起，或者说，主要是通过游戏或其他实际活动进行学习的，还没有将学习区分出来作为有目的、有系统的专门活动。这就要求小学教师首先在这方面进行工作。

使儿童把学习当作一种有目的、有系统的专门活动来对待，关键在于发展儿童心理的有意性和自觉性。众所周知，学前儿童心理的有意性和自觉性还不够，他们不容易为了一个预定的目的有意地、自觉地坚持比较长的时间。而这种情况是和学习活动的要求不相符的。

小学教师必须耐心地、循序渐进地促进儿童心理的有意性和自觉性。为此，教师在教学过程中应注意：第一，向儿童提出明确的学习任务，如有计划地、有技巧地指出儿童应该掌握什么，应当理解什么，应当记住的是什么，作业的具体要求是什么等；第二，教会儿童掌握完成任务的学习方法，如应当怎样观察（如在看图画的时候），怎样思考（在解题的时候），怎样记忆（如在复习或练习的时候如何避免死记硬背），怎样运用知识去解决问题等。

儿童心理的自觉性和有意性的发展是有一定的过程的。低年级儿童的有意性很差，因此，在上课的时候，教师应该用引起兴趣的方法，使儿童在学习中有意性和无意性（不需要付出紧张的努力）互相结合、互相调剂。中年级以上，由于儿童在教育活动中得到了一定的锻炼，有意性就逐步增长起来，所以教师可以让儿童学习比较复杂的材料，他们能够克服学习上的较大困难。而到了高年级，由于有意性和自觉性的进一步提高，儿童独立思考、独立工作的能力就初步发展起来了。

2. 使儿童学会进行智力活动

初入学的儿童不善于进行智力活动，因此面临学习上的困难，以致学习能力得不到正常的发展。例如，有些儿童在演算的时候，总是离不开数手指或实物，一旦离开了数手指或实物就茫然不知所措。因此，使儿童学会进行智力活动是儿童学习能力发展的另一个重要因素。

不同学科的智力活动虽然是多种多样的，但是都有一个基本的发展过程。关于智力活动的形成过程，有些心理学家进行了详细的研究。苏联的经典研究指出，在教学中儿童智力活动的形成一般要经过如下五个阶段。①

（1）了解当前活动的阶段。例如，儿童通过教师的讲解或演示来获得一般表象和初步理解。

（2）运用各种实物来完成活动的阶段。例如，儿童用石子儿或小棍完成计算活动。

（3）有外部言语参加并依靠表象来完成活动的阶段。儿童开始离开实物，而只靠出声言语来对脑子里留下的表象进行综合分析，如一面说，一面在脑子里进行计算（口算）。

（4）只靠内部言语参加而在脑子里完成的阶段。此时，儿童既离开实物，也无出声言语，而只是在脑子里活动，如心算。

（5）智力活动过程的简约化阶段。当儿童多次进行某一智力活动以后，这一智力活动的各个阶段逐步简约化，省去某些阶段，并以高速度进行。这样，与这一智力活动有关的能力就初步形成了。

这种智力活动形成的过程和规律，不只对低年级儿童有效，随着儿童学习材料的复杂化和深刻化，任何学习都要经过智力活动的这些阶段，服从智力活动的一般规律。

儿童智力活动过程中还涉及一系列技能技巧，即学习策略。学习策略是指学

① 加里培林:《研究智慧活动形成的实验》，见《苏联心理学会议上的报告（1953年）》，科学出版社1959年版。

生在学习活动中用以提高学习效率的学习规则和方法，它是认知策略和元认知策略在学习过程中的一种表现形式和具体运用。学习策略包括外显学习策略和内隐学习策略两个子系统。前者指学生在学习过程中表现出来的使学习有效的行为，如预习、听课、复习、作业、应用等学习环节的学习规则、方法；后者指学生在学习过程中用来指导自己的注意、记忆、思维过程的技能，以及制订计划、选择策略、监控与调节学习过程的技能，如认知策略、元认知策略、自我调节策略等。研究表明，在小学四年级开展包括课堂学习策略、巩固记忆策略、解题思维策略、创造学习策略和总结考试策略在内的策略训练，有助于提高学生特别是学习不良学生的学习能力。①

第四节　学龄初期儿童的劳动和游戏

一、学龄初期儿童的劳动

（一）学龄初期儿童劳动的特点

和学前期一样，学龄初期儿童的劳动主要是一种广义的劳动。狭义的劳动，即生产劳动在学龄初期开始逐步占有一定地位。

小学时期的劳动和学前期的劳动的不同之处在于，劳动日益成为儿童的独立活动之一。在这种具有独立性的劳动活动中，我们就有更大可能来进一步培养儿童正确的劳动态度，培养儿童的劳动能力和习惯，培养儿童热爱劳动和热爱劳动人民的道德品质。

小学儿童，特别是低年级儿童，服务性劳动还是主要的劳动形式之一。首先是自我服务劳动。初入学的儿童必须学会照料自己的生活，如吃饭、穿衣、洗脸、梳头、整理书包等，而不能事事依靠父母或他人代做。如果父母在这些方面

① 张履祥、钱含芬:《小学生学习策略训练效应的实验研究》,《心理科学》2000年第1期。

过分照顾，那不但不利于儿童独立性的发展，而且会使儿童形成一些不良的个性品质，如懒惰、依赖性强等。其次是家庭服务劳动。很多观察和经验证明，儿童参加一些家庭服务劳动，如帮助父母打扫房间、购买物品等，是培养儿童独立性和责任感的有效手段之一。此外，在学校的值日生劳动也是儿童力所能及、经常性的服务性劳动。

小学儿童的另一个主要劳动形式是公益劳动。公益劳动可以是校内的，如除草、修理桌椅、平整场地等，也可以是校外的，如校外的清洁卫生活动、扑灭虫害、搜集废品等。公益劳动的重要特点是，通过这种劳动能将个人和集体更好地联系起来。因为公益劳动不是为了个人，而是为了别人，为了集体。

必须指出，对于学龄儿童来说，绝不应该把学习和劳动对立起来。学习是学龄儿童的最主要的任务，他们必须很好地完成这项任务，但是，如果借口重视学习而将必要的劳动挤掉，那是错误的。我们应注意使劳动和学习两者有机结合起来。

（二）学龄初期儿童劳动的发展

1. 劳动态度的发展

学前期的儿童还没有明确的集体观念，刚入小学的儿童也具有这个特点。观察证明，初入学的儿童还没有形成集体意识，只有在教师的教育影响下，这种集体意识才逐渐形成起来。这一特点也表现在劳动态度上。观察和研究材料表明，在初入学儿童的劳动中起主要作用的还不是集体的、社会的动机，而是一些个人的动机。儿童入学以后，在正确的教育下，在儿童集体意识发展的前提下，儿童集体的、社会的劳动动机就能逐渐发展起来。例如，低年级的教师可以引导儿童为别的小朋友或自己所尊敬的人制作某种物品，或启发儿童参加集体劳动、公益劳动的兴趣等。

在教育的影响下，中年级以上儿童的劳动态度有进一步的发展。这时，儿童参加更多的集体劳动，甚至生产劳动，他们能深入地认识和体验为别人、为集体而积极劳动的光荣和愉快。他们逐渐懂得为什么劳动、为谁劳动的问题，劳动的积极性、主动性、纪律性也日益发展起来。

当然，这些都不是自然而然实现的，而是在教师的正确教育下实现的。研究和实践经验证明，对儿童的劳动做出适当的评价，可以对积极的劳动态度起强化巩固作用。

必须指出，劳动态度是与个性品质紧密相连的，正确的劳动态度有助于优良个性品质的形成，而具有优良个性品质的儿童会经常具有正确的劳动态度。因此，我们不能将劳动态度孤立于个性品质以外而单独加以考虑。

2. 劳动能力的发展

初入学儿童的心理仍然有很大的无意性和具体性，因此初入学儿童的劳动能力也表现出这种特点。随着儿童知识经验的增长，随着儿童心理的有意性和抽象概括性的发展，儿童劳动能力的水平也逐步发展起来。

学龄初期儿童劳动能力的发展，一般沿着如下的路线进行。

（1）就劳动的目的性和计划性来看，儿童常常只关心劳动的过程，对劳动的过程感兴趣，而对劳动的结果不大关心。例如，只觉得扫地有趣，但不考虑怎样扫得更好。而且，劳动的计划性很差，往往只能看到局部的劳动过程，而不能预见全部的劳动过程。因此，劳动的质量很差。在正确的教育下，随着儿童心理的发展，儿童开始对劳动结果产生更大的兴趣，而且由于对劳动结果的重视和关心，也就逐步能识记和重现劳动的全部程序。这样，劳动的计划性逐渐加强了，劳动质量就会不断地提高。

（2）就劳动的精确性和坚持性来看，一切劳动都要求精确性和坚持性，要求集中注意，但这对刚入学的儿童而言是比较困难的。儿童在进行一种新的劳动时，常常会做出许多不必要的动作，动作与动作之间也往往不能协调，以致很快就陷入疲劳。在教育的影响下，随着儿童身心的发展，儿童就逐步学会在劳动过程中抑制一些不必要的动作，并逐渐学会使各种动作协调起来，从而使劳动动作逐步成为熟练的动作。

（3）就劳动的独立性和创造性来看，一般是从部分劳动活动的模仿逐步过渡到独立完成全部的劳动活动。在独立完成劳动的过程中，创造性因素也逐渐发展起来。

教师的任务在于根据具体情况，采取具体措施来促使儿童的劳动能力从低级阶段不断向高级阶段发展。

在促进儿童劳动能力的发展上，教师一般采用的方法是示范和讲解。教师还必须考虑到劳动操作本身的特点和儿童已有的知识经验，灵活地运用讲解和示范两种方法。如果操作本身是很简单的，或儿童已掌握了这些操作，只是对操作的意义不够明白，那么教师就不必再进行详细示范，而应该着重讲解；反之，若是儿童对操作意义已经比较明白，只是操作本身比较困难，那么教师就不必多进行讲解，而应该进行示范操作。

总之，学龄初期儿童的劳动不是为劳动而劳动，而是为教育而劳动，是一种劳动教育。因此，在家庭或学校里，家长或教师都不应单纯为劳动而强迫儿童劳动，更不应使儿童从事过分紧张的劳动，以致损害儿童的身心健康。儿童的一切劳动都应当是恰如其分的、力所能及的，并且富有教育意义。

二、学龄初期儿童的游戏

（一）学龄初期儿童游戏的特点

首先，儿童进入小学以后，游戏不再是儿童的主导活动。他们不能过多地从事游戏活动，只有在学习的余暇才能游戏。其次，学龄初期儿童游戏的作用也和学前期不同。学前期的游戏本身就包含着自己独立的教育目的和意义，而学龄初期的游戏主要是为教育教学服务。例如，利用游戏可以加强学习动机，帮助掌握教材，提高学习的兴趣，克服学习上的某些困难等。最后，随着儿童身心的发展，游戏的形式和内容也和学前期不完全相同。例如，游戏的目的性、组织性更加提高了，集体分组竞赛的因素更多了，儿童对智力活动更感兴趣了，游戏的内容越来越多地反映复杂的社会事件等。

因此，在小学，不是儿童要不要游戏的问题，而是如何适当地运用游戏活动来对儿童进行教育教学的问题。

（二）学龄初期儿童游戏的发展

1. 创造性游戏

小学儿童，特别是低年级儿童喜欢有一定主题和角色的创造性游戏，但这种游戏无论是在形式或内容上都与学前期不同。第一，学前儿童对游戏本身较感兴趣，学龄儿童对游戏的结果较感兴趣。第二，学龄初期儿童的游戏有更大的组织性和目的性，因而能更好地按规则进行游戏。第三，游戏的题材比学前期更加广泛和深入，很多题材来自社会生活事件。有些游戏的主题虽和学前期相同，所反映的生活却更加复杂深刻。

2. 教学游戏

利用游戏的形式来帮助教学的教学游戏对于低年级儿童学习积极性的提高有很大的帮助。但我们不能过多地运用这种游戏形式，运用过多了，反而会引起儿童的厌烦。至于中年级以上，偶尔利用一下教学游戏是可以的，但不宜经常运用。

作为教学游戏之一的智力游戏，也是学龄初期儿童比较感兴趣的游戏，如下象棋、下跳棋、猜谜语等。

3. 活动性游戏

学龄初期儿童仍非常喜欢活动性游戏。有时我们也很难区分游戏活动与体育活动的区别，如跑、跳、爬高、跳绳等。学龄初期儿童的活动性游戏具有新的特点：(1) 集体性更加突出；(2) 采用更多的竞赛形式，儿童常常分成小组进行比赛；(3) 中年级以上的儿童对球类运动更感兴趣，如足球、乒乓球等。

研究表明，以北京为例，小学四至六年级男女学生经常参加的业余活动性游戏依次为跑步、跳绳、骑自行车、足球、踢毽子等，男女生平均每天参加业余体力活动的时间分别为 1.30 小时、1.11 小时。男女生经常参加的活动类型大致相同，活动水平接近。①

游戏在学龄初期儿童的学习上、个性品质的形成上都起了一定的作用。因此，教师应把指导儿童游戏作为自己的教学内容之一。(1) 教师要善于组织和利用游戏来进行教育教学工作。有些学校利用“在祖国各地”的假想旅游的游戏方式，来介绍祖国各主要城市的物产、人民的生活状况等，取得了很好的教育效果。(2) 教师要注意教育儿童遵守规则游戏，不能让他们无组织无纪律地游戏，防止儿童在游戏中吵闹。(3) 教师要注意不要使儿童受游戏中反面人物的感染，

① 马冠生、刘爱玲、李艳平、屈红梅、杨华、胡小琪：《北京市城区四～六年级小学生体力活动现状》，《中国学校卫生》2003 年第 4 期。

对反面人物要事前做出分析和解释。

第五节 学龄初期儿童言语的发展

一、在入学条件下儿童言语的发展

儿童在学前期已基本掌握了言语交际的能力，他们能够运用比较丰富的口头词汇来正确造句，来表达自己的思想。但是，他们还不善于独立地按照逻辑顺序进行连贯性的讲述，他们的词汇还很不够用，他们的言语还很不完整，他们的内部言语还不够发展，他们还不善于掌握书面言语。这一切都说明，学前儿童的言语能力还不完善，还有待发展。

儿童进入学校以后，在新的生活条件，即以学习为主导活动的条件下，言语能力开始了新的发展。

首先，教学对儿童的口头言语提出了新的要求。儿童在回答教师的问题时，必须考虑如何组织自己的言语，才能做出正确而有系统的回答。在这里不能含糊其词，也不能用手势或表情来代替。这就要求儿童的言语必须富有自觉性和连贯性。

其次，儿童进入学校后，言语，尤其是书面言语成为儿童专门的学习科目——语文。学前期儿童学习言语主要是在日常交往中进行的，而现在，要求儿童把言语作为一种专门的学习对象，要求儿童不是自发地而是自觉地掌握祖国的言语，也就是要求儿童学会读和写。读和写是言语发展的高级形式，也是人类文化延续的必要手段。儿童在读和写的教学过程中，言语的发展水平逐步达到了新的更高的水平。

最后，掌握言语不但是语文课程的要求，而且是一切学习的先决条件。众所周知，掌握言语，特别是书面言语，是学习数学、科学等科目的必要手段，因此，儿童在入学以后，各种科目也同时向儿童提出了进一步掌握言语的要求。很多儿童之所以在学习上落后，常常和言语掌握得不好有很大关系。

由于儿童入学而向儿童提出的自觉地、系统地掌握言语的新的要求，就使儿童的言语无论是从内容或形式上都发生了本质的变化。儿童在口头言语上，必须能以正确的发音、丰富而精确的词汇，来系统地、连贯地表达自己的思想。在书面言语上，必须认识一定数量的字词，会正确使用它们；必须学会阅读，能正确理解原文；必须学会用书面语表达思想，做到具有一定程度的精确性、鲜明性和生动性。这些要求促使儿童的内部言语迅速发展起来。内部言语的发展不但在掌握连贯性口语和各种书面言语（读、写）上是必要的，而且它也是形成更多的且更抽象、概括的联系，独立思考能力和行为的自觉调节能力发展的心理前提，这样，儿童的抽象逻辑思维能力的发展就有了可能。此外，研究表明，沟通技能是言语进一步发展的体现，学龄初期儿童已经能够表现出较好的参照性沟通技能，他们不仅能够更清晰地传达信息，而且能够发现别人言语中不明确的信息，并要求其澄清该信息。① 所有这一切，又为儿童进一步学习间接的、系统的知识和掌握道德行为准则准备了条件。

二、口头言语的发展

学前儿童的口头言语已经有了很大的发展。儿童掌握了一定数量的词汇，能够运用简短、连贯的语句来表达思想。

儿童入学以后，为了系统地发展儿童的言语，教师对儿童的口头言语也提出了新的更严格的要求。在口头言语的形式方面，儿童的独白言语开始迅速地发展起来。

口头言语包括听和说两个方面。儿童入学以后，需要善于听懂教师的言语讲述和指示，能了解教师讲述和指示的意义，能抓住主要思想。为了做到这一点，教师的言语必须是清晰易懂的、精确的、连贯的，同时，教师也要大力培养儿童有关听讲的各种能力和良好的习惯。

儿童说出的言语包括两种：一种是对话言语；另一种是独白言语。学前儿

① ［美］D. R. Shaffer & K. Kipp 著，邹泓等译：《发展心理学——儿童与青少年》，中国轻工业出版社 2016 年版，第 362—364 页。

童在说出的言语上，对话言语占有主要地位，而且在对话言语过程中，儿童还常常要用手势、表情加以补充。学前儿童的独白言语还不够发展。儿童进入学校以后，由于学习上的要求，独白言语逐渐成为口头言语的主要形式。例如，复述课文，回答教师的问题，在班会上发言等，主要属于独白言语。这种独白言语要求更多的预先思考，要求善于选择词汇、组织内容，要求更大的完整性和连贯性，要求措辞连贯、准确，主次分明，使同学和教师都能听得清楚明白。

由于教学对儿童的口头言语提出了这些新的要求，因而常常会有一个时期，他们的口语能力看来可能反而不如学前儿童。一些观察材料指出，学前儿童的言语具有丰富的语调，很有表现力，并富有情绪色彩，可是当儿童进入学校以后，就会失去这些表现力，他们的言语变得单调、不大连贯、平淡而缺乏情感。这是不是说明儿童的言语能力反而退步了呢？当然不是，其中主要的原因是儿童此时的注意力转向言语的发音和内容的组织方面，以致产生这种暂时的现象。只要教师善于引导，这种暂时的现象就会很快过去，从而使儿童的口头言语在更高的水平上发展起来。

为了使儿童的口头言语提高到一个新的水平，教师要向儿童提出更严格的要求。

第一，要求儿童的发音正确。学前儿童在口头言语的基础上，已基本掌握了正确的发音。例如，能区别一些相近的音，如 r 和 l，n 和 l，z、c、s 和 j、q、x 及 zh、ch、sh 等，能区别四声，能正确地表达语调等。但是，也往往有一部分儿童在这一方面还有缺陷，特别是用方言的语音来代替普通话的语音。教师应及时加以纠正，如果等到儿童已经形成不正确的语音习惯时再来纠正，那就晚了。在儿童语音方面，语音不清（如咬舌）和口吃属于病理状态，应当特别加以注意，并给予必要的关怀、处理和治疗。

第二，要求儿童掌握的口头词汇更丰富、更深刻、更精确。初入学的儿童已掌握一定数量的词汇，但是这些词汇大部分是具体的，抽象的词不多，很多词内容贫乏，甚至很多是消极词汇。这种情况是和学习的要求不相适应的。为此，教师必须通过教学和日常活动来使儿童的口头词汇不断扩大、精确、丰富和深刻，并逐渐把一些消极词汇转变成积极词汇。而在小学儿童口头词汇的发展上，书面词汇的掌握起着极为重要的作用。

第三，要求儿童的口语表达能力更加完善。在教学条件下，儿童的口语表达能力必须进一步完善起来，如发言时语句完整，合乎语法规则，前后连贯，分清主次，清晰流利。有些儿童在回答问题时，往往只说半个句子，或者连半个句子也不说，只是用表情来代替。有些儿童说话，不但前后颠倒，东一句，西一句，而且句子本身不合语法。有些儿童说话的时候，有一些自己觉察不出来的坏习惯，如总是夹着一些不必要的“那么……那么……”“后来……后来……”“嗯……嗯……”等。教师必须采取必要的措施，积极而又耐心地纠正这些缺点。

三、书面言语的发展

初入学的儿童一般只有运用口头言语的经验，还没有掌握书面言语。真正掌握书面言语是从小学时期开始的。

掌握书面言语，这意味着儿童开始有可能通过书面言语来掌握几千年来所积累起来的知识经验，开始有可能不仅利用口头言语表达思想、进行交际，而且利用书面言语表达思想、进行交际。掌握书面言语是一个新的任务、新的能力，同时也是一个新的成就。

书面言语虽然和口头言语同样是表达思想、进行交际的工具，但书面言语又有和口头言语在本质上不同的特点。首先，书面言语比口头言语出现晚。这无论从社会发展来看还是从个体发展来看，都是如此。至今，还有一些少数民族只有口头言语，而无书面言语。其次，书面言语和口头言语比较起来，有更高的、更严格的要求。例如，要求正确的书写技术，要求符合严格的语法结构，要求一定的连贯性等。最后，书面言语可以超越时间和空间的限制，大大地扩展言语交际的范围。由于有了书面言语，人类长期积累下来的知识经验就有可能成为后代的宝贵的财富。因此，学习书面言语是学校教育的一个极重要的任务。

从儿童个体发展来看，书面言语之所以发展较晚，还由于书面言语和口头言语相比起来，不但有更高的要求，而且具有与口头言语不同的心理起源和结构。

（1）书面言语和口头言语最明显的不同之处是：口头言语只是听到的和说出

的言语；书面言语是在听到的和说出的言语基础上形成的可以看到的言语，从生理机制上讲，它是一个极为复杂的过程。

（2）口头言语是在直接交际过程中形成起来的，因此，在口头言语交际中可以伴有手势、表情，可以带有很大的情境性质。书面言语是在专门的教学过程中形成的，它不可能伴有手势、表情，完全不可能带有情境性质。掌握和运用书面言语，意味着不但会说，而且会读、会写。

（3）为了掌握书面言语，掌握读和写，人们必须学会从一种形式的词向另一种形式的词的过渡。在阅读过程中，儿童必须学会从看到的词过渡到说出的词和听到的词。例如，一看见“猫”就能把它念出来，并知道它的意思。在写作过程中，这种过程恰好相反，即必须学会从说出的（出声的或不出声的）词过渡到看见的词（例如，记录自己言语的时候），或从听到的词过渡到看到的词（例如，记录别人言语的时候）。为了实现这一过渡，儿童就必须具备一系列复杂的能力。

（4）书面言语的掌握是和内部言语的发展密切联系的。在阅读时，人们必须通过自己的思考把阅读材料变成自己理解的东西。在写作时，人们必须预先考虑所要写的东西，如作品的布局、词汇的选择等。

（5）人们的思维可以在书面言语中表达得最充分、最完全、最精练。由于书面言语没有情境性质，完全依靠看到的词、句子、标点符号等来表达，因此，人们可以对书面言语反复加工，可以一再检查，不断进行补充修正。

书面言语是在口头言语的基础上形成的，同时它又可以反过来丰富和改进口头言语。

在儿童入学初期，口头言语已达到一定的水平，但书面言语还非常贫乏。例如，要求低年级儿童用同一题目来讲述，如果口头叙述则内容可以丰富得多，如果书面叙述则内容常常是比较贫乏的。

教师的任务在于引导儿童逐步从口头言语过渡到书面言语。例如，书面词汇的学习应当尽量接近口头词汇，在做书面叙述之前先做口头叙述等。

从书面言语本身来说，掌握书面词汇即识字，是最基本的也是最初级的工作，在这个基础上，儿童就可以进一步掌握别人的书面叙述即阅读。在识字和阅读能力发展的一定水平上，儿童才可以掌握表达自己思想的书面叙述即写作能力。当然，单就识字、阅读或写作来说，它们的水平也是不断发展的。儿童书面言语的这种发展顺序，一般决定着小学语文教材内容的安排。

在整个小学时期，最初是书面言语的水平落后于口头言语的水平，在正确的教育下，约从二年级或三年级起，书面言语的水平就可以逐步赶上口头言语的水平。约从四年级开始，书面言语的水平就逐步超过口头言语的水平。在小学各年级的书面叙述中，词的数量和同年级的口头叙述中所包含的词的数量的比例是：在一年级学生的书面叙述中，词的数量只有同年级学生口头叙述中所包含的词的数量的一半（20：40）；在二年级和三年级，书面叙述和口头叙述之间的差别减少了（在二年级相应的比例为 42：46，在三年级则为 73：75）；在四年级，优势就在书面言语方面，其比例为 106：76。

由此可见，儿童书面言语的发展是要经过一定的过程的。教师如何创造条件来促进这个过程更有节奏、更快地向前发展，是小学教育的重大任务之一。

必须指出，发展儿童的书面言语并不是说要使口头言语处于落后的状态，而是说在小学时期，首先必须注意如何在口头言语的基础上发展书面言语。与此同时，也必须注意使两者互相促进，交互发展。当儿童的书面言语在儿童口头言语的基础上逐步形成和发展的同时，我们也会看到，已形成和发展起来的书面言语又反过来丰富和改进口头言语，儿童的口头言语中越来越多地包含书面言语的成分，口头言语日益变得更精练、更有条理、更复杂化。因此，小学教师的任务不但要促进儿童书面言语的发展，而且要促进儿童口头言语和书面言语相互关系的发展。

四、儿童掌握书面言语的心理过程

（一）识字的心理过程与识字量

识字是儿童掌握书面言语的前提，也是儿童掌握书面言语的初级阶段，它为阅读打下最初的基础。小学儿童在知识学习上的主要任务是学会读、写、算，掌握读、写占有更重要的地位，因为只有解决了读、写问题以后，才能谈到各种基本科学知识的学习。

一般来说，学前期就为儿童的识字准备了最初的条件，因为口头言语的形成和发展到一定水平是识字的前提，因此，有人把学前期叫作识字准备时期或识字前期。研究表明，儿童入学时的识字量能够预测他们一年级时的语文成绩和平时在语文课上的表现。

儿童进入小学以后，才正式开始识字的活动，特别是低年级阶段，识字活动占据了儿童的大部分时间。当然，在小学以后的几年里，识字活动一直延续。甚至中学以后，人们也是在不断识字。

儿童开始识字，这就标志着儿童开始以语言文字作为认识的对象。它的主要特点是言语视觉分析器的活动在言语发展中占有越来越重要的地位。

在儿童开始识字以前，儿童掌握词、言语主要是通过言语的听觉分析器和言语动觉分析器实现的。儿童听别人说话，或自己对别人说话，都属于口头言语的范围。

儿童进入学校以后，正式开始在听到的言语和说出的言语，亦即在言语听觉分析器和言语动觉分析器所形成的联系的基础上，进一步和看到的言语，亦即言语视觉分析器建立新的联系，这个过程也就是儿童的识字过程。

一项有关小学儿童字词识别影响因素的研究发现：预测小学生字词识别发展的主要因素随年级升高而变化，预测二年级学生字词识别的重要指标是语音的音节、字形的形旁与工作记忆，预测四年级学生字词识别的重要指标是语音的音节、字形的声旁、句法与工作记忆，预测六年级学生字词识别的重要指标是语音的声韵、字形的声旁与语义。①

（二）阅读的心理过程

从言语的角度来看，阅读是一个复杂的过程，它是从看到的言语向说出的言语（大声的或无声的）过渡。在这个过渡中，读者不是机械地把原文说出来，而是通过内部言语，用自己的话来理解或改造原文的句子或段落，从而把原文中的思想变成读者自己的思想。

要实现这一过程，有赖于很多条件。首先，文字必须是读者自己所理解的，

① 王爱平、舒华：《阅读材料的呈现方式对儿童阅读活动的影响》，《心理科学》2008年第2期。

要做到这一点，识字达到一定的自动化（即熟练）的程度是必要的。其次，内容要符合读者的知识经验，否则虽然认识一些个别的字，也无法读下去。此外，儿童阅读理解能力的发展还与其元认知能力有关。有研究表明：四至六年级学生在阅读说明性文本时，年级高、元理解策略指数高的学生多采用全局语境的监控策略，成绩较好；年级低、元理解策略指数低的学生多采用局部语境的监控策略，成绩较差。①

儿童最初的阅读活动只能是朗读。因为，这时儿童的言语运动分析器的活动在阅读过程中还起着很重要的作用，它好像一个感性的支柱，儿童通过它来保持言语视觉分析器和其他分析器的联系。这也就是说，通过读出词和句子的发声动作来再现看到的词（文字）和词的含义（内容）的联系。而这又是和儿童的内部言语不够发展这一事实紧密联系的。

儿童掌握阅读，大体要经过三个阶段。

第一阶段主要是分析阶段。这时儿童由于识字不够熟练，由于知识经验的限制，常常是一个字一个字或一个词一个词地读，而不是整句地读，停顿很多。

第二阶段主要是综合阶段。这时儿童由于有第一阶段的经验，常常忙于读出整个的词或句子，但同时往往会对组成词的字或组成句子的词缺少精确的分析和了解，以致不能把对词或句子的感知和发音与对词或句子的理解完全结合起来、统一起来，因而常发生念错或理解不清楚甚至错误的情况。

第三阶段主要是分析和综合阶段。在第二阶段的基础上，儿童阅读时分析和综合两个方面逐渐均衡起来，读出的音和对词句的理解逐渐统一起来，从而达到由看到的词向说出的词迅速而准确的过渡。这个阶段就是流畅地朗读的阶段。

我国小学儿童朗读发展的年龄特征为：

（1）识字是朗读的前提，理解是朗读的基础。

（2）朗读的指标是响度、口齿、准确、表情、技能五个方面。小学儿童掌握响度、口齿在二三年级，而掌握技能、准确则有困难，即使到了六年级也还不

① 潘建忠:《从年级、元理解策略指数看小学生阅读说明性文本的理解监控策略》,《心理科学》2005 年第 4 期。

完善。

（3）朗读发展不平衡，个体差异较大，在小学阶段，完全不能朗读的“死角”有5%左右。

（4）男女有差异，一般来说，女生要优于男生。

随着儿童朗读能力的发展，儿童对文字的感知和对内容的理解的距离日益缩短，从而有可能更好地从朗读向默读过渡。在默读的时候，词的视觉形象就能直接引起理解。至此，言语运动成分就逐渐不明显了，就被省略了，言语阅读的效率可以大大地提高。

我国小学儿童默读发展的年龄特征为：

（1）小学儿童从三年级开始，能够默读自己学过的材料。

（2）小学三年级儿童默读能力开始发展，至五年级达到小学时期的高峰，但由于内部言语不发达，小学儿童总体默读水平并不高，初步的完善要到初中。

（3）默读的主要指标是复述和理解。小学一、二、三年级儿童复述的90%、理解的75%处于归纳不了中心思想或离开文章旨意的情形，小学四、五年级复述的53%~83%、理解的53%~76%处于从笼统归纳中心思想向基本上归纳中心思想发展的情形。

（4）男女学生差异不显著，一般来说，复述是女生略优于男生，理解则是男生明显优于女生。

朗读和默读是两种既相互联系而又各有特点的阅读活动。

一方面，从阅读的发展过程来说，朗读为默读准备了条件，默读是阅读的高级阶段。同时，反过来，朗读又可以用来作为检查默读的手段。这就是它们之间的联系。

另一方面，朗读和默读又是各有自己的特点的。①朗读的特点在于言语视觉分析器的活动和言语运动分析器的活动相互配合，默读则略去了明显的言语分析器的活动，读者看读物的时候，就同时理解了读物的内容，从而省去了发音器官的活动。因此，默读的速度大大超过朗读的速度。这就是人们在日常生活中更多采用默读的原因。②当然，这并不是说，朗读是没有用处的，也不是说，朗读是一种坏的阅读方法。事实上，朗读和默读的内容各不相同，因而它们的功用也不同。朗读或者是为了发展自己的阅读能力，以便进行自我检查，或者是为了读给别人听，如朗读一首诗歌，因而要求读得精确而富有表情。默读主要是为了自己掌握读物的内容，因而默读更重于理解。人们在默读的时候，常常不像朗读那样一字一句地读，而是力求抓住主要的词和句子，力求跳跃前进，这也是默读比朗读速度快的原因。

在这一阶段，部分智力正常的儿童阅读成绩显著低于其年龄应达到的水平，研究者称这一现象为发展性阅读障碍。我国学者针对发展性阅读障碍的视知觉学习机制进行了进一步探讨，发现汉语发展性阅读障碍儿童存在复杂搜索的知觉学习缺陷，这种缺陷可能在某种程度上与儿童的阅读技能发展有关。

（三）写作的心理过程

写作是书面言语的高级过程和形式，它主要是从说出的词（大声的或无声的）向看到的词过渡。写作的基本要求是能连贯地、顺序地表达自己的思想，使别人能理解。书面表达的方式是多种多样的，或者叙述一件事，或者描写一个景物，或者说明一个道理等。读者对象也是各种各样的。因此，充分掌握这一高级的书面言语能力是不容易的。一个学生在学校里只能为写作打下基础，而写作能力的不断完善要持续人的一生。

写作能力的形成是和一系列因素相联系的。首先，它以一定的口头表达能力为基础，特别是独白言语能力在写作能力的发展上起着重要的作用。其次，它又以一定程度的阅读能力为基础。一个人只有具备一定程度的阅读能力以后，才能把注意力转到领会读物的思想内容和表达方式方法上，从而学习如何取材、布局、选择词汇，如何使写作重点突出，如何使写作合乎语法、修辞的要求而更富于表达力等。最后，写作更和内部言语的发展，特别是言语意识（对言语本身进行分析综合活动）的发展有密切的联系。在写作之前必须预先考虑作品的组织结构，在写作的过程中必须时时考虑如何用字遣词，而这一切都要求内部言语的积极参与，要求有一定程度的言语意识的发展。

初入学的儿童还不会有意识地进行写作，还不善于有意识地组织自己的言语活动，更不能根据读者对象的特点来考虑自己写作的内容和方式方法。在语文课中，教师必须耐心地引导儿童自觉地以言语作为自己的学习对象，学会善于使用和组织词、句子来表达思想，力求使自己的言语能为听者或读者所了解。所有这些工作，是从口头言语、从阅读向写作过渡的必经的准备阶段。

小学儿童写作能力的发展，大体上经过如下三个阶段。

（1）准备阶段。主要是口述的阶段，如口头造句、看图讲述等。口头叙述是书面叙述的基础，必须加以重视。

（2）过渡阶段。这可以从两个方面过渡：一个是从口述向笔述过渡，即把口述的内容写成书面的东西；另一个是从阅读向写作过渡，如模仿作文（读了一篇文章《我们的老师》，也模仿着写一篇）、改写或缩写（读了一篇诗歌，把它改写成散文）。

（3）独立写作阶段。这个阶段的特点在于，要求儿童独立地考虑、计划写作的进行，如主题、选材、布局、选词等。

小学儿童在刚刚独立写作的时候，常常受外部事物的逻辑支配，如叙述一件事或一个活动时，总是“后来……后来……后来……”。随着他们言语意识的发展，写作就更多地受作者内部逻辑即写作本身的逻辑所支配了。

五、语法的掌握和言语的发展

有意识地掌握语法规律，对儿童学习言语特别是书面言语具有重大的意义。因为仅仅是词汇还不能成为语言，语言材料（词汇）只有按照语法规律组织起来以后，才能成为语言，才能起着言语交际的作用。

儿童对于语法结构基本上是通过实际应用，即通过言语习惯掌握的，而不是通过理论，即通过语法规律掌握的，因此，让学前儿童把语法范畴、语法规律当作认知对象是有困难的。学前儿童的口头言语看起来像是自由的，但常常是不合乎语法规律的、组织不严密的。儿童只有进入小学以后，在教学的要求下，在掌握书面言语的情况下，才逐步有意识地掌握语法范畴和语法规律，并自觉地组织自己的言语。从这时起，儿童开始不但想着说什么，而且想着怎样说，这就使儿童的言语逐步规范化，从而使儿童的言语发生了新的质的变化。

学龄初期儿童掌握语法结构，一般是沿着如下的道路前进的。

（1）从实际应用上的掌握到自觉地掌握。低年级儿童一般只把词的实际意义作为认识对象，而不能明确地把词与词的语法关系作为认识对象。实验研究指出，小学三年级是逻辑语言和掌握语法发展的关键阶段，此后该能力虽然仍随年龄增长而不断发展，但在小学后半段的发展速度有所减慢。①

（2）从简单的语法结构到复杂的语法结构。低年级儿童还不能明确地掌握语法结构，他们虽然也学过什么叫句子，知道句子是由主语和谓语组成的等，但是还不能正确地分析句子。例如，有些儿童就把“寒冷的冬天”“美丽的图画”当作句子。研究表明：从三年级开始，儿童才真正了解主语和谓语的意义；约从四年级开始，儿童才能自觉地掌握语法结构，如词类、句型等。

儿童首先掌握的是纯粹的简单句，其次是带有修饰语的简单句，以后是复合句。在复合句中，掌握并列复合句的结构是比较容易的（如“有的……有的……”“一面……一面……”），而掌握偏正复合句的结构就比较困难（如“因为……所以……”“如果……就……”“为了……因而……”“虽然……可是……”），这是因为偏正复合句反映了事物间更复杂的关系。

有些研究也指出：小学儿童首先能掌握带有因果连接词（如“因为……所以……”）的复合句，而掌握带有让步连接词（或称转折连接词，如“虽然……可是……”“尽管……但是……”）的复合句就比较晚些、难些。这是因为带有让步连接词的复合句并不表示事物的正常关系，而是表示事物关系的例外情况或矛盾。

我国小学语法教学一般分为如下三个阶段，这是比较符合儿童心理发展规律的。

第一个阶段（第一、二学年），教师以从实际应用出发让儿童认识普通话的语音规则和汉语的主要语法规则为主。关于汉语的语法规则，一般只在儿童语言实践的基础上做出概括，只做实例指示，不用抽象的术语解释。

第二个阶段（第三、四学年），教师开始按照汉语本身的系统独立进行教学，

① 黄仁发:《中国儿童青少年语言发展与教育（二）——中小学生语言发展与教育》，见《中国儿童青少年心理发展与教育》，中国卓越出版公司 1990 年版。

使儿童自觉地掌握一些基本规律，同时，适当地运用儿童所能懂的术语和定义。

第三个阶段（第五学年），教师在儿童已有的知识基础上，进一步加以综合概括，并加入儿童所能接受的新课题，系统地进行教学。

六、内部言语的发展

内部言语是和逻辑思维、独立思考、自觉行动有更多联系的一种高级的语言形态。它的重要特点是：先想后说或先想后做，对有关自己所要说的、所要做的思想活动本身进行分析综合，用批判的态度来对待自己的思想内容和思维活动。换句话说，内部言语的主要特点在于以自己的思想活动作为思考对象。例如：儿童在回答教师的问题时，必须先考虑怎样回答；在作文或做书面作业的时候，必须先考虑怎样写或怎样做；在演算习题的时候，必须先考虑运算的层次、方式方法等。

学前晚期儿童已初步表现出内部言语的萌芽。初入学的儿童还和学前儿童差不多。学龄初期儿童的内部言语是在学前期言语发展的基础上、在学校教学的条件下逐步发展起来的。

儿童进入学校开始了以学习为主导活动的新的生活。这时，无论是在上课时回答问题、复述课文，或者在课外完成书面作业，都需要仔细想一想，然后说或做，这就促使儿童的内部言语迅速地发展起来。

前面还讲过，学前儿童还不善于把言语和行动分开，还不会在行动之前通过内部言语来想一想。这个特点，在初入学的儿童身上也表现得很明显。有经验的教师都知道，初入学儿童的困难之一，就是不善于把教师的言语指示当作动作的指针，不善于在教师指示之后，先想后说或做。儿童在学习过程中，由于很多学习活动和作业都需要预先听教师的指示，都需要自己先想一想，才能说或做，这就把儿童的言语和儿童的行动逐渐分离开来，使儿童的言语对儿童的行动逐步起着自觉的调节作用。

内部言语也和书面言语一样，是在口头言语，即在出声言语的基础上形成的。学前儿童主要是以出声言语作为自己思维的物质外衣的。儿童在入学以后，出声思维仍然是可以常常见到的。出声思维便于对思维本身进行检查，同时，它又是过渡到无声思维的重要环节。无声思维是以内部言语作为思维的物质外衣的。

教师在教学过程中应该特别注意发展儿童的内部言语能力，亦即发展儿童的独立思考能力。教师在提出需要思考的问题以后，不要性急地要求儿童仓促回答，而应该给儿童想一想的机会，并且有意识地指导儿童如何去想（当然，有些非常简单的问题是不要多想的）。在要求儿童解决一些困难的问题或完成一些困难的作业的时候，应该先用一些例题（例如算术）让儿童先进行出声思维（回答教师的提问或同学间互相商量），然后再转入无声思维。

内部言语的发展也是和书面言语的发展密切联系的。书面言语永远需要事先加以思考，如先说什么，后说什么，怎样说等。因此，一方面，书面言语可以促进内部言语更快地发展起来；另一方面，内部言语的发展可以反过来使书面言语越来越完善。

内部言语的发展又是和儿童的智力发展水平，特别是思维水平密切联系的。一方面，内部言语的形成和发展是儿童智力活动，即抽象逻辑思维和独立思考能力发展的重要前提；另一方面，儿童智力活动的形成和发展又给内部言语提出更高的要求，促使内部言语不断向前发展。众所周知，学习越复杂，思维越复杂，就越需要复杂的内部言语活动。

由此可见，内部言语的发展，是以儿童口头言语的发展、书面言语的发展和智力活动的发展为前提的，同时，它又反过来促进儿童的口头言语、书面言语、智力活动的进一步发展。

学龄初期儿童内部言语的发展，大体可以分为三个阶段。

第一个阶段：出声思维阶段。初入学的儿童还不善于考虑问题，这时，教师主要是通过儿童出声的思考和回答教师的问题来培养他们的内部言语能力。

第二个阶段：过渡阶段。最初，对于比较容易而简单的问题，教师要培养儿童在出声思维的同时学会短时间的无声思维，可以常常提醒儿童“想一想”。以后，通过向儿童提出比较困难而复杂的问题，教师要求儿童进行比较长时间的思考。与此同时，儿童的内部言语也就具有了更加复杂的性质。

第三个阶段：无声思维阶段。在教师的教学影响下，随着儿童学习内容的复杂化，随着抽象思维和独立思考问题的要求日益提高，儿童的内部言语随着年级升高而日益复杂起来，它在儿童有意识的生活中也就占据越来越重要的地位。

内部言语不是在小学时期就可以达到完善的，在人以后的各个时期，以至终生，都在不断地发展着和完善着。

要点小结

学龄初期是儿童心理发展的一个重大的转折时期。学龄初期的儿童在学前期发展的基础上，开始以学习作为自己的主导活动，而学习是一种有目的、有系统地掌握知识、技能和行为规范的活动，是一种社会义务。儿童在完成这种活动任务的过程中，也就改变着自己和周围人们的关系，从而不断地发展着自己的认识能力和个性特点。学龄初期儿童整个认识活动的发展，主要是从口头言语向书面言语过渡，从具体形象思维向抽象逻辑思维过渡。这个事实制约着儿童心理各个方面的发展。

思考与练习

1. 学龄初期儿童心理发展的一般特征是什么？
2. 简述学龄初期儿童学习的特点及其在心理发展中的作用。
3. 教师如何根据小学生的心理发展特点，有的放矢地进行教育教学？
4. 学龄初期儿童内部言语的发展特点是什么？

拓展性阅读导航

1. 林崇德著:《学习与发展》(第三版)，北京师范大学出版社 2011 年版。

本书具体阐述了学习的实质与功能、学习与发展的心理学研究等问题，揭示了儿童心理能力发展的特点或总趋势，论述了智力活动中智力因素与非智力因素的统一、心理能力发展的个体差异等问题。

2. [美] W. Damon & R. M. Lerner 总主编，林崇德、李其维、董奇主译:《儿童心理学手册(第六版)· 第二卷　认知、知觉和语言》，华东师范大学出版社

2015 年版。

本书是最新版本的《儿童心理学手册》中的第二卷，阐述了儿童认知的发展变化及个体差异。

3. [美] M. H. Johnson 著，徐芬等译:《发展认知神经科学》，北京师范大学出版社 2007 年版。

本书综合发展心理学和认知神经科学的研究成果，介绍了儿童心理发展与脑发育之间的关系。

4. 林崇德主编:《21 世纪学生发展核心素养研究》，北京师范大学出版社 2016 年版。

本书从基础理论研究、国际比较研究、传统文化研究、实证调查研究、现行课标研究、教育实践探索等角度入手，对学生核心素养进行了系统化的探索与分析，具有重要的参考价值。

第八章

学龄初期儿童心理的发展（中）
——学龄初期儿童心理过程的发展

内容提要

本章阐述学龄初期儿童心理过程的发展。学龄初期儿童在教学的影响下，各种心理过程与以往相比都有了新的发展，主要表现为感觉、知觉、注意、记忆、思维、想象的发展。

学习目标

1. 了解学龄初期儿童知觉发展的一般特征。
2. 掌握学龄初期儿童注意的发展及注意特征的发展。
3. 了解学龄初期儿童记忆的发展特点。
4. 掌握学龄初期儿童思维发展的基本过程。
5. 理解学龄初期儿童想象和创造性发展的特点。

关键词

学龄初期　感知觉　注意　记忆　思维　想象

第一节　学龄初期儿童感觉的发展

学龄初期儿童在教学的影响下，各种心理过程都有了和学前期不同的新的发展。这在感觉方面也有明显的表现。

感觉是事物的个别属性在人脑中的直接反映，同时又是思维发展的直接基础。因此，感觉的发展在儿童心理发展上具有重大意义。

一、视觉的发展

（一）颜色视觉的发展

学前晚期儿童一般已能很好地辨别各种主要颜色（如红、黄、蓝、绿），也能知道各种色调的细微区别（如红与紫、青与蓝的区别），但用词来标志这些色调或根据词的指示来选出各种色调的颜色还是有困难的。

许多研究指出，学龄初期儿童的颜色视觉是随着年龄的增长不断发展的，而在良好的教学条件下，这种发展的速度就会大大地加快。

有人研究了学龄儿童的色调感受性（主要是差别感受性）的发展，指出：儿童在学校学习期间，颜色视觉感受性获得显著的发展。如果 7 岁儿童的颜色差别感受性是 100%，那么 10~12 岁儿童和 7 岁儿童比起来，增长率很大，可以提高 60%。

中国城市人口颜色爱好呈现出随年龄而变化的趋势。幼儿期最喜爱的颜色是橙、黄、红、绿。到青少年期，突出了蓝色，即以黄、红、蓝为主。老年期则偏灰色。6 岁以后还表现出性别差异，男性最喜爱黄、蓝色，其次是绿、红色，女性则最喜爱红、黄色，其次是橙、白、蓝色。①

（二）视觉感受性的发展

学龄初期儿童视觉感受性是随着年龄的增长而不断发展的，而这种发展又是

① 李文馥:《中国城市人的颜色偏好》，见《第六届全国心理学学术会议文摘选集》，1987 年。

和儿童的学习活动密切联系的。儿童的视觉感受性在学前期就有很大的增长，7岁儿童增长的速度最快。学龄初期儿童的视觉感受性在继续增长。7~15岁儿童的差别感受性的增长比绝对感受性的增长高很多倍，在视觉和听觉方面尤为显著。在小学学习的儿童，随着年龄的增长，眼睛的调节能力也在不断发展着，特别是10岁儿童，这种能力的发展更快些。

在比较大的空间范围内，眼睛的调节能力的发展在学习上具有重要意义。因为在学校上课的情况下，为了更好地感知事物，儿童经常要把视线从较远的对象移到较近的对象上来，又从较近的对象移到较远的对象上去，或者要在各种不同的近距离的条件下观看不同的事物等。

儿童期弱视是由先天或发育早期异常所致的视力低下，我国发病率为2%~4%，它会影响儿童的学习。对于小于8岁的年幼儿童，单眼遮盖法疗效较好。近年来，基于知觉学习的新的弱视治疗理念和方法逐步受到关注。①

二、听觉的发展

人的听觉感受性随着年龄的增长而发生有规律的变化。虽然各个人之间存在着个别差异，但年龄特点是非常明显的。

与学前儿童相比，学龄初期儿童的听觉感受性有一定的增长，特别是言语听觉增长得比较快。这是因为学校的教学要求儿童掌握读和写，对言语提出很高的要求，因而儿童的言语听觉就很快地发展起来。儿童在学习阅读过程中，必须学会正确地听教师发出的语音，同时，自己也要学会正确地发出语音，因而语音听觉就很快地发展起来。

儿童的声音听觉和言语听觉是有区别的，这是因为作为声音刺激物的词具有更大的复杂性。为了感知词，人们不仅需要良好的声音听觉，而且需要能对这种语音进行复杂的分析和综合。例如，汉语中四声的区别是极为细微的，这种声调的微小的不同常常会导致意义上的很大的差异（外国人学习汉语时，辨别四声

① 黄杰、叶翔、温莹:《知觉学习在弱视治疗中的应用》,《眼科新进展》2016年第6期。

是主要的困难之一)。这种细微的辨别能力是在言语交际过程中逐渐锻炼出来的。同时，声音听觉和言语听觉又是互相促进的。言语听觉的发展有赖于声音听觉的发展，而言语听觉的发展反过来也能促进声音听觉的发展。

三、运动觉（手的关节肌肉感觉）的发展

在运动觉（关节肌肉感觉）方面，特别是手的运动觉的发展，在儿童学习上具有重大的意义。因为书写、绘画、制作等作业，都需要手的熟练的运动觉的发展。学龄初期儿童手部的关节肌肉有显著的发展，但是还没有发展成熟。

在用 X 光照相的手关节图（如图 8-1 所示）上，我们可以明显地看出手部关节的骨化过程。从图 8-1 可以知道，学龄初期儿童手部关节的骨化过程还没有完成。学龄初期女孩比男孩成熟得快一些。

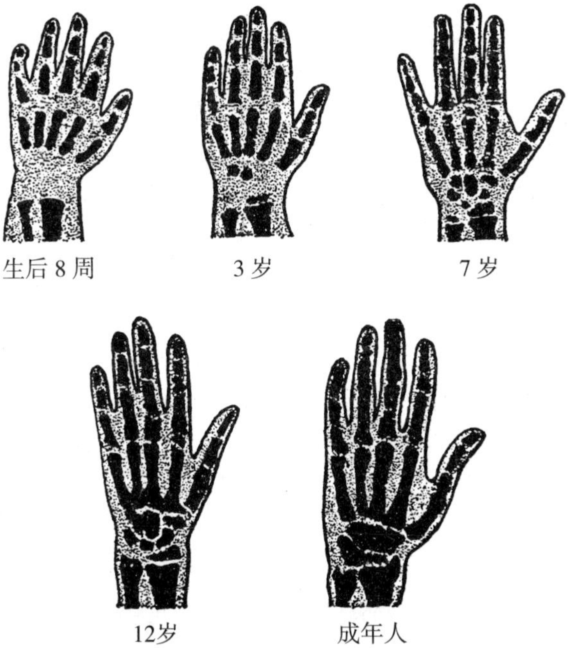

图 8-1　手部关节发育过程（X 光照相）

学龄初期儿童手部的肌肉在不断发展，肌肉的力量也在不断增加。不过和成人比较起来，还相差很远。

由于学龄初期儿童手的骨骼肌肉有了一定的发展，他们的手的关节肌肉感觉也有了一定的发展，这表现在动作的精确性和灵活性的日益增加上。同时应该看到，学龄初期儿童的手的骨骼肌肉的发展还远远没有达到成熟的程度，还不能立即胜任要求细微肌肉动作的活动，如书写、绘制图表等，而且也不能胜任需要持久用力的工作。为了培养儿童的手的熟练技巧，教师必须循序渐进地进行教学工作。例如写字，最初应当用硬笔（铅笔或钢笔），用带格的纸，要求不能太高，写的时间不能太长，教师要帮助儿童从一开始就掌握正确的书写动作，保持正确的书写姿势等。随着儿童手部运动的发展，再逐步提高要求。

四、在教学活动中积极发展儿童的感觉

根据以上关于儿童感觉发展的事实材料可以知道，在教学活动中可以积极地发展儿童的各种感觉。为了做到这一点，着重指出以下几点是必要的。

第一，各种感觉的感受性都是可以在一定的条件下，特别是在专门训练的条件下，不断发展和完善起来，以至可以达到高度的精确和灵活的程度。例如，在通常的情况下，被试在目测一条长线改变的差别时，如果这种差别低于 1%，被试常常不能觉察出来，这就是说，这种差别只有在不低于 1% 时才能觉察出来。但被试在经过了专门训练以后，他们甚至能通过目测辨别出 0.3% 的差别来。不仅在视觉方面如此，在其他各种感觉领域也有同样的情形。

第二，各种感觉主要是在各种活动中发展起来的。在发展儿童的感觉方面，为儿童创设一定的外部条件（如必要的设备、卫生条件、防止疲劳等）是必要的，但单靠这些条件，还不能完全解决问题。因为儿童感觉的全面发展主要是同各种各样的活动相联系的。例如：在绘画、书写和制作的活动中，视觉和运动觉就能很好地发展起来；在音乐的学习活动中，复杂而完善的音乐听觉可以得到培养；在听讲、朗读、复述等言语活动中，言语听觉能够很好地得到发展。

第三，特别重要的是，在发展儿童感觉的各种活动中，只有活动的内容对儿童具有重要的意义，才能对儿童感觉的发展起积极作用。不言而喻，在儿童的各种活动中，各种各样的刺激物作用于儿童的感觉器官，这是培养儿童感觉的一个必要条件。但是，单单具有这个条件还不够，这个条件必须组织成为对于儿童生

活有一定意义的条件，才能真正起培养感觉的作用。只有当儿童的活动对儿童具有重要意义，即儿童活动的成败完全依赖于能否对物体的属性有良好的辨别，才能有效地促进感受性的发展。在这种条件下，甚至像视敏度这样一种比较简单的机能，也能显著地发展起来。

研究表明，在有目的操作活动过程中，小学低年级儿童的视动整合能力随着年龄的增长呈上升趋势，学习成绩好的儿童视动整合能力显著高于学习成绩差的儿童。①

第二节　学龄初期儿童知觉的发展

一、小学儿童知觉发展的一般特点

知觉是事物的整体在头脑中的反映。事物具有各种不同的属性（可以看见的、听见的、有味的……），因而在知觉中经常有各种分析器参与，知觉是各种分析器分析与综合的结果。为了更好地知觉事物，人们一方面必须有精确的分析，另一方面又必须有整体的综合。例如，知觉一幅图画，既要精确知觉图画中所画的各种事物，又要能知觉图画中各种事物的联系，分出主要的和次要的东西，认识图画的意义。

人的知觉是一种有目的、有意识的心理过程。人的知觉又是在人的活动中产生的，并为人的活动服务。它不是人对事物的消极的感受，而是对事物的积极的认识。在人对事物的积极的认识过程中，过去的经验起着重要的作用。

人的这种有目的、有意识、积极地对事物的整体进行分析与综合的知觉过程，不是生下来就具备的，而是在儿童的生活活动过程中，在教育的影响下，随着儿童整个心理的发展而逐步发展起来的。

① 张华、林磊、陶沙、董奇:《4~8岁儿童视动整合能力发展及其与学业成绩关系的研究》,《心理发展与教育》2001年第3期。

在正确的教育下，幼儿园大班的儿童的知觉初步具有一定的目的性、持续性和概括性。但是他们自觉地组织和支配自己的知觉能力还是很差的，他们还不善于对物体进行精确的分析与综合。这些特点，在刚进入小学的儿童的身上也常常表现得很明显。在教学的影响下，儿童知觉的有意性、目的性很快地发展起来，知觉中分析与综合统一的水平也在不断地提高。

（一）小学儿童知觉的有意性、目的性的发展

一年级儿童还具有学前儿童的特点，在知觉过程中，无意性、情绪性仍然表现得很明显。很多观察证明，小学一年级儿童观察图画或标本、实物的时候，常常容易离开观察的目的，而把注意力放到次要的、与观察要求不相干的方面上去。在教学的影响下，儿童知觉的有意性、目的性就逐渐发展起来，知觉过程逐渐成为儿童所能自觉支配的过程。

在课堂教学中，儿童不能只注意自己感兴趣的事物，他必须学会摆脱一切不相干的事物的引诱，而使自己的知觉服从于一定的目的，否则他将不能完成自己的学习任务。这也就是知觉的有意性、目的性发展的重要条件。

小学儿童知觉的有意性、目的性的发展，首先表现在知觉的选择性上。一切知觉都具有选择性，这就是说，没有“一般的”知觉，任何知觉都符合于一定的目的任务。例如，在教学过程中，儿童必须知道应当看什么，应当听什么，而不是随便地看，随便地听。但是，初入学的儿童还不善于支配自己的知觉活动来更好地完成某种学习任务。因此，他们知觉的选择性还很低级，知觉过程常常受不相干的情绪或兴趣的影响。在教学过程中，在教师的指导下，随着儿童知识经验的发展，随着儿童心理的有意性的发展，儿童知觉的选择性逐步提高。儿童日益能够迅速地、熟练地从知觉对象中分出基本的需要感知的东西来。

小学儿童知觉的有意性和目的性的发展，同时表现在知觉的持续性上。一年级儿童由于注意不稳定，常常不能在比较长的时间内持续地去观察某一事物。例如，如果让一年级儿童在地图上找出一个地名，一般来说，这常常是一个很困难的任务。低年级儿童在知觉一个不大复杂而又跟自己的经验和兴趣相符合的事物的时候，是可能持续比较长的时间的。但是，如果这个任务比较复杂、比较困难，那么，他们就常常不能坚持地完成知觉任务。在小学时期，在教学的影响

下，随着儿童知识经验和智力的发展，他们不但可以去知觉比较复杂的事物，而且能长时间地、有效地进行知觉。

（二）小学儿童知觉中分析与综合统一的水平的发展

在知觉中，分析与综合统一的水平不同，标志着知觉完善和发展的水平不同。

人们在知觉一个新的事物时，首先只能对这个事物有笼统的、不精确的、初步的综合印象。以后，随着认识的进一步发展，知觉就深入一步，对各个组成部分进行比较精确的分析。在这个比较精确的分析基础上，人们才能再进一步理解这一事物的各组成部分之间的关系和联系，这是一个新的综合。这是分析与综合的统一性发展的一般过程。

恩格斯在谈到分析与综合的统一关系时指出："首先呈现在我们眼前的，是一幅由种种联系和相互作用无穷无尽地交织起来的画面，其中没有任何东西是不动的和不变的，而是一切都在运动、变化、生成和消逝。……但是，这种观点虽然正确地把握了现象的总画面的一般性质，却不足以说明构成总画面的各个细节；而我们要是不知道这些细节，就看不清总画面。"①

当然，随着认识的不断深入，分析与综合统一的水平也在不断地提高。

在小学儿童知觉的发展过程中，我们可以明显地看到分析与综合统一的水平很低的现象。

首先，初入学的儿童在知觉中常常表现出笼统的、不精确的分析与综合的特点。一年级儿童，甚至部分二年级儿童，在知觉事物时往往只限于对事物的外表的认知和叫出名称，而不能深入地、全面地对事物进行分析与综合。例如，主试要求儿童画一幅关于彩色水罐的写生画，他们大多稍微看一看，就动手去画，尽管主试有意引导他们去做较详细的分析，但效果不大，以至画出来的水罐形形色色，很不准确。在课堂教学中，低年级儿童知觉的不精确性是很明显的，如他们很容易把相似的数字（6 和 9，5 和 2）、字母（b 和 d，p 和 q）、文字与偏旁（已和己，衤和礻）混淆起来。

① 恩格斯著：《反杜林论》，人民出版社 2015 年版，第 19 页。

其次，初入学的儿童在知觉中也常常表现出不能看出事物的主要方面或特征，以及事物各个部分之间的联系。上述研究同样指出了这些特点。例如，在一些描绘蝴蝶的实验中，研究者发现一、二年级儿童只能抓住个别细节，不能分出主要特征和次要特征，不能再做进一步的分析，而三、四年级儿童的分析就比较精确而深入得多了（如比较蝴蝶翅膀的大小、斑点、花纹等）。又如，在一次观察插在软木上的甲虫的实验中，一、二年级儿童往往注意一些次要的特征，只列举一些个别特点，不能说明这些特点的意义，而三、四年级儿童就能够有效地分析甲虫的结构，注意到它的颜色、形状等，而且能够做出比较富有内容的说明。

在教学过程中，教师指导儿童知觉事物的时候，经常要求他们精确地分析与综合，要求他们找出主要的东西，看到各个部分之间的联系。例如：学习读、写，要从句中分出字词，要把字词联系起来；学习算术，要分析习题中的各种条件，并把这些条件综合起来；观察直观教具，要看到事物的各部分（如耳的构造），又要把各部分联系起来（如耳的机能）。教师要求儿童分析事物，不是要求儿童把事物分成孤立的部分，而是要求儿童能够理解这些部分是组成整体的部分，同时各部分之间又存在一定的联系。就在这样的要求之下，儿童逐渐学会精确地分析事物，学会分出事物的主要特征和次要特征，学会概括各个部分间的关系。这样一来，儿童知觉中分析的精确性和综合的概括性就不断地发展起来。这就为儿童的抽象逻辑思维的发展准备了直接的前提。

在小学儿童知觉发展的问题上，我们应当避免唯心主义倾向。唯心主义的观点是把儿童知觉发展的过程看成命定的、“内部成熟”的过程。例如，法国心理学家比纳认为儿童知觉的发展经过三个阶段：3~7 岁是列举阶段，儿童只能列举事物的一些个别特性；7~12 岁是描述阶段；从 12 岁起才是解释阶段。德国心理学家施特恩则分为四个阶段：7 岁是物体阶段，儿童只能在图画上看见物体；8~9 岁是行动阶段，儿童只能在图画上看见人和行动；以后是关系阶段，儿童开始看到物体间的关系，如物体和人的空间位置；最后是性质阶段，儿童才能解释物体的性质。

我们认为，儿童知觉发展的年龄特征是存在的，然而它并非命定的、不变的，它是和教育的影响密切相关的。同时，它的发展又是不平衡的，在知觉的发展过程中，各个儿童不完全一样，同一儿童在知觉不同事物的时候，水平也不完全相同。而这种不同，主要和儿童的经验有关。

上述关于儿童在绘画过程中知觉彩色水罐的实验曾强调指出，如果对儿童进行有系统的教育工作，一年级儿童，甚至学前晚期儿童，也能在绘画过程中对彩色水罐进行比较精确的分析。相反，如果不对儿童进行教育工作，或教育工作组织得不好，即便是四年级儿童在这方面的知觉水平也可能处在很低的状态。

二、空间知觉和时间知觉的发展

（一）空间知觉的发展

达到入学年龄的儿童，空间知觉一般已有很好的发展，但是只有当一些空间特性和具体事物相联系时，儿童才能辨别，而比较抽象的空间观念，特别是关于略图空间和地图空间的辨认能力，儿童只有在入学以后才逐步发展起来。

在形状知觉方面，学前儿童辨认几何图形时，常常要和具体事物的形状联系起来。例如，儿童常常把三角形叫作“小旗子”，把圆形叫作“圆球”等。初入学的儿童仍然表现出这个特点。

研究发现，小学儿童对图形的熟悉度对其辨认成绩有影响。① 小学儿童对熟悉材料的辨认成绩显著好于对不熟悉材料的辨认成绩，随着年龄增长，儿童图形辨认成绩呈整体上升趋势。

在空间方位知觉方面，学前儿童已能很好地辨别前后、上下、左右，但是对左右方位的辨别还未达到很完善的地步。这是因为左右方位和其他方位有些不同，左右方位的相对性特别突出。例如，两人对面而坐，在我为左方，而在对面的人则为右方。初入学儿童一般也都能很好地辨别前后、上下和左右方位，但是对于左右方位，常常需要和具体的事物联系起来，他们才能辨别。如果只有关于左右方位的抽象的词而无具体的东西加以支持，那么，一年级儿童就常常会发生错误。例如，一年级儿童做操，在执行口令“向左转”“向右转”的时候，约有

① 田学红、钟晨音、郑碧波:《7~11岁儿童图形辨认的发展研究》,《心理科学》2004年第4期。

30% 的儿童发生错误。

这就说明，在空间关系的辨认上，有一个从直观水平向词的抽象水平过渡的过程。这个过渡的困难在于，在直观水平上，空间方位比较固定。例如，以自己为基准，和地心吸力相反的一方为上，在右手一边的方位为右。而在词的抽象水平上，空间方位就比较灵活，具有更大的相对性和辩证性。例如：在我面前某一点为“上方”，但它对于比这一点较高的一点来说则是“下方”；在我右面的某一点是“右方”，但它对于比这一点更右的一点来说则是“左方”。

我们的研究结果表明，儿童对左右关系的认识经过如下三个阶段：第一阶段，儿童比较固定化地辨认自己的左右方位（5~7 岁）；第二阶段，儿童初步地、具体地掌握左右方位的相对性（7~9 岁）；第三阶段，儿童比较概括地、灵活地掌握左右概念（9~11 岁）。①

空间是由物体之间的关系来定义的，空间物体位置编码是空间认知发展的重要内容之一。有研究者考察了小学儿童利用点与点之间的关系对目标物位置进行编码的认知发展情况。结果发现，9 岁组和 11 岁组儿童在两点距离编码和三点共线编码两个任务上的成绩显著好于 7 岁组儿童的认知成绩。② 儿童在 7 岁左右正处于空间认知中“线”概念发展的关键阶段，如果在该时期教师加强相应的教学，有助于促进他们对线的认识，进而掌握科学的线的概念。

在略图空间知觉方面，由于教学上的要求（如在算术课中要学会计算距离、面积等，在语文、美术以及史地课中要会辨认平面图等），儿童的略图空间知觉很快就发展起来。由于表示方位的图形是比较抽象的东西，对于刚刚入学的儿童来说，辨认它有一定的困难。实验研究证明，学前儿童能够从自己的住宅用手正确地指出他所熟悉的附近某一地方的方位，但是只有面向窗子才能做到，如果背对窗子则很困难。这可能是由于面向窗子可以有更多的感性支持，而背对窗子就需要更多地依靠词、思想上的分析与综合。

① 朱智贤、陈帼眉、吴凤岗：《儿童左右概念发展的实验研究》，《心理学报》1964 年第 3 期。

② 田学红、方格、方富熹：《小学儿童空间物体位置编码》，《心理学报》2001 年第 4 期。

形成略图空间知觉，可以从儿童所在的教室开始。例如，在一个平面图上，按一定的方向和位置标出教室的门、窗、讲台、图书角等，然后扩大到全校，扩大到校外。

儿童的略图空间知觉可以有两种形式。一种是路线略图知觉，即儿童辨认或绘制方位图形是从自己这方面出发，或从某一熟悉的点出发向其他有关的方位伸展。另一种是概览略图知觉，即儿童不是从一个方位伸展到另一个方位，而是从全面的观点来辨认或绘制方位图形，先确定大的方位，然后再确定细节。这是比路线略图知觉更高的一种能力，因为这需要有关于方位（上下、左右，或东西、南北）的更抽象的观念才行。

在略图空间知觉的发展上，路线略图知觉的形成是概览略图知觉形成的基础，儿童如果没有关于路线略图表象的积累，就不可能顺利地形成概览略图的空间知觉。而略图空间知觉又是形成地图知觉的直接前提。

地图知觉是一种高级的复杂的空间知觉，它是在略图空间知觉的基础上形成的。

从心理学方面来看，地图知觉有三种因素：（1）数学基础，如地图的范围、经纬度等；（2）地理形象，如山脉、河流、海洋、岛屿等；（3）假定符号，如地图上的颜色、线条，以及用圆形表示城市、用石油塔符号表示石油产地等。儿童要学会辨认地图，就必须能辨别这些因素。

儿童初学辨认地图，必须学会辨认地图上的东西南北方位。这是和儿童掌握空间方位知觉有联系的。儿童最初应当根据自身的方位来形成辨认东西南北方位的技能，然后，再把这些方位和地图方位联系起来，如上面是北方，右面是东方等。在这里，运用指南针会起到良好的作用。

在地图知觉的形成和发展中，我们也可以看到由路线地图知觉向概览地图知觉过渡的规律。因此，儿童学习地图，经常是从沿着一定路线“旅行”开始的，这种方法不仅有趣，而且是引导儿童进一步向概览地图知觉发展的良好手段。

（二）时间知觉的发展

学前晚期儿童已经知道“昨天”“今天”“明天”，也能辨别“前天”“后天”“大后天”。但是对于较小的时间距离（如几秒、几分、几小时）和较大的时间距离（如几个月、几年、几十年），还不能十分准确地理解，因为这是超出儿童的生活经验范围的。

儿童进入小学以后，在教学的影响下，时间观念就很快地发展起来。

关于 10 岁儿童时间单位知识的实验研究表明，学龄初期儿童已具有关于几秒、几分、几时、日期、几岁的认识，但常常不很确切。例如，儿童可以说出自己是几岁，但如追问他："从你生下来以后过了多少时间？"有 24% 的儿童不能做出正确的回答。有人曾经以略加改变的形式重复了上述的研究，得到的主要结论是：

（1）学龄初期儿童对于时间单位的实际意义的理解，随着儿童年龄的增长，随着儿童年级的升高，变得越来越确切；

（2）学龄初期儿童最容易掌握的时间单位是小时（因为在他们的学习和生活中主要是以小时为单位），对日和周的实际意义的理解比较容易（这也与他们的生活有关），对月的实际意义的理解较差（因为在他们的生活中很少用到月这个单位）；

（3）儿童对 1 分钟、5 分钟、10 分钟、15 分钟等时间的理解，随年级的升高而越来越确切；

（4）儿童对比较长的时间单位的观念还没有充分形成。

有人研究了儿童在一年级之末所具有的时间观念，指出：他们已经知道一日之内的时间顺序，同时知道一日的延伸的时间顺序（明早、明晚……）；对一周内的时序也全部掌握；还知道一年四季的时序；对跨周和跨年的延伸时序的认知水平也明显提高。

从语言角度的研究发现：7~8 岁是儿童理解时间副词能力发展的关键期。①有关时距估计方面的研究指出，5~8 岁儿童时距估计的正确性随年龄增长而增加。7 岁儿童还不能主动利用标尺，但在外界有规律性刺激影响下，多数能利用标尺，长时距知觉的准确度有一定程度提高，而短时距知觉仍和 6 岁儿童相似。

① 毕鸿燕、彭聃龄：《6~8 岁儿童三种时间副词理解能力及策略的实验研究》，《心理科学》2004 年第 1 期。

8 岁儿童基本上能主动利用标尺，时间知觉的准确度接近成人的水平，但对长时距的估计的准确性和稳定性不及成人。①

也有研究者探查了小学儿童对含有“在什么之前”“同时”等日常生活事件时间关系的推理发展过程。结果表明，儿童对事件时间顺序关系的推理从 7 岁到 9 岁有快速发展的趋势。②

学龄初期儿童首先掌握的时间单位是跟他们的生活有关的。例如，一年级儿童在将要入学之前就表现出对时间的特别的态度，表现出对时间的警觉性，很怕迟到，力求准确地按时作息。小学一年级儿童首先能对 1 小时时间距离有正确的估计，这在很大程度上是和他们的学习和活动都是以小时为单位有关的。因此，学龄初期儿童对一些与自己的生活无关的、较长的时间单位，就不容易掌握。这是学龄初期儿童时间观念的最主要的特点。

此外，很多研究者也指出了以下的一些特点。

第一，学龄初期儿童对于一些与生活有关的单位的理解常常带有直观的、表面的性质。例如，他们还不善于对一定时间单位做出精确的数量上的估计，他们不能确定在 1 小时内可以完成多少工作。

第二，学龄初期儿童对于自己已经经历过的时间长度的估计，也和成人一样，是与过去一段时间内发生的事件的数量有关的。事件数量多，儿童就把时间估计得长些；事件数量少，儿童就把时间估计得短些。因此，教师在教儿童学习历史材料的时候，要注意到这一点。

至于儿童掌握历史事件的时间，就更困难些。许多研究指出，学龄初期儿童理解历史年代如“纪元”“世纪”“时代”等是比较困难的。因为这和儿童的生活经验距离很远，需要抽象思维和时间想象的参加。

观察表明，学龄初期儿童在理解历史上某一段时间的时候，容易把过去和现代之间的时间距离缩短了。他们口头上说“这已经是很久以前的事情了”，但实

① 黄希庭、张增杰:《5 至 8 岁儿童时间知觉的实验研究》,《心理学报》1979 年第 2 期。

② 方格、田学红:《小学儿童对日常生活事件时间关系推理能力的初探》,《心理学报》2002 年第 6 期。

际上他们是把这件事情看作不久以前的事情。例如，一个二年级的学生说：“古代就是奶奶小的时候。”一个三年级的女生问她的父亲：“你见过皇帝吗？”这就说明儿童对于历史年代还没有正确的理解，他们还不能把“世纪”和“年”这样的时间单位来加以具体地对比，因此，他们虽然口头上会说“世纪”等，但是这常常只是抽象化、概念化的东西，因而很容易忘掉。

为了培养儿童具有正确的历史年代的观念，教师必须将这些年代和具体的时间标志结合起来，从具体的时间标志逐步引导他们理解抽象的历史年代。这些具体的时间标志是：（1）一年四季的自然变化；（2）儿童自己以及家中发生的事件；（3）幼儿园及学校发生的事件；（4）社会政治事件（如重大纪念日）。

三、观察力的发展和培养

观察是一种有意的、有计划的、比较持久的（虽然在时间上也有间歇）知觉，是知觉的高级形态。

学前儿童，特别是学前晚期儿童，在正确的教育下，观察力已有初步的表现。但是他们的观察常常是无计划的、不系统的，而且不能持续很久，情绪和兴趣在观察过程中还有着很大的作用。初入学的儿童一般还具有同样的特点。在教学过程中，教师不断向儿童提出有目的、有系统的观察的要求，这就使儿童的观察力不断发展起来。

研究表明：在观察的精确性方面，一年级儿童水平很低，只能说出客体的个别部分或颜色等个别属性，不能表述细节，三年级学生明显提高，五年级学生略优于三年级学生；在观察的目的性方面，一年级学生较差，集中注意观察的时间较短，错误较多，三、五年级学生有所改善，但差异不显著；在观察的顺序性方面，一年级学生观察事物凌乱，不系统，没头没尾，看到哪里就说到哪里，中、高年级学生的顺序性有较大发展，一般能从头到尾，边看边说，而且在观察表述前往往能先想一想再进行，但五年级与三年级差异不大；在观察过程中的判断力方面，低年级儿童对所观察事物做出整体概括的能力很差，表述事物特征不系统，分不清主次，往往注意各种无意义的特征而忽略了有意义的特征，三年级儿童的判断力有较大的提高，高年级儿童在观察内容及数量上和中年级儿童差别不大，但观察中思维的深度和效能明显增加。①

儿童有目的、有系统的观察力的发展是在学习过程中实现的。同时，它又是成功地完成学习任务的重要保证。因此，教师必须在教学过程中有意识、有计划地发展儿童的观察力。

（一）在进行观察之前向儿童提出观察的目的、任务和方法

在培养儿童的观察力时，首先，教师必须给儿童提出观察的目的、任务；其次，教师也要有计划地培养儿童善于独立地给自己提出观察的目的、任务，而不是处处依赖教师的指示；最后，教师不但要向儿童提出观察的目的、任务，而且要在观察的具体方法上加以指导，即有计划、有次序地去观察。这样，儿童就可以逐步学会合理地组织自己的观察。

（二）培养儿童的观察技能

要想使儿童的观察富有成效，教师还必须培养儿童善于观察的技能，首先是看和听的技能。在小学低年级儿童面前展现一幅图画，他们常常会被整个图画吸引着，看看这里，看看那里，这样，当然就不能很好地进行观察。教师必须培养儿童善于支配自己的视觉，有目的地去看那些应当看的东西。为了做到这一点，教师需要进行系统的教育工作。

儿童在进行观察时的另一个缺点是：不能把主要的东西和次要的东西区别开来，有时只是抓住次要的东西，而把主要的东西丢掉了。为了培养儿童在观察时能抓住主要的东西，教师要对儿童观察的对象和过程加以组织。例如，在挂图上把主要部分加以扩大，或运用比较图，使需要观察的事物的特点更加突出。对于比较复杂的、有连续性的事物或活动，要引导儿童有步骤地观察，并能时时注意它们之间的关系。对于中、高年级的儿童，可以逐步培养他们自觉地掌握观察的技能，而不要处处依赖教师的指示和帮助。

（三）让尽可能多的感觉器官参加活动

在教学过程中，使尽可能多的感觉器官参加活动是保证儿童更好地掌握教材的条件之一。儿童在学习某一教材时，如果单单听讲，就不如既听讲，又观察物

① 王唯：《小学儿童观察能力研究报告》，《心理发展与教育》1985年第3期。

体并动手操作的效果好。因为这样可以提高皮质的分析与综合活动，从各方面来加强儿童所形成的暂时联系。例如，教师在讲“蔬菜”时，只是口头讲，效果不大，如果能在讲的时候让儿童看到各种蔬菜的样子，又尝到它们的味道，那么，他们的印象就会深刻得多。

（四）要尽可能有儿童的言语参加活动

儿童在观察时，如果有言语参加活动，就可以提高观察的质量。因为人的知觉形象通常总是用词来表示的，是和词有联系的，而且有词参加观察过程，人就能更好地对事物进行分析和概括。通过词，人们把所感知的事物归入自己已有的知识系统，从而能更好地理解它们。

（五）在教学中正确运用直观性原则

在教学中充分利用教材的直观性，可以保证儿童对于所学习的内容有完整、鲜明、精确的表象，使儿童所掌握的知识具有更坚实的感性基础。为了正确地运用直观性原则，教师应该特别注意如下几点。

（1）应使直观教材的形象和实际事物相符合。有些教学挂图上画的物体常常和实际事物不符合，这就会给儿童造成错误的表象。例如，把马、熊、狗都画得差不多一样大小，以致儿童以为狗比马大，这是不对的。一幅好的教学挂图既要能突出主要的方面，又要能和已熟悉的物体做比较，这样儿童才更容易理解。

（2）应注意言语和直观的正确结合。在教学中使用直观教具，必须注意使言语和直观正确地结合起来。言语和直观相结合可以按时间配合分为三种形式：一是先直观后讲解；二是直观和讲解同时；三是先讲解后直观。三种不同方式应当如何正确运用，要看具体情况而定。一般来说，三种方式在引起儿童的心理活动方面是起着不同的作用的。讲解前运用直观教具，偏重于激起儿童学习的积极性和提供感性经验作为抽象概括的基础。讲解时运用直观教具，偏重于以感性经验支持抽象思维的进行和继续保持儿童的注意。讲解后展示直观教具，可以帮助儿童把已学过的教材进一步加以具体化，以加深儿童的理解。

（3）直观教材的运用要适当。直观教材的运用应掌握一定的限度，不可滥用。例如，对儿童很熟悉的事物，就不必再用直观教具。直观教具不宜太多，应从教学的需要出发加以选用。演示实物、图片或影片等直观教具的时候，速度应该适当。

（六）结合所观察的事物进行实习作业

在教学中，结合所观察的事物进行实习作业是可以加强学习效果的。例如：不只看标本，而且采集标本；不只看教师的演示实验，而且亲自做实验；不只看电路图，而且实地去装置电线。

（七）注意对儿童观察活动的监督和检查

一方面，教师应关心儿童在观察过程中是否按照教学要求进行观察，必要时要求儿童做出口头的或书面的观察报告；另一方面，教师应培养儿童能够对自己的观察过程和结果进行自觉的监督和检查。

第三节　学龄初期儿童注意的发展

一、小学儿童注意发展的一般特点

注意是对事物的定向活动，是对于某些事物的指向和集中。注意是产生各种心理过程时必不可少的心理属性。没有对事物的注意，就不能有对事物的认识。平常我们说“某人没有注意”，这只是说某人没有注意这一事物，而把注意分散到或转移到另一事物上去了。一切学习和工作如果没有集中的注意，就不能很好地进行，就不可能获得成效。注意一般可以分为无意注意和有意注意两种。

学前儿童注意的特点是，无意注意已有很好的发展，而有意注意还在逐步形成中。初入学的儿童也带有这个特点。儿童入学以后，在新的生活条件下，从事新的活动——学习活动，这些新的生活条件和新的活动不断向儿童的注意提出新的要求，在这个新旧矛盾的过程中，小学儿童的注意就获得了本质上和学前儿童不同的新的发展。此外，中枢神经系统的成熟和学会使用更有效的调节策略，也是导致该阶段儿童保持注意的能力提高的影响因素。

儿童进入学校以后，教师就向他提出许多新的要求：要求儿童在课堂上用心听讲，不但注意自己感兴趣的东西，也应当注意那些虽然没有兴趣但是必须学习的东西；要求儿童在课堂上或在家里，都必须用心地完成作业，而不能草草了事。所有这些，都要求儿童能集中注意和努力，否则将会在学习上落后，以致不能完成学习任务。

小学儿童注意的发展具有自己的特点。

（一）在教学影响下，儿童的有意注意正在开始发展，而无意注意仍起着重要作用

初入学的儿童，有意注意还是不发展的，注意力很容易分散。例如，一年级儿童上学时常常会由于匆忙而忘记了带学习用品，这时父母应该多多帮助他、提醒他。又如，低年级儿童上课时，如果教材是比较没有兴趣的，而教师又不能运用一些有兴趣的教学方法，那么，保持注意就很困难。这就说明，低年级儿童的无意注意还起着重要的作用。另一方面，由于教师在教学过程中不断向儿童提出努力学习的要求，要求儿童有意地集中自己的注意到必要的对象上，儿童的有意注意就逐步发展起来。因此，在小学教学上，充分利用儿童的无意注意，并积极发展儿童的有意注意，是使教学获得成效的重要条件之一。研究发现，小学三年级儿童仍表现出显著的注意阶段性波动，小学阶段儿童在相同任务上的选择注意加工速度比成人慢300～1 100毫秒，分心物数量、线索有效性和目标新异性等因素影响了儿童的选择注意发展。①

（二）在教学影响下，儿童对抽象材料的注意正在逐步发展，而具体的、直观的事物在引起儿童的注意上仍然起着重大的作用

小学儿童，特别是低年级儿童，抽象思维正在开始发展，而具体形象思维还占有很重要的地位。一些直观的、具体的事物比较容易吸引儿童的注意，而一些比较抽象的概念或道理却不大容易吸引儿童的注意。换言之，小学儿童一般还不善于把注意集中在事物的主要的、本质的方面，而常把注意分散到一些次要的、非本质的方面去，以致被一些不相干的细节所吸引而分散注意。随着儿童学习活动的发展，随着儿童知识和智力水平的发展，儿童逐渐学会把注意指向并集中到

① 张学民、申继亮、林崇德、王萍萍、刘帅:《小学生选择性注意能力发展的研究》,《心理发展与教育》2008年第1期。

与学习任务有关的方面，儿童对于为自己所能理解的一些抽象的教材也逐渐能够积极地加以注意。当然，这不是说，小学儿童已经可以像青年人或成人一样，专门学习一些抽象的道理，这样的估计也是不符合事实的。因此，在整个小学时期，教学的直观性是引起儿童注意的重要条件。

（三）在整个小学时期，儿童的注意经常带有情绪色彩

小学儿童还和学前儿童一样，容易为一些新异刺激所激动而兴奋起来，而且注意的外部表现很明显。这是和无意注意占主要地位有关的。当然，小学儿童在对这些情绪状态的控制上，跟学前儿童比起来已经有很大的进步。

有经验的教师都知道，如果教师的讲述非常生动，儿童注意中的情绪反应就特别明显。有经验的教师也都有这样的体会，小学儿童注意的外部表现特别容易显露，教师可以毫不费力地判断他们是否在注意听讲，甚至有些儿童想表面上装作用心听讲的样子，也常常做得不像，而中学生就不是这样了。

因此，小学教师一方面要在教学上利用可以引起儿童兴趣的因素，另一方面也要锻炼儿童控制自己情绪的能力，从而使他们以自觉的态度来对待自己的学习。

二、无意注意和有意注意的发展

小学儿童无意注意还占有很重要的地位，有意注意正在发展，但是还没有达到完善的程度。

我国的研究表明，小学二年级儿童的有意注意还处于发展初期，水平低，自觉控制注意的能力差，容易被其他刺激分心。这也说明，小学二年级儿童的无意注意在认识活动中尚很重要，小学低年级教师在教学中应充分注意这一点，扬长避短。到了小学五年级，实验结果与二年级相反，即有意注意的估计正确率明显高于无意注意的估计正确率。这表明小学五年级儿童的有意注意较小学二年级儿童有了长足进步，有意注意已占主导地位。①

① 阴国恩、沈德立:《中国儿童注意的发展》,《天津师大学报（社会科学版）》1989 年第 5 期。

在小学教学上，教师善于充分利用儿童的无意注意，同时大力培养儿童的有意注意，是提高学习质量、发展儿童智力的重要条件之一。

无意注意也就是不随意注意，这主要是由事物本身的特点所引起的、没有既定意图的、不需特别努力的一种注意状态。对于小学生来说，在学习过程中，教学的直观性、对课业本身的兴趣（例如画图、朗读）、在课堂上听到或看到的东西所引起的情绪激动都能引起他们的注意，所有这些都是无意注意。

在小学教学上，教师应该怎样利用儿童的无意注意呢？

首先，应该充分利用儿童的学习兴趣。教师如果善于了解儿童学习兴趣发展的特点，就容易掌握和利用儿童的无意注意。关于儿童学习兴趣的发展，我们在以前已经讲过，例如：低年级儿童往往对学习过程本身更有兴趣，以后才逐步对学习内容感到兴趣；低年级儿童对具体事物更有兴趣，以后才逐步对抽象的事物感到兴趣；低年级儿童一般还没有分化性兴趣，以后才逐步产生分化性兴趣；等等。

其次，应该充分利用教材的直观性。小学儿童的无意注意在很大程度上取决于教材的具体性和直观性，因此，适当运用直观教具、注意言语的直观性等是非常重要的。当然，在运用直观性时，教师也必须竭力避免把儿童的注意引到不必要的方面去。为此，在利用儿童的无意注意时，必须积极组织儿童的注意，使无意注意沿着必要的方向前进。例如，为要使儿童注意挂图上松鼠的形状，就要向儿童提出问题：它的嘴是什么样子？它嘴上有没有胡须？它的耳朵是什么样子？

再次，也应该利用教师的情绪。教师的讲述不应该是干巴巴的，而应该是生动的、有情感的，用有感情的言语和表情来吸引儿童的注意。当然，教师的态度、表情应该是适当的。教师不是演员，夸张的表情是完全不必要的。

最后，要积极防止可以分散儿童注意的因素。例如，教室附近不要有嘈杂声，设法消灭迟到现象，训练儿童课前准备好课业用品等。在上课时，如果个别儿童有注意涣散或破坏秩序的倾向，教师也要早加注意，用各种带有暗示性的方法，使全班儿童的注意始终集中在课业的学习上。

无意注意的缺点在于，这种注意一般是由外部因素引起的，一旦可以引起兴趣的因素消失之后，注意也就不再保持下去了。而且，无意注意常常不能保持在事物的本质方面，而容易溜到事物的非本质方面去。

因此，大力培养儿童的有意注意是必要的，因为有意的稳定的注意始终是儿童学好课业的必要条件。

和无意注意不同，有意注意主要是在活动中培养起来的、有一定自觉的目的方向的、需要做出特别努力的一种注意形态。

小学儿童特别是低年级儿童，有意注意还不占有主要地位，在教学的影响下，有意注意才逐步发展起来。

有意注意是一种比较高级的注意形态。从生理机制上说，它是和高度发展的皮质抑制机能相联系的。对于儿童的学习来说，有意注意是非常必要的。儿童只有主动地控制和集中自己的注意到必要的方面去，才能很好地完成学习任务。

那么，教师怎样发展儿童的有意注意呢？

首先，培养儿童对学习的自觉的责任感，在发展儿童有意注意上具有重大意义。低年级儿童还没有建立起对学习的自觉的责任感。这时，儿童虽然也能暂时为一定目的任务而控制自己的注意，但往往很难持久。这时儿童的有意注意基本上是被迫的，而不是自觉的。在教学的影响下，随着儿童年龄的增长，随着儿童对自己学习责任的认识的发展，儿童才逐步学会在某种程度上自觉地组织自己的注意，从而使有意注意从被迫的水平提高到自觉的水平。

其次，把有意注意发展为有意后注意。有意注意有两种类型。一种类型的有意注意是，在学习时，要求做出紧张的努力，以便自己能把注意集中到困难的和没有趣味的教材上，并使自己不因受外物干扰而分心。另一种类型的有意注意是，在学习时，开始是伴随有意注意的，以后这个工作或学习逐渐变成有兴趣的、富有吸引力的，以至不再要求一种特别的紧张的努力，或者由于间接的兴趣而把困难的课业变成有趣味的学习。这后一种类型的有意注意，也叫作有意后注意。在学习上，把有意注意发展为有意后注意，是保持和巩固有意注意的重要手段。

应该指出，小学儿童的有意后注意和中学生的有意后注意并不完全一样。小学儿童的有意后注意大都表现在对具体活动或事实的掌握上，而中学生的有意后注意不只表现在对具体活动或事实的掌握上，而且表现在对抽象的理论材料的研究上。例如，为了组装收音机而去钻研电学原理。

在谈到儿童的无意注意和有意注意的发展时，我们还应当特别指出，无意注意和有意注意虽然代表儿童注意发展中的不同水平，但我们丝毫也没有否定无意注意的意思。无论在儿童的学习上或在成人的工作中，无意注意和有意注意有节奏地交替是十分必要的。这是因为，有意注意必须付出巨大的、紧张的意志努力，不能保持很久。观察材料证明，5~7 岁儿童能聚精会神地注意某一事物的时间是 15 分钟左右，7~10 岁是 20 分钟左右，10~12 岁是 25 分钟左右，12 岁以后是 30 分钟。在有意注意之后，人们就需要用无意注意来加以调节。

在进行教学时，教师必须使有意注意和无意注意有节奏地轮换。一般来说，小学儿童在每节课中，在正常的条件下，平均每次能保持 10~20 分钟的有意注意（当然，这是随年龄、教材内容和教学方法等具体情况而不同的），这时可以进行比较困难的课业或讲解教材的主要部分。在紧张而努力的有意注意之后，教师就要运用直观教材、有趣味的语言或其他方法来引起儿童的无意注意。在无意注意之后，还可以再度引起有意注意。这样，有意注意和无意注意互相轮换，就可以使课业成为儿童感兴趣的内容，并可以减少儿童的疲劳。

三、注意特性的发展

注意可以表现为各种不同的特性或品质，这些特性或品质是注意的集中性、稳定性、范围、分配和转移等。在教学过程中，小学儿童注意的各种特性也在不断地发展变化着。

（一）注意集中性的发展

注意的集中性，即注意指向于一定事物时的聚精会神的程度。当儿童专心注意某一事物时，他的意识极其鲜明和清晰地反映这一事物，同时，他的注意离开其余的一切事物，在注意高度集中的时候，甚至可以看不见或听不见周围发生的事情。

小学儿童和学前儿童比较起来，注意的集中性有了很大的发展，无论无意注意或者有意注意都比学前儿童集中的时间长一些，强度大一些。

在整个小学时期，儿童注意的集中性是逐步发展起来的。

一年级儿童注意的集中性还很差。观察证明，一年级儿童对学习的聚精会神的状态往往不能持续很久，他们的注意常常会从教师的讲课中“滑到”一些不必要的方面去。初入学的儿童的注意是容易动摇的，因此常常产生破坏秩序的行为，并影响学习的进行。在教师的正确影响下，这种特点会很快消失。

有人曾举出一年级儿童注意分散的一些独特的事例。有一次，在整整一节课的过程中吸引全班注意力的是一个算术箱。一年级学生从来没有见过它，有一位女教师把它拿进教室来，放在桌子上，而在上课的时候却没有用它。原来就是它使得全班学生被好奇心折磨了足足一节课，因而不能集中注意学习。

有时，由于提出考虑不够的、不恰当的问题，教师也会把儿童的注意力引向不符合教学目的的方面去。例如，有一次，一年级学生在一节课上本来应当学会在哪里用句号，在哪里用感叹号，当时教师念了一句话：“帮帮忙！”紧跟着教师便问学生在家里是否帮助自己的父母。这个问题使得全班都活跃起来，很多人举起手来，某些学生低声地谈论着什么，还有些人大声地谈着，教师不得不花很多精力和时间才把儿童的注意引回到标点符号上去。

因此，教师在教学过程中应当特别注意，不要由于某种不必要的教具、事物或者由于某种未经审慎考虑的问题，而把儿童的注意引向不必要的地方。

在组织得当的教学中，儿童的注意可以保持很长的时间。如果教学的进行使每个儿童都必须投入工作，如果他们顺利完成的一个作业能够合理地引出另一个作业，一年级儿童便会养成不仅对自己的行动，而且对教师的话也注意的习惯。在这种情况下，甚至那些儿童没有多大兴趣，却使他们不断忙碌的教材，也会引起他们的注意。

同时，使儿童明确认识自己的任务，可以有利于儿童注意的集中。例如，在同学朗读时，如果教师只一般地让别的儿童注意书本，那么，儿童就会认为朗读只是某一个同学的事情，似乎与自己无关。如果教师向儿童提出一项任务，例如要儿童注意同学读得对不对（听较差的同学朗读时），或注意同学什么地方读得好（听较好的同学朗读时），并在同学读完后提出评价意见，这时儿童的注意就能积极起来。

在正确的教学影响下，中年级以上的儿童注意的集中性就会有很大的进步。

许多观察证明，在一些小学的中、高年级里进行观摩教学时，虽然很多人坐在后面，但儿童可以集中自己的注意到学习上来，似乎是没有看到这些观摩的人一样。而在低年级，特别是一年级的儿童，就会不时地看观摩的人，以致忘了学习。

在小学儿童注意的集中上，我们也可以明显地看出，对于一些具体性、直观性的教材，注意比较容易集中，而对于一些比较抽象的教材，注意集中就比较困难些。

（二）注意稳定性的发展

注意的稳定性，即在一定时间内把注意保持在某一事物或活动上。教学不仅要求儿童的注意能集中在课业上，而且还要稳定地保持在课业的进行上。

在学龄初期，儿童注意的稳定性是存在男女差异的，女生的注意稳定性成绩高于男生。①也有研究认为，男女生持续注意随时间的变化趋势一致，7 岁男生的持续注意能力优于女生，而 9 岁和 11 岁男女生的持续注意能力各有自己的风格，男生反应快而正确率低，女生反应慢而正确率高。②

同时，研究也发现，注意的稳定性和兴趣、理解力等因素有关，还和无意注意、有意注意的合理运用有关。单调乏味的教学，在集中和保持儿童的注意上总是困难的，而组织得很紧凑的、具有一定直观性的、方式方法多样化的教学，对于小学生来说，保持 45 分钟的注意并不是很困难的事。

（三）注意范围的发展

注意的范围，也叫注意广度，即在同一时间内所能知觉的客体的数量。注意范围的扩大，是儿童顺利掌握知识的条件之一，因为在同一时间内能看到更多的事物或事物的更多方面，在学习的质量和效率的提高上具有重要意义。

小学儿童，特别是低年级儿童，注意的范围一般比成人狭小。因此，为了使小学儿童能够充分注意较多的对象，教师要做到：（1）每次让儿童注意的事物不

① 刘景全、姜涛：《关于小学生某些注意品质的实验研究》，《天津师大学报（社会科学版）》1993 年第 4 期。

② 李靖、钱秀莹：《7~11 岁儿童持续注意能力的性别差异研究》，《应用心理学》2000 年第 2 期。

能太多;（2）必须使儿童适当地反复知觉这些事物。

注意范围的大小又是和思维的发展相联系的。小学儿童不但经验不多，而且思维富于具体性，因此，他们在一些复杂的事物面前，不能找出其间的联系和关系，只能罗列事物的一些互不相关的特征，这样，注意的范围当然就比较狭隘。这也就是为什么儿童常常能注意到事物的一些细节，而成人却注意不到。

观察证明，一年级儿童在阅读时常常是一个字一个字地去读，注意的范围是很小的。后来，经验增加了，阅读的技巧形成了，一次就能看到整个句子，以及句和句之间的联系，注意的范围扩大了，阅读的速度也加快了。

研究发现，小学儿童对分组后材料的估计正确率显著高于未分组材料的估计正确率。这说明，如果成人把客体事物先有规律地排列好，使之成为相互联系的整体，儿童注意的广度就会大大提高。①

（四）注意的分配和转移的发展

注意的分配，即在同一时间内把注意分配到两种或几种不同对象或活动上；注意的转移，即把注意从一种对象或活动上转移到另一种对象或活动上。

儿童在学习过程中，经常需要善于分配和转移自己的注意。例如，在写作过程中，儿童既要注意书写技术，又要注意写作的内容、写作的方法等。这时，只有善于分配自己的注意，才能做到这些。在这些事情中，某些事情常常需要积极地、有意识地去做，而另一些事情（如书写技术）是自动化了的。又如，一节课结束而另一节课开始，就要求儿童的注意能迅速地转移过来。注意的转移是和大脑皮质神经过程的灵活性密切联系着的。

很多一年级儿童把注意从一节课转移到另一节课还有困难。因此，教师刚上课时，把儿童的注意迅速地引导到本课的学习上很有必要，仓促地开始课业是不好的。

有研究者以综合反应时间为指标，测试了小学儿童的注意转移能力，发现小

① 天津师范大学教科所、北京师范大学心理系儿童心理协作组:《关于中小学生视觉注意广度的实验研究》，见《发展心理、教育心理论文选》，北京师范大学出版社 1985 年版。

学五年级儿童的注意转移能力较之小学二年级有了非常显著的提高。①

在正确的教育下，从低年级开始，教师就能逐步培养起儿童的注意分配能力。比如，在算术的学习中，小学儿童一般都能把注意同时分配在应用题的阅读和对应用题解题方法的思考上。同时，在教学的影响下，由于经验和智力的增长，由于大脑神经过程的灵活性不断受到锻炼，儿童迅速把注意转移到必要的事物上的能力也逐步发展起来。

四、注意缺陷多动障碍

一小部分学龄初期儿童看起来似乎过度地活动，同时又很难把注意较长时间地集中在某一项活动上。他们经常表现出过多的自主的甚至非自主性的动作，注意涣散，行动先于思考。他们的问题被称作注意缺陷多动障碍（attention deficit hyperactivity disorder，简称 ADHD）。

（一）注意缺陷多动障碍的原因

对于注意缺陷多动障碍的原因，迄今为止似乎还不能十分肯定。但有三种可能性是存在的。第一种是遗传方面的原因。某些儿童因遗传产生了较强的活动倾向、更经常改变注意的素质和气质或意向。持这种观点的依据是，儿童几乎总是在他们刚会运动就表现出差异。第二种是妊娠和分娩方面的原因。据调查，大部分在妊娠和分娩期间受到脑损伤或中枢神经系统损伤的儿童，表现为活动过度和注意力涣散。这个事实指出，过度活动和注意涣散的儿童反映了其大脑的差异，或其他生理问题。第三种是家庭和其他社会环境方面的原因。父母或教师也许意外地为儿童创设了过度活动的条件或环境，比如，过于严格的纪律要求往往会产生相反的结果，长时间地看电视也会导致多动儿童。

（二）注意缺陷多动障碍儿童的现实问题

注意缺陷多动障碍儿童往往引起父母和教师的担心，几乎多数的父母和教师认为，儿童的活动水平是他们注意的主要方面，并指出过度活动者主要是男孩。

① 林镜秋、杨广兴等:《关于中小学生某些注意品质的实验研究》，见“中国儿童心理发展特点与教育”1988 年鉴定材料。

注意缺陷多动障碍儿童与正常儿童相比在很多方面存在缺陷。研究表明，注意缺陷多动障碍儿童相比正常儿童存在时间知觉①、注意力②、执行控制③④及情绪情感⑤等多方面的问题。有研究者探讨了不同情绪面孔刺激下注意缺陷多动障碍儿童执行持续注意任务时的事件相关电位特征，要求被试在高兴、中性、恐惧和愤怒等四种情绪面孔刺激随机呈现后执行注意与选择任务，同时记录事件相关电位。结果表明，注意缺陷多动障碍儿童与正常对照相比，恐惧面孔对 P300 波的影响更明显，表现出波幅下降及潜伏期延长，预示着恐惧面孔可能影响注意缺陷多动障碍儿童的情绪调节，并影响其持续注意过程。

注意缺陷多动障碍儿童在某些情况下存在更多的现实问题。例如：参加一些活动，注意缺陷多动障碍儿童很难坚持到底，他们或者在活动中做其他事情，或者干脆溜掉；在课堂上，这些儿童随便离开自己的座位，不但影响了自己，也影响、干扰了他人。由于多动，他们往往学习成绩落后，人际关系也较差。虽然在学龄初期，很多儿童看起来似乎超量活动，但只有少数足以引起专家的注意，这少数人的表现是：第一，显然在不合适的场合发生多动和注意涣散，如表现在马路上行走和坐下吃饭时；第二，成人无论如何也不能制止他们的活动；第三，他们总是以同样快的速度做事情，甚至他们自己想慢下来时也无法做到，如画画；第四，他们的注意高度分散，连交友都困难。

① 尹华站、孙祖迪、李丹、施建农:《注意缺陷多动障碍儿童的时间知觉特征》,《中国心理卫生杂志》2015 年第 1 期。

② 王恩聪、黄京、孙黎、宋艳、吴占良、何华、陈进、曹庆久、赵希希、王玉凤:《注意缺陷多动障碍儿童的内隐视觉空间注意特点》,《中国心理卫生杂志》2013 年第 6 期。

③ 王雪珩、王利刚、陶婷、樊春雷、高文斌:《3~9 岁儿童自我控制及其与注意缺陷多动症状的相关分析》,《中国心理卫生杂志》2015 年第 7 期。

④ 张微、刘翔平、宋红艳:《“热”执行对注意缺陷多动障碍和阅读障碍儿童言语工作记忆的影响》,《心理学报》2010 年第 3 期。

⑤ 刘世燕、张文武、丁士炬、李湘兰、胡珍玉、程芳:《注意缺陷多动障碍儿童在不同情绪面孔刺激下的持续注意任务事件相关电位》,《中国心理卫生杂志》2015 年第 2 期。

（三）对于注意缺陷多动障碍儿童的纠正

因为对于导致活动过多症或注意障碍的原因尚不确定，所以我们很难对症下药地去纠正。有人主张用药物，所用的药大都是一些镇静药（这些药也用于成人），其目的是使这些儿童安静。但结果证明，用药物很危险，稍有不慎，则会产生非常严重的副作用，如语言损伤、吃饭问题（厌食等）和警觉性降低，尤其是对年幼的儿童。

传统的心理辅导的效果也不是很好，大概因为这些儿童不能坐很长时间进行谈话。目前，学校心理学家采用的四种方法显示了效果。其一，在游戏中纠正。比如，多动儿童和辅导者均参加游戏，他们利用“假装游戏”进行交流。在交流当中，辅导者把自己的意图告诉多动儿童，他也许编一个故事，关于“一个从不停止跑的儿童”，这个故事的结尾有助于儿童最终慢下来。其二，言语辅导。当对儿童进行游戏辅导时，言语辅导开始在同儿童生活在一起的、可能造成问题的其他家庭成员中进行。其三，认知方法。引导儿童去观察某一事物，矫正他们因注意障碍发生的错误，并逐步改变他们的认知策略，以促进注意的集中。其四，行为矫正。这种方法也较有效。比如，在一个教室里进行一项行为矫正实验。研究者利用那些表现好的儿童作为样板，让患多动症的儿童观看他们如何有条不紊、不慌不忙地完成一项任务。然后让多动的儿童练习同样慢的动作，当较慢的行为发生时，教师马上给予表扬，及时强化。反复练习之后，这些儿童的动作有所放慢和减少。

五、在教学过程中儿童注意的培养

注意是掌握知识的必要条件。乌申斯基曾经形象地把注意称为知识的“门户”。教师进行教学，首先必须敞开这个门户，然后才说得上进行富有成效的教学活动。为了在教学过程中积极培养儿童的注意，教师要特别考虑以下几点。

（一）培养儿童对学习的自觉态度

培养儿童对自己学习职责的自觉态度是发展儿童有意注意的必要前提。儿童在入学以前，就对学习有一种向往心情，教师和家长要珍惜这种心情，使它在学习上发生作用。入学以后，教师应当用儿童所能理解的事例来让儿童了解学习的意义，了解完成学习职责的重要性。教师特别要培养本班儿童成为一个有组织的集体。集体的舆论和学风在培养儿童注意上常常起着重大的作用。同时，教师必须知道，对于小学儿童来说，用儿童所能理解的言语和具体事实讲清努力学习的重要性是必要的，单纯地用口头说教的方式来培养儿童对学习的自觉态度是不适当的。

（二）培养儿童的组织性和纪律性

一个具有组织性和纪律性的儿童常常能够集中注意地专心学习。而组织性、纪律性差的儿童，常常会把注意分散到一些不必要的方面去。培养小学儿童的组织性和纪律性是一项长期的工作。教师应该先从培养儿童的外部行为的组织性、纪律性开始。要从一年级开始，培养儿童能够按时作息，按时完成课业，遵守学校秩序。动作要合乎要求，不随随便便地乱动。例如，起立时要站好，坐时要端正，手里不玩东西，不歪着身子，要说话先举手，说话要清楚，不吞吞吐吐等。如果能坚持不懈地培养这种外部行为的组织性和纪律性，它们就会成为一种习惯，成为一种性格倾向，从而逐步成为内部的组织性和纪律性。无论外部的或内部的组织性和纪律性，都是儿童注意发展的重要因素。

（三）及时明确具体的学习目的和任务

在教学过程中，教师必须及时明确提示一堂课、一个作业、一个实验的目的、任务和具体要求，这样，就可以调动儿童学习的积极性。提示目的、任务的时候要切实而具体，避免一般化。以前讲过，甚至像在提问这个教学环节上，也要对被提问的和未被提问的儿童都提出明确而具体的任务，儿童才能更好地去注意课业。

（四）教材内容和教学方法力求丰富多彩

小学生和中学生、大学生不同，对他们用一种单调的讲演法来进行教学是不适当的。教师在教学中引起儿童注意的最主要的办法就是积极认真备课，使教学内容和教学方法能够丰富多彩，引人入胜。例如，教材内容不应当太难，也不应当太易。在讲解新教材时，应当使它和儿童的经验联系起来。对于儿童没有兴趣的教材，可以使它和儿童感兴趣的东西联系起来。教师的讲解应该是生动活泼的，教学方法应该是多样化的。应该注意教学的直观性，应该注意启发儿童的独立思考。一方面要积极鼓励儿童，另一方面也要坚持严格要求。

（五）保持正常的工作速度

正常的学习和作业的速度是使儿童在上课时保持注意的重要条件。工作速度太快，就会使儿童感到匆忙而注意不集中，以致草率从事；工作速度太慢，也会使儿童由于有空闲时间而引起注意分散。因此，在确定课堂上的工作速度时，应当考虑到教材难易的程度、学生已有的知识和技能、学生的年龄特征等。

（六）培养和利用儿童的学习兴趣

学习兴趣在引起和保持注意上具有重要意义。有些兴趣可以直接由工作本身引起，有些兴趣可以间接地由对活动结果的追求引起。教师必须了解儿童已有的兴趣，了解儿童兴趣发展的年龄特征，从而培养儿童的学习兴趣，并在教学上充分运用。

（七）防止儿童过分疲劳

疲劳是注意的主要敌人。疲劳可以由困难的工作而产生，也可以由单调的工作而产生。教师一方面应当不使儿童的学习负担过重，另一方面应注意教学方法的多样化，使儿童的各种感官参加活动。谁都知道，小学儿童，特别是低年级儿童，如果一节课只让他们做同样的活动（如听讲），就容易疲劳。当然，过于频繁地改变活动也是不好的。

（八）照顾到全班儿童

教师在教学中应该照顾到全班儿童。只有教师注意学生，学生才注意教师。一个有经验的教师常常能够在提问某个学生的时候，同时可以叫另一个学生到黑板前面做什么，也可以注意到第三个学生，或走近第四个学生，给第五个学生以作业题，检查第六个学生的作业。他从容地做这一切，照顾到全班学生。这样，教师就有可能来完成所担负的教育教学任务，同时，就能够在上课时维持所有学生的注意，培养他们的有意注意和经常注意的习惯。

（九）考虑儿童的个别差异

注意是和个性密切联系的。各个儿童之间，注意的发展和品质常常有很大的差别。教师应该了解各个儿童注意的具体特点，分别对待。例如：对于注意比较消极的儿童，应该鼓励他们积极地进行学习；对于好动的儿童，应该随时加以监督，并布置多样化的作业；对于积极而有才能的儿童，应当给他们布置一些力所能及的补充作业。

第四节　学龄初期儿童记忆的发展

一、小学儿童记忆发展的一般特点

记忆是过去经历过的事物在人脑中的反映，它是以暂时联系的形成（识记）和留下痕迹（保持），以及这些联系的痕迹以后在脑中的恢复（再认和重现）为特点的。

人不但能识记直观的事物，获得直接经验，而且可以识记词、言语，获得间接经验，这就使人类知识文化的积累成为可能。

在人的生活活动中，记忆具有重大意义。如果人们没有记忆能力，那么，人们就得每次重新去认识那些已经碰见过的事物，这样，人们就不可能获得任何知识经验。

记忆在教学过程中的作用是十分明显的，如果没有巩固的记忆，儿童就不能掌握基本科学知识，而掌握基本科学知识是学校教学中最主要的任务。

有些教师由于反对死记硬背，对记忆采取轻视或忽视的态度，对于一些必须精确记忆的基本知识如字词、文章、算术公式、历史事实等，不提出严格而合理的记忆要求，这就必然会影响儿童的学习质量，这是不对的。另外，有些教师由于过分夸大记忆的作用，不适当地强调背诵，单纯地重视记忆，轻视或忽视理解和思维在学习中的作用，这样，儿童也不能很好地掌握知识，这也是不对的。

学前儿童的记忆，在实践活动中，特别是在游戏活动中，在两种信号系统协同活动的发展水平上，也在不断发展着。到了大班年龄，儿童已经明显表现出有意识记和抽象逻辑识记的初步发展，但是无意识记和具体形象识记仍然占有主要地位。学前儿童很容易记住自己所听过的童话、故事和诗篇，很容易自然而然地记住一些具体事物。这些记忆大多是受外界事物的特点支配的，是受儿童的兴趣支配的。他们记住这些具体的、富有鲜明特点的事物的能力是非常强的，因而人们常常说，这是记忆的黄金时代。如果说儿童时期是记忆的黄金时代，那主要是针对无意的和具体形象的记忆而言的，而不是针对抽象的逻辑记忆而言的，这是必须弄清楚的。如果不加区别地笼统地说儿童时期是记忆的黄金时代，那就很不确切了。

儿童入学以后，开始从事一种新的主导活动——学习。在学习过程中，教师经常要向儿童提出一系列的新的要求，要求学会识字、学会数学、记住课业、准备回答和接受检查等，这就给记忆提出了一系列的新的要求，因此，和学前期在本质上不同的新的记忆能力就逐渐发展起来。

小学儿童和学前儿童的记忆的差别，既表现在数量上，也表现在质量上。

更重要的是，小学儿童的记忆能力和学前儿童的记忆能力比较起来，正在发生着本质的变化。这些本质的变化主要表现在以下方面。

第一，从记忆的目的性来说，有意识记和有意重现逐渐占有主导地位。

学前儿童记忆的有意性和目的性还是很差的。在大班儿童那里，我们只能看到一些初步的发展。儿童进入学校以后，在以学习为主导活动的条件下，情况就不一样了，他们不能只去学习一些自己感兴趣的东西，而且要学习那些自己虽然没有兴趣但是必须学习的东西。因为学习和游戏不同，是一种必须完成的社会义务，也就是说，他们必须把学习当作一种任务，并使自己的记忆服从于这种任务。因此，在小学儿童的记忆上，有意识记和有意重现就逐渐占有主导地位。当然，有意识记的发展，并不意味着排除无意识记的作用。事实上，在整个小学时期甚至以后的中学时期，一方面有意识记日益占有重要地位，另一方面无意识记也在起作用，因为儿童的知识经验和学习兴趣都是在不断发展变化着的。

第二，从记忆的方法来说，意义的、理解的识记逐渐占有主导地位。

学前儿童对于自己经验范围内的事物，也能进行意义的、理解的识记。例如，用事物的各种联系、对比关系等来进行记忆。但是由于他们的经验还很不丰富，他们的抽象思维能力还比较低，这就决定了他们对于很多材料宁肯用机械的、逐字逐句的办法来识记，而不愿更多地通过对事物意义的、内在关系的理解来识记。学前儿童识记故事，一般总是从头记起，逐字逐句地重现。儿童进入学校以后，情况就不一样了，他们虽然还可以用逐字逐句的办法来识记故事和诗篇，但是不能单纯地用逐字逐句的办法来识记数学运算方法和有关历史、地理、自然的内容，在这里，他们必须学会分析主要的东西和次要的东西，必须学会找出事物之间内在的、合乎逻辑的联系，也就是必须学会对识记材料进行思维加工或逻辑加工。当然，这对于小学生来说是有困难的，但是在合理的教学影响下，儿童是有充分可能掌握意义识记的能力的。在这里，也应该指出，在学习上，意义识记和机械识记不是对立的东西，因为它们在学习上都是必要的，是相辅相成的。

第三，从记忆的内容来说，词的抽象记忆也在迅速地发展着。

学前儿童的具体形象记忆优于词的抽象记忆，他们长于记忆具体的事物、事实、形象，还不善于记忆关于事实的一般解释、公式、法则、规律等。这是和他们的经验贫乏相联系的。儿童进入学校以后，不但要记住一些具体的事实或形象，而且要记住一些概念、公式、原理，此外，儿童的词的抽象记忆就迅速地发展起来。当然，我们也不应该有这样的误解，似乎具体形象记忆是一种不好的、应当克服的东西。事实上，在学习过程中，具体形象记忆和词的抽象记忆都是必要的，因为感性认识和理性认识是不可分的。教师的任务在于使儿童掌握充分的具体的实际材料，并且从这些具体的实际材料出发，不断发展儿童的词的抽象记忆，从而使他们的感性认识上升到理性认识。

在小学时期，所有这些记忆上的质的变化都不是自然而然出现的。儿童只是在过去发展的基础上，具备了发生这些质的变化的可能性，而这些可能性是否顺利实现，在很大程度上取决于教师的工作质量。

二、无意识记和有意识记的发展

无意识记是没有预定目的的识记。有意识记和无意识记不同，它是一种有意义、有目的、服从于一定目的任务的识记。

初入学的儿童虽然已经能够进行有意识记，但是还非常不完善，还很容易使识记离开自己的学习任务，以致影响学习的效果。例如，有些儿童可以很好地记住一些有趣的事情，但有时对教师所交给的任务（如作业、通知）反而记不住。

在正确的教学影响下，有意识记也和其他有意的心理过程一样，随着年龄的增长而不断发展着。

有关学龄初期儿童有意识记和无意识记的研究发现，整个小学期间，儿童在有意识记条件下正确回忆的百分比均高于无意识记条件下正确回忆的百分比。但小学二年级的有意识记和无意识记的效果差别很小，到小学四年级，二者的差别就很明显了。①这一方面说明，在小学低年级，无意识记的地位还很重要，另一方面也说明，小学生记忆的发展主要表现在有意识记上。小学教师必须有计划地发展儿童的有意识记，同时，也要利用和提高儿童的无意识记。

为促进儿童有意识记的发展，教师可以采取以下措施。

首先，要让儿童明确了解自己活动的目的和任务，并愿意和善于追求这些目的和任务的实现。最初，识记的目的和任务大多是由教师向儿童提出的。在教学过程中，教师要善于提出适当的识记目的和任务。向儿童提出的具体目的和任务不同，识记的效果就不同。例如，向四年级儿童提出识记课文的任务：对第一组要求尽可能精确地记住原文的字句，以便重现课文；对第二组要求竭力记住故事的内容，以便用自己的话把它重现出来。实验结果表明：从重现原文的字词来看，第一组比第二组好，第一组平均能记住 31 个词，第二组只能记住 23 个词；从重现课文时所增加的词的数量来看，第二组比第一组好，第二组平均增加 24 个词，第一组平均增加 14 个词。由此可见，识记的具体任务不同，识记的效果也不同。②

以后，教师要培养儿童善于独立地提出识记的目的和任务，并善于把识记的任务具体化。例如：在学习语文时，能够对不同内容提出不同的识记任务，有些要逐字逐句地熟记，某些要能用自己的话来表述原文的主要内容；在学数学时，善于确定先记住什么，后记住什么，以及怎样记等。所有这些，对于小学儿童特别是低年级儿童说来，还是有困难的。但是，如果教师在这方面有计划地加以指

①② 北京师范大学心理系、天津师范大学教科所儿童心理协作组：《关于中小学生识记的实验研究》，《天津师大学报》1983 年第 4 期。

导，儿童是完全可能做到的。

其次，教师要向儿童提出适当的比较长远的任务。在一个实验里，研究者向儿童提出识记两个故事的任务：对于第一个故事，向儿童说明将在第二天提问；对于第二个故事，要求儿童长远地记住，并通知将在几周之后进行提问。而实际上都到几周以后才提问。结果表明，儿童对第二个故事的识记成绩更好些。这是由于在比较长远的识记任务的情况下，儿童识记的方法、识记的积极性和识记所留下的痕迹都跟识记任务短暂的时候不一样，因而就不容易遗忘。

最后，教师要培养儿童独立检查自己的识记效果。低年级儿童在识记的时候，一般还不善于进行自我监督、自我检查，有时甚至不知道怎样才算是学会并记住了教师所教的功课。他们对自己的识记缺乏自信心和批判态度，常常总是努力地去念、去记，反复念了很多遍以后，就以为自己已经尽了责任了，至于这样记是否有效，是否记得很好，他们似乎不大理会。这种情况是与儿童的独立思维能力发展不充分相联系的。教师的任务在于通过对儿童识记效果的监督检查，逐步教会儿童独立地、自觉地对自己的识记进行监督检查。例如，不是采取单纯反复的办法来记忆，而是采取对比和联系、编拟提纲（中、高年级）、尝试重现等有思维积极参与的办法来记忆。

以前已经指出，强调儿童有意识记的发展并不排斥利用和提高儿童的无意识记。因为在学习上，它们都是必要的，都是起作用的。教师利用和提高儿童无意识记的途径是各种各样的。一种是尽可能适当地利用情绪体验和具体形象的材料。很多研究材料证明，积极的情绪体验和鲜明的具体形象对识记的数量、速度和持久性有巨大的影响。儿童对于一些优美的童话、故事、诗歌能够终生不忘，就是一个明显的例子。在小学教材中，一些难学难懂的材料编成文艺作品的形式，就是这个道理。另一种是把一些有益的知识经验放在有意识记的教材当中，使儿童在无形之中也学习了这些知识经验。例如，在语法习题中放进科学常识材料，使儿童在练习的时候无意地学习和识记了这些材料。

许多研究也证明，无意识记的材料越是和当时所要完成的主要活动有关，无意识记的效果就越好。例如，比起做比较容易的算题，做比较难的算题的无意识记的效果更好些。与用现成的数字编拟算题相比，用自己想出的数字编拟算题的无意识记的效果也更好些。这是因为在做比较难的算题和用自己想出的数字编拟算题的时候，需要更多的思考，识记的材料与完成计算活动有更密切的关系。

三、机械识记和意义识记的发展

机械识记是以对材料的单纯复习为基础的识记，是逐字逐句的识记。它所反映的是事物个别的、外部的联系。意义识记是以对材料的理解为基础的识记，是抓住材料的中心思想的识记。它所反映的是事物本质的、内部的联系。

意义识记比起机械识记来，有很大的优越性。这在艾宾浩斯的研究中得到证实，不过他是以成人为研究对象的。我国心理学工作者所进行的一系列儿童记忆研究也证明了这一点。

首先，北京师大、天津师大协作组的研究结果证明了这一点。

其次，有关词单（每个词由两个汉字组成）和数单（每个数由三个阿拉伯数字随机组成）的识记效果的比较研究发现，前者的效果明显优于后者。① 在此，词单本身是有意义的，因而属于意义识记；数单本身一般无明显意义，因而属于机械识记。可见，意义识记的效果还是优于机械识记的效果。

最后，有关有联系词（意义识记）和无联系词（机械识记）的识记效果的比较研究同样证明了上述结果。②

以上诸材料均说明，在整个小学期，儿童意义识记的效果好于机械识记的效果。但我们也发现，还有相当一部分小学低年级学生更多地运用机械识记的方法。许多教师的观察也证明，小学低年级儿童在学习教材时，常常是从头到尾、逐字逐句地反复背诵，这对于他们来说似乎是比较容易的。如果要求他们把材料的次序重新加以安排，找出重点，或用自己的话来复述那个材料，他们就会感到困难。原因可能是：（1）经验的限制；（2）没有很好理解；（3）智力发展水平的限制；（4）言语发展不充分；（5）缺乏意义识记的方法技巧；（6）智力活动的积极性

① 沈德立、阴国恩、林镜秋、刘景全：《中小学生对于系列材料的长时与短时记忆的实验研究》，《心理发展与教育》1985 年第 2 期。

② 丁祖荫、潘洁、罗珉、孙煜明：《小学生对非连贯的单字、数目和图画材料的意义识记》，《心理学报》1964 年第 1 期。

不足。这些原因常常是互相联系的，而其中最主要的常常是儿童的经验不足、理解不够和思维发展水平不高。

在正确的教育下，随着儿童年龄的增长，儿童的意义识记在一天天地增加，而机械识记就相对减少，并获得了本质上的改造。当然，这是就一般趋势来说的。至于在儿童学习过程中，有时机械识记多些，有时意义识记多些，是由各种条件（理解程度、识记技能、思维水平等）以及当时的识记任务（理解、背诵）来决定的。

为了使儿童的意义识记能力更好地发展起来，培养儿童学习的积极性，培养儿童智力活动的组织性，培养儿童对学习材料进行思维加工或逻辑加工的能力，是十分重要的。

第一，使儿童对学习材料有透彻的理解。理解是记忆的基础。对不理解或理解不透的材料，人们往往只有用机械识记的办法来记。使儿童对材料有透彻的理解，也就是使儿童掌握教材的内在联系，如使已知的东西和未知的东西联系起来，使具体的事实和抽象的道理联系起来，使这一事实或规律和另一有关的事实或规律联系起来等。

第二，使儿童学会对材料进行比较或对比。比较或对比是对材料进行逻辑加工的方法之一。例如：学习植物知识时，把不同的叶子、果实加以比较；学习除法时，把包含除法和等分除法加以对比。

第三，使儿童学会对材料进行分类、分段和加标题。按照意义对材料进行分类，能帮助儿童更明确和更深刻地理解教材。例如，在识字教学中，集中归类就能使儿童更好地进行识字。在识记历史或自然材料时也是一样。对于已经归类、分段的材料给予适当标题，使内容的重点突出，就能使识记有更好的支柱。这种对材料进行分类、分段和加标题的能力是逐渐培养起来的，是在教师有意识的指导下发展起来的。最初儿童还不会做，纵然勉强做了，也只是重复材料中的个别字句，既不合逻辑，也没有系统，以后就逐渐能比较有意识地抓住一些主要的意思，用自己的言语来表述这些主要的意思了。

第四，使儿童学会编拟课文提要。使儿童学会编拟课文提要有助于意义识记能力的发展。许多实验证明，利用编拟课文提要的方法来进行识记，不但效率高，而且记得牢。但是，编拟课文提要是比对材料分段和加标题更高一级的能力，儿童是不容易掌握的。如果对小学低年级儿童不经过长期耐心的指导，一开始就要求他们对已学的课文编出提要来，不但是不可能的，而且会有消极的影响。因为编拟课文提要有赖于一些先决条件，如熟悉课文、划分段落、分析段落内容、选择适当标题等，也就是要能找出课文中主要的东西和次要的东西，并用自己的话把它们联系起来。教师在培养儿童自编课文提要的能力时，可以先由教师编拟课文提要，以后由师生共同编拟课文提要，最后，约从中年级起，才逐步要求儿童自编课文提要。

第五，要考虑延缓重现的作用。在意义识记上，有一个普遍的现象是应当加以注意的，这就是延缓重现的现象，或者叫作记忆恢复现象。这个现象指的是，在刚刚记忆材料以后，能够恢复或重现的东西常常不多，经过一段时间之后，就能恢复或重现得更好些。我们通常说学习有一个消化巩固的过程，有时就是指的这个意思。延缓重现现象一般只发生在对已经理解了的材料上，而不发生在不理解不熟悉的材料上。延缓重现现象在学前儿童和学龄初期儿童身上表现得更为明显，为此，教师对儿童的记忆应当有合理的安排和要求。例如，不但在刚刚记忆之后进行检查，而且提出要在以后的不同时期里进行检查。

总之，意义识记是以在记忆中进行思维加工的能力为转移的，是智力活动的高度组织性的表现。为了培养儿童的这种识记能力，教师首先就要培养他们各种思维加工的技能，如以上所说的对比、比较、分类、分段、加标题、编提要等。而且，意义识记能力不可能一下子就达到完善程度，而是在教育的影响下，随着一般智力发展水平的提高而不断向前发展的。

最后，必须强调指出，对于机械识记和意义识记的关系必须有正确的看法。一方面，和机械识记比较起来，意义识记的确具有很大的优越性。但学前儿童和学龄初期儿童常常运用机械识记的方法。很多研究表明，年幼儿童，包括小学儿童在内，是能够进行意义识记的，他们之所以常常运用机械识记，和他们的知识经验不足有关，和他们还没有很好地掌握对识记材料进行逻辑加工的能力有关。因此，教师积极地发展小学儿童的意义识记能力不但是必要的，而且是可能的。另一方面，机械识记和意义识记不是绝对对立、相互排斥的。在学习过程中，由于学习材料的性质不同，学习过程的各阶段的要求不同，儿童既需要意义识记，也需要机械识记。例如，学习一种新教材，首先必须对教材有透彻的理解，通过比较对照、分出要点、发现联系来进行更多的意义识记。在这个基础上，为了能精通这些教材，使这些教材成为个人的精神财富，儿童还必须进行机械识记。像生字生词、历史年代、数学公式等，都是要求儿童能够熟记的。我们应当反对的是不求理解，只求死记的办法，而这和在理解的基础上进行机械识记完全不同。因此，我们应该正确认识背诵在小学学习中的地位。如果这种背诵是呆读死记的，那原则上应该反对。但是任何抹杀背诵在小学儿童学习上的作用的做法，都是不对的，因为背诵在学习上具有重要意义:（1）积极的、合理的背诵首先是一种有意识记;（2）儿童在学会背诵的过程中，也就学会了对于自己的记忆进行监督和检查;（3）只有把材料背诵得很熟，才能更好地消化和精通这些材料。俗话说“熟读唐诗三百首，不会作诗也会吟”，正是这个道理。当然，教师必须很好地掌握什么材料要求背诵，什么时候要求背诵，否则，像过去私塾那样，一味背诵，那就不仅无益，反而有害了。

四、具体形象记忆和词的抽象记忆的发展

在心理学上，按记忆内容的发展来看，记忆大体上可以划分为四个连续的阶段：首先是运动记忆，这种记忆出现最早，它表现为儿童最原始的运动性的条件反射；其次是情绪记忆，它表现为儿童最初的情绪性的条件反应；再次是具体形象记忆，它表现为儿童最初的关于具体事物的再认和重现活动；最后是词的抽象记忆，它表现为对词的材料的记忆，它是和儿童的言语一起发生的。

从以上记忆内容的发展阶段来看，显然，具体形象记忆比起词的抽象记忆来，是一种处于较早阶段和较低水平的记忆。但是，是不是说词的抽象记忆出现以后，具体形象记忆就成为毫无意义的东西了呢？当然不是这样。在儿童心理学中，我们一方面要研究儿童具体形象记忆和词的抽象记忆的发展过程和规律，另一方面也要研究这两种记忆（在人的心理上两种重要的记忆）发展的相互关系。如果只是简单化地断定具体形象记忆是一种低级的记忆，那是不对的。

许多实验研究都证明，幼小的儿童最容易识记一些具体的直观形象的材料，

其次是容易识记一些反映具体形象或行动的词的材料，比较难以识记的是反映抽象内容的词的材料，如抽象的词、数学公式和抽象概念等。

小学儿童，特别是低、中年级儿童还具有这一特点。有些人把儿童记忆的这种具体性看作记忆的精确性的表现，这是不确切的。

小学儿童长于具体形象的记忆。小学各科课程标准中规定的基本知识大部分是具体的知识以及和具体的知识有密切联系的一些抽象的知识，就是这个道理。在教学的影响下，随着儿童知识经验的增长，词的抽象记忆就越来越占有主要地位。

五、短时记忆和工作记忆的发展

一般认为，成人短时记忆的容量为 7±2 个组块。那么，儿童短时记忆的容量是多少呢？我国心理学工作者对此进行了一系列的研究。

有关数字记忆广度的研究发现，小学一、三年级记忆广度成绩差异非常显著，三、五年级差异不显著。由此认为，7~9 岁是儿童短时记忆容量迅速发展的时期。①

有研究者考察了数字、颜色和图形三种不同材料的短时记忆广度。结果表明，由于材料的性质不同，短时记忆的广度是不一样的，但无论对于哪种材料，在小学阶段，随着年龄的增长，记忆广度的发展均呈上升趋势。②

另外，还有研究者对小学生短时记忆的最佳组块问题进行了研究，发现采用组块方式进行识记的成绩明显高于不采用组块方式进行识记的成绩，还发现小学五年级以 4 个组块的成绩最好。

我国研究者发现，小学阶段儿童的工作记忆不是一个单一的结构，已经分化为由中央执行、情景缓冲区、语音环路及视觉空间模板构成的四个子成分记忆

① 钱含芬、张履祥、李山川:《小学儿童短时记忆发展特点的初步研究》,《心理科学通讯》1989 年第 1 期。

② 陈国鹏、王晓丽:《短时记忆及其策略一生发展的横断研究》,《心理科学》2005 年第 4 期。

系统。①

与短时记忆相比，工作记忆更强调信息存储基础上的动态处理与加工。许多研究表明，工作记忆这种用于有限容量信息的暂时性储存与加工的记忆系统在许多复杂的认知活动中都起着非常重要的作用，如注意控制、推理、语言理解、问题解决等。② 视觉工作记忆负荷影响自上而下的注意控制。③ 无论是数字工作记忆还是言语工作记忆，都随着儿童年级（或年龄）的升高而发展，到高二年级以后发展速度基本趋缓。工作记忆的不同成分在不同年龄阶段作用于不同方面的学业成就。二年级儿童英语学业成就受语音环路和视觉空间模板的影响，语文学业成就受语音环路和中央执行系统的影响。在三年级，视觉空间模板对儿童英语学业成就有显著影响，语音环路对语文学业成就有显著影响。四年级儿童的英语和语文学业成就都主要依赖于中央执行系统。总之，随着年级的升高，儿童在英语和语文学习中依赖的工作记忆成分由具有储存功能的语音环路和视觉空间模板转向中央执行系统。④

六、影响记忆效果的因素

我国心理学工作者在对影响记忆效果的因素进行了一系列系统的研究后，归纳出明显影响记忆效果的九种因素。

（一）识记材料

识记材料对识记效果有着非常明显的影响。研究发现：无论哪个年龄组，有逻辑关系成对词的记忆效果均明显优于无逻辑关系成对词的记忆效果，具体词的记忆效果均优于抽象词的记忆效果，同义词的记忆效果均优于反义词的记忆

①④ 王晓丽、孙志凤、陈国鹏:《学龄儿童工作记忆结构的验证研究》,《心理学探新》2014 年第 6 期。

② 李美华、白学军、沈德立:《不同年级学生执行功能发展水平研究》,《心理科学》2006 年第 3 期。

③ 杨海波:《视觉工作记忆对自上而下注意控制的影响: 发展视角的探讨》,《心理与行为研究》2013 年第 3 期。

效果。①

（二）识记方法

有研究考察了识记方式对小学儿童记忆效果的影响。结果表明：以材料意义联系为线索的识记方式效果最好，以关键词和以方位为线索的识记方式效果次之，无规则、无线索的识记方式效果最差。而且，各年级儿童采取不同识记方式的人数存在非常显著的差异，采取以材料意义联系为线索的识记方式的人数随年级升高而递增，而采取无规则、无线索的识记方式的人数随年级升高呈递减趋势。②

还有研究者测查了整体识记和部分识记两种方法对小学生记忆效果的影响。研究中的部分识记是指，研究者要求被试先学习 18 个双字词中的 9 个，在他们达到能够全部正确回忆后，再将这 9 个双字词与尚未学习过的 9 个双字词随机混合，让被试重新识记和回忆 10 遍。整体识记是指，研究者从一开始就要求被试学习 18 个双字词，也是识记和回忆 10 遍。结果表明，无论是双字词、两位数还是不规则图形，在其 10 遍的识记中，都是前几遍部分识记的效果高于整体识记，后几遍整体识记的效果又高于部分识记。这表明，在需要记忆的材料不太长的情况下，通篇记忆比分段记忆效果好。③

（三）检查记忆效果的方法

检查记忆效果的方法也会影响记忆成绩。研究者通过记忆仪呈现 30 对汉字，比较有凭借再现和无凭借再现的效果。结果表明，无论是意义识记还是机械识记，有凭借再现的效果都比无凭借再现效果好。④

---

① 钱含芬、张履祥、李山川:《小学儿童短时记忆发展特点的初步研究》,《心理科学通讯》1989 年第 1 期。

② 李山川、钱含芬、孙燕:《小学儿童识记双字词特点的研究》,《心理发展与教育》1987 年第 4 期。

③ 杨广兴、刘景全、姜涛、阴国恩:《中、小学生关于材料的整体和部分的记忆实验研究》,《心理发展与教育》1987 年第 1 期。

④ 北京师范大学心理系、天津师范大学教科所儿童心理协作组:《关于中小学生识记的实验研究》,《天津师大学报》1983 年第 4 期。

（四）复习

复习对记忆效果有重要影响，我国心理学工作者用实验证明了这一点。有关小学生汉字和汉语拼音识记曲线的研究发现，识记次数和记忆成绩是成正比的。无论哪个年级的儿童，都是识记次数越多则记忆成绩越好。①

（五）干扰

对小学生学习中的前摄抑制和倒摄抑制的研究表明：倒摄抑制和前摄抑制对小学儿童记忆的干扰作用都随年龄增长而降低，其中倒摄抑制的干扰作用随年龄增长而降低得更为明显；在同一年龄阶段，倒摄抑制的干扰作用比前摄抑制更强，年龄越小，二者差别越明显；倒摄抑制和前摄抑制对小学儿童记忆的干扰作用因学习材料的不同性质而异，音近、形近、义近材料的倒摄抑制作用随年龄增长而明显降低，音近、形近材料的前摄抑制作用随年龄增长而降低，义近材料的前摄抑制作用则随年龄增长而迅速增大。②

（六）识记动机

研究发现，在激发识记动机的情况下，识记成绩显著提高，且精神表扬优于批评。物质奖励和精神表扬在小学不同阶段对识记效果的影响不同：对于小学二年级儿童来说，物质奖励比精神表扬作用更大；四年级是一个过渡阶段；到小学六年级，则精神表扬作用更大。③

（七）情绪状态

情绪状态可对记忆效果产生重大影响。小学儿童在自然情绪状态下，记忆愉快词的成绩最好，记忆不愉快情绪词的成绩次之，记忆中性词的成绩最差。小学儿童在愉快情绪状态下更容易记住那些令人愉快的情绪词，在不愉快情绪状态下

① 钱含芬、李山川、孙燕：《小学儿童方块汉字和汉语拼音识记曲线的实验研究》，《心理科学通讯》1986年第4期。

② 王承忠：《小学儿童记忆中干扰作用的研究》，见“中国儿童心理发展特点与教育”1988年鉴定材料。

③ 沐杨、张红兵：《外加动机对小学儿童识记的影响》，见“中国儿童心理发展特点与教育”1988年鉴定材料。

更容易记住令人伤感的情绪词。①

（八）识记材料呈现方式和感觉通道

研究表明，在视、听不同呈现方式下，小学儿童的识记效果以视觉为优，其次为视、听同时或交错呈现，听觉最差。②视觉记忆优势是整个小学阶段的普遍特点。此外，学龄期儿童的各种记忆能力在小学阶段均有明显提高，但不同记忆成分的发展特点不同：听觉记忆上升时间长，达到成熟的时间晚；视觉记忆达到成熟的时间较早，再认记忆成绩上升幅度最小。这种视、听差异随年级的升高在逐步缩小。③在教学过程中，教师应根据儿童的记忆特点进行有针对性的教育。

（九）系列位置效应

小学儿童识记词单时，前面部分记忆效果最好，其次是后面部分，中间部分的识记效果最差；识记数单时，则后面部分效果最好，其次是前面部分，中间部分的效果也最差。另外，项目序列的长度影响保持量，呈现时间也对保持量产生影响。

总的来说，无论是材料性质、序列长度还是呈现时间，都对记忆效果产生影响，而且这种影响都是前面和中间部分大，尤其是中间部分，对后面部分影响很小。

对影响记忆的诸因素分析可见，儿童的记忆不是自然而然地发展的，是需要在正确的教学影响下发展起来的。因此，教师必须善于按照儿童记忆发展的特点和学习材料的要求，有意识地对儿童的记忆加以组织、指导和培养。常见的促进记忆的方式有：（1）加强识记的目的性、自觉性和积极性；（2）正确运用练习过程；（3）正确组织复习工作；（4）及时进行检查。

---

① 李山川、张履祥、钱含芬、孔燕：《小学儿童不同情绪状态对记忆情绪词的影响》，《心理科学通讯》1987年第3期。

② 李铮等：《视、听呈现方式对语文材料识记影响的年龄差异》，《安徽心理学通讯》1982年第1期。

③ 周世杰、龚耀先：《学龄期儿童记忆发展特点研究》，《中国心理卫生杂志》2004年第9期。

第五节 学龄初期儿童思维的发展

一、小学儿童思维发展的一般特点

思维是客观事物在人脑中的概括的和间接的反映，是借助言语来实现的，是在感觉和知觉的基础上产生的认识的高级阶段。

人在自己的实践活动中，首先认识事物的个别属性或某些个别事物，这就是对事物的感知。随着实践的不断深入，在感知的基础上，就能进一步认识事物的本质和规律，这就产生了人的思维活动。思维和感知比较起来，有本质的不同，它概括地和间接地反映客观事物的本质和规律，从而使人有可能利用这些规律来预见未来、指导实践。

儿童思维的发展经历着一个非常复杂而漫长的过程，是一个从低级到高级、从不完善到完善的发展过程。这个过程进行的情况和速度，在很大程度上取决于正确的教育教学工作。

学前儿童的思维已具有一定的发展水平，它的主要特点是思维的具体形象性以及进行初步抽象概括的可能性。小学儿童的思维在学前儿童思维发展的基础上，在新的生活条件下，开始有了进一步的新的发展。小学儿童思维的基本特点是，从以具体形象思维为主要形式逐步过渡到以抽象逻辑思维为主要形式。但这种抽象逻辑思维在很大程度上，仍然是直接与感性经验相联系的，仍然具有很大成分的具体形象性。皮亚杰认为 7~12 岁儿童的思维属于具体运算阶段，实质上也是同样的意思。

儿童入学以后，学校教学向他们提出了前所未有的新要求。

首先，教学不只要求儿童掌握直接的知识经验，更重要的是要求儿童掌握间接的知识经验。例如，儿童要学会关于人类历史发展的初步知识，如原始社会、奴隶社会、农民起义等。儿童要学会关于自然方面的初步知识，如山脉、河流、沙漠、高原、火山、矿层、生物、非生物等。儿童也要学会语文和数学中的各种语词、术语、法则、定理等。在儿童掌握这些知识经验的时候，教学虽然也是尽量以直观教具为依据，不过主要还是借助于教师的言语，通过记述这些事物现象的书面材料来实现的。甚至在儿童学习一些直观材料时，教师也要求他们去掌握那些不能被直接感知的属性，如关于固体和液体的知识、关于植物的繁殖和生长的知识等。

其次，儿童为了掌握人类的大量间接的知识经验，就必须学会进行智力活动，即学会通过分析、综合、比较、抽象、概括来掌握各种概念和概念系统，力求精确地掌握概念的内涵，把它和类似的概念区别开来，同时又要能对各种有关的概念进行划分、分类和系统化的工作。例如，不只要掌握根、茎、叶、果实、植物等概念，而且要掌握这些概念之间的关系。不只要掌握原始社会、奴隶社会和封建社会等概念，而且要掌握这些概念之间有规律的联系。在所掌握的概念的基础上，还要学会自觉地、有意识地进行逻辑判断和推理。判断必须是恰当的，推理必须是合乎逻辑的。只有这样，儿童才能顺利地完成自己的学习任务。

最后，教学也向儿童的思维品质提出更高的要求。要求儿童的思维具有一定水平的目的性、方向性、确定性、灵活性和批判性等，这也就使儿童的独立思考能力迅速发展起来。

这些教学上的新要求促使儿童的思维水平开始从以具体形象思维为主要形式向以抽象逻辑思维为主要形式逐步过渡。

小学儿童从具体形象思维向抽象逻辑思维过渡，不是立刻实现的，也不是一个简单的过程。

第一，在整个小学时期，儿童的抽象逻辑思维在逐步发展，但是仍然带有很大的具体性。低年级儿童所掌握的概念大部分是具体的、可以直接感知的，要求低年级儿童指出概念中最本质的东西，常常比较困难。只有在中、高年级，儿童才逐步学会分出概念中本质的东西与非本质的东西、主要的东西与次要的东西，学会掌握初步的科学定义，学会独立进行逻辑论证。

第二，在整个小学时期，儿童的抽象逻辑思维的自觉性在开始发展，但是仍然带有很大的不自觉性。低年级儿童虽然已学会一些概念，并能进行判断、推理，但是还不能自觉地来调节、检查或论证自己的思维过程。他们常常能够解决某种问题或任务，却不能说出自己是如何思考、如何解决的。这是由于对思维本身进行分析、综合是和内部言语的发展分不开的。只有在正确的教育下，教师指导儿童逐步从大声思维不断向无声思维过渡，儿童自觉地调节、检查自己思维过程的能力才逐步发展起来。

第三，在整个小学时期，儿童的抽象逻辑思维水平在不断提高，儿童思维中的具体形象成分和抽象逻辑成分的关系在不断发生变化，这是一般趋势。但是具体到不同学科、不同教材的时候，这个一般的发展趋势又常常会表现出很大的不平衡性。例如，在算术教材的学习中，儿童已经达到了较高的抽象水平，可以离开具体事物进行抽象的思考，但是在历史教材的学习中，仍旧停在比较具体的表象水平上，对于历史发展规律的理解还有很大的困难。又如，儿童已能掌握整数的概念和运算方法，而不需要具体事物的支持，可是，当他们开始学习分数概念和分数运算时，如果没有具体事物的支持，就会感到很大的困难。

第四，在整个小学时期，儿童的思维发展是一个从具体形象性向抽象逻辑性逐步转化的过程，其中存在着一个比较明显的质变，这个质变发生的时期就是小学儿童思维发展的关键年龄。一般认为，这个关键年龄在小学四年级（10~11岁）。当然，其中也有可变性。如果教育适当，关键年龄可能提前，有的教育性实验报告就指出，这个关键年龄可以发生在小学三年级；反之，如果没有适当的教育条件，这个关键年龄也可能推迟发生。

小学教师的任务在于有计划地发展儿童的言语，特别是书面言语和内部言语，丰富儿童的经验，特别是间接经验，因为儿童的思维水平是在掌握言语和经验的过程中实现的。当然，教学和思维发展之间的关系不是直线的、简单的，从掌握言语和经验到思维发展是有一个量变质变过程的，而且这个量变质变过程又常常会由于学科的不同、教材内容的不同、儿童学习方法和个人特点的不同而不同。有研究者以“学思维”活动课为实验材料，对三个年级的小学生进行了四年的培养。结果发现，实验组学生思维能力总体水平及发展的上升速度显著快于控制组学生，实验组学生在归纳推理、演绎推理、空间认知、类比推理和抽象概括的能力上显著高于控制组学生。①

① 胡卫平、刘佳:《小学生思维能力的培养：五年追踪研究》,《心理与行为研究》2015年第5期。

二、思维基本过程的发展

思维的基本过程主要是分析和综合，以及它们所派生的抽象、概括、比较、分类、具体化和系统化。对于思维的基本过程，我国心理学工作者进行过一系列的研究，尤其是对其中的概括、比较和分类的发展，研究最多。

（一）概括能力的发展

小学儿童的抽象概括能力在教学的影响下得到迅速发展。但是由于知识经验和智力水平的限制，他们的概括能力又具有自己的特点。一般来说，小学儿童的知识经验还不是十分丰富而深刻的，因此，他们在进行概括时，只能利用某些已经理解了的事物的特征或属性，而不能充分利用某个概念的所有特征或属性。

我们自己对小学儿童数概念形成和发展的研究成果也证明了这一点。① 研究中确定小学儿童数概括能力发展水平的指标是:（1）对直观的依赖性;（2）对数的实际意义（数表象范围）的理解;（3）对数的顺序和大小的认识;（4）数的组成（分解组合）;（5）对数概念扩充及定义的展开。根据指标分析研究结果，确定小学儿童数概括能力为五个等级。

第Ⅰ级系直观概括水平。显著指标是依靠实物、教具或配合掰手指头来掌握10以内的数概念，离开直观，运算就中断或发生困难。

第Ⅱ级为具体形象概括的运算水平。属于这个等级的儿童进入了“整数命题运算”。达到的指标有三个，即掌握一定整数的实际意义、数的顺序和数的组成。这一级又可细分若干不同的小阶段，如“20”以内的数概念、“百”以内的数概念、“万”以内的数概念、整数四则运算概念等。这个等级的儿童由于经验的局限，尽管有的运算的数的范围可以超出他们的生活范围，但由于缺乏数表象而不能真正理解所有运算的数的实际意义。

第Ⅲ级是形象抽象概括的运算水平，处于从形象概括向抽象概括发展的过程中。这个等级的儿童的数表象的丰富与数的实际意义的扩大形成数概括的新特点:（1）不仅掌握了整数，而且掌握了小数和分数的实际意义、大小、顺序和组

① 林崇德:《小学儿童数概念与运算能力发展的研究》,《心理学报》1981 年第 3 期。

成;（2）能掌握整数和分数概念的定义;（3）空间表象得到发展，使儿童能够从大量几何图形的集合中概括出几何概念，并掌握一些几何体的计算公式和定义，因此，这一级水平又可称为“初级几何命题运算”。

第Ⅳ级为初步的本质抽象概括的运算水平，即初步代数的概括运算水平。其特点有:（1）能用字母的抽象代替数字的抽象，如能初步列方程解应用题;（2）开始掌握算术范围内的“交集”与“并集”思想，如通过求公倍数与公约数的运算掌握“交”与“并”的思想;（3）能够完整地解答各种类型的典型应用题，直观组合分析的运算。

第Ⅴ级进入代数命题概括运算。这个等级的儿童根据假设进行概括，他们完全抛开算术框图进行运算。但达到这一级概括水平的儿童在小学阶段是极少数。

上述结果反映小学儿童的数概括水平发展的趋势是一个螺旋式上升的过程，一个“内化”的思维过程，以智力活动的“量”来分析，是一个逐步“简化”的概括过程；各级水平不能互相代替，而是高一级水平必然具备低一级水平的运算能力。

从年级水平来看，小学儿童的数概括发展趋势是：一年级（7~8岁）在学前期思维的基础上发展起来，基本上属于具体形象概括；二、三年级（8~10岁）从具体形象概括向形象抽象概括过渡；四、五年级（10~12岁）大多数被试进入初步本质抽象的概括水平。

从上述材料可以看出，在概括能力的发展上，小学儿童逐渐从对事物外部特点的概括发展到本质属性的概括，逐渐从对少数简单事物进行概括发展到对复杂事物进行概括。具体地说，在整个小学时期，儿童概括的水平大体上经历着如下三个阶段。

（1）直观形象水平。低年级儿童的概括还和学前儿童的概括差不多，主要属于直观形象的概括水平。他们是能够进行概括的，但是他们所能概括的特征或属性常常是事物的直观的、形象的、外部的特征或属性，更多注意的是事物的外观和实际意义，如说“鸟是会飞的”“太阳是发亮的”“牛是会吃草的”等。研究者发现：一年级儿童更多地运用直观—言语概括，二年级儿童更多地运用形象—言语概括，只有到二年级结束时，儿童才过渡到概念—言语概括。

（2）形象抽象水平。中年级儿童的概括主要属于形象抽象的概括水平。在中年级儿童那里，概括处于从形象水平向抽象水平过渡的状态。在他们的概括中，直观的、外部的特征或属性的成分逐渐减少，形象的、本质的特征或属性的成分逐渐加多。许多观察和教师的经验证明，中年级儿童已经有了比较丰富广阔的表象，表象的内容也更精确而富有概括性，因此，在他们的概括中，虽然还有一些外部的、非本质的特征或属性，但是内部的、本质的特征或属性也大大增加起来。例如，他们不仅知道鸟是会飞的，而且知道被抽象出来作为鸟类的特征还有它们的生活环境、生活形态（身体形态及住、食特性）等。他们不仅知道果实就是种子，而且知道种子是有生命的，是可以种的，种子的生长依赖土壤、水分、阳光等。

（3）本质抽象水平。高年级儿童的概括开始以本质抽象概括为主。由于在过去几年中知识经验的积累和智力活动的锻炼，他们已能对事物的本质特征或属性以及事物的内部联系和关系进行抽象概括。例如，他们已能说出动物和植物的本质区别、生物和非生物的本质区别、金属的一般特性、水的三态等。当然，过高估计高年级儿童的概括能力是不对的。由于知识经验的限制，那些和具体事物相距太远的高度抽象的概括活动，对于他们来说，还是非常困难的。

（二）比较能力的发展

关于小学儿童比较能力发展的特点问题，国内外已进行过一些研究。从这些研究中可以看出一种发展的趋势：低年级儿童进行比较时，常表现出困难，不善于分清本质的与非本质的特点。在教育的影响下，儿童的比较能力逐步发展起来。小学儿童对于事物的相异点比相同点容易发现，因而我们主张：在教学过程中，最好从相异点开始，然后过渡到相同点；进行比较时，应从较为悬殊的特点入手，而后再比较细微的差异。不同类型的问题对同一年级的小学生解决比较问题的成绩的影响是不同的，而同一类型的问题对不同年级的小学生的影响也是有区别的。①

① 李晓东、林崇德：《小学三至六年级学生解决比较问题的研究》，《心理科学》2002年第3期。

这两个方面的结论不仅指出了小学儿童比较能力发展的特点，而且也为小学教学，特别是正确引导小学儿童理解概念，提供了依据。因为要正确理解科学概念，就需要了解事物的本质，而要正确认识事物的本质，不但需要找出事物的不同点，也要找出事物的共同点。这就是抽象概括的基础，也是正确掌握概念的前提。

（三）分类能力的发展

分类是人类思维活动的重要方法之一。儿童掌握这种思维方法，有一个发生发展的过程。研究发现：6 岁儿童已经具备了一定的类别学习能力；相对于原型表征，6 岁儿童更倾向于进行样例表征。① 考察小学儿童的分类能力，有助于研究儿童思维发展的年龄特点。

20 世纪 80 年代初，我们对小学儿童字词概念综合性分类能力也进行了一些研究。② 测定的方面有：第一组，指定分类；第二组，排除分类；第三组，直接分类；第四组，组合分析分类。研究结果表明：

（1）小学二年级学生可以完成自己熟悉的具体事物的字词概念的分类。城区小学五年级学生能够正确说明各组课题分类根据的仅有半数左右，农村的更少。绝大多数小学儿童是从事物的外部特征或功用特点来说明分类根据的，但是，随着年龄的增长，中、高年级学生中从本质上说明分类根据的人数有所增长。

（2）解决同一课题，不同年级的儿童表现出不同的分类水平，年龄特点很明显。三、四年级是字词概念分类能力发展的一个转折点。

（3）同一年级儿童在解决难度不同的课题时，表现出不同的分类水平。分类材料的难易程度对分类水平的影响是明显的。通过三、四级水平的人数，总的趋势是随课题难度的增加而减少，而下降为一、二级水平的人数逐渐增多。

（4）小学低、中年级学生基本不具备组合分析分类的能力，从四年级起开始出现这种能力，五年级以后有较明显的发展。一到三年级学生对材料仅做一次分

① 刘志雅、宋晓红、C. A. Seger：《6 岁儿童的类别学习能力：类别表征、注意和分类策略》，《心理学报》2012 年第 5 期。

② 朱智贤、钱曼君、吴凤岗、林崇德：《小学生字词概念综合性分类能力的实验研究》，《心理学报》1982 年第 3 期。

类，没有二次重新组合分类。四、五年级被试已有少数人可以从事物的另一些侧面，以某些共同属性为依据，进行第二次组合分类（个别人可以进行第三次组合分类）。从四、五年级开始出现组合分析分类能力的事实，说明这种能力和抽象逻辑思维能力才能保证儿童对思维对象有全面的了解，才能促成儿童思维的广阔性和灵活性，从而对事物进行多种组合分析的分类。

从以上三个方面（概括、比较、分类）可以看出，小学儿童思维的基本过程在逐渐发展，并日益完善。分析、综合及其派生的抽象、概括、比较、分类、具体化和系统化，最初只能在直接观察事物的条件下进行，而且也很简单，其后逐渐能在过去的知识经验和表象的基础上进行，最后向着以概念为材料的理性过程较全面、深入且广泛地进行。言语在小学儿童的思维基本过程的发展中起着重要作用。

三、理解的发展

理解是在人们头脑内进行的活动，和人们的思维过程是密切相关的，因此，研究理解对于把握人的思维活动是十分重要的。

我们认为，理解某一事物或材料，在很大程度上依赖于一个人已有的经验水平和智力水平。

学前儿童由于经验水平和智力水平的限制，他们的理解主要属于直接的理解，间接的理解还刚刚开始发展。

直接的理解是不要经过间接的思考过程就能立刻实现的理解。这种理解常常和知觉过程融合在一起，是过去知觉事物所留下的形象的再现过程。例如，儿童第一次吃苹果，留下了关于苹果的印象，下一次再看见它，就再现出关于苹果的香味和甜味的印象，因而他能对苹果产生直接的理解：苹果是香甜的，是好吃的。

间接的理解是以事前的思考为根据的理解过程，是要经过一系列的阶段的：或者先有一种模糊的、不分化、不精确的理解，然后经过思考逐渐达到分化、精确的理解；或者是先有对个别因素的局部的理解，然后经过思考逐渐达到全面的理解；或者是兼有这两种情况。总之，间接的理解是要经过一系列分析、综合的一种比较复杂的理解过程。

儿童进入学校从事正规的学习，在掌握知识的过程中，有时是通过直接的理解，有时是通过间接的理解，但间接的理解逐步占有重要地位。儿童要理解字词、术语、作品内容、因果关系等，在理解的过程中，他们不仅要回答是什么，更重要的是要回答为什么以及其间的关系和联系。

在整个小学时期，儿童的理解力是不断发展的。低年级儿童的理解力比学前儿童有所提高，他们已能理解一些比较抽象的语词、数学公式等，但他们的理解主要还是直接的理解，仍然具有很大的具体形象性。例如，他们对于寓言、谚语，常常只能理解内容的具体形象方面，而不能理解思想意义方面。在教学的影响下，随着经验和智力的发展，中、高年级儿童间接的、抽象的理解就逐渐占有主要地位。他们开始理解较为复杂的因果关系，理解较为复杂的算术应用题，理解作品的内容并能分析其中的大意。当然，同年级的儿童对于不同的学习材料，理解的情况是不一样的，例如，四年级儿童可以理解很复杂的应用题，但是对于某些寓言仍然不能理解。

要使儿童能顺利地理解教材，教师首先必须注意从儿童已有的经验出发，引导儿童逐步达到对新事物的理解。在教学中，众所周知的从已知到未知、从不确切的知到比较确切的知、从具体到抽象、从易到难、从简单到复杂、从近到远等原则，是引导儿童理解教材必须遵守的客观规律。

教师传授任何一种新知识，必须首先了解儿童已有的有关经验是什么，他们已经懂得的是什么，然后有的放矢地把新知识和旧经验联系起来。例如：为使儿童理解什么是“台风”，就要从“风”“大风”说起；为使儿童理解“自相矛盾”这个成语的含义，就必须从矛和盾是什么，以及关于自相矛盾的寓言故事说起。

儿童在理解各种不同教材的时候，理解的水平、过程和规律常常不是完全一样的，我们必须具体地加以研究。以下的一些研究工作可以供我们参考。

（一）对寓言、谚语的理解

心理学工作者研究了小学儿童理解寓言的特点，发现小学不同年级儿童对寓言的理解是沿着以下三种水平向前发展的。

（1）最低水平——把寓言和童话故事混为一谈，看不出寓言的转义或隐喻，即寓言中所包含的意义或教训。

（2）较高水平——开始能看出作品中的意义并能把它转移到人的身上，但是他们所能概括的范围常常很狭隘，只能在作品所描述的情境范围内把教训转移到人的身上。

（3）最高水平——立即理解寓言的转义或隐喻，并能把抽象的意义转移到人的身上，而且这种转移并不受作品中描述的具体情境的限制。

我国心理学工作者研究了学龄儿童（主要是小学儿童）理解寓言、比喻词的年龄特点，研究结果如下。①

第一，学龄儿童理解寓言和比喻词转义的水平是随年龄的增长而提高的，从停留在故事具体情节和词的表面的理解发展到局限于具体情节来理解寓言和喻义，再发展到能摆脱具体情节来揭示隐喻。最后一级水平，即第三级水平，到小学高年级已逐渐占优势，因此，可以认为小学高年级学生的理解能力已开始向抽象方面转化。

第二，同一年龄阶段的儿童对不同的寓言和比喻词的理解并不完全相同，这主要是看寓言和比喻词的寓意和隐喻是否为儿童的生活经验中所有，看寓意和隐喻的隐蔽程度而定。

至于谚语，由于它的简练性和深刻性，儿童常常要到较高的年级才可能真正理解。实验研究指出，甚至12~13岁的儿童对“独木不成林”这一类的谚语，往往只能抓住一些表面的、具体的含义，而对这一谚语所包括的那些深刻的思想常常不能理解。例如，这些儿童认为“独木不成林”的意思就是：“如果只是一个人，那么他跟谁作战呢？”

儿童对谜语和格言的理解类似于对寓言和谚语的理解。

（二）对作品中人物的理解

许多心理学工作者研究了儿童对文艺作品中人物的理解。研究者指出，小学儿童能够理解表现在人物的具体行动中的那些道德品质，能够揭示他们的行为动

① 李丹、缪小春、武进之：《学龄儿童理解寓言、比喻词的年龄特点》，《心理学报》1962年第2期。

机（如友谊感、责任感、对祖国的热爱等），但是关于这些道德品质的判断常常带有狭隘性和片面性。例如，他们往往不能比较全面地评价人物的优点和缺点，对于自己喜欢的人物常常不能注意他们的缺点，对于自己不喜欢的人物又常常不能指出他们的优点，特别是对于人物内心的动机冲突很难理解。

经研究，有人指出小学儿童对作品中人物行为动机的理解将经历以下几个发展阶段。

第一阶段，还不能独立揭示作品中人物的行为动机。他们的分析只限于叙述作品中的情节和描述人物的具体行动，而完全不涉及人物的内心体验和行为动机。换言之，他们注意的中心还不是行为动机，而是人物的具体行动。一年级儿童主要属于这个阶段。

第二阶段，开始能意识到制约人物行为的因素，但还不能揭示那些制约行为性质的内部动机，而是用外部事物或行为目的作为解释行为的依据。只有向儿童提出相应的启发性问题，他们才会谈到人物的行为动机。二年级儿童主要属于这个阶段。

第三阶段，开始能在复述作品时注意分析人物的行为动机，但是只能部分地揭示人物的行为动机，还不能经常充分地揭示人物的行为动机，也不能揭示哪些是主要的动机。三年级儿童主要属于这个阶段。

第四阶段，在说明人物的行为时，已能着重分析人物的那些十分复杂的行为动机。四年级儿童开始达到这个阶段。

（三）对因果关系的理解

有人对中小学生因果思维进行研究，并根据皮亚杰关于因果关系理解水平加以分类，结果发现:（1）现象论的解释逐渐减少;（2）泛灵论的解释趋于消失;（3）动力的解释年龄差异很小;（4）机械的、逻辑的解释随年龄的增长而增加。①儿童对因果关系的理解表现出以下特点。

（1）从具体事实的叙述到因果关系的说明。儿童最初只能叙述一些具体事

① Watson, R. I.（1973）. *Psychology of the child*. New York: John Wiley & Sons, p. 379.

实，而不会说明因果关系。如果要求低年级儿童解释某种现象的因果关系，他们往往把所知道的事实一股脑儿全说出来。尽管有时他们能够做一些说明解释，却还不是独立思考的结果，而是记忆的重述。

（2）首先能确定某种现象的原因（从结果到原因），然后才能根据已知原因来确定结果（从原因到结果）。儿童开始理解因果关系的时候，根据已知的结果去理解产生这种现象的原因常常比较容易，而根据已经知道的原因来确定结果就比较困难，至于对原因和结果之间的可逆性的关系就更难掌握了。例如，小学儿童一般可以理解一个地方所处的纬度影响着它的气候，常常不能反过来，根据一个地方的气候来推想它所处的纬度。

（3）理解简单的因果关系较易，理解复杂的因果关系较难。儿童最初常常只能理解简单的因果关系，如某种原因的一个结果，或某种事实的一个原因，因此常常把一种现象的因果关系加以简单化。在教学的影响下，儿童才逐步学会确定某一现象的多种原因，在多种原因中找出主要原因和次要原因。

（四）对矛盾关系的理解

小学儿童理解矛盾关系大致可分为四个发展阶段。第一阶段，对矛盾关系缺乏理解。他们误把矛盾关系当因果关系。第二阶段，开始表现出对于矛盾关系的理解的萌芽。但是，儿童常常不能使自己关于矛盾关系的理解符合现象之间客观存在的矛盾。第三阶段，开始能对现象间的矛盾关系有比较确切的理解，但是书面表达还不明确。第四阶段，开始对现象间的矛盾关系有比较正确而全面的理解。

我国心理学工作者关于小学儿童掌握让步连接词（“虽然……可是……”）的研究，也从一个侧面说明了小学儿童对矛盾理解的发展过程。因为让步连接词是表示正常因果关系的破坏，是事物矛盾关系的反映。研究结果发现，从小学二年级到五年级，小学生对让步连接词理解错误的人数百分比逐渐减少，理解正确的人数百分比逐渐增加，理解接近正确的人数百分比在各年级中基本保持稳定。

（五）对算术应用题的理解

对算术应用题的理解是正确解答应用题的主要前提。而理解算术应用题的内容有赖于很多条件。首先，儿童要学会对应用题中的“条件”和“问题”进行逻辑分析。其次，要能正确理解应用题中的文字、术语和概念。例如，在一般应用题中，“增加了”都是用加法，在下面这样的题目中却是用减法：“班上原来有 16 个男生，学期终了时有 20 个，增加了几个？”

理解应用题的最重要条件是应用题的内容要与儿童过去的知识经验有密切联系。例如，运算顺序与生活中事物的通常顺序相一致的算题要比二者相违背的算题容易理解些。

我国心理学工作者研究了一年级学生理解应用题的一般发展过程，研究者确定一年级学生理解应用题能力的发展经历了实物演算、分解数学内容、分析应用题结构、对各类题目进行异同对比以及解答两步应用题五个阶段。①

另有研究者从表征的角度来分析儿童的数学应用题问题解决能力，认为在数学问题解决中包含两个相互作用的部分：表征和操作。② 教学实践中发现，许多学生都具备解决数字题的技能，却无法将这些技能迁移到应用题中，这是因为他们在问题表征上存在困难，而在问题操作上不存在困难。研究者认为，在数学应用题心理表征中存在两种基本的策略：直接转换策略和问题模型策略。③ 直接转换策略是指当面对数学应用题时，主体首先从题中选取所含的数字和关键词，然后对数字进行加工，其中强调对量的推理，即运算过程。问题模型策略是指当面对数学应用题时，主体首先试图理解问题情境，然后根据情境表征制订计划，其中强调对质的推理，即理解问题中条件之间的关系。

对小学二至四年级儿童数学应用题表征策略的研究表明，数学学优生和学差生在解决数学应用题成绩上的差异主要是由于他们采用了不同的表征策略。其中学优生较多地使用问题模型策略对问题进行表征，学差生较多地使用直接转换策略对问题进行表征。随着年级的升高，学优生在使用问题模型策略上越来越成

① 朱曼殊、朱玉瑛：《一年级学生理解应用题的心理分析》，《心理学报》1961 年第 3 期。

② Siegler, R. (1998). *Children's thinking*. Upper Saddle River: Prentice Hall, pp. 150–167.

③ Sternberg, R. J., & Ben-Zeev, T. (1996). *The nature of mathematical thinking*. Hillsdale, NJ: Lawrence Erlbaum Associates, pp. 27–79.

熟，学差生并没有学会使用更加有效的问题模型表征策略，仍然停留在直接转换策略上，但他们在关于策略使用的认识上有所提高。①

四、概念的发展

我国心理学工作者对小学儿童的概念掌握和发展进行了大量研究，发现小学儿童概念的发展主要表现在深刻性、丰富性和系统性三个方面。

（一）深刻性方面的发展

小学儿童的概念在性质方面逐渐从事物的直观属性中解放出来，而以本质的、一般的因素为形成的基础，因而逐步形成深刻而精确的概念。

研究发现，小学儿童概念发展的深刻化是有条件的。② 由于生活经验的缺乏和智力水平的限制，起初小学儿童往往不能从事物的本质属性上来认识事物、掌握概念，甚至儿童可以说出某一概念，实际上并不真正理解这个概念。随着儿童经验的增长和智力水平的提高，他们的概念逐步深刻起来。在实验中，研究者把儿童掌握概念的类型概括为八种，这八种类型反映了儿童概念深刻化的程度。

小学儿童的概念掌握表现了阶段特征。小学低年级儿童“不能理解”的概念较多，较多运用“具体实例”“直观特征”掌握概念。小学高年级儿童“不能理解”的概念减少，逐渐能根据非直观的“重要属性”“实际功用”“种属关系”掌握概念，而“正确定义”类型占极大比例。小学中年级正处在概念掌握的过渡阶段。

一方面，“具体实例”和“直观特征”两种类型在各阶段都占有重要比例；另一方面，“正确定义”类型在整个小学阶段迅速发展，所占比例随年级升高而明显增加。这两个方面表明了小学儿童的思维既具有明显的具体形象性，又不断增长抽象概括性，迅速向抽象思维过渡。

小学低年级儿童就能以“正确定义”掌握概念，尤其对抽象概念，比具体概

① 陈英和、仲宁宁、田国胜、王治国：《小学 2~4 年级儿童数学应用题表征策略差异的研究》，《心理发展与教育》2004 年第 4 期。

② 丁祖荫：《儿童概念掌握的实验研究》，见《发展心理、教育心理论文选》，人民教育出版社 1980 年版。

念更多运用“正确定义”，这说明教育对儿童的概念掌握起着积极作用。教师只要针对儿童心理发展特点，采用适当的教材和合宜的教法，完全可能使小学儿童更早一些、更好一些掌握科学概念。

由此可见，小学儿童通过学校有计划、有目的的专门教学逐步地掌握各类概念的内涵和外延，掌握有严格规定的科学概念。

小学儿童概念的深刻化是他们思维发展的重要方面。小学儿童只有正确而深刻地掌握概念，才能顺利地进行抽象、概括、判断、推理，理解客观事物，并发展分析问题、解决问题的能力。

（二）丰富性方面的发展

儿童入学以后，概念在日益丰富。

从20世纪60年代起，我们曾对小学儿童的各类概念进行研究，发现他们的概念不但在深刻性方面有很大发展，在丰富性方面也有很大发展。

1. 字词概念的发展

我们曾对小学儿童的字词概念发展进行过一系列研究。在研究中发现，小学儿童在选择概念定义和给概念下定义时表现出五种不同的水平：Ⅰ. 错误的定义；Ⅱ. 概念的重复；Ⅲ. 功用性定义或具体形象的描述；Ⅳ. 接近本质的定义或做具体的解释；Ⅴ. 本质的定义。①②

（1）小学儿童字词概念的发展趋势。从上述研究中可以看出，小学儿童的字词概念发展经历了从直观特征到具体形象特征，再到初步揭示一般特征并接近本质特征，最后到揭示本质特征，下较完善的定义。这个过程反映了小学儿童思维发展的总趋势。

（2）小学儿童对不同字词概念的反应。研究中还发现，材料的性质在很大程度上影响思维年龄特征的表现。也就是说，儿童对不同性质内涵与外延的字词概念的理解表现出不同的思维特点。

---

① 朱智贤、钱曼君、吴凤岗、林崇德:《小学生字词概念发展的研究》,《心理科学通讯》1982年第3期。

② 朱智贤、钱曼君、吴凤岗、林崇德:《小学生字词概念综合性分类能力的实验研究》,《心理学报》1982年第3期。

根据该研究结果，我们可归纳出以下结论。

其一，小学儿童对不同字词概念的理解水平不一致，说明儿童思维活动特点的不平衡性。对比较容易的材料，能揭示其一般特征，反映其本质属性；对比较困难的材料，又回到较低的水平，拘泥于具体形象，而不能理解字词概念的抽象属性。

其二，小学儿童对不同字词概念反应的差异性，既决定于字词概念本身的难度，又决定于思维对象与儿童生活经验的一致性。

其三，实验研究材料的性质对思维特点的影响并不排斥年龄特征，我们不能因小学儿童对不同字词概念反应的差异而否定不同年龄阶段具有不同的思维发展水平，认为思维的特征完全为思维对象的性质所决定。综上所述，无论什么样的字词概念，小学儿童理解的水平总是随年级的升高而提高的。可见，年龄特征是稳定性与可变性的统一、共性与个性的统一。

2. 数学概念的发展

（1）数学概念日益丰富、不断深刻。我国心理学界曾对数学概念进行过多方面的研究，如认数，数序与系列，数的组成、运算和应用，容积、长度、交集等。这里仅举两例。

①数和数量概念的发展。7~12岁儿童的数概念发展表现为三个阶段：低年级（7~8岁），初步形成三位以内整数概念系统，可以掌握三四位数；中年级（9~10岁），整数、小数概念系统正处于巩固和形成的过程中，基本上能掌握万以上整数；高年级（11~12岁），整数、小数、分数的概念系统逐步趋向统一，除个别项目外，一般都能较好地掌握，分数概念也已基本掌握。①

②容积概念的发展。小学儿童容积概念的发展有随年龄增长而发展的趋势，但对不同难度、不同抽象程度的课题，掌握情况是不一样的，表现为从易到难、从具体到抽象。同时，容积概念发展的顺序不仅表现在课题的掌握上，也表现在认识水平的发展上，其顺序是：任意性的回答→凭直接感知进行推理、估计、运

① 刘范、吕静、沈家鲜、赖昌贵、张增杰、刘静娴等:《国内十个地区7~12岁儿童数学概念和运算能力发展的初步研究》,《心理学报》1981年第2期。

算→凭表象进行概括和推理→凭概念通过逻辑思维进行推理和运算。①

（2）小学儿童数学概念发展的特点。有研究者曾对小学儿童数学概念发展的特点做了如下概括。②

①儿童数学概念的发展具有一定规律性。表现为：数概念的深度、广度、准确度和熟练程度一般随年龄增长而发展；数概念的发展是非直线式的，而是有起伏的、波浪式的；数概念发展有极大的个别差异，这种差异是和环境、教学条件分不开的。

②数概念的发展有一定的顺序性：整数→小数→分数。在整数方面，掌握百以内数概念的顺序是：认数→数序与系列、组成→应用。掌握万以内数概念的顺序是：图↔数、相邻数、比大小、组成↔认写、数位、系列、应用→集合。掌握小数概念的顺序是：图↔数、比大小、数位→系列、应用。掌握分数概念的顺序是：图↔数、比大小、组成→应用→系列。其中双向箭头表示箭头左右阶段有可能对调，存在个体差异。

③从儿童易犯的错误中可以看到儿童思维发展的特点，如空间想象力差，思维缺乏灵活性、精确性，思维容易带有片面性等。

总之，小学儿童掌握概念的过程是一个主动的过程，是一个更新的过程。儿童不断地掌握新概念，不断地改造旧概念，从而使他们所掌握的概念不断丰富，并日益系统化。

（三）系统性方面的发展

儿童概念的发展不仅表现在概念本身的不断充实和改造上，而且表现在概念系统的掌握上。

在教学的影响下，一方面儿童所掌握的概念总是在不断运动发展着，不断地加深本质特征并舍弃非本质特征，另一方面儿童所掌握的概念又不是各自孤立、互不相关的。任何一个概念总是与其他有关概念既有一定区别，又有一定联系，

① 沈家鲜、刘范、孙昌识、赵淑文：《5~17岁儿童和青少年“容积”概念发展的研究——儿童认知发展研究（Ⅲ）》，《心理学报》1984年第2期。

② 沈家鲜：《7~12岁儿童数概念发展的研究》，中国心理学会1979年年会论文。

掌握有关概念之间的区别和联系，也就是掌握概念系统。

概念系统是客观事物的区别和联系的反映。因为客观事物都是既互相区别又互相联系的，因此，概念和概念之间也就表现为一定的区别和联系。例如说“牛是会耕田的动物”，这里既反映了“牛”“耕田”“动物”这些概念之间的区别，也反映了它们之间的一定联系。教师在为某一概念做解释或下定义的同时，就教会儿童去掌握概念的系统。

小学儿童数概念与运算能力发展的研究表明，小学儿童通过分析、综合、比较、抽象和概括，逐步掌握复杂的数概念系统和运算系统。①他们不但不断扩充着数概念，而且逐步地掌握运算方面的较完善的思维形式。数学方面的系统性逐步地被小学儿童反映为思维的系统性。

小学儿童思维系统化的发展，也必然地表现出组合分析的结构，即“格”的结构。小学儿童解答应用题就是如此，他们在思维过程中有着不同的层次和交结点，他们将原有条件重新组合分析，然后综合列式。这种结构的发展，才使小学儿童在解答应用题时思维系统完整与全面。

字词概念和数学概念尽管是不同性质的概念，但在概念这个整体中，它们又是相辅相成的，是统一的。从根本上看，小学儿童对概念的组合分析能力是不高的，也就是说，小学儿童概念的系统化还有待进一步发展。

为帮助儿童掌握概念系统，教师应当注意以下两点。

（1）必须让儿童按照概念本身的逻辑顺序去掌握，必须循序渐进，因为知识本身是有顺序的。例如：儿童不掌握加、减概念，就不能掌握乘、除概念；儿童不掌握乘、除概念，就不能掌握分数概念。

（2）必须帮助儿童学会对材料进行分类和系统化工作，也就是对许多有关的概念进行抽象概括。小学低年级儿童还不善于进行抽象概括，还不善于找出事物的本质属性和内在联系来对材料进行分类和系统化工作。教师要帮助他们逐步学会通过分析、综合、比较来发现事物之间的关系和联系。中、高年级儿童应当逐

① 林崇德:《小学儿童数概念与运算能力发展的研究》,《心理学报》1981 年第 3 期。

步掌握材料归类、做表解、编拟提纲等概括方法。

概念的深刻性、丰富性和系统性，这三者的发展是互相制约、彼此联系的。

儿童掌握概念系统的过程，也就是儿童应用以往丰富的概念材料去同化（领会）深刻而有系统的知识的过程。

在教学中，教师首先要明确某个概念和其相近的概念的区别，通过比较、提供变式等方法使儿童精确地掌握某一概念的内涵。例如，关于“果实”的概念，最初儿童可能掌握得很不精确，他们往往把可食性当作果实的主要特征，因而把苹果、梨、马铃薯、萝卜等都当作果实。在教学的影响下，儿童知道凡是果实都含有种子，因而把马铃薯、萝卜从果实中分化出去，同时把以前不认为是果实的东西如麦子、稻子等，加入到果实这一概念中来。这就使果实这一概念的内涵大大丰富和精确起来。

教师在明确概念的区别或内涵的同时，也要使儿童掌握有关概念之间的联系。首先是掌握这一概念的外延，其次是掌握这一概念的种属关系，以及和这一概念有关的各个方面。例如：在讲“动物”这一概念时，要尽可能包括儿童所能知道的各种动物；在讲“植物”这一概念时，要尽可能包括儿童所能知道的各种植物。在明确动物这一概念时，就不能不涉及动物和兽类、鸟类这些概念的关系；在明确植物这一概念时，就不能不涉及植物和根、茎、叶这些概念的关系。甚至在讲鸟类时，也不能不涉及有关鸟的生活环境和生活形态的概念；在讲植物时，也不能不涉及土壤、水分、日光等概念。

每一概念都在概念系统中占有一定地位，我们也只有在概念系统中去掌握概念，才能掌握得更好。例如，儿童只有掌握了奴隶、奴隶主、私有财产等概念，才能更好地掌握奴隶社会这一概念。

儿童在开始掌握概念的时候，由于知识经验的贫乏，许多概念常常是孤立的，还没有进入一定的概念系统。教师的任务在于根据儿童知识经验的水平，根据儿童概括发展的水平，及时地帮助儿童掌握概念系统，并使儿童的概念系统日益丰富、广阔而深刻，使儿童的智力活动从孤立、片面日益向精确、全面而系统化的方向发展。

五、判断和推理的发展

所谓抽象逻辑思维，就是正确地掌握概念，并运用概念组成恰当的判断，进行合乎逻辑的推理的思维活动。

小学儿童的判断和推理能力是随着儿童掌握比较复杂的知识经验和语法结构而逐渐发展起来的。

（一）判断的发展

一年级儿童的判断大多为实然判断，而且在很大程度上是以事物的外部特征为依据的。例如：这是椅子，这不是桌子，椅子是可以坐的；这是面包，这不是皮球，面包是可以吃的。

在二年级儿童那里，可以初步看到一些盖然判断。盖然判断表明同一事实可以有不同原因、不同可能、不同情况或不同解释。儿童掌握盖然判断是和儿童理解事物的多种属性、事物变化的多种原因相联系的。例如，今天某某同学没来上课，可能是病了，可能是家里有事，也可能是起床晚了，等等。又如，某某同学的铅笔忽然不见了，大家帮他找，在找的过程中儿童提出了各种各样的假设。

二年级儿童虽然能够对某一事实提出各种不同的假设，但是他们常常还不能自觉地去论证自己的假设，也不善于独立地进行这样的论证。这就是低年级儿童在回答问题时判断常常流于片面或形式雷同的主要原因。

在教学的影响下，低年级儿童逐步学会对自己或别人提出的判断进行论证，但这些论证常常只是一些实际见过的事实或实例的引证，很少进行逻辑论证。

从中年级起，儿童能够比较独立地、有根据而又明确地论证一些比较复杂的盖然判断。这可以说是儿童自觉逻辑判断能力的初步表现。

（1）这时儿童不仅懂得自己的判断必须是真实而恰当的，而且初步学会对提出的判断进行逻辑分析和证明。

（2）这时儿童不仅能运用直接论证，而且能运用间接论证。

（3）这时儿童不仅能提出各种可能的原因，而且能从中确定真正的原因或主要的原因。

中、高年级儿童逻辑判断能力的发展是和儿童知识的积累和系统化相联系的，是和儿童掌握语法中的复合句构造以及解答复杂的算术应用题相联系的。

当然，中、高年级儿童的逻辑判断还不十分完备，还不能对现实的复杂关系和联系有充分而完备的反映。

一些关于儿童给概念下定义的实验研究表明，小学儿童的判断常常流于一般化，常常不十分精确。他们在为某一概念下定义的时候，比较容易找出邻近的种概念，而要找出最接近的属概念来精确地表述某一概念的内涵就比较困难。例如，儿童能指出“布谷鸟是一种鸟类”“狮子是一种动物”，但是对布谷鸟是什么样的鸟、狮子是什么样的动物要做出比较精确的逻辑判断就不很容易。这种情况是和巴甫洛夫所说的暂时联系的形成是由一般到特殊、由泛化到分化、由不大精确到比较精确这一规律相符合的。

（二）推理的发展

在教学过程中，儿童不但要掌握概念和进行判断，而且要进行逻辑推理。推理是由一个判断或由许多判断推出另一个新的判断的思维过程。比较完善的逻辑推理能力是儿童智力发展的重要环节和主要标志。儿童的推理能力发展常常受到多种因素的影响。有研究发现，儿童的注意与工作记忆在推理能力的发展中起十分重要的作用，然而注意与工作记忆的作用在不同年龄组之间略有差异：在儿童7岁时，注意对推理的影响显著，工作记忆对推理的影响不显著；到儿童10岁时，注意和工作记忆对推理的影响均显著，但工作记忆开始在注意与推理之间起部分中介的作用。①

推理可以分为直接推理和间接推理，间接推理主要包括演绎推理、归纳推理和类比推理等。对于小学儿童说来，首先掌握的是那些比较简单的直接推理。直接推理是由一个前提本身引出某一结论的推理。例如，从“5比3大”这个前提中可以推出“3比5小”这个结论。又如，从“好学生不破坏纪律”这一前提可以推出“破坏纪律的不是好学生”这一结论。

在教学过程中，更多需要运用的推理是间接推理。间接推理是由几个前提

① 任学柱、钱颖技、李春花、徐芬:《注意、工作记忆与推理能力发展的关系》,《心理发展与教育》2010年第4期。

推出某一结论的推理。在教学过程中，有很多判断或结论，其正确与否常常不是自明的真理，因而必须采用间接推理的方式来加以论证。例如，儿童学习乘法交换律（几个数相乘，被乘数、乘数任意交换位置，其积不变）或学习金属的性能（金属遇热就熔化）的时候，所遇到的一些判断或结论，其真伪大都不是直接可以断定的，而是需要运用实验或逻辑方法来间接论证的。就在这样的学习条件下，儿童逐步掌握了演绎推理和归纳推理。

学前儿童，特别是学前晚期儿童，在经验所及的范围内，已经能进行一些逻辑推理，不过常常是不自觉的、很低级的。刚刚进入小学的儿童在逻辑推理上仍然保持着学前儿童的特点。他们的推理在很大程度上要依赖对事物的直观，常常以事物的偶然联系为推理的依据，在进行推理的时候常常不能使自己的思维活动服从于一定的目的任务，以致思想有时离开了推论的对象。在正确的教学影响下，儿童推理的抽象概括性、逻辑性和自觉性就逐步发展起来。

1. 小学儿童的直接推理

我国心理学工作者对小学儿童的直接推理特点进行了研究，内容涉及全称肯定判断（SAP）、全称否定判断（SEP）、特称肯定判断（SIP）、特称否定判断（SOP）四组句子，每组句子又分为具体、比较抽象和抽象三个等级。每个句子都应用换位、换质和换质位三种不同的推理形式。整个测验包括 36 道推理题，在每道题的后面都列出正确和错误两种结论，要求儿童做出判断和选择。结果发现：（1）小学儿童的直接推理能力随年龄的增长而逐步提高（一、二年级为第一阶段，三、四年级为第二阶段，五年级为第三阶段），思维发展的加速期在四、五年级之间；（2）小学儿童掌握三种不同形式的直接推理是不同步的；（3）特称判断的成绩高于全称判断的成绩，肯定判断的成绩高于否定判断的成绩。①

2. 小学儿童的间接推理

（1）演绎推理。学前儿童只能在一些有限的、熟悉的事物范围内不自觉地运

① 周镐、古茂盛、鲍碧君：《小学生直接推理特点的调查研究》，《教育研究与实验》1985 年第 4 期。

用演绎推理。小学儿童在教学的影响下，逐渐学会在较广泛的知识范围内，比较自觉地根据已知的规则、公式等来解释新的具体事实，即掌握了演绎推理。

在小学儿童的学习过程中，教师经常通过具体事例来引出一般规则、公式或结论，同时，又要求儿童把这些一般规则、公式或结论应用到具体事物上。这个过程锻炼了儿童的演绎推理能力。

例如，由于儿童知道一切果实都包含植物的种子，根据这个一般的结论，当他认识西红柿的时候，他就会把它归到果实中去。又如，由于儿童学会了时间、距离和速度三者的关系的计算公式，儿童就能运用它来解决关于行程的算术应用题。

我国心理学工作者采用逻辑学上典型的直言三段论法的三种格来要求儿童进行演绎推理。结果发现：低年级儿童基本上能进行第一格形式的三段论法推理，对其他形式的推理则尚有困难；高年级儿童基本上能进行任何格的三段论法推理。①

总之，小学儿童开始比较自觉地掌握演绎推理，只是由于知识经验和智力水平的限制，仍然会有很多困难。小学儿童在运用演绎推理上的最大困难是在个别具体事物或现象中找出符合一般规则、公式或结论的那些共同特征，从而用一般来解释个别。

（2）归纳推理。初入学的儿童和学前儿童一样，能在所理解的事物或现象的范围内确定某一事物或现象的因果联系。如果教师要求儿童针对许多类似的个别事物或现象的因果联系，运用归纳推理的方法，找出一般规律和定理，他们常常不能抓住本质联系，因而不能从许多个别中概括出一般。

有人还对儿童的归纳推理进行了研究，其实验结果和演绎推理一样，经历了从不会归纳推理到合乎归纳推理的多级水平。② 小学儿童进行归纳推理，有时被一些非本质的东西所吸引，以致得出不正确的结论。研究者发现，儿童常常孤立

① 李丹、武进之、缪小春：《儿童演绎推理的特点》，《华东师范大学学报》1964 年第 1 期。

② 王骧业等：《10 岁、12 岁、14 岁儿童推理过程中思维发展特点的研究》，《青海心理科学通讯》1980 年第 1 期。

地看待个别事实或现象，他们可以正确地解释个别事实或现象，却常常不能提高到概括水平，即提高到用归纳推理来确定一般规律和定理。例如，许多二年级和三年级儿童以及一部分四年级儿童在观察把物体沉入容器时排出水来的实验中，能够正确地指出沉入水中的火柴盒比 8 立方厘米的木块排出的水多，在盛满水的桶中沉入一个西瓜比沉入一个苹果流出的水多，但是他们不能由此归纳出一般规律。在教学的影响下，随着儿童知识经验的增长，儿童开始能在许多个别现象中概括出本质的因果联系，并用归纳法得出结论，从而确定一般的规律和法则。例如，在教学影响下，一个三年级女生在解释过几个把物体沉入容器中排出水来的实验以后，就独立地得出这样的结论："物体排出水的体积等于它在容器中所占的空间的大小。"

必须指出，归纳推理和演绎推理是互相联系、密不可分的。研究者用四项指标来分析小学儿童运算中推理能力发展的水平：①推理发生的范围，是在算术运算中的推理还是在初步代数式中的推理；②推理的步骤，是直接推理还是间接推理；③推理的正确性；④推理品质的抽象概括性，是重复过程还是进行逻辑推理获得本质的结论。按此指标，得出小学儿童推理发展的四级水平。①

演绎推理：Ⅰ. 简单原理、法则直接具体化的运算；Ⅱ. 简单原理、法则直接以字母具体化的运算；Ⅲ. 以算术原理、法则和公式为大前提，合乎逻辑地进行多步演绎和具体化，得出正确结论；Ⅳ. 以初等代数或几何原理为大前提，进行多步演绎推理，得出正确结论。

归纳推理：Ⅰ. 算术运算中直接归纳推理；Ⅱ. 简单文字运算中直接归纳推理；Ⅲ. 算术运算中间接归纳推理；Ⅳ. 初步代数式的间接归纳推理。

小学儿童在运算能力的发展中，掌握归纳和演绎两种推理形式的趋势和水平是接近的。

（3）类比推理。此外，还有研究者研究了小学儿童的类比推理。② 研究者从

① 林崇德：《小学儿童数概念与运算能力发展的研究》，《心理学报》1981 年第 3 期。

② 邵瑞珍、李丹、武进之：《儿童类比推理的特点》，见《发展心理、教育心理论文选》，人民教育出版社 1980 年版。

客观事物的多种多样的关系中抽出六种比较普遍的关系作为实验的基本内容：①工具与功用关系（如笔—写字）；②部分与整体关系（如手指—手）；③对立关系（如高—低）；④并列关系（如青菜—菠菜）；⑤从属关系（如粮食—米）；⑥因果关系（如下雨—地湿）。为了既了解类比思维发展的年龄变化，又探索不同教学条件对这种能力发展的影响，研究者从分别代表三种不同教学质量的三所学校的低、中、高三个年级中选择被试。结果发现，小学儿童类比思维发展的年龄阶段性是存在的，即低、中、高各年级有显著的水平上的差异。同时，教育条件的好坏也显著地影响类比思维发展的水平。差校的较高年级儿童的正确类推率还停留在好校的较低年级的水平上。所以，类比推理能力的发展也如其他推理能力的发展一样，既表现出发展的年龄阶段性，又在达到某阶段的年龄（年级）界限上表现出可变性，这主要是受教育条件的影响。

（4）传递性推理。传递性推理是指对元素排列次序关系的一种推理，比如，由 A>B，B>C，推理 A>C。它是儿童逻辑推理能力的核心。关于儿童传递性推理能力发展的研究自皮亚杰开始就没有中断过。

有研究考察了 3~11 岁儿童解决形象语言的三项系列问题的传递性关系推理能力的发展及规律。①结果发现，感知运动水平的传递性关系推理先于具体形象的传递性关系推理，儿童解决形象语言的三项系列问题的能力发展大致经历了以下四个阶段。

萌芽前阶段（3~4 岁）：这时的儿童在不训练的情况下完全不能正确解决问题，训练后也只有部分儿童能够解决最简单的问题。

萌芽阶段（5 岁）：这时的儿童如果不加以训练，基本上不能解决问题，训练后能够解决“比”句式问题，但还不能解决“没有”句式的问题。这时也可称为“比”句式阶段。

发展阶段（6~7 岁）：这时的儿童在不训练的情况下可以解决“比”句式的问题，部分儿童也可解决“没有”句式的问题，但训练后能解决本研究中的所有

① 李红：《3~11 岁儿童解决形象语言的三项系列问题的研究》，《西南师范大学学报（自然科学版）》2000 年第 4 期。

问题。这时也可称为“比—没有”过渡阶段。

完善阶段（8~9岁）：这时的儿童在不训练的情况下，解决两类问题的能力均已得到较好发展，能基本正确地解决本研究中的问题，训练后则完全能解决问题。

有研究者从图形和文字刺激材料入手，探查了小学儿童的一维空间方位传递性推理能力的发展水平。结果表明，7岁儿童处于能力的初步形成期，9岁儿童处于能力的提高和发展期，11岁儿童已基本具有了一维空间方位单模型条件下的传递性推理能力。小学儿童在图形刺激材料条件下的推理成绩显著优于文字刺激材料条件下的推理成绩。①

另一项对于两维空间方位传递推理能力发展水平的研究表明，7岁儿童开始萌发了两维空间方位传递性推理能力，9岁儿童和11岁儿童的推理能力处于发展和提高过程中。②

鉴于上述的小学儿童演绎、归纳、类比、传递等间接推理发展的趋势，可以看到小学儿童的抽象逻辑思维在全面地发展着并逐渐成为他们思维的主要形式。

六、在教学过程中儿童思维的培养

在整个小学时期，积极培养儿童的抽象逻辑思维能力是教学的重大任务之一。只有逐步从以具体形象性为主导的思维形式过渡到以抽象概括性为主导的思维形式，儿童才能顺利地掌握人类所传承的丰富的文化财富。

儿童的抽象逻辑思维是掌握知识经验的重要前提，同时，抽象思维能力又是在正确的教学活动中锻炼和发展起来的。它们是互相依存的、矛盾统一的。

培养儿童的抽象逻辑思维能力是一个复杂的、长期的过程。教师既要根据儿童思维的水平创造条件，积极促进儿童抽象逻辑思维不断发展，同时又要耐心而机智地、循序渐进地进行这项工作。

① 毕鸿燕、方格、于海霞:《小学儿童在不同刺激材料中的左右空间方位传递性推理能力及策略分析》,《心理发展与教育》2003年第4期。

② 毕鸿燕、方格、翁旭初:《小学儿童两维空间方位传递性推理能力的发展》,《心理学报》2004年第2期。

第一，从具体、感性的实践引向抽象概括是掌握知识、发展思维的一般规律。虽然教学过程和人类的认识过程有一定的差别，教学过程并不需要完全重复人类的认识过程，但是，为使儿童能更好地接受新知识、发展抽象逻辑思维，以一定的感性基础为出发点，逐步引向抽象概括，始终是必要的。因此，我们说，要引导小学儿童从具体思维向抽象思维发展，这绝不是说具体思维是坏的、毫无作用的东西。为了发展儿童的抽象概括能力，教师既要提供合乎儿童经验的具体的东西，又要在可能范围内让儿童很快离开具体的东西。为了使儿童理解加法、乘法或分数的意义和运算，从具体的事物开始是必要的，但是长期停留在具体事物的帮助上也是不对的。

第二，有意识地帮助儿童学会并逐步提高思维过程中的各种基本能力，可以更好地促进儿童抽象逻辑思维的发展。教师在教学过程中，不仅要考虑如何更好地传授知识，而且也要考虑如何更好地发展儿童的思维能力。思维过程的一些基本能力包括比较、分析、综合、抽象、概括等。教师要善于在教学中组织儿童的思维活动，同时要教会儿童有意识地组织自己的思维活动。很多研究以及教师经验证明，教师在传授知识的时候，如能注意组织儿童的智力活动，并启发儿童自觉地组织自己的智力活动，使儿童不但掌握知识，而且掌握思维方法，就能大大提高儿童的知识水平和智力水平。

第三，在教学中，儿童对学习材料有充分的理解，是发展儿童思维的直接前提。学习材料只有能被儿童理解，才能导致儿童思维能力的发展。教师如果向儿童提供他们不能理解的材料，儿童只能形式主义地去“鹦鹉学舌”，对于思维的发展来说，是没有好处的。当然，没有难度的学习材料，不能使儿童学到什么新东西，同样不利于思维的发展。因此，教师要根据从已知到未知、从简单到复杂、从具体到抽象、从部分到整体等原则正确地组织教材，使儿童在学习中所遇到的困难是经过思考、经过努力可以克服的，从而不断地、有节奏地在旧经验的基础上去理解和掌握新的知识。

第四，帮助儿童正确地掌握概念，是发展儿童逻辑思维的基本环节。首先，儿童应当掌握什么概念，应当在什么样的抽象水平上来掌握，取决于儿童已有的知识经验和智力水平。其次，在让儿童掌握概念的时候，要根据儿童的水平，力求概念具有一定的精确性和全面性，也就是使儿童更好地掌握概念的含义和范围。最后，不应该让儿童孤立地去掌握概念，而是要在概念的系统中去掌握概念，亦即用相互联系、相互制约、运动发展的观点去掌握概念。

第五，培养儿童的抽象逻辑思维能力，也就是培养儿童运用概念来恰当地进行判断、合乎逻辑地进行推理的能力。所谓恰当的判断，就是正确地反映客观事物的关系和情况，或者是"是"，或者是"否"，或者有多种可能，或者指部分现象，或者是现象的基本情况。例如，把"基本上"当作"完全是"，或者把"主要是"当作"全部是"，那就不对了。所谓合乎逻辑的推理，即要求一切论证都能从真实的前提出发，而且推理必须是不矛盾的、一贯的。不要用"我想""我认为"这样的口气作为论证的前提。论证要力求有说服力。我们在进行推理的时候，不以个别当作一般，也不匆忙地随便下结论。儿童要学会善于把归纳和演绎结合起来，从许多个别事实中找出一般规律，又能用一般规律来解释个别事实。

第六，抽象思维是从具体事物开始的，最后还要回到具体事物中去。因此，教师要培养儿童善于把概括和具体化适当地统一起来。儿童掌握了一些抽象公式、原理以后，常常不能应用，或者只能在很小的范围内应用，而不能很好地用来解决新的问题、处理新的情况。这说明儿童还没有很好地掌握抽象逻辑思维。儿童掌握抽象逻辑思维的标志，不仅表现在抽象规律的掌握上，同时表现在对这些抽象规律的运用上。

第七，儿童独立思考的能力，即有目的的独立解决问题的能力，是抽象思维发展的主要表现之一。初入学儿童由于思维的具体性很大，因而不但思维的逻辑性很差，而且思维缺乏灵活性。例如，解答算题或编拟算题的时候，常常千篇一律，照猫画虎。教师在教学过程中，要注意培养儿童思维的逻辑性，同时也要注意培养儿童思维的灵活性和批判性。多用具体的事例来说明原理，多提启发性的问题来引导儿童思考，在要求儿童回答问题的时候多让儿童"想一想"，这样就可以避免儿童在学习过程中产生形式主义的倾向。

第六节 学龄初期儿童想象的发展

一、小学儿童想象发展的一般特点

想象是在客观事物的影响下，在言语的调节下，人脑中已有的表象经过改造和结合而产生新表象的心理过程。

想象在人认识世界和改造世界的过程中起着重要的作用。如果没有想象，人就不可能有创造发明，不可能有任何预见。

想象在儿童生活中起着重要的作用。学前儿童在游戏中，在绘画等作业中，都需要有丰富的想象。入学以后，儿童要真正掌握教材，就必须有积极的想象。例如：阅读文学作品，只有借助于想象才能更好地理解原文；学习数学，经常要求有丰富、精确而又灵活的空间想象（数量、形状等）。同时，对于儿童个性发展来说，想象也是极为重要的，因为在信念、理想的形成上，想象是必不可少的心理因素。

在教育的影响下，由于表象的不断积累、言语的不断发展，学前儿童的想象也在不断发展着。同时，他们的经验大部分是直接经验，内容还很不丰富，而且词、言语在心理与行为中的调节作用也还很差，因此，学前儿童的想象是无意想象和再造想象占优势，想象的主题容易变化，想象的内容具有直观性、片段性、模仿性，而且所想象的事物常常不符合现实，以致想入非非。在正确的教育下，学前儿童的有意想象和创造想象，以及想象的现实性，也在开始发展着，不过在整个学前时期，想象的有意性、创造性和现实性都还不占优势。

儿童进入学校以后，在教学的影响下，想象有了进一步的发展。

（一）想象的有意性迅速增长

在教学过程中，教师要求儿童按照教学的目的产生符合教材内容的想象，因此，想象的有意性、目的性就迅速增长起来。例如：上阅读课，儿童要进行有系统的、生动的讲述或表情朗读；上作文课，儿童要围绕主题进行连贯的构思；上绘画课，儿童要通过想象来设计富有美感的构图；等等。

（二）想象中的创造性成分日益增多

低年级儿童的想象还和学前儿童差不多，富于模仿性、再现性，想象的内容常常是事物的简单重现。这种情况是和儿童的抽象逻辑思维水平发展很低这一事实密切相联系的。在教学的影响下，随着儿童言语和抽象思维的发展，想象中的创造性成分便日益增多，想象也更富有逻辑性。例如，同是一个作文题目（如描写秋天的景物或记一次参观游览活动），低年级儿童写的内容就比较简单、贫乏，而中、高年级儿童就能写得比较细致、丰富，并且有逻辑布局。

当然，在整个小学时期，儿童想象的复杂性、概括性、逻辑性的水平还是不高的。他们对于缺乏必要的知识经验或不熟悉的事物，想象总是简单而贫乏的。

（三）想象更富于现实性

学前儿童的想象常常不符合现实，或不能确切地反映现实。小学低年级儿童也具有这个特点。例如，学前初期儿童只能以几根乱七八糟的线条来表现一个人、一个动物、一幢房子或一棵树，而学前晚期和小学低年级儿童就能有简单的布局和突出的细节。但是由于他们知识经验水平的限制，他们所画的事物还常常是不完整的，而且大小比例、前景后景一般表现得不正确，不符合现实事物。在教学的影响下，由于知识经验的积累，中年级以上的儿童在绘画的时候就能不但注意所画的事物的完整性，而且能初步运用透视关系来更好地、更真实地表现事物。

有研究者调查了 6~14 岁儿童想象物的文字与图画描述，认为小学阶段儿童想象发展具有以下特点。（1）儿童对想象物的文字与图画描述可以划分为三种水平，即表象的记忆水平、表象的再造水平和表象的创造水平。一年级儿童的得分尽管高出表象的记忆水平，但仍比较接近表象的记忆水平，说明在他们的描写中，对记忆进行改造的成分很少；三、四年级正处在典型的表象再造水平阶段，他们已经能够在想象事物时对记忆表象做一定程度的加工、改造，但在新颖性和独特性等方面尚未表现；五年级以上的儿童正逐步向表象的创造水平发展，说明儿童在想象时更加注意使其新奇和与众不同。（2）根据儿童对想象物的文字描述和图画描述的匹配程度，可以把儿童的想象发展分为三种类型：文字与图形符号均衡发展型，这类儿童在想象物的文字描述和图画描述方面的发展是同步、均衡的；文字符号型，这类儿童在想象物的文字描述和图画描述方面的发展是不同步的，长于理性的思考和表达；图形符号型，这类儿童在想象物的文字描述和图画描述方面的发展是不同步的，长于用形象来表达头脑中的想。三种想象类型的比例在不同年龄的儿童中是不同的，文字符号型呈现出随年龄增长而人数增加的趋势。各年龄组均是均衡发展型最多，除一年级外均为图形符号型最少。① 研究发现，在言语和图形两类任务条件下，小学儿童的发散思维随着年级的升高呈现出曲线上升的趋势。②

二、再造想象和创造想象的发展

再造想象是根据某一事物的图样、图解或言语描述而在头脑中产生关于这一事物的新形象。创造想象是人们按照一定目的在头脑中独特地创造某一事物的新形象。再造想象和创造想象虽然都有一定的创造性成分，但是创造想象和再造想象比起来，具有更大的创造性，因此，创造想象是更加复杂、更富有独立性的想象。例如，让儿童复述听过的故事和让儿童独立编造一个故事，所要求的想象水平是不一样的，前者主要是再造想象，后者主要是创造想象。

小学儿童在教学影响下，由于表象的积累，由于抽象逻辑思维的发展，不但再造想象更富于创造性成分，而且以独创性为特色的创造想象也日益发展起来。

首先，一般来说，小学儿童的想象最初具有复制和简单再现的性质，以后独立性和创造性才逐渐发展起来。

低年级儿童的想象还和学前儿童的差不多，具有明显的复制、模仿的性质。例如，在复述时，在游戏活动中，常常是重复成人的讲述或模仿成人的动作（如在电影中看过的），创造加工的成分不多。随着年级的升高，在中、高年级儿童的想象中，复制和简单再现的性质逐渐减少，而对表象的创造性改造日益明显、增多。

---

① 陈会昌、夏菡：《6~14岁儿童对想象物的文字与图画描述》，《心理科学》2001年第5期。

② 王福兴、沃建中、林崇德：《言语、图形任务条件下青少年发散性思维的差异研究》，《心理科学》2009年第1期。

其次，小学儿童的想象，不论是再造想象或创造想象，最初都有很大的具体性、直观性，以后概括性、逻辑性才逐渐发展起来。

研究证明，小学一、二年级儿童在朗读或讲述的时候，经常需要图画或具体形象作为支柱，否则描述或想象人物、情景就感到困难。研究也指出，一、二年级儿童在游戏的时候，仍然需要一定的实物来支持，否则不能长时间地坚持担任某一角色。因此，对于低年级儿童，教师在教学时必须特别注意从儿童的直接印象和所熟悉的事物出发，以便使儿童的想象能更好地发展起来。三、四年级的儿童就不同了。在三、四年级儿童所能理解的事物范围内，他们已经可以很少利用实物来进行想象，这就是说，他们已经可以在词的思维水平上进行想象，想象的构思已具有更大的概括性和内部逻辑性。这样，想象发展就逐步达到一个新的阶段。

最后，小学儿童的再造想象和创造想象最初常常是不精确、不完整、不符合现实事物的，以后精确性、完整性、现实性才逐渐发展起来。

有人研究了小学不同年级儿童在口头描述他们不大熟悉的事物（如火山、小船等）时再造想象发展的年龄特点。结果表明，无论在想象的数量上（以再现事物的细节为指标）或质量上，各年级儿童的差别都是很明显的。

从想象的数量上看，一年级儿童只能再现事物的一些轮廓，很多细节被遗漏了。例如，在画“火山”的时候，应该在火山上面画出所冒的烟，但有 40% 的儿童遗漏了这个主要的特征。二、三年级儿童虽然也不能完整地再现出事物的主要特征，但是所画出的细节的数量较一年级为多。四年级儿童已能再现事物更多的细节，当然，他们一般也还不能完全反映出事物的一切必要特征。

从想象的质量上看，随着年级的升高，儿童想象的事物不但在细节上更完备些，而且在结构上安排得更合乎现实、合乎逻辑。例如，画小船，不但主要的细节都画出来了，而且小船的结构安排得更合理，更富于真实性。

三、幻想的发展

幻想是创造想象的一种特殊形式，是一种与生活愿望相结合并指向于未来的想象。很多创造性的活动常常是从幻想开始的。例如，宇宙航行最初不过是一种幻想而已。

幻想可以是从实际出发的、鼓舞人们向上的，这是有益的幻想。但如果净想象一些荒诞的、引导人们脱离现实甚至歪曲现实的东西，就成了不切实际的幻想，或者叫作空想、梦想。

由于知识经验的限制，学前儿童的想象带有较多的幻想的性质。在这种幻想中，他们常常把现实事物加以夸大或缩小（如指头大的小孩），甚至可以使事物随意变化（一会儿变成青蛙，一会儿变成仙人）。许多心理学家认为，年幼儿童之所以特别喜欢童话和神话，是和心理发展的这些特点有关的。

初入小学的儿童的想象仍然带有幻想的性质，他们仍然非常喜爱童话和神话；他们和学前儿童的最大不同在于，虽然很喜爱童话和神话，但是日益懂得童话和神话的虚构性。随着年级的升高，儿童对童话和神话的爱好逐步降低，而代之以更富有现实性或结构复杂、想象丰富的文艺作品，如描写英雄人物的作品，或像《西游记》一类的小说。这也足以表明，小学儿童的幻想正处在从远离现实的幻想逐步向现实主义的幻想发展的过程中。教师的任务在于积极引导儿童从远离现实的幻想逐步发展到现实主义的幻想，使现实主义和浪漫主义更好地结合起来，并引导儿童的想象向正确的、有益的方向发展。

四、在教学过程中儿童想象的培养

想象过程也和任何心理过程一样，是客观现实的反映。儿童的想象也和儿童的记忆、思维等心理过程一样，是在教学的影响下发展起来的。

有些心理学家认为，想象是一种纯粹内部的机能，是自然成熟的。他们认为，儿童的想象是一种自然发展的过程，成人不应加以任何的干预，否则就会妨害儿童想象的发展。这种观点是不正确的。一些研究证明：在小学儿童绘画的时候，如果只是让儿童随便画什么，那么，画出来的图画常常在内容上和结构上都很贫乏；反之，如果事前加以指导，儿童绘画的内容和结构就常常比较丰富而多样。教师的经验也证明，小学儿童在进行文艺写作或模型制造等想象活动的时候，不能仅凭一时的“灵感”，而在很大程度上要依靠有关的知识与技能。因为灵感不是天生的，而是在一定的知识与技能的基础上产生的。

教师在教学过程中要积极培养和发展儿童的想象，这是发展儿童的独立思考能力、避免学习上形式主义倾向的重要条件。

（一）丰富儿童的表象

想象的水平是以一个人所具有的表象的数量和质量为转移的。对于同一事物，成人和儿童想象的广度和深度都不一样，这主要由于他们的表象的积累，即已有的知识经验各不相同。例如，讲到"人类祖先用石刀、石斧来从事劳动"这个历史事实的时候，低年级儿童所能想象的内容是比较贫乏的，如"祖先"就是"爷爷"的形象，"石刀"就是石头做的切菜刀等。而一个成人所能想象的内容就丰富得多了。因此，在教学中，要发展儿童的想象，首先应该根据儿童心理水平，通过实物、图片或参观等，使儿童获得足够的有关的表象。一些有经验的教师为了使儿童深切理解关于描写秋天的词句，带领儿童到郊外观赏秋天的景色，这种做法是值得提倡的。

（二）利用生动的言语描述

教师的言语是启发儿童想象的重要因素。教师要善于运用生动的、带有情感的言语，来描述儿童所要想象的事物的形象。例如，在讲述历史人物的时候，教师不应该冷淡地、死板地讲一堆死的史实，而应该在儿童所能理解的范围内，用生动的言语、恰当的表情来描绘有关的史实，使儿童的想象活跃起来。

当然，教师必须注意，言语必须是儿童所能理解的，否则就毫无作用。实验研究指出，词只是在它能够使过去知觉中那些与当前想象形象有关的成分活跃起来的时候，才能改变或充实想象的形象。如果学生在过去知觉中获得的印象很贫乏，词就不能促使想象的形象更为完善。

（三）培养正确的、符合现实的想象

想象常常是直接和人的思想意识、个性品质相联系的。在教学中，教师要特别注意培养儿童正确的符合现实的想象。例如，在语文、自然常识等学科的教学中，激发儿童热爱祖国、准备将来更好地为祖国建设事业服务的崇高愿望，同时及时纠正儿童的一些不切实际的幻想或不良的愿望等。

（四）指导儿童阅读文艺作品

文艺作品是培养儿童想象的最好的材料，因为文艺作品一般都是通过艺术的语言来塑造典型的人物形象，具有极大的感染力。教师应该积极关心和指导儿童阅读良好的、适合儿童水平的文艺读物，借以发展儿童的想象力。

要点小结

在教学过程下，学龄初期儿童在许多方面都有显著发展。他们有目的、有意识的知觉在不断地发展。在教学要求下，他们的有意注意在迅速地发展着。注意的各种品质不断改善。有意识记、理解识记、抽象逻辑识记都在迅速发展着。学龄初期儿童的思维从以具体形象思维为主要形式逐步过渡到以抽象逻辑思维为主要形式。当然，这种抽象逻辑思维仍带有很大的感性经验的成分。由于抽象逻辑思维的发展，他们想象的有意性、创造性和现实性的成分都在日益增长。

思考与练习

1. 如何根据小学儿童的发展特点培养他们的观察力？
2. 小学教育中如何提高儿童的注意力？
3. 哪些因素能够影响学龄初期儿童的记忆效果？
4. 如何在教学过程中培养儿童的思维？

拓展性阅读导航

1. 朱智贤、林崇德著:《思维发展心理学》，北京师范大学出版社 2002 年版。

这是国内第一部思维心理学专著，较系统地阐明了思维的实质，思维发展研究的历史，思维发展的研究方法，思维发展与活动、表象、语言的关系，思维发展的个体差异和群体差异，不同年龄儿童思维的发展等。

2. 董奇、林崇德主编:《当代中国儿童青少年心理发育特征——中国儿童青少年心理发育特征调查项目总报告》，科学出版社 2011 年版。

本书详细介绍了“中国儿童青少年心理发育特征调查”这一项目的研究背景、研究方法和技术、实施过程和主要成果等。

3. [美] R. S. Siegler 等著，刘电芝等译:《儿童思维发展》(第四版)，世界图书出版公司北京公司 2006 年版。

本书是国外儿童思维研究的代表性著作，全方位介绍了儿童的思维研究，集中反映了思维领域的最前沿研究。特别值得一提的是，该书的第十二章对思维研究最重要的八个话题进行了总结与展望。

4. 陈英和著:《认知发展心理学》，北京师范大学出版社 2013 年版。

本书从感知觉、记忆、概念、问题解决、社会认知、元认知等方面详细描述和分析了儿童认知发生发展的规律和特点以及各种有关的影响因素。书中涉及较多新研究思路和实验设计方法，同时注意介绍、分析那些对同一现象的不同的研究结果。

第九章

学龄初期儿童心理的发展（下）——学龄初期儿童个性和社会性的发展

内容提要

本章阐述学龄初期儿童个性和社会性的发展。具体包括社会性、自我意识、道德意识与道德行为的发展，以及自觉纪律的形成和发展。

学习目标

1. 了解学龄初期儿童自我意识的发展特点。
2. 掌握学龄初期儿童道德意识形成和发展的特点。
3. 了解正确引导儿童个性品质发展的方法。
4. 掌握学龄初期儿童纪律行为形成的阶段。

关键词

学龄初期　学校集体　同伴关系　交往能力　自我意识　道德意识　道德行为　自觉纪律

第一节 学龄初期儿童社会性的发展

一、学校集体是学龄儿童个性和社会性发展的主要条件

儿童从进入学校的时候起，开始真正成为集体的成员，学校中正确组织起来的儿童的集体关系和集体生活是儿童个性和社会性发展的最主要的条件。

所谓集体，是和人们的偶然集合不同的，它具有以下特征。

（1）集体具有明确的共同目的以及由此而产生的共同行动，每个集体成员都为共同任务而行动着，彼此互相关心，互相督促。

（2）集体具有统一的领导。

（3）集体具有共同的纪律，每个成员都能使自己的意志服从集体的意志，使自己的利益服从集体的利益。

（4）集体具有共同的舆论，舆论是集体形成的重要标志。

一般来说，学前儿童还没有形成真正的集体关系和集体意识。只有在入学以后，在教师的正确组织和指导下，儿童最初的集体——班集体——才逐步明确地形成和发展起来。随着儿童加入少年先锋队组织，并逐步从班集体扩大到学校集体，儿童的集体关系和集体生活便越来越扩大、丰富，而且越来越有组织性和自觉性。

刚入学的儿童，还没有形成真正的集体关系和集体生活，在教师的正确指导下，到一年级下学期的时候，儿童初级的集体关系和集体意识就能逐步形成起来。到二年级的时候，儿童已能明确地意识到自己是班集体的成员，把集体的要求变成自己的要求，把集体的荣誉当作自己的荣誉。服从集体的要求，完成集体的共同任务，不但日益成为儿童的职责，而且日益成为儿童的需要。

儿童加入少年先锋队组织在儿童集体生活上具有重要的意义。那些首先加入少年先锋队的儿童常常是班集体的积极分子，是班集体的重要支柱和教师的得力助手。这样，就使儿童的班集体无论在组织上或纪律上都得到巩固和加强，也使儿童的集体关系从小范围的班集体活动逐步扩大到全校性的集体活动。

中、高年级儿童集体活动的范围日益扩大起来，他们更多地参加全校的集体

活动，而且集体意识日益提高，他们初步懂得集体利益和个人利益的关系，并能日益自觉地服从集体，维护集体利益。一项有关小学儿童集体观念发展的研究指出：小学儿童从一年级开始已产生了为集体的道德意识，在行为后果不变的情况下，已能分辨出为集体和为个人的行为动机，而且都未把个人的行为动机看得高于集体的行为动机；随着年龄增长，小学儿童选择为集体的行为动机的人数比例逐年增加，这说明，小学儿童在教育的影响下已形成较强的集体意识。① 一项有关小学儿童集体主义意识发展的研究发现：在集体利益和朋友利益不能兼顾的两难情景中，集体主义意识在小学二年级学生中已占主导地位，但还不够稳定；随着年龄增长，小学儿童的集体主义意识稳步发展，到六年级集体主义意识发展相对成熟并趋于稳定。②

以上是在正确的教育影响下，小学儿童的集体关系和集体生活发展的一般过程。当然，由于各种条件的不同，这个过程的进程可能是不一样的。而对于每个儿童来说，又必然是有一定的个别差异的。

教师的任务在于积极创造各种条件，来发展儿童的集体关系和集体意识。教师可以采取以下措施。

（1）向儿童明确提出集体的共同的目的任务。为了使这些目的任务能变成儿童的共同要求，教师最好是通过启发的方式，让儿童自己提出来。

（2）根据目的任务拟订共同的活动计划。要帮助儿童订出各种具体计划，使儿童明确地看到集体追求的前景和达到这一前景的途径。

（3）培养积极分子，形成坚强的集体的核心。要使集体成为真正的儿童集体，就不能只依靠教师的威信，而要形成以积极分子为骨干的坚强的核心力量。

（4）形成集体舆论，巩固优良传统。集体舆论和优良传统的形成不但是儿童集体形成的重要标志，也是儿童集体形成和发展的一个极其重要的条件。

教育实践和许多优秀教师的经验都证明，无论班集体、少年先锋队集体或全

① 李伯黍、岑国桢、叶慧珍、卢家楣、邵渭溟等：《小学儿童集体观念发展研究》，《心理科学通讯》1985 年第 1 期。

② 傅根跃、陈昌凯、胡优君：《小学儿童集体主义意识研究》，《心理科学》2002 年第 5 期。

校性集体，只有当它是正确地组织起来的时候，只有当它符合上述种种条件的时候，也就是只有当每个参加者都感到自己和集体同呼吸、共甘苦，并积极参与集体的共同活动的时候，这种集体才能对儿童的个性发生有效的和深刻的影响。

通过学校的集体生活，一方面儿童的自我意识有了进一步的发展，儿童开始能比较自觉地按照集体的要求来评价自己和别人，另一方面儿童的道德判断和道德行为也有了进一步的发展，儿童开始真正领会一定的道德准则，并学会按照这些准则来调节自己的行动。

二、同伴关系的发展

同伴关系是指年龄相同或相近的儿童在共同的活动中建立的人际关系，它在儿童心理发展中具有其他人际关系无法替代的独特作用。儿童对社会行为和如何与他人相处的许多认识和技能，更多是在同伴交往中获得的。

同伴关系可分为两种：友谊和同伴群体关系。友谊是两个个体之间形成的一种相互作用的、较为持久稳定的双向关系。友谊以信任为基础，以亲密性支持为情感特征。友谊作为一种特殊的同伴关系，不仅可以帮助儿童提高社会技能，而且可以为儿童提供社会支持，对儿童的社会化具有重要意义。学龄初期儿童的友谊在不同年级表现出不同的特点：小学二、三年级，只要住得近或者有共同喜好的玩具，大家就可以成为朋友；到了小学四、五年级，友谊的成因则转变为共同的价值观和准则，该阶段的儿童强调朋友之间应该有共同的活动和所有物，互相帮助、合作、支持，彼此不打架；五年级之后，儿童把一个同伴当作朋友的原因通常是他们有共同的兴趣，互相了解，能互相透露小秘密。① 研究还发现，儿童与父母的依恋关系对其友谊质量有显著影响，在好朋友的数量方面，母亲的作用不可忽视。②

同伴关系的另一种重要类型是同伴群体关系。美国心理学家哈里斯（J. R. Harris）提出群体社会化发展理论（group socialization theory of development）来阐

① 俞国良、辛自强著:《社会性发展心理学》，安徽教育出版社2004年版，第377页。

② 于海琴、周宗奎:《儿童的两种亲密人际关系：亲子依恋与友谊》,《心理科学》2004年第1期。

述同伴群体关系给儿童社会化带来的影响。他认为儿童的同伴群体是儿童社会化的主要场所，儿童在家庭之外，总是将自己认同于一个群体，他们在家庭之外的行为系统是由同伴群体规则决定的，这对他们今后个性和社会性的发展有深远影响。群体的同化现象，使得同伴群体而非家庭完成了社会文化的传递，直接促进了儿童在群体中的社会化。

研究发现，儿童同伴关系的发展受到家庭功能、父母教养方式、亲子依恋、攻击行为等多方面因素的影响。① 同伴接受性差的儿童，其家庭功能通常也存在问题，表现为家庭成员的亲密性与适应性较差，家庭问题解决、沟通、情感反应、行为控制等方面的能力及总体的家庭功能显著落后于一般家庭。② 小学儿童家庭功能越好，同伴接受性也越高。③ 同时，父母的教养方式会通过自身的言传身教潜移默化地影响子女：如果是积极的，就会有助于孩子的人际交往和人际关系；如果是消极的，则会有碍于孩子的人际交往和人际关系。④ 研究表明，积极的家庭教养方式促使儿童更为自信，而且自信的儿童更受同伴欢迎。⑤

总的来看，儿童进入小学后，与同龄伙伴交往的机会明显增加。他们互相交流思想、进行合作以及分享方面的能力逐渐提高。儿童自己形成的非正式同伴群体在儿童的社会交往中处于重要地位。这些群体有共同的目标，儿童愿意完成那些要求儿童共同努力以达到目标的合作任务。但是，这些同伴群体对自身的管理没有正式的规则，成员流动迅速。这个阶段儿童对友谊有了更为深刻的理解，他们能够站在他人角度看待问题，观点采择能力也明显增强。此外，儿童对同伴更

---

① 孙晓军、范翠英、热娜古丽·艾赛提、张笑容、陈洁:《同伴关系与攻击行为稳定性的关系研究》,《心理发展与教育》2012 年第 3 期。

② 辛自强、陈诗芳、俞国良:《小学学习不良儿童家庭功能研究》,《心理发展与教育》1999 年第 1 期。

③ 俞国良、辛自强、罗晓路:《学习不良儿童孤独感、同伴接受性特点及其与家庭功能的关系》,《心理学报》2000 年第 1 期。

④ 李丹、崔丽莹、岑国桢、周嘉、陈欣银:《6~8 岁儿童同伴互动及与父亲教养方式的关系》,《心理科学》2004 年第 4 期。

⑤ 张奇勇、李庶泉:《家庭教养影响儿童同伴关系的路径分析》,《中国临床心理学杂志》2011 年第 2 期。

有选择性，同伴绝大部分是同性同学，友谊变得更有意义、更持久，同伴交往也比以前更复杂、更有选择性。

第二节 学龄初期儿童自我意识的发展

入学以后，在新的生活条件下，在正确组织起来的学校集体的条件下，儿童认识、评价别人和自己的行为以及调节和控制自己行为的能力有了进一步的发展。

在正确的教育影响下，每个儿童都想使自己成为班上的优秀学生，以便获得同学、教师和家长的信任和尊重。同时，为了更好地完成学习任务，儿童也开始主动考虑自己应当怎样学习和行动。这就使儿童的自我意识提高到一个新的、较高的水平。

在教育过程中，教师要经常对儿童做出适当的评价。在教师的评价中，儿童一方面体验着自己在学习中的成功和失败，以便做进一步的努力，另一方面逐步学会独立地、带有批评性地来评价别人和自己。因此，教师在教学工作中，经常对儿童进行正确的评价并逐步培养儿童自我评价的能力，是发展儿童优良的个性品质的重要条件之一。

儿童的自我评价能力是其自我意识发展的主要成分和主要标志，自我评价恰当与否会激发或压抑人的积极性。

小学儿童的自我意识在不断发展。研究表明，小学儿童自我意识的发展不是等速的，既有上升的时期，又有平稳发展的时期，具体而言，小学一年级到三年级、五年级到六年级分别是两个上升时期，而三年级到五年级则处于平稳的发展时期。① 男女生自我意识的发展特点也不尽相同。② 教师要针对不同年龄、不同

① 韩进之、魏华忠、杨丽珠:《中国儿童青少年自我意识发展与教育》，见《中国儿童青少年心理发展与教育》，中国卓越出版公司 1990 年版。

② 关明杰、徐能义、李香兰:《包头市蒙古族小学学生自我意识研究》，《中国学校卫生》2005 年第 3 期。

性别的儿童采取不同的方法并给予不同的指导，促进儿童自我意识的发展，提高儿童自我意识的水平，增强儿童的自信心以及承受挫折、适应社会的能力。

小学儿童自我意识的发展表现出以下特点。

一、自我评价的独立性日益增长

小学低年级儿童还和学前儿童差不多，独立地评价自己的和别人的个性品质的能力还是很差的。他们评价自己或同学的时候，几乎完全以教师的评价为转移。因此，在这一阶段，教师注意对儿童的行为做出适当的评价，并引导儿童善于独立地对自己的或同学的行为做出适当的评价，是培养儿童个性品质的重要条件之一。教师不经过考虑就对儿童提出轻率的、不恰当的评价，常常会在儿童个性发展上产生不利的影响。有研究发现，师生关系与小学生自我概念发展也有密切相关，亲密型师生关系比冲突型和冷漠型师生关系更有利于学生的自我概念发展。① 在正确的教育影响下，约从中年级起，儿童开始学会独立地把自己的行为同别人的行为加以比较，把别人的行为当作评价自己的行为的依据。研究结果证明，小学儿童自我评价的独立性随年级的升高而提高，从顺从别人的评价发展到有一定独立见解的评价，逐步减轻对他人评价的依赖性。②

二、自我评价的原则性逐步形成

学前儿童的自我评价主要是以具体的外部行为表现为依据，还不善于从道德观点或原则上来评价自己的或别人的行为。小学低年级儿童基本上仍然具有这个特点，他们对自己或对别人的评价总是比较具体的。约从中年级起，特别是到高年级，儿童才逐步学会从道德原则上来评价人的行为。关于小学儿童的自我描述的许多研究表明，学前儿童主要是根据外部特征来认识自己，小学儿童对自我的描述开始从比较具体的外部特征的描述向比较抽象的心理术语的描述发展。如在

① 林崇德、王耘、姚计海:《师生关系与小学生自我概念的关系研究》,《心理发展与教育》2001 年第 4 期。

② 韩进之、魏华忠、杨丽珠:《中国儿童青少年自我意识发展与教育》，见《中国儿童青少年心理发展与教育》，中国卓越出版公司 1990 年版。

回答“我是谁”这样一个问题时，小学低年级儿童常常提及姓名、年龄、性别、家庭住址、身体特征、活动特征等具体方面，而小学高年级儿童则开始试图根据个性品质、人际关系、动机特点等抽象特性来描绘自己，但他们将这种抽象描述视为绝对不可变更的。

由于小学儿童的社会化有了很大的发展，因此他们的自我概念的内容在很大程度上受到社会称许性的影响。①

有关小学生自我评价的研究也表明，小学儿童逐渐从对自己进行比较笼统的评价发展到对自己个别方面或多方面行为的优缺点进行评价，到小学高年级，开始出现对内心品质进行评价的初步倾向。②因此，教师在培养儿童的道德行为和自我评价能力的时候，对于低年级甚至中年级的儿童，应该更多地用具体范例加以提示，同时尽可能地使儿童掌握一些初步的道德规则。随着儿童的发展，培养儿童掌握一定的道德原则，并用来评价自己的或别人的行为，不但日益成为可能，而且日益成为必要的事情。

三、自我评价的批判性有一定程度的发展

所谓自我评价的批判性，就是在评价自己的或别人的行为时能够比较全面、比较深刻。小学低年级儿童和学前儿童差不多，他们在评价自己或别人的时候，批判性一般很差。首先，他们容易更多地看到自己的优点，不大容易看到自己的缺点。其次，他们常常善于评价别人，不善于评价自己。在整个小学时期，儿童自我评价的能力一般落后于评价别人的能力，在评价别人的时候比较清楚，在评价自己的时候比较模糊。因此，他们的评价常常流于片面，很不深刻。而且，由于自我评价的原则还未形成，他们的评价容易改变，昨天还是好朋友，今天就侧目而视，明天又可能变成好朋友。在教育的影响下，小学儿童自我评价的批判性也逐步发展。二年级以上的儿童不但能够指出自己的优点，而且能指出自己的缺点，并力图

① 杨国枢：《小学与初中学生自我概念的发展及其相关因素》，见《中国儿童行为的发展》，环宇出版社1984年版。

② 韩进之、魏华忠、杨丽珠：《中国儿童青少年自我意识发展与教育》，见《中国儿童青少年心理发展与教育》，中国卓越出版公司1990年版。

改正这些缺点。研究发现，小学三年级儿童已开始能从认知能力、社会能力、运动能力、普通的自我价值等不同方面对自己做出不同的评价。上述研究也指出，随着小学儿童自我评价能力的增强，他们自我评价的稳定性也逐步增强。①

因此，教师必须根据这些特点对儿童进行教育，积极引导儿童逐步具有批判地对待自己的或别人的行为的能力，不要把儿童在评价时缺乏批判性看作儿童固定的品质和不良的倾向。

小学儿童的自我评价常常受家庭教育风格的影响，二者是相互作用的。有研究证明，自我评价与儿童的交往也有相关。

自我概念是个人心目中对自己的印象，包括对自己存在的认识，以及对个人身体能力、性格、态度、思想等方面的认识，是由一系列态度、信念和价值标准所组成的有组织的认知结构。它把一个人的各种特殊习惯、能力、观念、思想和情感组织联结在一起，贯穿于经验和行为的一切方面。

自我概念在儿童发展的多方面有重要的作用，积极自我概念的养成在儿童教育目标中具有特殊地位，自我概念的发展是儿童社会性发展的核心构成部分。②

研究指出，当心理虐待、忽视与广泛性焦虑障碍同时存在时，儿童自我意识水平更低。③ 肥胖儿童自我意识得分显著低于正常体重儿童。④ 性早熟女童自我意识低于正常女童。⑤

自我体验主要是自我意识中的情感问题，包括对自己所产生的各种情绪情感的体验，其发生发展是不同步的。一般来说，愉快感和愤怒感发展较早，自尊

① 韩进之、魏华忠、杨丽珠:《中国儿童青少年自我意识发展与教育》，见《中国儿童青少年心理发展与教育》，中国卓越出版公司 1990 年版。

② 金盛华:《自我概念及其发展》,《北京师范大学学报（社会科学版）》1996 年第 1 期。

③ 管冰清、邓云龙、罗学荣:《有受虐经历的广泛焦虑障碍患儿的行为及自我意识特点》,《中国临床心理学杂志》2010 年第 3 期。

④ 单家银、徐光兴、浦小弟、顾大华:《综合干预改善肥胖儿童自我意识的研究》,《中国临床心理学杂志》2008 年第 5 期。

⑤ 乔晓红、俞建、傅晓燕、高鸿云:《性早熟女童智力、自我意识和行为问题分析》,《中国临床心理学杂志》2008 年第 4 期。

感、羞愧感和委屈感发生较晚。

研究指出，自我体验的发展与自我意识的发展总趋势比较一致。在小学阶段，自我体验与自我评价的发展具有很高的一致性，可见，在这个时期，自我情绪体验的发展与自我认识、自我评价发展密切相关。随着儿童理性认识的增加和提高，他们的情绪体验也逐步深刻。

自我体验的一个表现形式即儿童的自尊心，自尊心强的儿童往往对自己的评价比较积极，相反，缺乏自尊心的儿童往往自暴自弃。

自尊是我们对自我价值的判断，温暖、积极反馈和民主的教养方式对自尊有利，冷漠的教养方式对自尊不利。在学龄初期儿童中，同伴间的社会比较也影响他们的自尊。对四川地震孤儿的研究发现，自尊在四川地震儿童的同伴关系和心理健康之间起着重要的调节作用，体现了自我修复的力量。①

自制力是自我意识的表现形式之一，其形成也有一定的特点。

儿童最初的自制力是由于成人的要求而产生的。以后，约在三年级末，儿童才逐渐养成在学习时的自我控制的习惯，同时，在学习过程中，儿童自制力的范围在不断扩大，自制力的质量也日益改善，这表现在儿童不仅能发现自己学习的缺点，而且能利用自己的力量去改正这些缺点。

有人通过研究认为，小学儿童在集体生活的影响下，逐步学会了有意识地控制和调节自己的行为，特别是四年级以后，初步形成的责任感开始对行为起支配作用，促使其自制力有了较快的发展，小学高年级儿童已能迫使自己去完成有意义但不感兴趣的任务了。② 追踪研究表明，女孩在 7 岁和 11 岁时的自我控制均显著高于男孩。③

① 汪艳、张兴利、朱明婧、谭纪村、石卉、孙姗姗、施建农:《自尊在四川地震孤儿的同伴关系和心理健康之间的调节作用》,《心理科学进展》2009 年第 3 期。

② 李怀美、余强基、史莉芳:《中国儿童青少年品德心理发展与教育》，见《中国儿童青少年心理发展与教育》，中国卓越出版公司 1990 年版。

③ 张萍:《2~11 岁儿童自我控制发展的稳定性与变化及其性别差异》,《心理发展与教育》2012 年第 5 期。

第三节　学龄初期儿童道德意识和道德行为的发展

培养儿童良好的道德品质，无论在儿童的集体生活上或课业学习上，都具有重大的意义。

从心理学看来，人的道德品质的发展主要表现在两个方面:（1）道德意识的发展，即掌握道德原则或道德信念;（2）道德行为习惯的发展，即把所掌握的道德原则或信念在一定的场合付诸行动的能力。

婴儿期儿童在成人的影响下，开始有一些道德判断和道德行为的萌芽表现。他们能具体地评价某些简单的行为是“好”或“不好”，并且用这些判断来调节自己的行为，但这种调节是不稳定的、容易变化的。

学前儿童的道德判断虽然还带有很大的具体性和不稳定性，但是比婴儿期儿童的道德判断复杂了，他们逐步学会从社会意义上来评价道德行为。在一定的场合，他们可以比较主动调节和控制自己的行为，虽然他们在很大程度上是受具体的道德规范和已形成的道德习惯所支配的。

在入学以前，儿童还不能自觉地用道德原则或信念来判断和调节自己的行为，因为他们还没有形成道德意识。儿童道德意识的产生和运用这些道德意识来自觉地调节和支配自己的行为，是从小学时期开始的，是在教育的影响下逐步实现的。

总的来说，儿童的道德品质是从无到有、从外部调节到内心自觉、从低级到高级逐步发展起来的。

小学儿童道德品质的发展，是在教育的影响下，在儿童的实践活动中，通过道德意识和道德行为不断矛盾统一的过程而逐步发展起来的。

一、道德意识的形成和发展

掌握道德原则和信念是道德意识形成的主要标志。自觉地运用道德意识来评价和调节道德行为的能力，是从小学时期才逐步开始形成的。

道德意识是关于道德的认识或知识，它在儿童道德品质的发展上起着重大的作用。在这一问题上，我们要避免弗洛伊德反理智主义的本能心理学倾向。弗洛伊德学派认为，人的行为不是受意识支配的，而是受不可知的力比多（情欲本能）或好胜心（自我本能）支配的。同时，我们也要防止陷入唯理智主义的错误。夸大道德意识的作用，把道德意识看成道德品质的唯一的创造者，也是不对的。许多实验证明，儿童虽然在某种动机的鼓舞下可以做出某些道德行为，但是他们常常不一定意识到这些道德动机。也有不少儿童嘴里会说，但不去做，表现出言行脱节的现象。这就是说，道德品质的形成是一个复杂的过程，道德意识虽然很重要，但道德情感、道德行为习惯同样是很重要的，把道德意识变成道德行为绝不是一个简单的、直线的过程，而是一个充满矛盾斗争的过程。教育工作者如果看不到这种过程的复杂性，就不能很好地引导儿童道德品质的发展。

小学儿童道德意识的形成和发展主要有以下三个特点。

（一）在道德知识的理解上，儿童从比较肤浅的、表面的理解逐步过渡到比较精确的、本质的理解

小学低年级儿童初步掌握了一些抽象的道德概念和道德判断，但是他们的理解常常是肤浅的、表面的，具体性很大，概括水平很差。有关的研究指出，小学儿童在四、五年级期间对道德准则的理解才可能达到初步本质概括的水平。①

我国心理学工作者对小学儿童掌握道德概念的特点进行了研究，主要概括为以下几个方面。

有关小学儿童公物观念特点的研究得出以下结论：（1）在行为意向性不变的情况下，5 岁儿童已能初步根据公私财物的损坏做出好与坏的判断，而能正确分辨公私关系的转变年龄是 7~9 岁；（2）在公私财物损坏形式不变的情况下，5~11 岁儿童均能根据行为的动机意向做出好坏判断，且这种能力的发展显然早于 5 岁；（3）在行为意向性和公私财物损坏形式同时变化的条件下，大多数小学儿童首先着眼于对行为意向性的判断，而不是对公私财物的判断；（4）以故事中被损

① 王宪清：《10~14 岁儿童道德判断特点的初步探讨》，见《发展心理、教育心理论文选》，人民教育出版社 1980 年版。

坏个人财物者的角色身临其境地进行判断时，5~9 岁儿童中一些原来认为损坏公共财物更坏的人转而认为损坏个人财物更坏，11 岁儿童则无此逆转现象；（5）小学儿童所阐述的理由说明，小学儿童公有观念的发展水平依次表现为处于快乐与痛苦的水平、笼统地区分公与私的水平、初步具备集体意识的水平、从抽象的集体主义原则角度进行评价的水平。①

有关小学儿童公正观念特点的研究表明，小学儿童公正观念具有如下几个特点：（1）按可逆性原则所做的公正判断占绝对的优势；（2）公正观念的发展有一定的内在规律，公正判断的特征现象并不是普遍特征；（3）发展的一般趋势为，公道的公正判断取代平等的公正判断的转折年龄是 8~9 岁，公道的公正判断在 11 岁时已占绝对优势，服从的公正判断始终处于从属的地位；（4）小学儿童的公正判断反应不仅具有道德性质，还与儿童的因果关系推理能力的发展有关，我国儿童从前因果性解释到因果性解释发展的转折年龄在 8 岁左右。②

有关小学儿童惩罚观念特点的研究结果表明，随着年龄的增长，小学儿童选择批评性惩罚的被试比例递增，选择强制性惩罚和回敬性惩罚的比例递减。③ 一项关于学生对惩罚心理感受的研究发现，任何形式的惩罚都会伤害学生的心灵，受惩罚后的共同第一心理感受是难过。④ 学生反感任何形式的惩罚，尤其是给身心造成严重伤害的惩罚，这种情况有随年级升高而增加的趋势。多数学生对惩罚及其作用持否定态度，但也有相当比例的学生认为惩罚有用，尤其是低年级学生。所以，我们对待惩罚要持科学、辩证和审慎的态度。

有关小学儿童公益劳动观念的调查研究发现，我国小学儿童在 6.5 岁左右已初步具有公益劳动的道德观念，在 7.5~8.5 岁已初步具备公益劳动的道德观念，

① 儿童道德发展研究协作组：《少年儿童公正观念发展调查》，《心理科学通讯》1983 年第 1 期。

② 刘军豪、岑国桢：《我国 6~10 岁儿童的“上苍公正”判断特点》，《心理学报》2000 年第 2 期。

③ 李伯黍：《儿童心目中的惩罚研究》，《心理科学通讯》1984 年第 5 期。

④ 孟万金：《中小学生对惩罚的心理感受研究》，《心理科学》2004 年第 1 期。

在9.5岁左右才真正形成公益劳动的道德观念。①

有关小学儿童分享观念发展特点的研究得出以下结论：（1）小学儿童在分享的物品与人数相等的情况下大多做出“均分”的判断反应，当物品件数与人数不一致时，他们往往表示自己不多分享；（2）在分一般物品时，随年龄增长，小学儿童主张分给“能者”的人数比例递减，主张分给“需者”的比例递增；（3）在儿童7~9岁时，是否参与活动开始成为影响分享一般物品的一个因素；（4）我国小学儿童涉及荣誉物品的分享观念的发展与涉及一般物品时的发展是一致的。②一年级小学生更多地进行游戏分享和物品分享，学习分享次之，心理分享最少；对三、五年级小学生来说，游戏分享和物品分享行为逐渐退居次要位置，而让位给心理分享和学习分享行为。③

我国儿童利他观念发展特点的研究也指出，我国儿童对助人行为的选择反应与理由推断能力随年龄的增长而不断发展，小学二年级儿童已开始理解利他行为，四年级儿童基本上能摆脱遵从权威的束缚而自愿引发助人行为，并且不考虑近期是否得到别人的帮助，而六年级儿童的利他观念达到高度的发展。④

上述研究结果都表明，在教师的正确教育影响下，小学儿童关于道德知识的理解能逐步向比较精确、比较本质的水平发展。

（二）在道德品质的评价上，儿童从只注意行为的效果逐步过渡到比较全面地考虑动机和效果的统一关系

由于小学儿童对道德知识的理解不精确、不全面，所以他们在道德评价上常常有很大的片面性、主观性。

皮亚杰曾以故事的方式来测查儿童的道德判断能力。结果指出，小学儿童

---

① 岑国桢：《小学儿童公益劳动观念发展的研究》，《心理学报》1987年第3期。

② 岑国桢、刘京海：《5~11岁儿童分享观念发展研究》，《心理科学通讯》1988年第2期。

③ 陈会昌、耿希峰、秦丽丽、林思南：《7~11岁儿童分享行为的发展》，《心理科学》2004年第3期。

④ 顾鹏飞、李伯黍：《5~13岁儿童利他观念发展研究》，《心理科学通讯》1990年第3期。

（具体运算阶段）往往是以造成损坏的大小来判断行为的好坏，而不管出于什么动机。①

我国心理学工作者关于儿童道德判断能力发展的研究指出，我国儿童在小学四、五年级期间对道德准则的理解已经能达到较好的水平。②

进一步的研究发现：（1）我国儿童从小学三年级起，绝大多数已能根据行为的原因或从行为的因果关系上做出判断，而且有50%以上的儿童能把行为的原因和结果两个方面联系起来进行比较判断；（2）在我国儿童的道德判断中，行为的主观原因起着特别重要的作用，各年级学生根据主观原因进行判断的人数已占绝大多数；（3）我国儿童根据行为意义做出判断的起点较早，但各年龄儿童在判断时对行为意义的重视程度不够。③

还有研究证实：（1）我国小学儿童从客观性判断向主观性判断发展的转折年龄是6~7岁，7岁儿童的主观性判断明显发展了，客观性判断的倾向明显减弱了；（2）我国小学儿童摆脱成人惩罚的影响，根据行为本身的好坏做出分析判断的转折年龄是8~9岁；（3）在行为意向不变的情况下，小学儿童多数认为造成人身伤害的行为更不道德，这种判断反应在无意识的情况下与年龄无关，在有意识的情况下与年龄有关，儿童这方面的发展在7~9岁有一个明显的转折。④

研究表明，成人权威对儿童道德情绪的培养有一定影响，它不仅能够影响儿童的道德情绪判断，还能影响儿童的道德情绪归因。⑤随着年龄的增长，儿童抵

① Piaget, J.（2001）. *The moral judgment of the child*. New York: Routledge.

② 王宪清：《10~14岁儿童道德判断特点的初步探讨》，见《发展心理、教育心理论文选》，人民教育出版社1980年版。

③ 李伯黍、叶慧珍、徐增钰：《儿童对行为原因和后果的道德判断的初步研究》，见《上海心理科学通讯》，上海市心理学会，1979年。

④ 儿童道德发展研究协作组：《国内18个地区5~11岁儿童道德判断发展调查》，《心理科学通讯》1982年第1期。

⑤ 李占星、牛玉柏、朱莉琪：《不同目击者对儿童道德情绪判断与归因的影响》，《心理科学》2015年第4期。

制权威影响进行独立道德判断的能力不断增长。

有关儿童对说谎的理解和道德评价的研究发现，从小学开始，随着年龄的增长，个体对不同类型的谎言和真话的道德评价越来越多地考虑到交往动机或情境的因素，即随着年龄的增长，个体对白谎（为了维护他人的情感而说的谎言）的道德评价越来越积极，对积极真话的评价远远好于对直率真话的评价。①

小学儿童处于集体或个人情境中，会出现不同的道德理解和判断。一项关于儿童对说谎理解的研究发现：11 岁儿童在为集体情境下更少将主人公的话判断为说谎；随着年龄的增长，小学儿童对个人真话的评价越来越消极，对集体谎的评价越来越积极；当诚实原则和集体观念发生冲突时，7 岁儿童主要受到诚实原则的支配，9 岁儿童集体观念与诚实原则几乎是并驾齐驱，11 岁儿童主要受到集体观念的影响；随着年龄的增长，小学儿童更多地从诚实和为集体两个方面陈述评价的理由。②

一般来说，小学低年级甚至中年级儿童在评价道德行为的时候，主要是根据行为的效果，主要是看这种行为是否和预期的效果相一致（如遵守某种法则、完成某种作业）。在教育的影响下，大约到了高年级的时候，儿童评价道德行为才逐步注意到行为的动机，并把动机和效果结合起来考虑。例如，他们开始能对出于无心而犯错误的同学表示一种责备、惋惜、同情和谅解的复杂心情。

（三）在道德原则的掌握上，儿童的道德判断从受外部情境的制约逐步过渡到受内心的道德原则、道德信念的制约

在很多情况下，小学儿童判断道德行为还不能以道德原则或道德信念为依据，而常常受外部的、具体的情境所制约。因此，他们可以在不同的地方对同一人物做出不同的评价，有时取决于他们的印象的强烈性，有时取决于某些品质是在什么情境中表现的。

道德信念是儿童在已有的道德知识的基础上产生的，它是和一个人的道德观

① 徐芬、荆春燕、刘英、包雪华:《交往情景下个体对说谎的理解及其道德评价》,《心理学报》2002 年第 1 期。

② 傅根跃、王玲凤:《为集体或为个人情境下小学儿童对说谎或说真话的理解和道德评价》,《心理科学》2005 年第 4 期。

念、道德原则、道德情感相联系的道德意识的高级形态。一种道德知识，可能成为形式主义的，也可能成为产生道德行为的推动力量，这在很大程度上取决于这种道德知识是否发展成为道德信念。

有关儿童亲社会道德推理的研究发现，儿童的亲社会道德推理的发展具有一定的阶段性：学前儿童处于享乐主义、自我关注的推理水平；小学低年级儿童基本上处于需要取向推理水平，即关心他人身体的、物质的和心理的需要，小学中、高年级儿童基本上处于赞许与人际取向推理水平和移情推理与过渡推理水平，即便是小学六年级儿童也还没有达到强有力的内化推理水平。① 这说明小学儿童的道德推理并不是基于内化了的价值、规范和信念等，而是处在向内化推理过渡的水平上。

儿童道德信念的产生以及它的深刻性和坚定性，在很大程度上取决于学校集体的教育、教师的影响、家庭教育和儿童道德经验发展的水平。教师从儿童低年级起就抓住机会，特别是在儿童由于认识和行为不一致而产生的思想斗争中，逐步使儿童学会独立地辨别是非，并能自觉地进行自我教育。这是培养儿童道德信念的重要条件。

小学儿童还缺乏稳定的道德信念，但这不等于说小学儿童就不能做出很好的道德行为。事实上，小学儿童已经可以做出令人感动的道德行为，不过这常常是由于道德情感或道德习惯，而不是由于道德信念。

有研究者指出，小学儿童的道德认识有从具体形象性向逻辑抽象性发展的趋势，上述三个方面特点的发展趋势与小学儿童思维的发展趋势具有一致性。②

研究还指出，小学儿童已初步掌握了道德范畴，但对不同范畴的理解有不同的水平，显示出发展的不平衡性。比较而言，对自己方面的道德概念的发展水平较高，对社会方面的道德概念的发展水平次之，对他人方面的道德概念的发展水平最低。

---

① 程学超、王美芳:《儿童亲社会道德推理的发展研究》,《心理科学》1992 年第 3 期。

② 林崇德著:《品德发展心理学》，上海教育出版社 1989 年版，第 312—313 页。

总之，小学儿童的道德知识已初步系统化，即初步掌握了社会范畴的内容，开始向道德原则水平发展。

二、道德行为的发展

在儿童道德品质的发展上，道德意识的发展是很重要的。儿童掌握的道德知识越精确、越深刻，就对儿童的道德行为越有利。因此，通过各种方式（有关道德的谈话、阅读文艺作品、座谈讨论等方式）来促进儿童道德意识的发展，是非常必要的。任何轻视道德意识作用的观点，都是不正确的。但是，我们也必须看到，儿童有了道德意识，并不能保证一定会有良好的道德行为。从道德品质的发展和道德教育的要求来看，更重要的是怎样将道德意识转化为道德行为。

正如教师经验和观察研究所证明的，在道德现象领域和非道德现象领域，儿童言与行、认识与行动脱节的情况是很普遍的。同时，这种现象虽然具有一定的年龄阶段特点，但是在正确的教育下，任何年龄阶段的儿童认识与行动脱节的情况都是可以相对减少的。

某些研究者认为，儿童年龄越小，言行越一致，随着儿童年龄的增长，言行一致和不一致的分化越大。其实，这主要不是年龄的问题，是由于年龄较小的儿童行为比较简单、外露，不善于掩饰自己的行为，而年龄较大的儿童行为就比较复杂，也日益学会掩饰自己的行为。

（一）儿童言行不一致的情况和原因

在正确的教育下，小学儿童比学前儿童更能运用道德知识来指导自己的行为，但是言行脱节的现象仍然是存在的。一些观察和研究结果表明，小学儿童道德品质上言行脱节的现象主要有以下的情况和原因。

1. 由于模仿的倾向

小学儿童还有强烈的模仿倾向，他们往往喜欢模仿同学或成人的行为，模仿电影或戏剧的角色，模仿文学作品中的人物等。他们感到这种模仿很有意思，以致明知被模仿的举动是不正确的、不好的，但仍然照样做。因此，教师和家长应该注意教育儿童正确对待文学作品中人物的行为，并为儿童树立良好的行为榜样。事实也证明，教师或家长本身的言行脱节会对儿童产生很坏的影响。例如，教师要求儿童整洁，而自己却很不整洁，这样，教师的要求就不能对儿童起教育作用。

2. 由于无意

有些儿童明明知道道德规则，但是无意地做出了不好的行为。他们常常在做错以后很惋惜地说："不知怎的就做出来了。"这对于低年级儿童来说更是常有的事，主要原因是他们没有形成必要的道德习惯。因此，教师注意改造儿童旧的不良习惯和帮助儿童建立新的合乎道德要求的习惯，是很必要的。

3. 在不同的人面前有不同的行为表现

有些儿童虽然知道什么是好的行为，什么是不好的行为，但是他们在某些人的面前表现得言行一致，而在另一些人的面前却言行不一致。例如，有些儿童在父亲面前听话，在母亲面前却不听话。有些儿童在某一教师上课时守纪律，在另一个教师上课时却不守纪律。这种现象常常是教师或成人的教育不统一所造成的，当然，也有其他一些原因，如教师的教学法不良或成人本身有缺点等。

4. 只会说，不会做

有些儿童是理解道德原则的，他们能够正确地说出在什么样的场合应当怎样行动，但是他们不按照这些道德知识去行事。道德知识是一回事，道德行为却是另一回事。例如，他们称赞一些英雄人物的道德品质，并给予很高的评价，但是他们在实际行动中常常不努力学习，不遵守纪律，而且没有感到惭愧和不安。

由此可见，在儿童道德品质上，认识与行动脱节的情况和原因是很复杂的。成人试图采用一种简单的教育方法（例如，对儿童讲一些抽象的道理或采取埋怨、惩罚的方法）常常是无济于事的。

（二）消除儿童言行不一致的措施

根据一些心理学的研究，要想比较有效地消除儿童在道德品质上言行脱节的情况，促使儿童的道德认识和道德行为保持一致、统一的关系，我们必须全面考虑和正确处理以下几个方面的问题。

1. 正确了解儿童的内心情况和内心体验

儿童心理学的理论和实践一致指出，环境和教育不能机械地决定儿童心理的发展，同样也不能机械地决定儿童个性的发展。谁都知道，同一教育影响对不同的儿童具有不同的效果。正如维果茨基所指出，环境和教育的影响是通过儿童心理的“中介”或“折射”而发生作用的。他认为这个中介就是儿童当时的内心体验，这种内心体验就像一个三棱镜，环境和教育的影响只有通过它的折射才能对儿童心理发展起作用。

对一些成绩落后和品行不好的儿童的研究证明，儿童成绩落后，常常不是由于智力落后，而是由于学习态度不好，如不愿意学习、对自己的学习成绩漠不关心、缺乏学习的自信心等。而儿童学习态度不好，常常是和儿童在一定的生活条件或教育下所形成的内心体验相联系的。一年级儿童虽然有了很好的入学条件，有了从事学习的准备和愿望，但是这并不等于他就可以顺利地学习下去。他能否顺利地进行学习，还要看他能不能克服困难，看他在集体中所处的地位怎样，看他和周围的人的关系是否正常等。如果儿童在学习中遇到困难不能克服，而又得不到教师和同学的及时帮助，甚至相反，还受到教师和同学的斥责或讥讽，这时儿童往往会用不好的行为来“抗议”周围人对他的态度。他开始用捣乱、做鬼脸等维护自己、肯定自己。这就形成了儿童的内心体验和周围人的要求的矛盾和冲突。

由此可见，教师必须正确了解儿童的内心情况或内心体验，了解儿童在集体中所处的地位，以及他和周围人的关系，才能适当地提出教育要求，并使这种教育要求成为促使儿童个性发展的有效因素。

2. 针对实际情况，采取有效的教育措施

在了解儿童的内心情况以后，教师必须针对这些情况，采取有效的道德教育措施来促使儿童具有积极履行道德要求的愿望，具有把道德知识付诸行动的愿望。也就是说，应当设法把对儿童的外部要求逐步变成儿童的内心要求，逐步成为儿童的动机和需要，使儿童能够主动地按照道德意识来调节自己的行动，从而自觉地完成道德行为。

首先，教师必须激发儿童的道德行为动机。儿童道德品质的形成是建立在积极的动机基础上的，一切强迫、惩罚的方式是无效的。所谓积极的动机，就是外部的要求变成儿童内心的需要，社会的动机变成个人的动机。有些研究者提出，唤起儿童的同情心，培养儿童的移情能力，是激发儿童道德行为动机的一个重要手段。[①] 移情是儿童采取道德行为的一个基础。其次，教师必须创造条件使儿童有坚持不懈的反复实践的机会。道德行为不是一两次尝试就可以形成的，因此，教师必须创设条件，使儿童有反复练习的机会，必须使道德行为变成道德习惯。

为了实现上述要求，很多心理学家研究了形成儿童道德品质的有效的条件和措施。

（1）关于集体在儿童道德品质形成和发展上的作用的研究，指出了对儿童行为起作用的集体的若干特点、儿童之间集体关系的形成和发展的条件、初入学儿童集体形成的过程和条件等。

（2）关于生活制度的组织和安排在儿童道德行为上的作用的研究，认为有计划地组织和安排儿童的生活，使他们有反复练习某种道德行为的机会，从而使这些道德行为逐步成为道德习惯，在儿童道德品质的发展上具有重要意义。特别是对于低年级儿童来说，这种组织和安排更为重要。

（3）关于比较有效的道德教育手段，很多人进行了研究，提出以下建议。①多利用间接的方式对儿童提出要求。研究者认为，利用间接地组织儿童活动的方式对儿童提出要求，是比较有效的方法之一。例如，通过航空小组制作模型的活动，向儿童提出各种要求，儿童不但愿意做，而且做得很好。②适当地利用竞赛是激发儿童行为动机的有效手段之一。③游戏在培养儿童道德行为上起着一定的作用。在游戏中，儿童自愿地执行要求，这样，外部的要求很容易变成内心的需要。④正确运用奖惩的强化手段，及时强化儿童的道德行为，是增强其道德意识的一个重要方式。

（4）关于范例在儿童道德品质形成和发展上的作用的研究，指出了范例或榜样在儿童道德品质上所起的作用，以及在什么条件下能更好地起作用等。

3. 循序渐进地、积极地引导儿童个性品质的发展

儿童个性品质的形成不是一蹴而就的，教师需要循序渐进地、积极地、坚持不懈地对儿童进行教育工作。许多心理学研究指出，儿童道德行为的形成也和智

① Hall, E., Lamb, M. E., & Perlmutter, M.（1986）. *Child psychology today*. New York: Random House.

力活动的形式一样，从靠外部措施和感性事物的帮助逐步转变为内心的活动，具有一定的发展过程或程序。

第四节 学龄初期儿童自觉纪律的形成和发展

在儿童道德品质的发展中，自觉纪律的形成和发展占有很显著的地位。

所谓自觉纪律，就是一种出自内心要求的纪律，而不是依靠外界强制的纪律，是在儿童对于纪律的认识和自觉要求的基础上形成起来的遵守纪律的行为习惯。

学前儿童在教师的要求下也能遵守一定的纪律，但是主要不是出自内心的自觉，因而还谈不上自觉纪律。儿童进入小学以后，在教学条件的影响下，不但自觉纪律的形成是可能的，而且是必要的。

但是，初入学的儿童是否能形成自觉纪律？他们的自觉纪律的一般形成过程是怎样的？怎样形成和保持良好的课堂纪律？关于这些问题，心理学工作者进行了专门的研究。

初入学的儿童虽然有遵守纪律的良好愿望，但是由于他们还不善于记住和运用规则，有好模仿的倾向，以及易疲劳的特点，以致常常容易产生违反纪律的行为。同时，在教师的细心指导下，一年级儿童是完全有可能形成自觉纪律的。

关于儿童纪律行为的形成过程和条件的专门研究指出，儿童的纪律行为经历了从外部的教育要求转变成儿童的内心需要的过程。这个形成过程大体可以分为三个阶段：第一阶段，主要依靠外部措施（详细的规定、及时的检查等）；第二阶段，教育要求具有比较精简概括的性质（只以提示的方式进行检查）；第三阶段，教育要求具有一般的原则性（儿童开始以自我检查为主要形式）。研究者还认为，上述阶段只是一般的发展过程，具体到每个儿童，情况可能是各不相同的。教师要善于了解这些情况，及时采取不同的措施。

我国心理学工作者试图揭示低年级儿童自觉纪律形成过程的主要矛盾。① 他们认为，小学低年级儿童可以形成自觉纪律。低年级儿童自觉纪律的形成过程，是学校教师和集体对儿童提出的纪律要求与儿童已有的认识和行为习惯之间的矛盾斗争的过程。这个过程可以划分为四个阶段：第一阶段，儿童已有认识和对当前学校纪律要求的新认识之间的矛盾及其解决；第二阶段，儿童对行为标准的正确认识与良好行为愿望之间的矛盾及其解决；第三阶段，儿童新的良好愿望与旧的不良行为习惯之间的矛盾及其解决；第四阶段，儿童初步形成的自觉纪律行为与更高要求之间的矛盾及其解决。

关于来自幼儿园的小学一年级儿童的纪律问题，有些心理学工作者进行了研究。他们指出，来自幼儿园的小学一年级儿童具有许多独特的心理特点，如智力水平比较高、反应灵敏、不怕生、有学习的愿望、爱游戏、爱活动、模仿性强、容易破坏纪律和秩序等。同时指出，对这些儿童的自觉纪律的培养，应该在儿童入学时紧紧抓住两个主要矛盾。

（1）儿童在幼儿园所形成的生活习惯和学校生活制度、课堂常规之间的矛盾。为了解决这一矛盾，教师应该根据儿童的特点切实搞好课堂纪律和常规训练，使儿童完成这一重大的转折过程。

（2）学前时期的学习（作业）与小学文化知识学习之间的矛盾。为了解决这一矛盾，教师应该摸清儿童的知识和智力水平，根据儿童的特点，搞好教学工作。

此外，研究者指出，注意一些比较特殊的儿童的个别教育工作是很重要的。

关于小学低年级儿童课堂纪律的问题，有些心理学工作者曾进行了比较有系统的观察研究。研究者提出以下观点。②

（1）低年级的课堂纪律常与儿童的注意特点有关。首先，对于一年级儿童，单纯要求有意注意，不利用无意注意，是不对的。其次，教师不应该把儿童的注

---

① 贺宗鼎、杜王香、余碧筠、查子秀:《低年级学生自觉纪律性形成过程的初步探讨》,《心理学报》1962 年第 1 期。

② 沈家鲜:《小学低年级课堂纪律的初步分析》，华南师范学院论文，1960 年。

意引到与教学无关的方面去。有经验的教师常常用暗示或提醒的方法引导学生的注意，而缺乏经验的教师常因一点儿小事或个别学生的问题而破坏了全班的注意力。研究者认为，提高教学质量是维持儿童注意和纪律的根本措施。

（2）疲劳是低年级儿童容易发生问题的原因之一。特别是第二、三节课的时候，儿童容易疲劳。调节的办法一般有两种——课中静息或课中操，研究者认为前一种办法较好。此外，还可以适当地利用带有竞赛性的符号来鼓励坐得好和用心听讲的儿童。当然，根本的问题还是要讲课内容丰富生动。

（3）对于个别不守纪律的学生的处理。教师对个别不守纪律的儿童应该善于处理，不要感情用事，以致跟儿童发生冲突。更多鼓励守纪律的儿童，使他们成为同学的榜样。

（4）教师在课堂上对儿童严格要求与否是课堂纪律好或坏的原因之一。教师说话不算话（如提出要求而不执行）或说话毫无分寸（如“再不听老师的话，我就不上课了”）都是不对的。

（5）思维的特点和课堂纪律。低年级儿童的思维富于具体性，并且习惯于大声思维，教师应该注意根据这种特点维持和加强课堂纪律。

小学高年级儿童出现违反纪律行为的原因更为复杂。有的研究者认为，对小学高年级来说，固然也存在着明知故犯的现象，但有意捣乱是个别的，更多的是出自个体差异。① 这些差异表现在：（1）不理解或未正确理解纪律要求，或者对于纪律要求的正确理解尚未转化为指导行为的自觉原则；（2）对教师持有对立情绪；（3）意志、气质有缺陷；（4）没有养成纪律行为所必需的习惯；（5）特殊爱好没有得到适当的满足，或旺盛的精力无处发泄等。只要全面地、细致地了解儿童的个性特点，加上得力的教育措施，促使小学儿童自觉纪律的形成和发展并不困难。

从小学低年级起，就培养儿童具有良好的自觉纪律性，无论在儿童的学习活动上或儿童的个性发展上，都是极为重要的。在这个时期，教师的任何疏忽大意都会造成难以弥补的不良后果。

① 林崇德著：《品德发展心理学》，上海教育出版社 1989 年版。

* * *

总括以上三章所述，可见学龄初期是儿童心理发展的一个重大的转折时期。

学龄初期儿童在学前时期发展的基础上，开始有可能进入学校，以学习作为自己的主导活动。学习是一种有目的、有系统地掌握知识、技能和行为规范的活动，是一种社会义务。儿童在完成这种活动任务的过程中，也就改变着自己和周围人的关系，从而不断地发展着自己的认识能力和个性特点。

当然，学龄初期儿童的学习和中学生的学习比较起来，还是比较低级的，学习的目的性、意识性和学习内容的复杂性、抽象概括性一般还是不高的。

学龄初期儿童认识活动的发展主要是从口头言语向书面言语过渡，从具体形象思维向抽象逻辑思维过渡。这个事实制约着儿童心理的各个方面的发展。

在教学条件下，由于儿童不断地掌握各种知识经验，也由于在两种信号系统协同活动中第二信号系统的活动日益占有优势地位，因而儿童在以下各方面都有新的变化。

在感知方面，视感受性和听感受性的水平都有显著提高。有目的、有意识的观察在不断地发展。这就为儿童在学习中比较精确地分析综合各种事物提供了基本条件。

在注意方面，虽然无意注意仍然起着重要作用，但在教学要求下，有意注意在迅速地发展着。注意的各种品质也在不断改善。教师必须善于从这种情况出发，积极引导儿童注意水平和品质的发展。

在记忆方面，虽然无意识记、机械识记、具体形象识记还起着重要作用，但在教学要求下，有意识记、理解识记、抽象逻辑识记都在迅速发展着。教师必须善于组织儿童的识记、复习、练习等活动，来促进记忆水平不断提高，记忆效果不断增进。

在思维方面，学龄初期儿童从以具体形象思维为主要形式逐步过渡到以抽象逻辑思维为主要形式。当然，这种抽象逻辑思维仍带有很大的感性经验的部分。由于概括能力的发展，学龄初期儿童已能初步掌握包括一定本质特征的概念，并能掌握有关概念之间的区别和联系，从而为掌握有系统的知识经验提供基本条件。学龄初期儿童不但能理解一些具体材料，而且开始能理解一些抽象材料。在教学的影响下，学龄初期儿童的判断、推理能力在不断发展着，不但能进行各种实然判断，也能学会有论证地进行盖然判断，不但能进行直接推理，也能学会进行间接推理——演绎推理和归纳推理。教师的任务在于根据儿童思维发展的水平，积极发展儿童的抽象逻辑思维能力和独立思考能力。

在想象方面，由于抽象逻辑思维的发展，想象的有意性、创造性和现实性的成分都在日益增长。

在情感方面，学龄初期儿童情感的内容在不断丰富，情感的深刻性也在不断增加，调节和控制自己情感的能力在不断加强，各种高级情感（道德感、理智感、美感）在不断发展着。

在意志方面，学龄初期儿童活动的社会意义的动机和目的开始发展，克服困难并按着预定的目的去完成任务的能力在逐步完善，各种意志品质（主动性、独创性、坚持性、果断性）在不断发展。所有这些情感和意志发展的特点，都为学龄初期儿童更好地完成学习任务和发展优良的个性品质提供了良好条件。

在学龄初期儿童的心理发展中，个性和社会性发展占有重要地位。学龄初期儿童个性和社会性的发展主要是在学校集体（班集体、少年先锋队集体、全校集体）中进行的。在有意识、有目的的集体活动中，儿童的自我意识有了进一步的发展，儿童逐步学会能按一定的原则独立地、批判地评价自己的言行。同时，儿童的道德意识开始发展起来，经过一系列的发展阶段，儿童能够初步理解和掌握社会道德原则的实质，并且把它作为评价自己和别人行为的依据。在儿童个性的发展上，道德意识和道德行为脱节的情况是存在的，教师应当根据具体情况，采取相应的措施，来主动消除这种脱节现象，从而培养和发展儿童各种优良的个性品质。在培养和发展儿童的个性品质上，教师从一开始就要注意抓紧儿童自觉纪律的培养，并在日常教学和活动中不断细致深入地了解儿童，及时了解儿童的内心情况和内心体验。

在教师正确的教育影响下，儿童在学龄初期结束的时候，抽象逻辑思维达到了一定的水平，个性品质上的自觉性和批判性也开始有了一定的发展，这就为他们进入中学从事有系统的科学知识的学习、自觉地掌握道德行为规范和进一步向更高的心理水平发展准备了条件。

要点小结

学龄初期儿童的个性和社会性发展在其心理发展中占有重要地位。学龄初期儿童个性和社会性的发展主要是在学校集体中进行的。在有意识、有目的的集体活动中，儿童的自我意识得到发展，他们逐步学会按一定的原则独立地、批判地评价自己的言行。同时，儿童的道德意识开始发展起来，他们能够初步理解和掌握社会道德原则的实质，并且把它作为评价自己和别人行为的依据。在儿童个性的发展上，可能存在道德意识和道德行为脱节的情况，教师应当根据具体情况，采取相应的措施，来主动消除这种现象，从而培养和发展儿童各种优良的个性品质。在培养和发展儿童的个性品质上，教师应从一开始就要注意儿童自觉纪律的培养，并在日常教学和活动中不断细致深入地了解他们的内心情况和内心体验。

思考与练习

1. 小学儿童的自我意识包括哪些方面？它们各有什么特点？

2. 在新的历史时期，学龄初期儿童的道德意识发展表现出哪些与以往不同的特点？

3. 从道德行为发展角度谈谈电视、网络等新媒体对小学儿童的影响。

4. 如何通过有效的教育措施来正确引导儿童个性品质的发展？

拓展性阅读导航

1. 俞国良、辛自强著:《社会性发展》，中国人民大学出版社 2013 年版。

本书介绍了个体社会性发展的主要理论、研究方法，并详细论述了个体在社会认知、自我、道德、性别角色、攻击行为、亲社会行为、同伴关系、依恋等不同领域的发展特点，在此基础上，进一步阐述了父母、家庭对个体社会化的影响。

2. [美] W. Damon & R. M. Lerner 总主编，林崇德、李其维、董奇主译:《儿童心理学手册（第六版）· 第三卷　社会、情绪与人格发展》，华东师范大学出版社 2015 年版。

本书探讨了儿童在社会化、自我、同伴交往、成就动机、亲社会行为等方面的发展。

3. 王耘等著:《小学生心理学》，浙江教育出版社 1993 年版。

本书从儿童心理学理论出发，结合小学教育的实际，以小学生心理规律为重点，探索小学生的心理特点与发展规律，并提出一些相应的教育对策。

4. [美] David R. Shaffer 著，陈会昌等译:《社会性与人格发展》，人民邮电出版社 2012 年版。

本书介绍了社会性与人格发展研究的取向和工具，以及社会性与人格发展的“产品”，包括情绪发展、亲密关系的建立、自我发展、成就、性别类型化与性别角色的发展、攻击性与反社会行为、利他与道德发展。

第十章

少年期学生心理的发展

内容提要

本章阐述少年期学生心理的发展，具体包括少年期学生的一般特征，以及少年期学生学习活动、认识过程、个性、社会性的发展特点。

学习目标

1. 了解少年期的主要特点。
2. 掌握初中生思维发展的主要特点。
3. 了解初中生的社会化任务。
4. 掌握初中生自我意识的发展特点。

关键词

少年期　青春期　学习动机　抽象逻辑思维　社会化　自我意识　道德意识

第一节 少年期学生的一般特征

少年期是指12岁到14或15岁这一时期，又称学龄中期，大致相当于初中教育阶段。少年期是从儿童期向青年期过渡的一个时期，因此，人们常常把这一时期叫作过渡期。从比较严格的意义上来说，少年期以前的时期是真正的幼稚期或儿童期。这一时期的儿童要更多地依靠成人的照顾、保护，他们的独立性和自觉性都比较低。青年期是个体发展上的成熟期，它标志着个体真正开始成为独立的社会成员。而少年期是儿童期（幼稚期）向青年期（成熟期）发展的一个过渡时期。

从少年期开始，个体逐渐步入青春期。青春期是人类个体生命全程中的一个极为特殊的阶段。这个阶段的少年生理发育十分迅速，在2~3年内就能完成身体各方面的生长发育任务并达到成熟水平，但其心理发展的速度则相对缓慢，心理水平尚处于从幼稚向成熟发展的过渡时期。这个时期的主要特点在于，这是一个半幼稚半成熟的时期，是独立性和依赖性、自觉性和幼稚性错综矛盾的时期。也就是说，少年期具有过渡性。过渡期的年龄特点在于具有一种半儿童半成人的心理。少年还像一个儿童，他积极地去吸取各种知识经验，身体和精神都在生长着，他感受到这种生长，并从这里获得力量和勇气，但是他还不知道自己力量的大小。同时，少年已经不是儿童，他已经有很多的生活经验，已经不像儿童那样充满幻想地生活着，已经有另外的兴趣了。正如有的心理学著作所描述的那样，在少年与成人的关系上，少年正处在“听话的道德”向“平等的道德”过渡的阶段。另外，这个时期的少年表现出不稳定的情绪体验，强烈、狂暴与温和、细腻共存。美国心理学家霍林沃思将青春期到青年初期这一年龄段称为心理上的断乳时期，意指从这时起，个体将在心理上脱离父母的保护及对父母的依恋，逐渐成长为独立的社会成员。

少年期的这些特点，是在前一时期的发展基础上，在新的生活条件下逐渐形成和发展起来的。

入学后，儿童开始以学习为主导活动，开始真正参加集体活动。就在这个过程中，儿童掌握了读、写、算的基本知识和技能，具有了初步的抽象逻辑思维能力，领会了一些基本的道德准则，形成了一定的道德行为习惯。在这样的发展基础上，儿童开始有可能进入一个新的、要求更高的学习和生活时期——少年期或学龄中期。

儿童进入初中以后，表面看来，仍然以学习为主导活动，但是和小学时期比较起来，无论是在学习活动上还是在集体生活上，都有本质上不同的新的特点。

一、学习活动的变化

初中的学习和小学的学习比较起来，有许多不同之处。

首先，在学习的内容方面，中学学习的科目比起小学来有了很大的分化，学科的分类比以前显著地增加了。以前的数学主要是算术，现在主要是代数和几何；以前只有科学，现在有历史、地理、生物、物理和化学。不但学科增多了，而且每一学科的内容比以前扩大和加深了。在学科的系统上，已经接近于科学体系。在学科的内容上，已经不仅仅是一些简单的常识，而是反映事物一般规律的、系统的科学基本知识。在这样的学习条件下，为了掌握系统的科学规律，少年的抽象逻辑思维就迅速地发展起来。当然，在初中的各门学科中，抽象的程度是不同的，有些学科抽象的程度比较大（如代数、几何），有些学科抽象的程度比较小（如历史、地理、生物），但是，少年要领会这些知识，都需要一定发展水平的抽象逻辑思维。

其次，在学习的方法方面，随着各门学科的分化和学习内容的改变，学习的形式也有了新的变化。从中学开始，科任教师增多了，每个教师都要向学生提出一定的要求，这就要求少年学会主动地安排自己的学习计划。同时，学生的学习方法也和小学时期不一样。在课堂上，学生要善于听讲，会记笔记，会按照教学的要求组织自己的智力活动，如更好地理解教材、更好地熟记教材等。在课后，学生要能独立主动地完成作业，如做图解、提要，解答复杂的习题等。这一切要求少年在学习上必须具有很大的独立性、自觉性，只有这样，他们才能适应这一新的变化。

中学教师，特别是初中一年级的教师，应该认识到少年在开始适应这些新的变化的时候可能会有一定的困难。教师应该根据实际情况，预先采取适当的措施，帮助少年更好地适应这些变化。事实证明，对于新的学习要求缺乏适当的准备，常常是少年学习成绩突然下降的重要原因之一。

二、集体生活的变化

初中生和小学生，不但在学习活动上有很大的不同，而且在集体生活上有很大的差别。

首先，在学校集体生活方面，中学教师已经不像小学教师那样给学生以更多的非常具体细致的照顾，而是在很大程度上通过班干部来实现对集体的领导，这就要求少年有更大的独立性、主动性和积极性。

不过，少年在解决学习上的困难、完成复杂的具有社会意义的工作时，还是常常求助、求教于他们的教师。

在教师的正确领导下，少年集体生活的水平不断提高，他们对集体成员提出更高的要求，日益自觉地关心和维护集体的利益。但是在不正确的教育影响下，由于没有及时形成个人对集体的责任感和对集体生活的舆论，就可能出现“调皮的学生”，甚至可能出现“乱班”，在这以后再来纠正，就比较困难了。

此外，学校这个集体流动场合还为少年提供了广泛结交同伴的条件，绝大多数初中生的朋友就是本班或本校的同学。初中时期的同伴关系比儿童期的同伴关系更为突出和重要，此时，同伴成了少年人际交往的第一选择，同伴是一起消磨闲暇时光的伙伴和诉说心里话的对象。同伴关系的好坏能影响少年是积极学习还是辍学，以及是茁壮成长还是品德不良。所以，少年形成良好的同伴关系对于以后成功地适应成人社会具有重要意义。

其次，在少先队和共青团集体生活方面，初中一年级到二年级期间，许多少年逐渐退出少先队，加入共青团。在团组织中，学生之间可以形成各种不同的关系，有时是领导者和被领导者，有时是共同工作的伙伴。在这样的集体中，少年的义务感、纪律性等逐渐增强。同时，少先队和共青团的活动，以及各种课外活动和校外活动，不断丰富和加深少年的集体生活经验。

最后，在家庭集体生活方面，少年进入中学以后，在家庭中的地位发生了显著的变化。一方面，随着少年的成长发育，他们产生了“成熟感”，并且他们应付各种事件的能力也大大增强；另一方面，由于他们看起来不再像儿童那么弱小，所以家庭、社会都向他们提出了更高的要求。这些促使少年走向独立。在少年获得独立的过程中，他们在感情上已经和父母较为疏远，父母却认为自己的孩子还很依赖自己。西方的心理学研究指出，少年在家庭问题中的决策作用也大大增加，特别是男孩，他们的影响力在初中后期能够达到母亲的“水平”，而且父亲的影响力在下降。少年正日益成为家庭生活中具有一定独立自主性的成员。同时，由于少年的智力和体力的发展，他们日益学会关心家庭中所发生的事情，积极分担家庭中的某些劳动任务。

三、生理方面的变化

少年除了在学习活动和集体生活方面有非常显著的变化以外，在生理方面也出现了一些前所未有的本质的变化，他们正处于人体生理发育的第二个高峰期——青春期，面临着身体外形改变、内脏机能健全（特别是脑和神经系统的发展）以及性成熟三个巨大的生理变化。随着社会的进步、经济的发展、生活水平的提高，儿童与青少年的各项生理指标都表现出超前趋势。

首先，身体外形剧变是青春发育期最明显的特点，也是青春期生理发育的外部表现。在这一时期，初中生的身体迅速长高，被称为青春期生长陡增（puberty growth spurt）。此外，他们的体重也在迅速增加，体重的增长反映了内脏、肌肉和骨骼的发育情况。它也是一个人发育好坏的标志之一。出现第二性征是外形剧变的又一明显特点：男孩音调变低，上唇出现胡须，长出阴毛和腋毛；女孩音调变尖，乳房隆起，臀部变大，长出阴毛和腋毛等。少年身体的突然增长，使他们意识到自己不再是“小孩子”，这也就增加了他们在自我意识上的一些新体验。

其次，在青春发育期，少年的各种生理机能迅速地增强，并逐步走向成熟，主要表现在以下四个方面。（1）心脏压缩机能增强。一方面，青春期开始后，心脏重量增长至刚出生时的12~14倍，心脏密度也成倍地增长，随着活动量的增加，构成心室壁的肌肉增厚，心肌纤维更富有弹力；另一方面，心律、脉搏开始减慢，逐渐接近成人水平。（2）肺的发育明显加速。12岁左右，肺重量为出生时的10倍，肺小叶结构逐渐完善，肺泡容量增大，使呼吸功能进一步加强。青春期的肺活量比青春期前增加1倍多。（3）肌肉力量增长，体力增强，让少年体会到“有力量”，这对他们的心理发展具有很大意义。（4）少年期脑的重量和容积增加不多，因为小学毕业时，儿童的脑重量和容积就已达到成人的95%，但是在新的更加复杂的生活条件影响下，大脑的机能却有显著发展。一方面，大脑中的θ波逐渐让位给α波，标志着大脑的发展趋于成熟；另一方面，把脑的各部分联系起来的联络神经纤维在大量增加，传递信息的神经纤维的髓鞘化已完成，脑神经细胞的分化机能达到了成人的水平，沟回增多、加深，兴奋和抑制过程逐步平衡，言语系统的作用有显著的提高并占据优势地位。高级中枢的髓鞘化不仅提高了少年期儿童注意的广度，而且也提高了他们的信息加工速度。这使得他们能够开始思考一些如真理和正义这样的抽象问题。

最后，在青春发育期，由于性激素的作用，少年的生殖器官开始迅速发育，并完成了性器官与性功能的成熟，无论是女生的月经初潮或男生的遗精，都给其身心的发展变化带来一系列具有深远意义的影响。少年开始意识到自己向成熟期过渡，开始意识到性的存在，开始理解性所包含的意义，对性产生了关注，意识到两性差别，并对异性产生好奇心，产生接近异性的倾向。另外，他们也感受到了性的兴奋和冲动。在这个问题上，教师和父母要及时给予正确的关怀和照顾。例如，组织文体活动，避免不良刺激影响，以及指导女孩的经期卫生等。

少年所具有的上述新特点，足以说明少年期是一个错综复杂、充满矛盾的时期。一方面，少年的身心发展已经具有很多成熟期的特点；另一方面，他们又有很多儿童期的特点。他们能够学习一些比较系统的科学知识，理解一些理论问题，但是他们看问题还很不全面，很不深刻。他们开始能够比较自觉地完成学习任务，但是自我监督的能力十分有限。他们能够理解并参与集体生活和社会生活，但是还不能像一个独立的社会成员那样自觉地控制自己的情感和支配自己的行动。他们似乎懂事，但是又不很懂事。他们精力旺盛，能够参加更多的劳动，但还不能算是一个完全的社会劳动力。他们一方面希望自己是个“大人”，以便受到人们的重视；另一方面却又留恋儿童时代，行动上常常流露出一些稚气。这也就是为什么说少年期是一个半幼稚半成熟的过渡时期。

针对少年期的这些特点，父母和教师应该采取正确的态度来关心和教育他们。一方面，不要把少年当作“小孩子”来看待，要鼓励少年的独立倾向，要适当地尊重他们的意见；另一方面，也不要把少年当作成熟的青年来看待，要给予必要而正确的指导监督，既要采取措施来充分发展他们在学习上和生活上的独立性和自觉性，又要积极而恰当地帮助他们克服幼稚性、冲动性和依赖性。

少年期的这些特点给这一时期的教育工作带来一定的困难。但是，只要教师和父母能够针对这些特点及时采取正确的教育措施，这些困难是完全可以克服的。

第二节　少年期学生学习活动和认识过程的发展

一、少年期学生学习活动的发展

前面说过，儿童进入初中以后，学习活动发生了和小学时期本质上不同的变化。在学习内容上，不但学科有了很大的分化，而且各科教材接近于科学体系。在学习方法上，不但要求更多的抽象逻辑思维，而且要求更高的独立思考能力。为了使刚刚升入初中的学生能够适应这些新的变化，小学高年级教师和初中一年级教师就应该有意识地注意学生从小学到初中的学习上的衔接问题。

在新的学习条件下，初中生在学习的动机、态度、兴趣和能力的发展上出现一系列新的特点。

（一）学习动机的发展

在正确的教育下，初中生的学习动机出现一些新的特点。

第一，远大的与社会意义相联系的学习动机日益发展起来。他们逐步认识到自己的学习和祖国建设事业的密切关系，进一步理解学习的社会意义，认识到学习是为了建设祖国，从而提高自己的学习动力和学习责任感。当然，直接与学习活动本身相联系的学习动机仍然是起作用的，如为了得到好的分数、得到别人的称赞等而努力学习。教师的任务在于引导学生把这种动机和远大的社会意义的动机联系起来。

第二，由于学习性质、内容和方法的改变，初中生学习动机的自觉性比小学生有了更大的发展。他们能够更加主动地、自觉地去钻研教材和独立思考，而不像小学儿童那样，很容易为学习活动中的一些外部因素所左右。当然，初中生学习动机的自觉性不够稳定，容易动摇和变化，这就要求教师采取措施来提高这种自觉性。

第三，不同类型的动机发展水平不一致。研究结果表明，在整个中学阶段，学生把自我效能和掌握目标作为自己主要的学习动机，自主性动机次之，成绩目标所起的动力作用相对较弱。①

第四，学习动机和学习策略密切相关。在中学生的学习动机中，随年级的升高，表面型动机的强度呈上升的趋势，深层型动机和成就型动机呈减弱的趋势；中学生的学习动机与学习策略有显著的正相关，一般来说，低水平动机的人往往更多运用一些较消极的学习策略，高水平动机的人能较多运用一些积极、主动的学习策略。②

（二）学习态度的发展

初中生在学习态度上也有新的表现。

首先，在对教师的态度上，初中生已经不像小学生那样偏于情感上的依恋，而是开始有了较强的独立评价的能力。初中生开始更加尊敬那些为人正直、教学态度好和教学方法好的教师，而对那些思想作风不好、教学成绩很差的教师常常持批判态度。当然，初中生对教师的评价还有很大的具体性和片面性，在原则性和全面性方面显得不够。这是教师应当注意的。

其次，在对集体的态度上，在正确的教育下，初中生能够更加自觉地把自己

① 沃建中、黄华珍、林崇德:《中学生成就动机的发展特点研究》,《心理学报》2001 年第 2 期。

② 张亚玲、杨善禄:《中学生的学习动机与学习策略的研究》,《心理发展与教育》1999 年第 4 期。

的学习和生活跟集体的利益联系起来。但是在不正确的教育下，特别是在初中一年级教师没有及时做好班集体的教育工作的情况下，就可能出现“乱班”，从而影响学生学习活动和道德品质的发展。研究表明，如果学生处在一个对整体能力评价比较积极的班级，则学生的学习成就感越高，而如果学生处在一个整体能力评价比较消极的班级，则学生更容易出现学习倦怠。①

最后，在对作业的态度上，初中生更有主动性、独立性，能够自觉地安排自己的作业时间，并注意作业的质量。但是这种对作业的态度不是自行发展起来的，在很大程度上有赖于教师和父母的督促和检查。常常有个别学生因为贪玩或迷恋于课外阅读而荒废课业，教师应该注意这种情况。

初中生对分数的态度也比小学生更加客观，更加正确。他们已经懂得怎样可以获得更好的分数，并且能够把取得优良成绩和社会责任感初步联系起来。

此外，在教学过程中，教师还应注意调整学生的情绪状态，在课堂上激发情绪对学习的动力性作用，以提高学生的学习积极性，培养学生乐学、好学的情感。研究表明，好奇、兴趣、愉快和焦虑是课堂中的主要情绪，在教学过程中，教师应依据学生的生理唤醒、认知评价、人格特征三个方面的特点，灵活采取策略来诱发调节学生的情绪，培养学生积极的学习情感。②

（三）学习兴趣的发展

初中生学习兴趣的第一个特点是：和小学生的学习兴趣相比，有了一定的广阔性。儿童进入初中以后知识范围扩大了，求知欲大大增强。他们不仅关心课内学习，而且关心课外学习，以扩大自己的知识领域。他们不仅喜爱文艺读物，而且喜爱科学技术读物以及科学技术活动。他们不仅关心周围的生活，而且关心国内外大事。教师要善于帮助学生扩大他们的学习兴趣，同时要注意不要使学生的兴趣过于广泛，以致漫无中心。从学校教育的要求来说，学生学习兴趣的广阔性和中心兴趣应该是相辅相成的，而课内学习兴趣应该成为学生学习兴趣的中心。

---

① 石雷山、高峰强、沈永江:《班级集体效能对初中生学业自我效能与学习倦怠的调节作用》,《心理发展与教育》2011 年第 3 期。

② 郭德俊、田宝、陈艳铃、周鸿兵:《情绪调节教学模式的理论建构》,《北京师范大学学报（人文社会科学版）》2000 年第 5 期。

初中生学习兴趣的第二个特点是：比小学生的学习兴趣有更大的分化性或选择性。初中生对于各种学科开始有不同的兴趣表现，如特别喜爱或不喜爱某些学科，特别喜爱或不喜爱某些活动。根据一些观察和调查，初中生特别喜爱某一学科常常首先和教师的教育质量有关。例如，对同一学科，上学期由于教师教得好，很多学生都有兴趣，而下学期换了一个教学质量不高的教师，学生的学习兴趣就显著降低。其次和学生的学习成绩有关。有些学生对某一学科没有兴趣往往是由于成绩或分数不好，一旦连续获得较好的成绩或分数，就会对这门学科感到有兴趣。学生学习兴趣的选择性的发展在学生个性发展上具有积极的意义，但是教师必须注意防止学生兴趣的片面性。例如，有些学生因为喜爱文艺，以致忽视数、理，这就不对了。

初中生学习兴趣的第三个特点是：开始具有一定的深刻性。小学生对具体的材料、对小说和故事比较有兴趣，而对抽象的、理论性的材料兴趣不大。初中生在正确的教育影响下，逐渐对理论性的问题、对需要开动脑筋积极思考的材料感到有兴趣。他们在阅读文艺作品的时候，不但对故事的叙述有兴趣，而且开始对人物的内心变化有兴趣。这样，初中生的学习兴趣就越来越深刻了。但是，在缺乏正确教育影响的情况下，在初中生的学习兴趣上，实用性和肤浅性仍然可能占有很重要的地位。例如，有些少年参加科学技术活动的时候，往往只热衷于如何制作或装置，而对有关机器构造或机器装置的原理不大感兴趣。又如，也有一些少年，在阅读文艺作品的时候，往往单纯注意故事情节的热闹有趣，而对作品中人物的刻画及作品的社会意义等毫不介意。教师或父母应该针对这种情况给予适当的指导，引导少年的兴趣向实际和理论相结合的更深刻的水平发展。

初中生学习兴趣的第四个特点是：有更高的自觉性。初中生比小学生更能自觉地、有意识地把自己的学习兴趣和社会政治生活、自己的前途联系起来。很多少年成为优等生或“小小科学家”，就是这种自觉地努力学习的结果。

（四）学习能力的发展

儿童进入初中以后，在学习能力方面，教师向他们提出了新的要求，要求他们学习领会知识的新方法，要求他们能够创造性地独立工作。在正确的教育影响下，初中生新的学习能力就逐步发展起来。

首先，逐步掌握新的学习方法。初中教材的内容具有新的性质，因而就要求学生掌握新的学习方法，也就是要求学生有智力活动的新方法。我们知道，初中教材的内容和小学比较起来，已经接近于科学体系，其中包括很多抽象的概念、概念系统和科学规律。为了掌握这些科学知识，他们就必须学会从具体事实和表象中概括出抽象的定理法则等，并且，要能运用这些抽象的定理法则来解决问题。例如，学习代数，就要求能从具体的数量过渡到以抽象的代数符号表示的数量间的复杂关系和规律。学习历史、地理和生物，也要求能从具体事实和现象中找出因果关系，做出逻辑论证。对于初中生来说，实现这种过渡是可能的，但又是困难的，而且不是立刻就能实现的。最初，他们所掌握的概念常常有很大的具体性，在掌握定理法则的时候，常常要依靠直观的感性支柱，他们常常用一些日常概念去解释科学概念，因此，在学习过程中他们不可避免地常犯错误。教师的任务在于创造条件逐步引导学生实现这个过渡，并且耐心地帮助学生克服在掌握新的学习方法过程中所遇到的困难。

其次，逐步形成创造性的独立工作能力。小学时期，教师对于儿童学习的指导是比较细致的。儿童独立工作能力虽然有一定的发展，但是自觉性或创造性还很差。儿童进入初中以后，学习本身的水平和性质的变化要求学生具有更高的独立工作能力：要求学生善于自觉地掌握教材、分析教材，能够从具体引向抽象，并从抽象回到具体；要求学生善于独立工作、独立思考，而不过分依靠教师；要求学生善于创造性地工作，无论在学校里或在家里都能够很好地安排和完成自己的作业；要求学生善于进行独立的自我检查，自觉地克服缺点，保持和发扬优点。这一切，当然都不是一蹴而就的。教师善于耐心地鼓励学生独立思考和创造性地工作，是这种新的独立工作能力形成的关键。例如，在数学解题中，在作品评价和欣赏中，在实验作业中，教师包办代替以致妨碍学生独立工作能力的形成，是不对的。但是，一味放任自流，不去积极而耐心地加以引导和帮助，也是不对的。

二、少年期学生认识过程的发展

在初中时期的新的学习条件下，少年的各种认识过程在原有水平的基础上都有了新的发展。

（一）感觉的发展

在初中时期，各科教学和各种活动都要求少年具有更高的感觉能力和知觉能力。例如，图画、音乐、几何、生物，以及劳动活动、参观旅行等，都要求少年能够更精确地辨别和分析外界事物，因而他们的感受性和观察力就有所提高，逐步发展起来。

少年的视觉感受性在不断提高，区别各种颜色和色度的精确性在不断增加。根据研究材料，初中生区别各种色度的精确性比小学一年级学生要增加 60% 以上。而 15 岁前后，视觉和听觉的敏感度甚至可以超过成人。

少年区别音高的能力也在不断提高。小学儿童常常不能准确地辨别音阶，而少年在教育的影响下，对音阶的辨别就有很高的准确性。学习音乐对提高这种能力起重大作用。在少年当中，很多人表现出特殊的音乐才能。

少年的其他各种感觉也在继续发展着，特别是关节肌肉感觉得到高度的发展。关节肌肉感觉的发展在写字、绘画、制图和体育活动中都有重要的作用。

少年各种感觉的迅速发展，在学习上起很大的作用。因此，一方面，教师要通过各种教学，采取有效的措施，来发展学生各种感觉的感受性；另一方面，教师要特别注意保护学生的各种感觉，特别是视觉。学生有很多工作要通过视觉来进行，教师平时从各方面注意保护学生的视觉（如保证教室里有适当的光线，防止学生眼睛的过度疲劳，养成学生良好的阅读习惯等）是非常必要的。

（二）知觉的发展

在初中时期的新的教学条件下，少年的知觉出现许多新的特点。首先，知觉的有意性和目的性进一步提高。少年能够自觉地根据教学的要求去知觉有关的事物，并且能够比较稳定地、长时间地知觉这些事物。其次，知觉的精确性和概括性进一步发展起来。少年在分析语文内容的时候，在观察自然现象和社会现象的时候，在进行实验的时候，教师都要求他们不仅能够感知事物的外部属性，而且能够抓住主要特征和本质属性，更加全面而深刻地去感知事物。最后，少年在知觉上的另一个新的特点是开始出现逻辑性知觉。这种知觉是和逻辑思维密切联系的，即在知觉过程中，日益能够把一般原理、规则和个别事物或问题联系起来，如把个别的词、句子和语法联系起来看，把各种几何图形和几何定理联系起来看等。

当然，少年知觉上的这些新的特点不是自然出现的，而是和教师的教学工作质量分不开的。在不正确的教学影响下，少年知觉中的片面性、肤浅性、不稳定性等仍然有可能突出地表现出来。少年知觉的新特点的发展，和他们知觉时的态度有密切关系，同时，也和他们是否掌握正确的知觉方法和技巧有关。教师在发展少年的知觉的时候，要关注这两个方面。

在初中时期，少年的空间知觉和时间知觉有了新的发展。

空间知觉发展的第一个特点是：它带有更大的抽象性，但是在很多情况下，直观表象的直接支持仍然是必要的。初中生在学习几何、地理、物理、绘画等过程中，逐步学会在抽象的水平上理解各种图形的形状、大小及其相互间的位置关系。例如，他们已经能够比较熟练地掌握三度空间（长、宽、高）的相互关系、图形的透视关系等。但是，对于较为复杂的空间关系的理解，仍然需要直观表象的支持。空间知觉发展的第二个特点是：远距离空间知觉即宏观的空间观念逐步形成。例如，初中生掌握各种地理空间的相互关系，形成关于地球、世界、宇宙等空间表象等。当然，对于更为复杂的空间关系（如立体几何、物理中的光年等）的理解，还是有困难的。空间知觉发展的第三个特点是：空间认知能力的结构趋于完善。研究表明，初中生空间认知能力结构主要包括图形分解或组合能力、数学关系形象化表达能力、心理旋转能力、空间意识能力、空间定向能力、图形特征记忆能力和图形特征抽象或概括能力等成分。其中与空间想象能力有关的因素在空间认知能力的结构中起着主要作用，在随后的发展中，空间认知能力结构中的大部分成分保持不变，只是这些成分在各自结构中的重要性程度会有所不同。① 研究表明，初中生的空间图形认知能力与认知方式和创造性思维三者之间存在复杂关系。具体来说，认知方式在空间图形认知能力与创造性思维独特性的关系上起部分中介作用。②

① 李洪玉、林崇德：《中学生空间认知能力结构的研究》，《心理科学》2005 年第 2 期。

② 隋扬帆、王梦君、巫程成、周艳艳：《初中生认知方式、空间图形认知能力与创造性思维的关系》，《中国健康心理学杂志》2014 年第 8 期。

少年的时间知觉的发展特点是：第一，能够更精确地理解一些较短的时间单位，如月、周、日、时、分等；第二，对于各种事件或现象的时间顺序的知觉逐步完善起来，历史的学习和文艺作品的阅读在这方面起很大作用；第三，开始可以理解一些较大的历史时间单位，但是常常不很精确。例如，少年能够初步理解“纪元”“世纪”等时间的意义，但是往往不很精确。一些研究表明，学龄中期（十年制学校的五、六年级）学生还常常会把一段较长的时间知觉为较短的时间，会缩短遥远的过去和现代之间的距离。在一节历史课上，教师提问：“大约在多少年前，人们生活在氏族社会里，存在着氏族制度？”有的学生回答说“在80年以前”，或说“大约在200年以前”。①

初中生观察力的发展表现为观察活动更有目的性、计划性和系统性，而这是和初中教学中更高的观察要求分不开的。教师应该为进一步发展学生的观察力创造条件。例如，使学生的观察具有明确的目的性，使学生知道主要观察什么，如何把原理或法则和观察的事物联系起来，如何在观察中进行比较、对照和概括，以及如何写观察报告等。

（三）注意的发展

初中生的注意和小学生的注意比较起来，有了很大的发展。

1. 有意注意有进一步的发展

一般来说，经过小学时期的培养和锻炼，由于初中的教学和集体生活提出新的要求，由于学习的目的性日益明确，学习的自觉性、纪律性日益增长，初中生更加能够独立地、专心一意地去完成自己的学习任务，能够有意识地调节和控制自己的注意，使自己的注意指向和集中在必须注意的事物上，而不为外来的不相干的刺激所左右。这样，在少年的注意的发展上，有意注意就日益起着更重要的作用。

由于有意注意的进一步的发展，少年的注意就比较稳定和集中。一些心理学家认为，在适当的教学条件下，少年稳定地保持注意40分钟是毫无困难的。这

① [苏] 沙尔达科夫著，朱智贤等译:《中小学学生心理学概论》，人民教育出版社1958年版，第22页。

样，就为少年掌握系统知识提供了很好的条件。

初中生有意注意的发展并不否定无意注意的作用。前面说过，在学生的学习上，有意注意和无意注意的互相轮换，适当地运用无意注意的规律，始终都是必要的。

兴趣在无意注意中有巨大的作用。少年一旦对某种学科或活动感兴趣，就能长时间地、积极地从事这种学习或活动。因此，教师应当设法引起少年的学习兴趣，借以保持良好的注意。

另外，应该看到，学习也不能处处依靠兴趣，处处依靠无意注意。而且，兴趣是常常变化的。因此，在教学上，教师既要大力发展有意注意，又要适当利用兴趣和无意注意，两者是相辅相成、不可偏废的。

2. 注意的特性或品质有进一步的发展

初中生注意的集中性和稳定性在不断增长。这主要是和少年身心的发展，特别是有意注意的发展相联系的。由于初中生的注意能够比较长时间地、稳定地集中在课业上，因而课堂教学就不需要再像小学那样，在一节课内变换几种教学形式，而是有充分可能在一节课内只采用一种教学形式，如讲读或复习等。

初中生注意的稳定性和集中性是和很多条件相联系的。

第一，教材内容的深浅应该是适当的。初中生的抽象思维有了较大的发展，因而他们已经不像小学生那样更多地对具体材料（如故事）感兴趣，而开始对一些抽象材料（如定理、公式、论说文）感兴趣。但是那些过分抽象的、高深的、与他们的知识经验相距很远的材料，还是很难引起他们的学习兴趣，因而很难使他们保持集中的、稳定的注意。经验证明，让初中生去听一些同他们知识经验相距很远的理论性的报告，很容易发生秩序问题。

第二，良好的教学方法是集中和稳定学生注意的重要条件。如果教师熟练地掌握教材，善于根据不同的教材采用不同的教学形式，在教材的叙述上既有条理又生动，在言语上既明确又清晰，并且注意启发学生的积极思维，那么学生就可能保持注意的集中性和稳定性。

第三，培养学生正确的学习动机和学习态度，是学生注意集中和稳定的重要的主观条件。而这个条件是和学生个性的培养密切相联系的。教师应该通过平时的观察和了解来掌握每个学生平时注意的情况，培养他们对学习的自觉态度和责任感。前面说过，小学生上课时的注意状态很容易从外表上看到，而有些少年在上课的时候，从外表上来看似乎在集中注意，实际上思想在开小差。如果教师对学生缺乏深入了解，那就很容易忽略过去。

第四，为了保持学生注意的集中性和稳定性，教师应该设法防止一切足以分散学生注意的因素。有研究发现，数学学习困难的学生在一些需要抑制和注意控制的情境中的表现和正常组学生有所差异，数学学习困难的学生的中央执行系统中的主要缺陷是对抗干扰的能力不足。① 保持注意的集中性和稳定性对学生的学业成就有很大影响，教育者应尽可能减少环境中的干扰源。例如，教室周围保持安静，建立良好的课堂秩序，教师讲课时不随便加入一些不必要的言语等。如果发现个别学生有不守秩序的行为，教师要尽可能运用暗示的方法（如特殊的语调、言语停顿、目光凝视、移动身体位置等），而不要随便采用斥责训话的方式。

初中生注意的范围也在不断扩大。例如，初中生阅读适合于自己程度的读物，可以达到很快的速度。在观察直观教具的时候，既能看到全面，又能抓住主要方面。这些都是和初中生的知识经验、智力水平的发展相联系的。

初中生注意分配和转移的能力也在不断提高。在教学过程中，初中生已经逐步学会分配自己的注意。例如：既能听讲，又能抄写；既能注意主要的东西，又能注意前后的联系。至于注意的转移，初中生一般都比小学生具有更大的自觉性和灵活性。例如，上课以后，很多学生都能自觉地和迅速地把注意转移到课业上。但是，也有一些学生注意分配和转移的能力还很差。已经上课了，还回想着课前所做的游戏；注意了抄写，就忽略了听讲。这些常常是学生学习落后的重要原因，教师必须及时注意。

注意的培养是一个复杂的、长期的工作。它和学生的个性发展有密切联系。教师应该根据具体情况采取有效措施（如提高教学质量、依靠集体等），一切空洞的口号（如“大家注意呀！”）和消极的斥责是没有什么好处的。

---

① 蔡丹、李其维、邓赐平：《数学学习困难初中生的中央执行系统特点》，《心理科学》2011年第2期。

（四）记忆的发展

在初中学习的条件下，学生的记忆有显著的发展。

1. 识记的有意性

初中一年级学生的无意识记常常还表现得很明显，他们对有兴趣的材料记得比较好，而对一些困难的材料记得比较差。在教学的影响下，学生逐步学会使自己的记忆服从于识记的任务和教材的性质，因而有意识记日益占有重要地位。

识记的目的任务最初常常是由教师提出来的。教师必须及时指出在这节课里应该特别记住的是什么（如数学、物理中的公式、定理，历史中的因果关系等），应该逐字逐句记还是记住主要意思，以及怎样去记等。教师不及时给学生提出识记的目的任务，就不能很好地发展学生有意识记的能力。但是，教师所提出的识记的目的任务应该是适当的、恰如其分的，否则，要求学生死记硬背一些不必要记住的东西，不但会增加学生的负担，而且会阻碍学生智慧的发展。

教师的任务不但要及时给学生提出识记的目的任务，更重要的是要培养学生善于给自己提出识记的目的任务。使学生明确，为了牢固地掌握教材，目前应该记住什么，应该有计划地、长远地记住什么，以及如何记住等。观察研究和实践经验都证明，优等生记忆的重要特点之一是善于根据不同的教材给自己提出不同的识记任务，因而能够牢固地掌握教材。

当然，在强调发展有意识记的同时，适当利用学生的无意识记也是必要的。

2. 意义识记

初中一年级学生的机械识记还起着很大的作用，这是因为在小学时期，由于教材很简明，以及教学方法要求逐字逐句地熟记，机械识记就不得不占有很重要的地位。但是，初中的学习对学生意义识记的能力提出了更高的要求，要求学生对识记的材料进行逻辑加工，要求学生能把课文按意义分成段落，并加以综合，从而确定课文各部分之间的逻辑联系。因此，初中生就不能再像小学生那样，按照教材的结构和语句原封不动地重现课文的内容，而是要通过理解来分出主要和次要部分，用自己的言语来掌握课文的主要内容。这就促使初中生意义识记的能力迅速发展起来。

有人研究了中学生知识获得过程中的记忆转化情况。结果表明，中学生记忆意识类型的转变（由记住向知道）取决于课程类型、保持时间和学生等级。对于不同课程，学生占优势的意识类型不同，自然学科知道的反应占优势，社会学科记住的反应占优势；优等生知道的反应多于其他学生；随着学习时间的延长，中学生的意识类型发生了由记住向知道的转变，这表明在知识掌握过程中，中学生的知识表征发生了由情景记忆向语义记忆的转变。①

意义识记是一种理解的识记。有些初中生主要采用机械识记的方法，这常常是对教材不理解或理解得不深透所造成的。而这对学生的智力发展和知识掌握都是不利的。教师的任务首先是要把教材讲透，使学生彻底理解，同时要注意启发学生的独立思考，这样，学生意义识记的能力才会很快地发展起来。有些教师只满足于学生背诵和搬用现成的公式、定理，而不先去讲清道理（例如，只要求学生死记代数乘法口诀“正正得正，正负得负，负负得正”，或者只要求学生死记英语语法等），是不正确的。这样会给学生以后的学习造成很大的困难。

为了培养初中生意义识记的能力，教师有意识地教给学生各种良好、有效的记忆方法，是必有要的。例如：如何按照不同教材的性质采用不同的记忆方法；如何分出主要的东西和次要的东西，分别加以对待；如何利用比较、分类、概括、写提要的方法来掌握主要材料；如何利用新旧知识的联系；如何利用具体事实或自己的言语来复述公式、定理；如何利用尝试背诵和阅读相结合的方法，使材料更容易记住；如何正确运用全部学习和分段学习、集中学习和分散学习的方法来提高复习的效率；等等。

3. 词的抽象识记

初中生在学习过程中必须掌握各种科学概念、因果关系，必须进行逻辑判断、推理和证明，因而词的抽象识记能力日益发展起来。

有些材料曾指出，从学龄初期到学龄中期（十年制学校的四年级到六年级），对具体材料的识记从 50% 增至 84%，对抽象材料的识记从 68% 增至 92%。

初中生的词的抽象识记是在具体形象识记的基础上形成的，同时，它又反过

---

① 隋洁、吴艳红、王金凤、朱滢：《中学生知识获得过程是从情景记忆向语义记忆转化的过程》，《心理科学》2003 年第 5 期。

来改造着具体形象识记。从初中时期起，学生开始能够用抽象原理、公式来理解具体事物，这就使他们的认识能力向理性水平迈出新的一步。

但是，我们不应该对少年的词的抽象识记能力做过高的估计，他们识记抽象材料的能力只是和小学时期相比增长得稍微快些。不能认为，在少年的记忆上，具体形象识记已经不重要了。实验证明，少年对具体材料识记的指标仍然高于对词的材料的识记的指标。研究材料表明，在初中时期，学生由于看过而记住的东西比由于听过而记住的东西多1.66倍。因此，直观教学在初中阶段仍然占有重要地位，不过不像小学时期那样重要罢了。

4. 前瞻记忆

前瞻记忆是指对计划将在某个时刻完成的活动的记忆。研究发现，初三学生时间管理倾向和基于时间的前瞻记忆能力之间具有关联，时间监控观对前瞻记忆成绩有一定的预测作用。① 诸多因素会影响青少年基于事件的前瞻记忆，场独立个体的前瞻记忆成绩明显好于场依存个体的前瞻记忆成绩，消极情绪状态和中立情绪状态下的前瞻记忆成绩明显好于积极情绪状态下的前瞻记忆成绩。②

（五）思维的发展

儿童进入初中以后，教学活动向他们提出了更复杂的、更高的要求，要求他们系统地、分科地掌握科学知识，要求他们掌握各种科学概念，并自觉地运用这些概念来进行合乎逻辑的判断、推论和证明，从而掌握事物的内在规律性。

例如，在语文课中，学生要把语言当作系统研究的对象，要能够抓住作品的主题思想，并且能够对人物进行概括性的评价。在代数课中，学生要在更加抽象的水平上掌握代数符号和运算公式。在几何课中，学生要能从各种具体事物中抽象出几何形状的复杂关系，并加以推论和证明。在历史课中，学生不仅要记住各种历史事实，更重要的是要理解历史事实的社会背景、社会规律，要理解社会阶级的概念、社会形态发展的规律。在生物课中，学生不仅要知道一些动植物的生

① 窦刚、翁世华:《初三学生时间管理倾向与前瞻记忆能力的关系》,《心理科学》2009年第5期。

② 王丽娟、吴韬、邱文威、叶媛、马薇薇、李霓:《青少年基于事件的前瞻记忆：认知方式和情绪》,《心理科学》2010年第5期。

活现象，而且必须掌握生物体与其生活条件的关系、生物发生进化的规律，以及人在控制生物发展中的作用。在物理、化学课中，学生不但要懂得物理现象和化学现象，会做物理、化学实验，而且要在观察和实验的基础上来掌握物理、化学的抽象概念和定律。

所有这些，就向少年的思维提出了新的要求，要求他们的抽象思维有更大的发展，要求他们更能独立地、批判地支配自己的思维活动。

1. 抽象逻辑思维日益占主要地位

初中生思维发展的一个主要特点是，抽象逻辑思维日益占主要地位，但是思维中的具体形象成分仍然起着重要作用。

以我们对初中生数学概括能力发展的研究为例。① 中学生的数学概括水平可分为四个等级，即数字概括水平、形象抽象概括水平、形式抽象概括水平和辩证抽象概括水平。在初中阶段，随年级升高，抽象概括能力不断提高，但具体形象成分在抽象概括过程中仍然起作用。

从发展的角度看，初中生思维的这一特点还表现在与高中生思维的区别上。初中生的思维和高中生的思维不同。在初中生的思维中，抽象逻辑思维虽然开始占优势，但是在很大程度上还属于经验型，他们的抽象思维经常需要具体的、直观的感性经验的直接支持。而高中生的抽象逻辑思维处在由经验型水平向理论型水平急剧转化的过程中，他们已经能够用理论作指导来分析综合各种事实材料，从而不断扩大自己的知识领域。因此，只有在高中生那里，才开始有可能初步了解特殊和一般、归纳和演绎、理论和实践等对立统一的辩证思维规律。

当然，我们说初中生的抽象思维开始占有优势，这绝不意味着到了少年时期只有抽象思维，而是说在思维的具体成分和抽象成分不可分的统一关系中，抽象成分日益占有重要地位。而且，由于抽象成分的发展，具体思维也不断得到充实和改造，少年的具体思维是在和抽象思维密切联系中进行的。少年抽象逻辑思维的发展表现在以下几个方面。

① 林崇德:《中学生运算能力发展的研究》，见《青少年心理的发展》，北京师范大学出版社 1982 年版。

第一，掌握更多的抽象概念和概念系统。

在学习各科知识的过程中，在对事物的本质特征和属性进行概括的基础上，初中生掌握了各种抽象概念，如物理概念（密度、重力、力、压力等）、历史概念（时代、奴隶、奴隶主等）、地理概念（经度、纬度、子午线、赤道、极等）、几何概念（点、线、角、相等、相似等）。但是，初中生掌握抽象概念的能力不是立刻形成的，而是经过一定的发展过程的。

初中一年级学生掌握抽象概念还有一定的困难，特别对于一些比较复杂的抽象概念，他们往往不能全面而又深刻地掌握其中的本质特征，并分出主要特征和次要特征。这是因为他们的抽象思维正逐渐离开具体的直观内容，但又在一定程度上要依靠这些具体的直观内容。

研究表明，少年掌握历史概念的时候，最容易掌握的是那些能用直观形象作为支柱的特征。例如，"奴隶"这个概念中，最容易掌握的是"奴隶被迫从事劳动"这一特征。而"奴隶主"这个概念中，最容易掌握的是"非常富有"这一特征。只有在正确的教学影响下，少年才逐步学会以更概括的形式来表达出这些概念的内容，指出"奴隶"和"奴隶主"作为一定社会阶级的代表所具有的一般特征。而对那些没有直观形象作为支柱的概念，如"奴隶制度"，掌握起来就比较困难。这在其他学科，如生物、地理、物理、化学、几何等概念的掌握上，也是一样。因此，教师在进行教学的时候，选择与抽象概念有关的正确的直观形象作为支柱，就能使少年更好更快地掌握这些概念。

当然，教师必须正确利用直观形象，直观形象必须是典型的、有代表性的，而且注意不要流于片面。有些研究指出，不少初中生在领会直角三角形的概念时，常常认为只是指直角画在下面的那种图形，因为这是在教科书中常见的图形。如果把直角画在上面，学生就可能认为这不是直角三角形。为此，利用变式来纠正这种片面性，从而使学生更好地掌握事物的本质属性，是非常必要的。

在教学的影响下，初中三年级学生已经能够很好地掌握为他们所理解的一些抽象概念的本质特征，并能分出主要特征和次要特征。

关于初中生给概念下定义的研究，也指出了上述发展过程的规律性。我们前面引述过的研究曾指出，小学高年级儿童已经能对一些事物做出有种和属的规定的逻辑定义，但是这种定义的内涵常常是不深刻的，外延也是不丰富的，而真正能做出科学性的定义，即比较全面地反映事物本质特征和属性的逻辑定义，要到初中时期才有更大的可能性。

为了帮助初中生掌握各种复杂的科学概念，教师应当注意：(1) 给予适当的直观支柱；(2) 帮助他们分出本质特征和非本质特征、主要特征和次要特征；(3) 正确处理日常概念和科学概念的关系；(4) 适当运用变式，使他们能够比较全面而深刻地掌握抽象概念；(5) 对于一些比较困难、比较艰深的概念要在学生已有知识的基础上反复讲解。

初中生不但在更加抽象概括的水平上掌握了各种科学概念，而且更加全面、深刻地掌握了复杂的概念系统。这些复杂的概念系统是客观事物的内在联系的反映，是事物客观规律的反映。一般来说，小学儿童所掌握的概念还是比较零散的，而初中生所掌握的概念日益成为有组织的、完整的体系。教师应该特别注意学生掌握各科知识的系统性，使学生系统地领会自然规律和社会规律，从而为逐步形成辩证唯物主义世界观准备条件。

第二，日益理解事物的复杂性和内在规律性。

在因果关系的理解上，初中生不但逐步学会从结果推到原因或从原因推到结果，找出它们之间的可逆的关系，而且能够在许多原因之中分出主要的和次要的，找出它们之间的从属或矛盾关系。例如，学生在分析历史现象、地理现象、物理化学现象或生物现象的时候，就逐步锻炼了他们这种复杂的理解能力。

在对文艺作品的理解上，初中生比小学生有进一步的发展。少年已经能够充分领会寓言、格言等的隐义或转义。在阅读文艺作品的时候，他们逐步学会评价作品中人物的动机和内心状态。

第三，自觉地做出恰当的判断和进行合乎逻辑的推理的能力在不断发展。

小学生初步学会正确地进行判断、推理，但是自觉性一般是很差的，不善于发现判断、推理中谬误的原因。在教学的影响下，初中生逐步学会有意识地使判断恰当，使推理合乎逻辑。全国23个省份在校青少年掌握和运用逻辑推理的调查研究以初一、初三、高二学生为被试，包括两部分：(1) 推理发展水平测试题，包括归纳推理和演绎推理（又分直言推理、假言推理、选言推理、复合推理、连锁推理）两类;（2）推理运用水平测试题，包括改正推理中的错误、排除推理中的干扰和解决问题三类。结果发现，初一学生虽已开始具备各种推理能力，但只是初步的，特别是在假言推理、选言推理、复合推理、连锁推理等方面的演绎推理能力和运用推理解决问题的能力都还比较差，在上述各项上得分都比较低，在假言推理、选言推理、复合推理、连锁推理等方面的演绎推理的得分不到 50%，运用推理解决问题的得分不到 20%。初三学生的推理能力比起初一学生来说，已有质的区别，他们这种能力的发展表现在两个方面：一是在假言推理、选言推理、复合推理等方面的演绎推理的得分已超过 50%；二是运用推理解决问题的能力在不断发展，突出表现在能够提出假设，按假设去分析问题和解决问题。①

在对因果关系的判断方面，研究结果表明：当经验信息无法证明待判断原因是否可信时，共变信息的作用要大一些；随着年龄的增长，初中生越来越多地采用共变信息进行判断。②

当然，从总体上看，初中生判断、推理的自觉性还不是很高的。他们对于一些具有感性支柱的材料，往往能很好地进行判断、推理，而对于一些比较抽象或困难的材料，常常有瞎猜或违反逻辑的情况。

在教学中，教师要有意识地发展学生的逻辑思维，及时纠正他们不合逻辑的论断。例如，在学生的作业或作文中，我们常常可以发现这样一些不合逻辑的句子:“圆是一种封闭的曲线。”“为了完成任务，我们班上所有的同学——男同学、女同学、少先队员和学习较差的人，都投入了工作。”

在教师的指导下，初中生已经能够对一些材料进行归纳推理或演绎推理，但是常常还不能自觉地根据一些事物的本质联系去进行推论，并做出新的判断。例如，在地理课中，学生学了地形和气候的关系以后，常常不能自觉地用所学到的一般原理来推断新的事实，如根据某一地方的地形来推断它的气候。教师的任务在于从学生的实际出发，引导他们逐步学会自觉地、独立地对事实材料进行概

① 全国青少年心理研究协作组:《国内二十三省市在校青少年思维发展的研究》,《心理学报》1985 年第 3 期。

② 胡清芬、林崇德:《9~16 岁儿童因果判断过程中经验信息与共变信息的作用》,《心理发展与教育》2004 年第 1 期。

括，做出理论说明，然后又能运用这种理论概括和说明去统辖其他有关的事实材料，从而有意识地使归纳和演绎密切结合起来。

2. 思维的独立性和批判性有显著的发展

初中生思维发展的另一个主要特点是，思维的独立性和批判性有了显著的发展，但是容易产生片面性和表面性等缺点。

由于初步掌握系统的科学知识，初中生开始理解自然现象和社会现象中的一些复杂的因果关系，同时由于自我意识的自觉性有进一步的发展，他们常常不满足于教师或教科书中关于事物现象的解释，喜欢独立地寻求各种事物现象的原因和规律。这样，初中生的独立思考能力达到了一个新的、前所未有的水平。有人说，从少年期开始，学生进入一个喜欢怀疑、争论、辩驳的时期，不轻信教师、家长或书本上的权威意见，而是经常要独立地、批判地对待一切。这的确是少年期的重要特点之一。

初中生不但能够批判地对待别人的和书本上的意见，而且开始能够比较自觉地对待自己的思维活动，开始能够有意识地调节、支配、检查和论证自己的思维过程，这就使少年在学习上和生活上有了更大的独立性和自觉性。

教师和家长应该珍视这种思维发展上的新的品质，因为独立思考能力是一种极为可贵的心理品质。绝不能因为少年经常提出各种不同的或怀疑的意见，就认为他们是故意“反抗”自己，因而斥责他们，甚至压制他们。

当然，也必须强调指出，少年思维的独立性和批判性还是极不成熟的，或者说，还是有缺点的。它的主要缺点就是容易产生片面性和表面性。

少年思维的片面性和表面性的表现是各种各样的：有时表现为毫无根据的争论，他们怀疑一切，坚持己见，但是又常常论据不足；有时表现为孤立地、偏激地看问题，把谦虚理解为拘谨，把勇敢理解为粗暴或冒险；有时明于责人而暗于责己。

在学习上也有同样情况。研究材料指出，少年往往把已经掌握的规则或原理不恰当地运用到新的条件中去，以致产生公式主义和死抠教条的毛病。

少年在独立思考能力发展上的这些缺点是和他们的知识不足相联系的，是和他们的辩证思维还不够发展相联系的。教师一方面要大力发展他们的独立思考能力，随时加以引导，另一方面要对他们独立思考中的这些缺点给予耐心的、积极的说服教育。对他们的缺点采取嘲笑的态度是不对的，同样，采取放任不管的态度也是不对的。

（六）言语的发展

在小学时期言语发展的基础上，在新的生活条件下，无论口头言语或书面言语，少年的言语都有了进一步的发展。

从初中时期起，各科教学以及各种集体活动都向少年的言语提出更高的要求，要求他们领会一些比较抽象的、复杂的口头材料或书面材料，要求他们能够精确地、连贯地表述自己的思想。这样，他们的言语就很快地发展起来。少年的言语和小学儿童比较起来，更有独立性、自觉性和连贯性。

在词汇的掌握方面，少年的词汇大大丰富起来。他们在各科的学习中掌握了大量的有关自然现象和社会现象的专门术语。他们开始能够理解一些比较深奥的谚语、成语、格言等（如“独木不成林”“坐井观天”等）。而且，他们能够更多地和更精确地使用一些抽象的和比喻的词语，能够更精确地辨别词语中的一些差异细微的近义词（如“幸福”与“幸运”、“麻烦”与“烦闷”等），这些给言语规范化打下了很好的基础。

在语法结构方面，少年掌握了表明事物各种复杂关系的语法结构以及各种并列复句和条件复句，如“虽然……可是……”“为了……因而……”“因为……所以……”“或者……或者……”等。这就为他们在各科学习中掌握事物之间的复杂关系（因果关系、条件关系、函数关系等）准备了条件。

在言语表达方面，由于在课堂上要系统地回答教师的问题，由于在集体活动中要明确地阐述自己的意见，口头言语特别是有系统的独白言语就迅速地发展起来。而各种书面作业特别是作文，也向少年的书面言语提出了更高的要求。很多书面作业要求他们能够做出概括而简要的解答，一般不是逐字逐句重复书上的答案，而是要求他们在概括水平上用自己的言语来重新组织答案。作文不但要求他们能够描述自己所知道的事件，而且要求他们能够合乎逻辑地阐明一定的理论和道理；不但要求他们能够有正确的布局和结构，而且要求他们能够注意语法修辞和语言艺术手法（如象征、夸大、比喻等）。这样，少年的言语就成为更概括、更紧凑、更富于表达力的言语。研究表明，女生的言语创造力的流畅性、灵活性维度得分均显著高于男生。言语创造力与人格的开放性和外向性、语言文学、文艺表演和社会活动维度呈显著正相关。①

少年口头言语和书面言语的发展，促使他们的内部言语迅速发展起来，从而使他们的言语和思维日益具有自觉性。

当然，少年言语的这些新的特点不是自行发展起来的，也不是一帆风顺地形成起来的。如果缺乏正确的教育措施，在少年言语的发展过程中，就可能产生很多缺点和错误，如用词不当、语法错误、言语贫乏或重复啰唆以及标点符号错误等。在初中学生的作文中，像这样不通顺的句子并不少见，如“心里觉得烦躁不安”，“他又犯了一个缺点”，“农民是建设社会主义的有力的武器”等。为此，教师要注意学生的言语的培养问题，对学生言语上的一些错误和缺点要毫不放松地进行指导，一定要做到规范化，并富有表达力。语文教师更要采取各种措施，如加强作文指导和批改，指导课外阅读，利用日记、壁报，组织讨论会、讲演会等，有系统地培养少年的言语能力。而教师更要注意自己言语的精确性、完整性和生动性，因为教师的言语常常对学生的言语发展起着示范作用。

第三节 少年期学生个性和社会性的发展

一、社会化任务及其影响因素

（一）少年期的社会化任务

在初中时期，少年开始从幼稚向成熟过渡，为了能够成功地适应成人社会，

① 孙鹏、邹泓、杜瑶琳：《青少年创造性思维的特点及其对日常创造性行为的影响：人格的中介作用》，《心理发展与教育》2014年第4期。

他们要学习许多必需的知识和技能。这实际上就是少年社会化的过程，在这一过程中，他们要学习的知识和技能就是其社会化任务的内容。

1. 谋求独立

少年的第一项社会化任务是谋求独立，即从他们的父母及其他成人那里获得独立。

谋求独立之所以是少年的社会化任务，有三个方面的原因。第一，少年在青春发育期所发生的身体外形、内部机能、性等方面的急剧变化，使得他们开始更多地关心自己，开始产生“自己不再是孩子”的感觉。第二，随着少年身心的发展，他们应付周围事件的能力大大增强，他们的日常生活几乎不再需要父母帮助，这种自立能力增强了他们谋求独立的信心。第三，少年的体格由于身体发育而健壮起来，显得不再像儿童那么弱小，于是社会要求他们独立的压力也骤然增加，向他们提出了更高的要求。

在谋求独立的过程中，他们开始抵抗在儿童时期甘愿执行的那些要求，当成人限制他们的独立性并把他们当作“小孩”而加以监护、指导，不重视他们的兴趣、态度和意见时，他们就抱怨，并且提出抗议。此时少年表现出强烈的自尊心，他们感到自己不能被压制、被剥夺独立的权利。所以，他们开始扩大自己的权利，并要求别人尊重他们的个性和尊严。他们要求在一定程度上与成人平等，并且竭力使成人承认这一点。

在少年谋求独立、摆脱父母的保护和监督的过程中，有时充满了冲突。研究资料表明，初中生在感情上与父母较为疏远，并且男生比女生更甚。① 父母对子女的感情却比子女对父母的感情要深切，这说明父母更离不开孩子，这种倾向在母亲身上尤其明显。其他研究还证明：在初中时期，儿子与母亲的冲突在增加，他们互相干涉的次数越来越多，儿子很少有听从母亲的表现；在十五六岁时，他

① ［日］加藤隆胜著，许友群译:《男初中生心理》，福建科学技术出版社 1986 年版，第 16—17 页。

们的影响力虽然不如父亲，但已超过了母亲。①②

在谋求独立的过程中，少年可能与成人（尤其是父母）产生冲突，其主要原因是成人不善于或不愿意鼓励初中生的这种独立的倾向，并使他们获得和自己平等的新地位。为了减少这种冲突，一方面父母即使不鼓励这种独立的倾向，也应该学会容忍，另一方面少年自己应该抛弃儿童期的某些社会行为。

2. 确定自我

少年的第二项社会化任务是确定自我，回答“我是谁”这个问题，形成良好的自我概念。

有几方面的原因使得确定自我成为少年的一项社会化任务。首先，身体的成熟变化使得他们开始对自己有了更多的关心，迫使他们开始考虑自我知觉方面的问题。其次，在初中时期，更高级的思维能力的出现使得少年对自己的评价发生了变化，从而引起了自我概念的改变。另外，初中生独立倾向的增强、同伴关系的日益突出和重要等都促进了自我概念的变化。

初中时期作为从幼稚向成熟过渡的时期，自我概念开始持续不断地发展变化，但是整个发展过程是稳定而缓慢的。研究资料表明，青少年自我概念的发展是不稳定和不平衡的，自我概念随年级的升高而波动幅度较大，且不同性别和不同地区青少年的发展存在差异。③

少年的自我概念渗透到他们生活的方方面面。比如，如果少年形成了积极的自我概念，则他们更可能在社会情境中获得成功，更可能适应初中时期的社会情境和以后的成人社会，而消极的自我概念则导致少年的失败、逃避。另外，具有较高自我概念和自我评价的少年一般有更高的职业意向，并且选择那些需要领导

---

① Steinberg, L., & Mill, J. (1978). Patterns of family interaction as a function of age, the onset of puberty, and formal thinking. *Developmental Psychology, 14* (6), 683-684.

② Steinberg, L. (1981). Transformations in family relations puberty. *Developmental Psychology, 17* (6), 833-840.

③ 熊恋、凌辉、叶玲:《青少年自我概念发展特点的研究》,《中国临床心理学杂志》2010 年第 4 期。

地位和权力的职业，而避免辅助性的或受制于人的职业。再者，糟糕的自我概念可能是促成少年犯罪的主要因素之一，因为对于自我的这种消极的看法是由于感到被社会抛弃，而消极的自我概念又强化了这种感觉。

父母和其他成人都有责任和义务帮助少年培养和发展积极的、良好的自我概念。

3. 获得性别角色

少年的第三项社会化任务是获得性别角色，即根据社会文化对男性、女性的期望而形成相应的动机、态度、价值感和行为。

性别角色的获得实际上是一种长期的社会化过程。每个人一出生就由于先天的性别不同而受到不同的对待，之后，在婴幼儿时期，儿童逐渐确认自己的性别，他们对性别永久性的认识保证了性别角色社会化的进一步发展。研究资料表明，性别角色社会化在小学、初中时期一直发展，虽然在小学四年级时有较大的变化，但是稳定的性别角色观念是少年在初三时才获得的。

性别角色的获得在初中后期基本完成，主要是由于此时少年的思维水平达到了一个新的阶段，形式运算的发展使得他们能够重新思考自己以前获得的关于性别角色的认识。关于性别角色特征性质的研究表明，从幼儿到少年，有关性别角色定型的知识不断增强，并且其灵活性与文化的相关程度不断提高。① 在整个过程中他们从环境中概括出行为的规则（包括性别角色的特征），并且这种概括性依赖于个人的认知机能的水平，形式运算在这当中起着重要作用。

性别角色作为长期文化历史因素的积淀，也随着历史的变迁而发生了一些变化。传统上，大家都认为男性应该是独立的、竞争性的、自信的、控制的，是环境的主人，而认为女性是有教养义务的、被动的、依赖的、非攻击性的。然而，随着时代的变迁，在性别角色的社会化过程中出现了新的内容，即所谓的中性化的性别角色。这是指个人同时具有男性的传统性别角色特点和女性的传统性别角

① Carter, D. B., & Patterson, C. J.（1982）. Sex roles as social conventions: The development of children's conceptions of sex-role stereotypes. *Developmental Psychology, 18*（6）, 812–824.

色特点，这样的人既能按传统男性化的方式行动，也能按传统女性化的方式行动。中性化代表了性别角色的灵活性和适应性。关于中性化性别角色发展趋势的研究表明，少年随着年龄的增长，中性化的男性增多，中性化的女性却下降，她们向着女性性别角色发展。①

中性化性别角色由于其灵活性，使个人在心理适应和自我调节方面都有一些优越之处，这种优越在少年身上的表现也已得到很多研究的确证：中性化的和典型男性特征的初中生在自尊、自我概念、自我评价上都较为积极。有研究考察了初中生性别角色特质的分布情况，以及不同性别角色特质对学习成绩的影响。结果发现：男女生中双性化特质者最多，其次为未分化特质者；学业优秀者中双性化特质比例最高，学业不良者中未分化特质者比例最高；初中生女性化特质与外语学习成绩显著相关，数学、语文学习成绩与性别角色特质均无显著相关。②

4. 适应性成熟

少年社会化的第四项任务是适应性成熟。

在青春发育期，伴随着第二性征的出现，少年的性机能开始成熟起来，性意识也开始觉醒。性成熟方面较为显著的变化是初中男生的遗精、女生的月经；此外，少年开始意识到性的存在，对性产生关注和好奇；同时少年的性驱力也明显增加，他们感受到了性的兴奋和冲动。所有这几方面的变化对少年的心理都有很大的影响。

少年要良好地适应遗精、月经，他们就必须对这种变化有所准备。他们必须掌握有关这方面的科学知识，形成正确的理解，懂得这是人正常发展中所必然要遇到的变化，同时也是他们长大成熟的标志。但是，对这些正常生理变化的错误理解则会导致少年心理的创伤，甚至使他们走上歧路。为了少年的健康成长，教师有必要帮助他们掌握这方面的知识，适应这些新的急骤的变化。

另外，在少年性成熟的同时，他们的性驱力也在不断增加，即他们要求宣

---

① Hyde, J. S., & Phillis, D. E. (1979). Androgyny across the life span. *Developmental Psychology, 15* (3), 334-336.

② 沈烈敏:《性别角色特质与学生学习成绩的相关研究》,《心理科学》2008 年第 5 期。

泄自己内部的性兴奋和性紧张的倾向越来越强。为了应付增加了的性驱力，少年必须学会与之有关的、为社会所接受的恰当的行为；否则，不恰当地宣泄性驱力可能会使他们走上犯罪道路，比如犯罪心理学的研究就发现，少女性犯罪的初犯高峰年龄就在月经初潮后一年。虽然有不少少年男女通过手淫宣泄了他们的性驱力，并且手淫本身对生理、心理不会造成危害，不过最好还是通过体育运动等积极的方式。

从少年本身来看，他们也表现出需要接受性教育的愿望。研究表明，大多数人需要学校进行性教育，他们想从学校的性教育课程中获得更多更好的性知识，他们认为在学习性知识时有机会接触有知识的教师会有助于他们发展成熟的性观念，并且感到在教室的气氛中讨论性问题没有与父母讨论时那么窘迫。同时，他们还表示性教育课程应该涉及生殖生理学和妊娠方面的知识，以及伦理道德等。同时，研究者还指出，少年通过性教育课程能获得大量的性知识。

5. 学习适应成人社会

少年的第五项社会化任务是学习适应成人社会。

从初中时期开始，个人的发展逐渐走向成熟。为了成为一个正常的成人，良好地适应成人社会，少年必须学习许多成人社会所接受的、适应成人社会所必需的行为。虽然少年初中一毕业不可能成为一个成人，但是，要成为一个合格的社会成员就必须从此时开始学习。

少年要学习的一项内容是适应新的社会情境。随着少年的逐渐长大成熟，他们自身的能力发生了变化，外界对他们的要求也发生了变化。他们必须学习新的社会行为，抛弃儿童期旧有的社会行为，他们需要形成一套能使自己很好地适应成人世界的社会反应。经历过各种社会情境的少年可以获得有关的经验，可以比较容易地去应付新的情境。

解决价值观方面的问题也是从少年到成人的过程所要遇到的。因为一个成人所持有的价值观可能与社会所要求的有所不同，甚至可能相悖，但是，作为一个成人，他有能力保持自己的价值观，并且在按照这一价值观生活的时候不会感到有很大的冲突。然而，少年由于其自我中心性而无法做到这些，这就需要他们克服自我中心性以适应复杂的社会。

同时，少年还要适应同伴关系的性质的变化。因为进入成年期以后，青少年时的同伴关系在某些方面会发生变化，同伴之间会谈到工作、配偶等，所以少年有必要通过父母提供的这方面的榜样，学习有效的适当的有关行为，以免发展与正常状况相差甚远的成人同伴关系概念。

另外，少年也需要关注他们以后的职业选择。这对人一生的发展是很关键的，实际上很多人都是由于青少年时的选择，而终生从事了某一职业。为了选择一个恰当的职业，少年需要考虑自己的能力、兴趣甚至性别和社会经济地位。

（二）影响少年社会化的主要因素

少年的社会化过程是受到诸多因素影响的，但是主要的影响来自父母、同伴以及学校。

1. 父母

就父母对少年社会化的影响而言，它的作用是最明显、最主要的。由于少年经常接触父母，这种长期的紧密的联系使得父母的影响超过了其他方面。

父母对少年社会化的影响是通过他们对子女的教养方式起作用的。研究资料表明：对子女表示无条件的爱的父母，帮助少年发展了积极的、恰当的与他人的关系，培养了他们的自信，以及积极的自尊；而表示拒绝和敌意的父母则会导致少年在学习、智力、同伴关系、与成人的关系等方面的困难，会导致心身疾病，甚至犯罪。①

父母的教养方式与少年社会化之间的关系的一个重要方面是少年对父母的教养方式的看法。研究表明：父亲温暖、理解显著正向预测初中生的创造性思维，父亲惩罚、严厉显著负向预测初中生的创造性思维，母亲教养方式与之呈现出相似的预测模式。②

父母对于少年社会化的影响主要在价值观和独立观念方面。这当中可能蕴含着冲突。如果父母和少年之间在价值观、理想上有相同的地方，那么这种冲突就

① Dusek, J. B.（1987）. *Adolescent development and behavior*. NJ: Prentice-Hall, pp. 146–150.

② 张景焕、李建全、郑雪梅、张舜、刘桂荣：《父母教养方式对初中生创造思维的影响：自我概念的中介作用》，《心理与行为研究》2014 年第 2 期。

较为平缓，双方可以发展一种相对和谐的社会关系；否则，就可能产生代沟。

2. 同伴

同伴对于少年社会化的影响相对于儿童期来说，有了实质性的变化。此时的同伴关系发挥了更为重要的作用。研究发现：初中生普遍存在群体归属需要，绝大多数人都认为自己从属于一个或多个群体；群体内的个体地位影响自我同一性发展，处于群体中不同地位的个体，其自我同一性状态存在显著差异。①

少年与同性同伴、异性同伴之间的关系更接近成人的同伴关系，他们的朋友是可以信任的、忠诚的，他们从同伴关系中得到了更多的自信和对困难的理解。忠诚可信的朋友使少年无须害怕与朋友分享隐秘的感受时会受到嘲笑或传给别人听，与亲密的朋友分享失望和喜悦的感受使他们能很好地应付这一时期的感情波动。当然，这种同伴关系也可能导致不利的影响，一旦朋友背叛，少年受到的打击则相当大，可能导致他们自我价值感的下降，形成对自己的消极感受。

同伴在少年社会化过程中的影响虽然是多方面的，但是，与父母的影响相比，这种影响更为表面化，范围更小，时间更短。它主要集中在赶时髦、音乐、服装等方面，而父母的影响却在价值观、道德和行为方式上起决定作用。并且，同伴关系的形成一般都是由于有相似的背景和价值观，所以，同伴关系实际上可能强化了父母传授的基本价值观。因此，我们可以认为父母和同伴在不同的方面满足了少年的不同需要。

虽然大多数时候同伴的价值观与父母的价值观是一致的，但是，当两者不完全不一致时，就会产生真正的困难：少年必须选择其中的一种。这种情境对初中生的自我概念和一般适应都会产生不良影响。

3. 学校

少年每天在学校度过大量的时光，对少年社会化产生影响的另一个主要因素是学校。

一方面，学校的一项基本职能是教育，这就意味着学校给少年传授知识和技

① 安秋玲：《初中生同伴群体交往与自我同一性发展研究》，《心理科学》2008年第6期。

能。这些知识和技能是每个人将来成为经济上独立的、有能力的社会成员所必需的，所以学校实际上在为少年以后进入成人社会做准备。学校教育引导着少年接受更高的教育和从事未来的职业，在很大程度上决定了他们的前途。同时，学校也使文化的信仰、价值观和传统得以延续，通过学校树立的榜样和学校进行的训练，少年了解了各种角色期望，并承担了这些角色。

另一方面，由于少年在学校所花的时间很多，实际上学校已经成了一种社会场合，学校中发生的各种事件、体育活动等都成了影响因素。并且，学校为少年结交朋友、建立亲密的友谊提供了机会，而同伴又对少年的社会化发挥着重要作用。

此外，学校的教师也是成人的榜样，初中生跟着教师不仅仅是在学习知识和技能，同时还从他们那里学习行为的方式。师生关系与学生自我概念显著相关。①

研究证明，学校经历对少年对于自己能力的评价产生了影响。经常成功的学生把新奇的问题看作挑战，在这种挑战中他们受到鼓励去赢得成功，而经常失败的学生认为自己无能，并失掉了去尝试的动机。②

（三）少年社会认知的发展

社会认知是指个人如何看待他人（包括这些人的内部心理状态），以及如何看待与他人有关的自我，也就是说，个人如何了解、理解并概括客观世界，特别是其他人。

通过考察儿童对社会两难问题的反应结构（而不是内容），即考察儿童对自己和他人的区分能力，以及儿童协调自我的视野和他人视野的能力，研究者认为儿童的社会认知的发展可以分为五个阶段。少年在这一发展过程中处于第四阶段，即所谓的“获得共同的角色”。此时少年能够“跳出情境”，采取全面的观点来看待社会情境，这是一种第三者所采取的角度。因此，此时少年能够协调自己

① 刘志军、王艳：《初中生学校主要人际关系与社会行为、自我概念的关系》，《心理研究》2008年第1期。

② ［美］齐格勒等著，李凌等译：《社会化与个性发展》，北京航空航天大学出版社1988年版，第88—109页。

和他人的观点，以及两者的交互作用。这样，他们就能够理解社会关系的互惠性质，能够采取中立的、客观的立场看待社会交互作用。同时能够考虑到自己和别人的看法。比如，少年关于父母的惩罚的理解是这样的，他们认为惩罚只是控制行为的一种方式，而不是最好的方式。但是他们理解父母也要表达自己的需要和个性，惩罚只是满足了这样的需要。可见，少年的社会认知已经较为复杂了。

少年社会认知的发展是以其认知发展为基础的。少年所处的社会认知阶段与皮亚杰的形式运算的 A 阶段相对应。研究者指出，有的人认知发展达到了某个特殊水平，却没有达到相应的社会认知阶段，但是，不可能已达到某一社会认知阶段却未达到相应的认知发展阶段。

少年社会认知的发展与其社会行为有明显相关。研究者指出，少年的社会知识越多，他们就越可能轻松地应付社会情境，能更好地评价他们的行为给自己和别人带来的后果。他们还能更好地运用计策来解决社会冲突。此外，这些能更有效地应付社会情境的挑战的少年，他们帮助别人、参与社会、与父母和同伴友好相处的意向更为强烈。

二、自我意识的发展

从初中时期开始，少年日益能够自觉地认识和评价自己的个性品质、自己的内心体验或内部世界，从而更能够独立地支配和调节自己的活动和行为。这是少年自我意识发展的新阶段和新特点。

少年自我意识的新特点是在新的生活条件和教育条件下发展起来的。首先，学校生活向少年提出了更高的要求，这就促使他们必须学会认识和评价自己的品质、自己的优点和缺点，以及自觉地对待自己的优点和缺点。其次，在学校集体生活中，特别是在班集体和少年先锋队中，他们已经被看作中学生，被看作年龄较大的、经常参加有组织的活动的少年先锋队队员，而且有些少年已经开始考虑和要求加入共产主义青年团组织，这就促使少年的独立精神和其他优良的个性品质迅速发展起来。在这些新的条件下，少年的自我意识有了进一步的发展。

（一）对人的内心世界产生兴趣

一般来说，小学儿童也能够认识自己、评价自己，但是，他们所认识和评价的对象在很大程度上是具体的外部行为，以及和具体的外部行为有联系的某些抽象品质。这就是说，小学生认识和评价的对象主要是外部事物，很少指向于人的内心世界。他们看文艺读物的时候，注意力更多指向于故事的情节，而对人物的内心体验兴趣不大。

然而，从初中时期特别是十二三岁起，少年开始表现出对人的精神世界和个性品质发生兴趣。正是从这个时候起，他们要求了解自己，开始“想到自己”，真正“发现”了自己，他们的自我认识达到了更高的水平。

研究者指出，在初中时期，少年懂得了自我认识或自我反省。因此，他们最终认识到内部心理状态是对经验的过滤或解释，并且它实际上还是经验的源泉之一。此时少年相信自我控制着自己的思维活动，即他们开始从心理这个角度来看待自我，把自我看作思想和行动的操纵者，这与儿童从身体体验出发不同。

少年是从个性的特点、态度、信念来看待自我的。他们以某种类型行为的特点来标定自我，认识到自己在相似的情境中可能表现出不同的行为，即他们的自我会表现出矛盾，只是他们解释不了这是为什么。① 然而，在此之前，儿童确实是参照具体的范畴、行为或情境，以及联系具体的行为来看待自我的，而且他们很少意识到行为表现中的矛盾。

（二）更自觉地评价别人的和自己的个性品质

少年不仅和周围的人们发生了更为复杂的关系，而且日益学会用自觉的态度来对待人与人的关系，特别是自觉地对待周围人们和自己的个性品质，并且力图做出正确的评价。由于小学儿童的父母和教师分别在家庭和学校中占有一定的地位——年长者的地位，因而他们比较容易赢得威信。但是到了少年期，这种关系就不同了，要在少年面前赢得威信，主要不取决于父母和教师所处的地位，而取决于他们的个性品质。这就是为什么过去有些人在学生眼中是有威信的，后来却失去了威信，而另一些人却又获得了威信。

少年评价别人和自己个性品质的能力是在正确的教育影响下经过一定过程发

① Bernstein, R.（1980）. The development of the self-system during adolescence. *Journal of Genetic Psychology, 136*（2）, 231–245.

展起来的。

首先，少年学会评价别人的个性品质，以后才逐步学会评价自己的个性品质。

少年期以前的儿童的心理发展，决定性的条件是社会和教育向儿童提出的要求，而现在，除了社会和教育的要求以外，少年对自己本身的要求，少年认识和评价自己的个性品质，开始在他们的心理发展上起着日益重要的作用。

少年认识和评价自己品质的能力，是从少年评价别人开始的，是从评价别人过渡到评价自己的。马克思曾经指出，人最先是以另一个人反映他自己，名叫彼得的人会当作人来和他自己发生关系，是因为他已经把名叫保罗的人看作和他自己相同。许多研究表明，少年评价别人比评价自己具有更大的独立性，内容也更丰富、具体。少年是在评价别人的过程中，逐步学会以别人为“镜子”来评价自己的，学会“用自己的眼光”来看待自己的。因此，少年学会认识和评价别人，并且把别人和自己比较，是认识和评价自己的源泉和依据。

在少年学会认识和评价自己的品质的过程中，别人对少年所做的评价起着重要的作用。最初，少年对自己的评价在很大程度上都是重复别人（同学、父母、教师等）对他的评价，可以说，这时候他是用别人的眼光来看待自己的。随着少年的生活经验和智力水平的发展，少年对自己品质的评价越来越客观、正确，越来越能符合教师、父母和同学对他所做的评价。这样，少年的自我意识的发展就达到了一个新的水平。

其次，少年对别人或对自己品质的评价能力是逐步完善起来的。

研究指出，在初中时期，少年自我认识的各个方面都随年龄（年级水平）的增长而发展，但是整个发展过程是缓慢的、渐进的连续增长过程，少年不会在这一时候很快变得判若两人。①

少年评价别人或自己的品质的能力是经过一定的发展过程的。最初，只是评定一个人的个别行动或活动，而不善于把这些个别行动和个性的其他品质以及整

① Dusek, J. B.（1987）. *Adolescent development and behavior*. NJ: Prentice-Hall, pp. 378–380.

个个性特征联系起来。他们常常容易简单地或片面地看待一个人的个性品质，只看到一个人的某些个别的品质，而不注意其他的品质，不把动机、目的和行动联系起来看，不善于全面地评价一个人的个性品质。因此，一个具有很多优点的人，可以由于一次小的过失而失去少年的信任；或者相反，一个有很多缺点的人，可以由于一次小的成功而获得少年的信任。少年对待自己也有这种情形，由于一次小的过失，可以懊悔不迭，也可以由于一次小的成功而得意忘形。研究也表明，少年最初评价的对象大多限于与学习活动有关的各种品质，如勤奋学习、按时完成作业等。以后，少年才逐步学会比较全面地分析一个人的全部的个性品质，并分出主要的或稳定的品质和次要的或偶然的品质。而且，评价的对象更多地属于人和人的关系，有关对人和对己的各种品质，如对工作的积极负责态度、关心同志、公正、自制力等。当然，比较完善地评价别人和自己的个性品质的能力，要到青年初期才明显地发展起来。

（三）评价别人和自己的品质的能力不高、不稳定

少年刚刚开始具有自觉地认识和评价自己的内部世界、个性品质的能力，但是，这种能力是极不成熟的。首先，少年对人的评价或自我评价常常是不客观的，而且评价别人时比较清楚，评价自己时比较模糊。其次，少年对人的评价或自我评价常常是不全面的，或者只看到一点缺点就抹杀全部优点，或者只看到一点优点就忘掉主要缺点。最后，少年对人的评价或自我评价常常是不稳定的，有时过分夸大自己的能力，以至觉得自己了不起，有时又过分低估自己，显得非常消沉。正是这些特点，给少年教育工作带来一定的困难。因此，教师和父母必须机智地来教育少年，对少年的评价必须恰如其分，既要尊重他们，不要把他们当作“小孩”看待，又要耐心而委婉地要求他们，给予必要的批评和监督，从而逐步引导少年主动地进行自我批评和自我教育。调查发现，在民主、平等的家庭中，父母对子女的理解、关心和爱护可以使孩子自信心增强，自我评价提高，有利于子女的心理健康发展。若父母对孩子的合理要求严厉拒绝，对孩子做事横加干涉、保护过度，或者当孩子犯错误时惩罚过于严厉，则不利于子女自我意识的发展，容易使孩子感到被否认与贬低，从而降低自我评价。这样的孩子有可能社会适应不良，缺乏自信心，自暴自弃。①

实践经验证明，在正确的教育影响下，少年能够真正了解自己，自觉地学习并为集体工作。但是在不正确的教育影响下，少年就会过高或过低地估计自己，从而引起各种不良的行为倾向，如自大或自卑、破坏集体、以恶作剧为荣等。

当然，在同一少年期内，或者在少年期的同一年龄间，少年的自我评价能力发展的水平不是完全相同的。有人专门研究了少年自我批评能力发展水平的差异，指出主要有三种不同的水平。

高级水平——只有一小部分少年达到这一水平。这些少年的特点是，无论何时何地，都能够对自己的工作或行为提出较高的要求，自我批评已成为这些少年稳定的个性特点。

中级水平——多数少年属于这一水平。这些少年的特点是，自我批评的精神正在发展着，但是还不稳定，对自己的缺点缺乏坚决改正的决心，有言行脱节的现象。

低级水平——极小部分少年属于这一水平。这些少年的特点是，自我批评的精神发展得很差，很少进行自我批评。

如何使中级水平的少年转化为高级水平，并且使处在低级水平的人减少到最低限度，这在很大程度上取决于教育工作的质量。

三、道德意识和道德行为的发展

（一）道德意识的发展

少年时期是道德信念和道德理想形成的时期，是世界观萌芽的时期，是道德自我的发展时期。②

少年的道德信念和理想是在社会生活条件下，特别是在教育条件下，在教师、同伴以及家长的影响下形成和发展起来的。

① 张秀阁:《初中生自我意识与父母教养方式的关系》,《中国学校卫生》2004年第1期。

② 陈亮、刘文、夏雪:《道德自我调节对亲社会倾向的影响及其年龄效应》,《中国健康心理学杂志》2014年第8期。

1. 道德信念的形成

前面曾经指出，道德信念是道德意识的高级形态，它是在道德概念的基础上产生的，是和道德观点、道德行为以及道德情感相联系的一种道德意识。如果一个人只有一些道德概念，这不足以保证他产生相应的道德行为，因为很多人常常是形式主义地掌握一些道德概念，所以不能自觉地付诸行动。

关于道德信念形成的研究指出，小学低年级儿童还没有道德信念，他们的行为主要是受外部条件制约的。中、高年级的儿童只有道德信念的初步表现，他们虽然有了坚持某些道德行为的愿望，但是自觉性还很差，而且不坚定。只有从少年开始，在小学时期所掌握的道德概念的基础上，在学校集体、少先队和共青团的教育影响下，比较自觉的、稳定的道德行为更有原则性和自觉性，这是人的个性发展的新的阶段。

为了使少年形成正确的道德信念，教师首先必须使他们掌握正确的道德知识、道德概念，因为道德信念是以一定的道德知识和道德概念为基础的。研究资料表明，对于道德概念的理解，从小学五年级到初二，少年的理解水平有显著提高。在初二时，少年对于“对己”“对人”“对社会”三种概念基本都能理解正确，只是不够深刻。①② 此外，关于少年道德知识水平的研究还发现，初二上学期的学生对于道德知识的理解大多数还停留在现象上，而到了初三上学期学生就能初步揭示实质，上升到从基本要求上加以认识。③ 因此，教师必须采取措施（谈话、讨论、座谈、阅读、班会等）使少年正确地掌握道德概念，同时随时注意纠正那些理解错误的道德概念。

为了使少年形成正确的道德信念，教师单单依靠道德知识、道德概念是不够的，还必须使他们在掌握道德概念的同时，形成道德情感、道德愿望，也就是要

① 李怀美:《天津市中小学生道德认识发展的调查研究》,《天津师大学报》1986 年第 5 期。

② 朱智贤主编:《中国儿童青少年心理发展与教育》，中国卓越出版公司 1990 年版。

③ 林崇德:《中学生道德品质的发展》，见《青少年心理的发展》，北京师范大学出版社 1982 年版。

形成对现实的正确态度，并有按照这种态度去行动的志愿和决心。而这在很大程度上要依靠平时的道德实践。学校的传统、集体的舆论、教师的范例等起着重要的作用。例如，少年不但要能正确理解“友谊”的概念，并且要能在行动上正确地对待自己的同学。不要一面大谈真正的友谊，一面在考试的时候却“帮助”同学抄袭。

2. 道德理想的形成

少年的道德理想是和少年道德信念的形成密切联系的，它们都是人的主观能动性在道德行为上的具体表现，而这是小学时期所看不到的。

从心理学的角度来看，理想是和一定目标相联系的、以现实为依据的、具有实现可能性的一种稳定的想象。小学儿童只有一些比较模糊的、对未来生活的想象，真正的理想可以说还是没有的。只有从少年时期起，道德理想才真正形成和发展起来。

少年的理想表现为两种基本形式。一种是以某些具体的人的形象作为自己的理想。这是少年时期主要的理想形式。这些理想的形象，或者是文艺作品中的英雄人物，或者是历史上的伟大人物，或者是社会上的先进人物，或者是他们所敬佩的周围的人们如教师、亲人等。少年从这些形象中看到他们理想的那些个性品质，如英勇、机智、坚定、热爱祖国、热爱劳动等。例如，有些少年把方志敏、刘胡兰作为自己的理想人物，有些少年把鲁迅、爱因斯坦作为自己的理想人物，还有些少年把武松作为自己的理想人物等。少年把这些理想人物的生活和行为作为自己的榜样，把自己的行为和理想人物的行为做比较，从而评价自己行为的好坏。另一种是以代表个性道德品质的总和的概括性的形象作为自己的理想。例如，有些少年以具有高度政治修养和道德品质的革命先进人物作为自己的理想，有些以科学家或文学家作为自己的理想。这种理想形式大多在少年后期才比较明显，而到青年初期才占有主要地位。这是由于少年还不善于把具体的人的个性品质抽象出来概括成为一种综合的理想形象。

在少年的道德理想上，还有种种其他特点。

（1）少年往往不善于选择正确的范例作为自己的理想。例如，把粗鲁当作勇敢，单纯地喜爱某些不重要的个性特点。如有些初中生以武松、李逵、鲁智深、张飞等作为自己的理想人物，理由是他们都是一些非常直爽可爱的人，而不管这些品质要为什么服务才有价值。

（2）少年对自己的理想人物有强烈的模仿倾向，而且这种模仿往往带有表面的性质，甚至对这些理想人物的行动习惯和言谈方式加以模仿。只有到少年后期以至青年初期，个体才以理想人物的主要品质作为标准来评价别人和自己的行为。

（3）少年的理想不很稳定，容易发生变化。例如，当一个少年看完《水浒传》以后，很向往成为武松那样的人，而当他看完全国乒乓球比赛以后，他又想当乒乓球选手。随着少年的发展，理想才逐渐趋于稳定，理想才变得更有内容，更有社会意义。

由于理想在少年道德意识的发展中起着极其重要的作用，所以成人要帮助少年选择正确的理想范例，认识理想人物的主要的宝贵品质是什么，以及如何用理想范例来进行自我修养。例如，有一个班的某些少年竟然把一个不守纪律的学生作为理想人物，认为他是英雄。为了使少年选择正确的范例，否定不良的范例，教师有必要帮助少年揭示这个学生的不良行为对集体和个人的危害，以便他们分清是非。

同样，成人要注意帮助少年把理想变为实际。这就是说，必须帮助少年把远大的理想和日常生活活动联系起来，把理想人物的高贵品质贯彻到学习、劳动和工作中去，并且使之逐步成为自己的稳定的志愿和品质。

3. 世界观的萌芽

我们不但可以看到少年对人的内心世界、人的个性品质发生兴趣，而且可以看到他们对世界观问题开始发生兴趣。这表现在他们真正关心一些有关世界形成的问题，例如，世界是怎样产生的，地球上的生命是哪里来的，人类是怎样发生发展的，人类社会是怎样发展变化的，别的星球上是否有人，有没有鬼神存在等。

少年对世界观问题的兴趣，只能说是世界观的萌芽，还远远说不上对现实世界认识的观点体系的形成问题。他们还不能掌握一些抽象的哲学概念。

为了给青年时期形成辩证唯物主义世界观打下良好的基础，在各科教学和教育工作中有意识地让少年形成有关自然和社会发展规律的正确理解是完全必要的。例如，教师一方面应该正确讲述有关生物和人类起源的知识、有关社会发展史的知识等，另一方面也要揭穿那些封建迷信思想、社会政治和历史上的反动观点。如梦和预言是少年所不大理解而又关心的问题，教师要对他们说明科学预言和迷信预言的区别等。

（二）道德行为的发展

教师对待少年时期的个体，也和对待其他年龄阶段的个体一样，不只要求他们形成正确的道德意识，而且要教育他们把道德意识变成道德行为和道德习惯。

少年时期和其他时期一样，道德意识与道德行为之间存在着各种不同的相互关系。

关于少年道德意识与道德行为之间关系的研究表明，道德判断的发展水平与行为之间有明显的对应关系。道德推理水平较低的少年，其表现出的欺骗行为比道德推理水平较高的少年多。比如，处于科尔伯格道德发展三、四阶段的少年中有 75% 的人有欺骗行为，而处于五、六阶段的少年中只有 20% 的人有欺骗行为。另一项研究还发现，在要求少年用不同的电压"电击"隔壁的一个人时，道德判断水平低的少年很少拒绝主试对增加电压的要求，而处于较高水平的少年中则有很多人予以拒绝。这些结果说明，道德判断水平高的少年更可能表现出道德行为。

然而，少年道德判断与道德行为之间的这种对应关系还受到判断对象的调节。研究者指出，少年在针对他人进行判断时所表现出的道德水平比针对自我时要高，不过这种差异随道德水平的提高而减少。①

关于少年言行一致性发展的研究指出：在初二上学期，有 37.6% 的少年虽然道德认识、动机基本正确，但是由于意志力不强而引起言行不一致；有 43.5% 的少年能做到言行统一。② 到初三下学期时，这两种类型的百分比分别为 15.1% 和

① Weiss, R.（1982）. Understanding moral thought: Effects on moral reasoning and decision making. *Developmental Psychology, 18*（6）, 852–861.

② 林崇德:《中学生道德品质的发展》，见《青少年心理的发展》，北京师范大学出版社 1982 年版。

69.8%。这说明，少年的言行一致性的水平随年龄增长而提高，并且到初三之后言行趋于一致，动机和效果也开始初步统一。

少年有时表现出的言行脱节受到多种因素的影响。比如，由于说比做容易，少年即使有时有了正确的动机，行为也往往跟不上，或者由于模仿的倾向，少年可能会做出与其具有的道德认识不同的不良行为等。所以，针对这些特点，教师应该考虑如何采取有效的教育措施，加强少年道德认识和道德行为的统一性，从而使少年的个性品质能够得到完满的发展。

* * *

少年期是一个过渡期，是从儿童期（幼稚期）向青年期（成熟期）过渡的一个时期，是一个半幼稚半成熟的时期，是独立性与依赖性、自觉性与幼稚性错综矛盾的时期。

少年期的学习，和学龄初期比较起来，不但科目增加了，而且内容也接近科学体系，这就要求少年的抽象逻辑思维和独立思考能力迅速发展起来。

少年期的集体关系也和学龄初期不同，少年在集体中担负着更重要的任务，具有更大的独立性。少年生理上的变化也在一定程度上促进少年独立性的增长。

但是，由于少年期还是从幼稚期向成熟期发展的一个过渡时期，少年往往表现出以下特点：既懂事，又不懂事；既能独立思考，又往往看问题不全面不深刻；既有很大的独立性，又不善于监督自己；既像大人，又像小孩。这就要求教育者要用教育机智来对待少年的这些特点，既要尊重他们，又要适当地监督他们。

在少年的学习活动上，远大的与社会意义相联系的学习动机和自觉的学习态度日益发展起来。学习兴趣更具有广阔性、选择性和深刻性，同时独立学习能力也进一步发展起来。

在少年的认识活动上，感觉和知觉更具有意识性和目的性，空间知觉和时间知觉有了进一步的发展。在注意上，有意性、集中性和稳定性在不断增长着。在记忆上，有意识记、意义识记有了很大的发展。在思维上，一方面抽象逻辑思维日益占有重要地位，另一方面思维中的具体形象成分仍然起着重要作用，这些特点具体表现在少年的理解、概念、判断和推理的发展上。同时，少年思维的独立性和批判性也在显著地增长着。少年思维的发展和他们言语的发展密切联系。

在少年的社会化和个性发展上，持续发展的社会化过程中出现了新的社会化任务，少年需要谋求独立，确定自我，获得性别角色、适应性成熟，并学习适应成人社会。自我意识开始指向于自己的内心世界和个性品质，自我评价的独立性有了显著的增长。同时，道德信念、道德理想的初步形成，以及世界观的开始萌芽，都使少年的个性发展到新的更高的水平。

教育的任务在于根据我国教育的要求，参照少年身心发展的这些特点，有目的、有计划地引导他们向成熟期顺利前进。

要点小结

少年期是从儿童期（幼稚期）向青年期（成熟期）过渡的一个时期，是一个半幼稚半成熟的时期，是独立性与依赖性、自觉性与幼稚性错综矛盾的时期。少年期学生的抽象逻辑思维日益占有重要地位，但思维中的具体形象成分仍然起着重要作用，这一特点具体表现在少年的理解、概念、判断和推理的发展上。同时，少年思维的独立性和批判性也在显著地增长着。少年思维的发展是和他们言语的发展密不可分的。这一时期，少年的自我意识得到进一步发展，他们需要谋求独立，确定自我，获得性别角色、适应性成熟，并学习适应成人社会。在这一过程中，有时充满了冲突。无论是父母家庭、同伴群体还是学校集体，都会对他们的社会化产生重要影响。

思考与练习

1. 如何理解少年危机？
2. 如何在初中的教育中提高少年的逻辑思维能力？
3. 怎样理解初中生的社会化任务及其教育措施？

拓展性阅读导航

1. 朱智贤、林崇德著：《思维发展心理学》，北京师范大学出版社 1986 年版。

这是国内第一部思维心理学专著，阐述了思维发展的研究历史、思维发展的研究方法、语言与思维的发展、思维发展的个体差异和群体差异以及不同年龄儿童思维的发展等。读者可结合本章内容重点阅读书中“青少年思维的发展”等章节。

2. 黄煜峰、雷雳著:《初中生心理学》，浙江教育出版社2005年版。

本书对初中生心理发展进行了详细介绍，内容包括初中生的学习、认知、情感和意志、自我意识和性格、品德、社会化发展等。作者对国外初中生心理相关研究也做了介绍，并根据初中生的生理、心理发展特点，对其心理卫生、考试和就业给予了有益的指导。

3. 林崇德主编:《中学生心理学》，中国轻工业出版社2013年版。

本书详细介绍了中学生心理发展的特点与现状，阐述了中学生身心发展、学习活动、智力发展、社会性发展的规律。

第十一章

青年初期学生心理的发展

内容提要

本章阐述青年初期学生心理的发展，主要包括青年初期学生的一般特征，青年初期学生学习活动、认识过程、个性、社会性的发展。

学习目标

1. 掌握高中生思维发展的特点。
2. 了解高中生的社会化任务及其影响因素。

关键词

青年初期　学习动机　抽象逻辑　思维　社会化　自我意识　道德意识

第一节 青年初期学生的一般特征

青年初期是指从 14 或 15 岁到 17 或 18 岁这一时期，大致相当于高中教育阶段。这一时期结束的时候，即年满 18 岁的时候，青年的身心各方面已经达到了相当成熟的阶段。按照我国宪法的规定，年满 18 岁的男女青年都有选举权和被选举权。青年时期是走向独立的时期，是一个人开始独立地决定自己生活道路的时期。当然，青年时期并不是在 18 岁的时候就结束了，而是延长到 35 岁左右。18~25 岁为青年中期，25~35 岁为青年晚期。

整个青年时期是一个人朝气蓬勃的“青春期”。毛泽东同志对于青年寄予极为殷切的期望，他说：“青年人朝气蓬勃，正在兴旺时期，好像早晨八九点钟的太阳。希望寄托在你们身上。”①

青年初期的特点是在少年期发展的基础上，在新的生活条件下形成和发展起来的。

前面说过，少年期还是一个半幼稚半成熟的时期。在少年期结束的时候，个体的自觉性、独立性已经有了显著的增长。当个体进入高中以后，父母、教师和周围的人们就向他提出了更高的要求，要求他学会自觉地从事学习和劳动，学会独立地处理自己生活中的问题，以及自己和集体、和别人的关系，学会像成人一样生活和工作。

在高中学习的青年，深切地体验着自己生活中的各种巨大变化。

首先是学习上的新要求。青年初期学生的主导活动是学习。和少年的学习比较起来，青年的学习显然有很多不同之处。第一，高中各科学习的内容更加复杂、高深了，反映着自然、社会和精神现象的有系统的基本规律。这就要求青年的抽象逻辑思维和言语表达能力达到更高的水平。第二，学习内容的复杂性和深刻性要求青年进一步形成独立思考、独立工作的能力，发挥更大的自觉性和积极性。第三，青年开始系统地学习哲学，各科教学和其他教育措施要求青年逐步形

①《毛主席在苏联的言论》，人民出版社 1957 年版，第 14 页。

成辩证唯物主义的观点。

其次是集体生活中的新的地位。在高中时期，许多高中生加入共青团。共青团培养了他们科学的人生观和世界观。有一部分团员还积极争取加入共产党。一些团员还是少先队的辅导员，因而担负着非常重要的教育任务。在学校集体中，高中生占有特殊的地位。他们在学校的各种活动中要起着一定的模范带头作用，要成为低年级同学的榜样。此外，高中时期的师生关系也与初中时期不一样了。高中生不再将教师看作父母的化身，教师的权利也不再那么大。在高中生眼中，一个理想教师的身上首先体现出来的是他的个人品质，即理解能力、情感反应能力、对人的亲切诚挚的态度。也就是说，高中生首先愿意将教师看作年长的朋友，其次才看重教师的职业专门知识和教学质量，最后是其对权利的正确使用。

同时，学校集体也仍然是高中生结交朋友的最主要的场所。高中生同伴关系的选择性和稳定性有了一定的发展，并且表现出多样性的形式：从简单一起度过时光，到最深刻的自白和自我解剖。他们强烈地希望结交朋友，并建立良好的友谊。高中生在家庭中的地位也发生了显著的变化。一方面，高中生日益了解家庭生活中的各种关系，意识到自己在家庭中的地位和职责。同时，高中生十分强烈地要求独立支配自己的时间、选择朋友和度过余暇的方式等。另一方面，父母和成人日益尊重他们的独立性，要求他们能够自觉地履行自己的职责。尽管此时父母的榜样不再像童年时期那样被绝对地、不加批评地接受，但是好的父母仍旧能为高中生提供重要的行为准则，高中生迫切需要年长者的生活经验和帮助，他们非常希望把父母看成朋友和参谋。高中生在集体生活中的新的地位，是他们个性发展的新的动力。

再次是未来生活道路的选择。高中生，特别是将近毕业的学生，选择未来的生活道路成为他们意识中的重要问题。毕业以后既可能到高校去学习，又可能去参加各种劳动，这就迫使他们不能不去考虑自己未来的志愿。小学和初中的学生也常谈到自己未来的志愿，但那多半属于想象的性质，而高中生在考虑自己的志愿时，具有更大的现实性和严肃性。父母的职业榜样，个人的智力和能力、需要、动机，以及同伴、教师等都影响着高中生的职业态度和选择。这种对未来生活道路的选择，无论是在高中生的学习上还是个性发展上，都具有极其重要的影响。

最后，高中生仍处于生理发育的快速增长期——青春期，并趋向成熟。他们继续经历着身体外形、内脏机能（特别是脑和神经系统）和性成熟三方面的巨大变化。在社会生活影响下，青年初期学生的大脑机能显著地发展并逐步趋于成熟。兴奋与抑制过程逐步平衡，特别是内抑制机能逐步发育成熟。十六七岁后，兴奋和抑制能够协调一致。同时，性成熟在青年心理形成与发展上起很大的作用，青年开始意识到自己向成熟过渡，也产生了对于性机能的好奇心与新颖感。

所有上述情况，使青年的自觉性和独立性达到了前所未有的水平。因此，父母和教师要尊重和鼓励他们的自觉性和积极性，发展青年人特有的朝气和活力。但是应该看到，青年刚刚达到成熟时期，他们的智力水平还是不够高的，他们看问题往往不全面，他们的个性倾向还不稳定，因此，在加强青年的自我教育的时候，应该给他们以积极的关怀和指导。

第二节 青年初期学生学习活动和认识过程的发展

一、青年初期学生学习活动的发展

由于学习内容的日益复杂和深刻，由于逐步意识到自己未来的生活道路，青年初期学生学习的自觉性和独立性进一步发展起来。他们用更多的时间从事学习，他们在学习的时候更加专心和主动。

（一）在学习动机方面

在正确的教育下，青年学生的学习动机和少年比较起来，更加远大、深刻和稳定。青年学生由于进一步意识到自己的学习和祖国建设的关系，由于考虑到自己毕业后的前途，比较远大而深刻的、与社会意义相联系的学习动机经常是青年的主要的学习动机，直接与学习活动本身相联系的学习动机已经不占有重要地位。同时，青年已经能够自觉地追求知识，顽强地学习，并且这种自觉性已相当稳定。

研究表明：高中生动机信念中成就目标、学业任务价值以及学业自我效能三个子维度对自我调节学习能力具有显著的预测作用。激发与维持高中生学习动机的关键是培养学习效能感。① 高中生外部动机的水平高于内部动机的水平。②

（二）在学习态度方面

青年初期的学生已经能够用自觉的严肃负责的态度来对待学习。他们一般都能比较客观地评价自己的教师。思想好、学识好、教法好而又关心学生的教师，就能获得青年学生的尊敬。当然，个别对教师态度不好的学生也是有的，这常常是教师本身有缺点或教育不良的缘故。

在对待集体的态度上，青年学生具有更高的自觉性，能够更加深刻地认识到自己的学习和集体的关系。青年学生对待作业的态度也比少年学生更自觉主动和认真负责。分数对于青年学生的吸引力已经不像对于儿童和少年那样强烈了，他们所关心的，与其说是分数，不如说是真正的学问。

（三）在学习兴趣方面

青年的学习兴趣同少年比较起来，更加广阔、深刻了，而且有更大的选择性和稳定性。青年学生不但对文艺性的材料感兴趣，而且对理论性的材料感兴趣。不但对课内书籍感兴趣，而且对课外书籍和报纸杂志感兴趣。他们不但阅读这些读物，而且喜欢深入地探讨和思考各种问题。青年学生对学科的兴趣更有选择性，这种选择性常常是和自己的未来志愿相联系的。青年学生一般都对抽象性较大的、需要多动脑筋的学科比较感兴趣，如数学、物理、化学等。在学习兴趣上，个别差异也是存在的。例如，有些青年学生用同样的态度对待各门学科，没有特殊的学科兴趣，而另一些青年学生兴趣过于狭隘，只对某一门学科（如数学或语文）感兴趣。教师要依据高中教育的要求和学生的实际情况，分别给予必要的指导。

---

① 姜兆萍、周宗奎：《班级环境、学习效能感与高中生学习动机的关系》，《中国临床心理学杂志》2010 年第 6 期。

② 董莉、陈尚宝：《高中生内外动机与归因方式的关系》，《中国健康心理学杂志》2010 年第 2 期。

（四）在学习能力方面

青年学生已经能够独立自觉地掌握教材和运用各种学习方法，如听讲、记笔记、练习、复习、课外阅读等，能够有计划地安排自己的学习时间，创造性地完成各种作业，并且能够很好地进行自我监督。由于过去几年教育的结果，青年学生不但学会进行智力活动的各种方法，而且能够自觉地调节和支配自己的智力活动，考虑自己的思想方法，这是少年学生做不到的。

同时，这一阶段的青年学生已经掌握了一定的学习策略。研究发现，高中生的学习策略可分为三层：顶层为主导性策略和辅助性策略两大策略群；中间层次的是学习态度调整策略、学习行为管理策略、学习方法运用策略、学习环境适应策略和课外活动调控策略五个策略亚群；基层次为良好的学习心态，积极合理规划学习生活，预习和复习总结，营造学习的人际环境，劳逸结合、丰富课余生活等19项策略子群。① 在认知策略和元认知策略水平上，高中女生在复述策略和精加工策略维度上的得分高于男生，而高中男生在计划策略、监视策略、调节策略三个维度上的得分显著高于女生。②

由上述可知，青年学生的学习活动已经达到相当高的水平。但是，这并不是说，所有青年学生都可以自然而然地达到这个水平。有些青年学生，由于过去教育上的缺点，或者由于学生本身的不良习惯，以致学习活动处于较低的水平。高中教师应该在学生刚升入高中的时候就密切注意他们学习活动的发展水平，给予必要的指导和帮助，使缺点及时得到纠正，使优点得到更好的发展。

二、青年初期学生认识过程的发展

在学习活动发展的新的水平上，青年学生的智力活动也有了进一步的发展。

（一）知觉和观察

由于学习上的要求（掌握知识、从事观察和实验等），由于抽象逻辑思维的

① 曹立人、陈艳：《高中生学习策略调查研究》，《心理科学》2006年第4期。

② 赵超、王羽佳、陈莹、王志中：《高中生学习策略的调查研究》，《中国健康心理学杂志》2012年第5期。

发展，青年学生知觉和观察的水平在不断提高。知觉和观察更富有目的性和系统性，更加全面和深刻，能够发现事物的本质方面和各种主要的细节。他们在观察事物或从事生物、物理和化学实验时，明显地表现出这种特点（如分清主次、发现因果关系等）。当然，青年学生在知觉和观察的时候，还是有缺点和问题的，如观察的程序不恰当、观察的精确性不够、过早地下结论等，因而教师的指导仍旧是非常重要的和必要的。

（二）注意

青年学生的注意已经达到了相当高的水平。注意的集中性和稳定性有了很好的发展，注意的范围已达到一般成人的水平，能够在比较复杂的活动中很好地分配自己的注意。对于一些没有兴趣但有间接意义的材料，也能很好地集中自己的注意。

（三）记忆

青年学生的记忆也达到了一个新的成熟阶段。他们能够很好地按照一定的学习目的来支配自己的记忆活动。他们已经很少运用机械识记的方法来识记教材，而是更多地运用意义识记的方法来进行识记。他们总是首先力求理解教材的内容和内在联系，力求抓住主题，分出重点，并找出它们之间的关系。他们已经能够自觉地分配复习，进行自我检查。他们对于一些需要机械识记的材料（如历史年代、外语生词、科学术语等），也能够试图运用意义识记的方法来识记。

（四）思维

由于学习内容和方法上的要求，高中生的思维达到更高的水平。

1. 高中生的思维具有更高的抽象概括性，形式逻辑思维基本成熟，开始形成辩证逻辑思维

少年学生思维的抽象概括性已经有了很大的发展，但是在一定程度上仍然需要具体形象的支持，因此，少年学生的抽象逻辑思维主要属于经验型，理论思维还没有太大的发展。只有到了高中时期，个体由于经常要掌握事物发展的规律性和重要的科学理论，如生产力与生产关系、生命的起源、人类的起源、文学作品的评价等，理论型的抽象逻辑思维就开始发展起来。有些研究证明，高中一年级学生（特别是刚升入高中的学生）的思维主要是经验型的，而不是理论型

的。他们思维中的抽象概括、推理论证在很大程度上依靠具体经验材料，还不善于从理论上进行抽象概括。例如，学了氟、氯、溴、碘各元素的性质，又学了卤族元素的共同性质，来对氟、氯、溴、碘各元素进行推论。又如，学生学了分子—原子论，又学了物质不灭定律，却不能很好地运用分子—原子论去解释物质不灭定律。当然，高中一年级学生已经不满足于对经验材料的熟记，而开始试图进行理论的概括，不过他们还不善于进行这种理论的概括，因此，教师有意识地引导和帮助高中生进行理论概括是非常必要的。随着教学和学生智力的发展，一般来说，高中二年级学生的抽象逻辑思维明显地处在经验型水平向理论型水平的急剧转化中。他们力求对各种经验做出理论的、规律性的说明，用理论把各种材料贯穿起来，用理论作指导来进一步扩展知识领域。以化学课的学习来说，高中二年级学生在学会了卤族、氧族、氮族等非金属元素的基础上，开始学习元素周期律、原子结构等理论，然后用这些理论作指导再去学习碳族元素和各族金属元素。这一过程既包括从特殊到一般的归纳过程，也包括从一般到特殊的演绎过程，也就是从具体上升到理论、以理论为指导去获得具体知识的过程。这个过程表明学生的思维由经验型向理论型的转化，是学生抽象逻辑思维的高度发展。

一项关于高中生物理抽象思维能力发展的研究发现：(1) 高中生已具备物理抽象思维能力，但只是初步的，还未成熟；(2) 在抽象思维的方法方面，逻辑推理比较成熟，分析综合较差，抽象概括最差；(3) 在思维品质方面，灵活性优于深刻性；(4) 高三学生的物理抽象思维能力优于高二学生，并有显著差异；(5) 男女生的物理抽象思维能力存在差异，总的来说，男生高于女生，但不显著。①

从初中开始发展的形式逻辑思维到高中二年级已趋基本成熟。以全国23个省份在校青少年思维发展的调查为例，初一、初三、高二学生解答形式逻辑推理问题的成绩的年级差异达到显著。初一学生在解答试题时得分的百分数已超过一半（55%~50%），高二学生在解答试题时得分的百分数已超过三分之二（68%~89%），说明运用抽象逻辑思维来解答形式逻辑问题已趋习惯，虽然离完

① 胡卫平、冯国雷：《高中生物理抽象思维能力发展研究》，《心理发展与教育》1999年第2期。

全成熟还有一定距离，但已基本成熟。①

高中学生理论性逻辑思维的发展，必然导致辩证逻辑思维的初步发展。上述调查发现：初一学生已经开始掌握辩证逻辑思维的各种形式，但水平较低下，仅仅是个良好的开端；初三学生正处于迅速发展的阶段，是个重要的转折时期；高二学生得分中的正确率已超过半数，这表明他们的辩证逻辑思维已趋于占优势的地位。

由于高中生辩证逻辑思维的发展，他们开始认识到了特殊和一般、归纳和演绎、理论和实践的对立统一的关系。由于这一点，高中的高年级学生也开始具有学习哲学理论的可能性。教学实践证明，高中三年级学生开始能够领会一些哲学概念和哲学基本原理。但是，学习哲学需要一定程度的抽象概括能力，这对高中生来说还是有困难的。例如，说到“物质”，他们总想到具体的东西，或者把自然科学上的物质构造和哲学上的物质概念混淆起来。这就需要教师善于引导他们学会进行哲学的概括和初步的辩证逻辑思维。

2. 高中生的思维具有更大的组织性、深刻性和批判性，独立思考的能力得到高度的发展

高中各科的学习要求学生具有更高的独立思考的能力，因而高中生思维的组织性、深刻性和批判性就更加发展起来。

高中生思维的组织性表现在：学生学习教材的时候，逐步学会有意识地进行逻辑的分析、综合活动，及时运用适当的思维方法，而不像小学儿童或少年那样常常易被具体事实材料所吸引而缺乏思维的组织性。在学习过程中，他们总是首先对具体事物进行精确的分析，找出质的规律，然后对各个有关事物进行综合、分类，以便确定一般和个别的关系，并能在分析、综合的基础上，把已经获得的理论知识运用到具体事物中去。这在数学、物理和化学各科的学习上表现得最为明显。这种自觉地掌握和运用人类认识事物的一般规律的能力的形成，是高中生思维组织性的具体表现。

① 全国青少年心理研究协作组:《国内二十三省市在校青少年思维发展的研究》,《心理学报》1985 年第 3 期。

高中生思维的深刻性表现在：学生在学习过程中，能够自觉地要求从本质上看问题，而不像少年儿童那样往往迷恋于事物的表面现象。同时，他们也学会比较全面地看待问题，力求从事物的联系和矛盾上来理解事物的本质。例如，为了深刻理解有机体和环境的关系、生产力和生产关系的关系，就要全面地看问题，这也就在一定程度上克服和减少了学生思维的片面性。

高中生思维的批判性表现在：学生在学习过程中，喜欢怀疑和争论，喜欢探求事物现象的根本原因。他们对于自己提出的思想，或别人提出的思想，都不愿采取轻信盲从的态度，而是要求有说服力的逻辑论证。因此，高中生不但思考学习材料本身的正确性，而且思考思想方法的正确性。学生逐步学会比较全面而深刻地分析客观事物的规律性和主观思想方法的正确性，这就为他们掌握哲学的思维提供了前提。

上述高中生思维的特点，不仅体现在学习中的理论思考方面，也体现在具体的动手操作中。有人考察了高中生物理实验操作能力的发展。结果发现：高中生的实验操作能力包括深刻性、灵活性、批判性、敏捷性、独创性五种品质，随着年级的升高，深刻性品质、批判性品质、独创性品质的发展趋势均为上升趋势，灵活性品质和敏捷性品质的发展具有波动性；高中生实验操作能力中各品质的表现是不平衡的，深刻性品质表现最好，独创性品质表现最差，各操作品质之间都存在显著差异；深刻性与其他品质的相关最小，灵活性品质与其他品质的相关系数最大。①

（五）言语

在正确的教育下，青年学生的言语一般已达到相当完善的程度。他们的词汇已经很丰富，能够熟练地运用各种成语和科学术语。词汇的内容也更加深刻。他们的言语结构更加复杂，能够在一定程度上熟练地运用各种复杂的语句。有人研究了高中生分析句子的能力发展，发现单句分析能力在高一达到顶峰，高二则有所回落，单句分析的成绩与材料性质直接相关，由易到难的单句依次为主谓句—

① 李春密：《高中生物理实验操作能力及品质的发展研究》，《物理实验》2002年第10期。

变性句—扩充句—连谓句—变序句。① 高中生在掌握复句上，存在着理论、道理上明白，而付诸实践、深入复句语言环境的内部还有相当困难的现象。

高中生的言语表达能力一般都达到比较成熟的程度，无论是口头言语还是书面言语，不但能进行连贯的叙述，而且能讲究修辞，使自己的言语表达得更细致、动人。当然，青年学生的言语缺点仍然是存在的。例如，有些学生有时感到自己的言语和思维脱节，“想到很多东西，只是无法表现出来”。也有些学生单纯追求辞藻，因而言语空洞乏味。教师的任务在于通过日常教学来积极培养学生言语的准确性、鲜明性和生动性。要做到这一点，应该把思维和言语统一起来考虑，因为言语和思维是不可分割的，一个人的言语混乱常常是和思想混乱有联系的，同样，一个人的言语不清楚也常常会影响思想的明确性。

第三节　青年初期学生个性和社会性的发展

一、社会化任务及其影响因素

（一）青年初期的社会化任务

社会化是一个长期的、持续的、缓慢的发展过程，青年初期的社会化任务基本上是少年期社会化任务的延续。当然，青年初期的社会化任务包含新的内容。

第一，高中生继续谋求独立，希望摆脱父母和其他成人的监护、指导。

这一社会化任务的持续是由于高中生的身体进一步成熟，他们感到“自己已经长大了”，除了经济上仍然依靠父母外，日常生活中的各种事情已经能够自行处理，而且社会要求他们独立的压力更大了，向他们提出的要求也更高了。

① 黄仁发:《中国儿童青少年语言发展与教育（二）——中小学生语言发展与教育》，见《中国儿童青少年心理发展与教育》，中国卓越出版公司 1990 年版。

高中生谋求独立并不意味着他们要脱离父母，相反，研究者认为与之有关的是高中生在家庭中角色的变化。高中生必须学会在做出个人决定、采取某种价值观上更少地依赖父母，以便为进入成人社会做好准备；反过来，父母必须让他们的子女获得独立来适应这种变化。这可能很困难，在高中生与父母之间很容易产生一定的冲突。不过从总的方面来说，家庭对高中生是有支持气氛的。在高中生学会独立、自主、负责的同时，父母也必须学会减少对孩子的责任感，并给予孩子更多的独立机会。

第二，随着高中生各方面的成熟，特别是思维的发展，他们确定自我的过程有了进一步的发展。

高中生的自我概念缓慢地、稳定地发展。这时的发展水平比以前更高了，表现在高中生对自身能力的感受、对自己是否爱好社会交往的看法、对自己是否对环境保持和谐的看法等方面。

在青年初期形成良好的、积极的自我概念，对于高中生成功地适应各种社会情境和成人社会，以及适当地做出他们的职业选择都具有更为重要的意义。父母和其他成人在这方面应起到更大的作用。

第三，高中生性别角色概念的发展是少年在初中后期获得性别角色的继续和巩固。

研究者指出：性别角色社会化持续发展到初中后期时，少年基本上已获得稳定的性别角色概念；之后，在青年初期以及整个青年期，性别角色的发展处于一种稳定巩固的阶段。① 在这一过程中，在青年初期进一步成熟的形式运算思维起着重要作用。和少年期一样，青年初期性别角色的发展中也有中性化的趋势。

第四，高中生必须进一步适应性成熟。

到青年初期，高中生性机能的发展已经成熟，达到成人的水平。研究者指出：高中生对与性有关的问题的兴趣比少年提高了；与其他问题相比，这一类兴趣的等级排列也较高，不过它不是所有高中生最感兴趣的问题，其等级排列在

① 陈枚：《对青少年学生性别角色的心理社会化发展特点的研究》，《心理发展与教育》1989 年第 4 期。

“将来的工作”“理解他人”等后面。

高中生进一步意识到两性差异，对异性的好奇心也增强了，日益希望与异性接触、交往。此时异性同伴关系也有了进一步的发展，少年期那种对异性的否定情感差不多完全消失了，50% 的男生和 75% 的女生都跨过了性别界限建立了友谊。信任和安全感是这种异性关系的重要成分，一般情况下，这种关系与成年期的异性友谊已十分相似了。

另外，高中生进一步明显地感受到性的兴奋和冲动，他们要求宣泄这种兴奋和冲动的愿望也更加强烈了。

研究者指出，对高中生进行性教育，可以帮助他们适应这种性成熟带来的问题。性教育课程能够给高中生传授大量的性知识，使高中生能够在性方面更加负责。

第五，学习适应成人社会对高中生来说更为迫切和需要了。

高中生马上就要走入社会，进入成人世界，所以学习为社会所接受的、为适应成人社会所必需的行为，更是成了他们的当务之急。

高中生也同样要学习适应新的社会情境，形成一套能使自己很好适应成人世界的社会反应。同时，他们也必须克服自我中心，形成并保持自我的价值观。再者，高中生也要适应同伴关系的性质变化，形成关于正常的成人同伴关系的概念。

高中生为适应成人社会所面临的另一项任务是职业选择。研究表明，对未来工作的兴趣的排位从小学后期开始缓慢上升，到了高中时期，它成了高中生的第一兴趣。① 尽管高中生对未来工作的兴趣很多，但是他们也和大多数人一样，做出职业选择的方式是任意的、随机的。

高中生的职业选择有一个发展过程。在 15～16 岁时，个人的价值观、爱好及目标成为职业考虑的重要因素，高中生开始认识到职业特点与个人的价值结构有

① Dusek, J. B., Kermis, M. D., & Monge, R. H. (1979). The hierarchy of adolescent interests: A social-cognitive approach. *Genetic Psychology Monographs, 100* (1), 41–72.

特定关系，并且有的职业比其他职业更适合自己的价值结构。17岁是尝试与现实之间的过渡期，是兴趣、能力及价值观集中于某种特殊职业选择的巩固期。18岁时，高中生的职业选择进入现实阶段，他们检验自己的尝试性职业选择是否符合职业要求的现实。如果要提出一个既能满足自己的价值观又能满足特定职业或职业团体的要求的职业模式，那么现实检验就变得极为重要。之后，高中生才会有一个清晰的职业目标。

在青年初期完成上述社会化任务后，贯穿初中、高中阶段的青少年社会化便基本结束，接下来是伴随终生的、漫长的社会化过程。

（二）影响青年初期社会化的主要因素

父母、同伴和学校仍然是影响青年初期社会化的主要因素。

父母对高中生社会化的影响是最明显和最主要的，这是由于高中生经常接触到父母的言行。这种影响仍然是围绕着父母的教养方式和高中生对父母教养方式的看法来发挥作用的。

研究者指出：和少年初期一样，热爱孩子的父母能促使高中生发展良好的人际关系，培养他们积极的自我概念和自尊；相反，对子女表示拒绝和冷漠的父母则会导致高中生在智力、人际关系等各个方面的困难。①

高中生如果感到被父母接受、有人需要，并感到自己有一定的独立自主性，就会促进他们的自我价值感和积极的自我概念的发展。研究发现，家庭教养方式与高中生创造力、责任心、人际能力等方面密切相关。②③④

同伴的影响在青年初期又有了新的内容。这时，高中生的友谊是以感情的

① Dusek, J. B.（1987）. *Adolescent development and behavior*. NJ: Prentice-Hall, pp. 146–154.

② 施翠芳、常向东:《高中生父母养育方式与创造力的相关性》,《中国健康心理学杂志》2015年第10期。

③ 张立、毛晋平、张素娴:《高中生责任心与父母教养方式的相关研究》,《中国健康心理学杂志》2009年第11期。

④ 王明忠、周宗奎、陈武:《父母情感温暖与青少年人际能力：情绪表达能力和社交性的间接效应》,《中国临床心理学杂志》2013年第2期。

共鸣和体验的分享为基础的，择友是在个性和他们互相奖励的友谊的基础上进行的。在青年初期，少年友谊的那种强烈性和热情有所下降，这时的友谊是出于个性特征的一致性，而不是与之共享秘密的需要。

青年初期异性同伴关系也有了新的内容。此时高中生对异性的消极感受几乎消失了，一半的男生和大多数的女生都跨过性别界限建立了友谊，信任和安全感是这种友谊的组成部分。当然，异性友谊的增长并不是要代替同伴朋友的亲密性，它只是高中生亲密友谊的又一种类型。

有人对高中生的异性同伴交往心理与行为进行了研究，发现：（1）学生的自尊水平和自信程度对高中生异性交往行为水平有着很大的影响，自尊水平越高、自信心越强的学生较易受异性学生的欢迎；（2）语言能力对高中生异性交往的影响不容忽视，异性交往的顺利与否离不开较强的语言能力；（3）外表与体能在高中生异性交往中并没有很大的影响，高中生在异性交往过程中更多关注的是交往双方的能力和内在修养；（4）在高中生异性交往中，适度的主动性是重要因素，但过强的、过度的主动性或者支配欲是影响学生异性交往的重要因素之一；（5）当前的高中生并不害怕和回避与异性交往，缺乏的是与异性交往的知识和技巧；（6）高中生交往归因中有两个因素对异性交往产生重要影响，一是学校环境因素（包括学校领导、教师的看法与引导），二是学生自己在异性交往中所做的努力程度；（7）有两个因素决定了高中生人际关系的形成与发展，一个是能力（包括认知能力、领导能力和组织活动能力等），另一个是在高中生异性交往过程中自己的努力程度。①

同伴对青年初期社会化影响的领域与父母不同，他们主要是提供了更多个人需要的满足和必要的娱乐消遣。这一阶段，高中生针对同伴冲突的处理策略也与以往不同，与初中生相比，高中生更多采用搁置不理策略。②

学校对青年初期社会化的影响表现为它为高中生进入成人社会做准备，传授

---

① 吴晶、龚海梅、谢作灿、丁洁：《青春期学生异性交往心理与行为特征研究》，《心理科学》2002 年第 3 期。

② 傅永丽、仲计战、何文广：《不同接纳水平的青少年同伴冲突处理策略的比较分析》，《中国健康心理学杂志》2009 年第 5 期。

给他们知识和技能，引导他们进行职业选择，同时也使文化传统得以延续。

此外，学校提供了一个社会场合，而教师又提供了成人的榜样，学校发生的事、教师的行为都对高中生的社会化产生影响。

（三）青年初期社会认知的发展

通过考察儿童对自己和他人的区分能力，以及他们协调自己的视野和他人视野的能力，研究者指出，社会认知从幼儿不能区分自己的观点和别人的看法开始，发展到青年初期时高中生“获得深入的社会立场”。这时高中生逐渐理解了用社会系统的立场来看待社会情境。社会系统的立场被认为是反映了团体的一致性，这种一致性产生了许多可能的共同立场。因此青年知道社会立场有多种水平，个人的心理特点部分地决定了个人的立场。比如，高中生对于父母的惩罚的理解，他们认为可能反映了部分父母无意识地想从心理上控制他人。高中生的社会认知比少年的社会认知更为复杂和灵活。到了高中阶段，青年对他人的了解也已经相当完善，他们能够对同伴的行为从里到外地进行解释，并对其性格形成连贯的印象。

高中生的社会认知是以其认知能力为基础的，角色采择能力尤为重要，他们所处的社会认知阶段与皮亚杰的形式运算阶段相适应。有研究者指出，认知发展没有达到一定的阶段，就不可能有相应的社会认知阶段。①

关于高中生认知发展与社会行为关系的研究表明，两者之间有明显的相关。和少年比起来，青年的社会知识更多，能够更轻松地应付社会情境，更好地评价行为的结果。他们还能更好地运用策略来解决社会冲突，并且他们帮助别人、参与社会、与父母和同伴友好相处的意向更为强烈。②

二、自我意识的发展

青年学生在过去知识积累和智力发展的基础上，由于即将毕业而必须考虑自

① Byrne, D. F.（1974）. The development of role-taking in adolescence. *Dissertation Abstracts International, 34*（11）, 5647B.

② Ford, M.（1982）. Social cognition and social competence in adolescence. *Developmental Psychology, 18*（3）, 323–340.

己未来的生活道路，因而自我意识有了进一步的发展。

一般来说，高中学生，特别是高中三年级的学生，都能了解自己的内心世界，即主观世界，他们不但关心和认识客观现实，而且关心和认识主观本身。他们都能够独立自觉地按照一定的目标和准则来评价自己的品质和能力。

研究者指出，高中生能认识到一些无意识的心理体验会影响人的思维和活动，他们已经在很大程度上从心理的角度来看待自我，把自我看作思想和行动的操纵者。

研究者的结果证明，高中生进一步从个性的特点、态度、信念等方面来看待自我。他们的自我系统更抽象、更复杂，其描述自我的方式中允许把可能有分歧的行为看成是一致的。同时，高中生能够理解他们自我中的变异，并做出判断和调整，他们有一套整合原则使他们理解其行为可以在相似但不同的情境下表现得判若两人。

青年的自我评价能力和少年比较起来，有了一些新的特点。第一，他们一般都能从具有概括性的个性品质上来分析自己，如意志坚定或意志薄弱，粗枝大叶或工作细致，具有原则性或丧失原则，孤僻或热情等。第二，他们一般都能从价值观、世界观上来分析自己。

高中生由于能够自觉地认识自己的个性品质，就能更好地锻炼自己，进行自我教育。

当然，高中生的自我意识还是不十分成熟的。第一，在整个高中时期，常常只有一部分学生能够从思想品质上来分析自己，而另一些学生还只停留在以一般个性品质作为分析自己的标准。第二，在整个高中时期，大多数学生对自己的分析评价还没有达到全面而深刻的水平。在评价自己的时候，往往只能列举一些优缺点，而没有找出最主要最本质的东西。第三，在整个高中时期，大部分学生已形成自我批评的态度，但有的学生还没有形成或形成得不稳定。有人研究了高中生自我批评态度的形成问题，指出大体上可分为三类：第一类是自我批评态度已经形成，并成为稳定的个性特征；第二类是虽然已形成，但很不均衡；第三类是还没有形成。

由此可见，青年学生的自我意识正接近成熟，但是仍然存在着缺点和问题。

正确地认识自己、评价自己是人的个性发展的重要前提之一。因此，教师应该积极关心和帮助青年更好地认识自己，特别是从思想上评价自己，从而提高自己的思想水平，发挥学习和工作的积极性。

三、道德意识和道德行为的发展

道德意识在道德行为中的作用日益加强，是高中生个性发展上的重要特点。而这和他们的集体关系的发展变化直接联系。

高中生在学校集体生活中起着越来越重要的作用，他们在集体生活中常常起着模范带头作用。由于这种作用，他们对集体的责任感和在集体中的独立工作能力及首创精神就迅速发展起来，与此相联系，他们从一定的道德原则、道德观念出发来解决集体生活中各种问题的能力也就迅速发展起来，这就大大促进了道德意识在青年行为中的作用。

在青年的道德意识发展中，道德观念的形成占有显著的地位。这表现为在正确的教育下，他们开始正确认识个人与集体的关系，懂得在建设祖国的事业中贡献自己的力量。这些问题直接同世界观相联系。

在青年的道德意识中，道德理想也有了进一步的新的发展。

对未来充满理想，敢想、敢说、敢干，力求实现自己的理想，可以说是青年期的重要特征。在这里，常常既有现实主义的成分，又有浪漫主义的色彩。

青年的理想和少年的理想比较起来，在内容上常常差别不大，所不同的是在发展水平上表现出新的特点。

第一，少年的理想大多是一些具体的形象，而青年的理想更多的是一些概括的形象。少年往往竭力去模仿他理想中的具体人物，而且常常模仿一些外部特点，如走路、说话的样子等。而青年能够把他理想中的人物的特点加以分析，并把它们综合成一个概括的形象。

关于青年学生理想的研究指出：通过具体形象来体现自己的理想的，在少年中占 65%，在青年中占 16%；而通过概括形象来体现自己的理想的，在少年中有 6%，在青年中有 55%。

第二，少年的理想常常只在一些特殊场合和现实生活相联系，而青年的理想能够经常和现实生活相联系。例如，少年常常有追求英雄事迹的志向，但是他们往往认为这些英雄事迹只有在冒着生命危险的条件下才有可能。而青年逐步学会把未来的理想和自己的现实生活联系起来，他们不仅想象未来，而且力图将美好的理想变为真正的现实。

第三，未来生活道路的选择常常对青年的理想产生深刻的影响。青年学生特别是将要毕业的学生，一般都对未来的前途特别关心。“将来做个什么样的人”是每个将近毕业的高中生所关心的问题，虽然他们对待这个问题的态度可能各不相同。例如：有的人比较冷静地考虑，有的人却有些犹豫不决；有的人更多地考虑国家的需要，而有的人更多地考虑自己的兴趣、爱好、能力等。因此，正确指导高中生选择未来的生活道路是必要的。

我国的研究表明：父亲的文化程度能够正向预测青少年的职业理想，母亲的文化程度对青少年的生活理想有负向预测作用；家庭收入对青少年的物质、生活和身体理想有显著的正向预测作用。①

在青年未来的生活问题中，常常包括两性生活问题。在这个问题上，父母与教师采取神秘的、讳而不言的态度是不对的。应该给予青年以正确的指导，使他们不要过早地关注这个问题，并且使他们了解在两性关系上应有的道德面貌。

由于青年时期的道德理想更富有现实性，青年的道德意识和道德行为脱节的情况就不像少年儿童那样显得突出了。道德判断的发展水平与行为之间有了更明显的对应关系。研究者指出，道德推理水平处于科尔伯格道德发展一、二水平的高中生，其中 42% 的人有欺骗行为，而处于第三水平的高中生只有 11% 的人有欺骗行为（少年相应的比例分别为 75% 和 20%），即道德水平越高，则越不可能表现出不道德行为。当然，高中生道德意识与行为之间的这种对应关系也受判断对象的调节，高中生针对自我进行判断时的道德水平不如针对他人时高，只是这种差异要比少年期较小一些。如果青年还有言行脱节的现象存在，那就往往不是心理发展上的特点问题，而是道德品质本身的缺点所造成的。

① 姚本先、周宵、全莉娟、张灵：《当代中国青少年理想的现状及影响因素研究》，《心理发展与教育》2015 年第 1 期。

四、价值观和世界观的初步形成

价值观是指个体以自己的需要为基础对事物的重要性进行评价时所持的内部尺度。世界观是人们对自然、社会和人的道德行为的观点的体系。青年初期是价值观和世界观的初步形成时期，因为正是在这一时期价值观、世界观的认识前提和个性前提才逐渐成熟。到了青年时期，随着高中生思维能力的发展、知识的增多，他们扩大了眼界，对理论产生了兴趣，要求把形形色色的具体事实综合成系统的为数不多的共同原则。此外，正是在高中阶段个人第一次面临有意识地选择人生道路时，才明确地意识到了人生意义的需要。这样，高中生才开始逐步形成对于世界、人生的较稳定、较系统的看法。

前面说过，少年已对价值观、世界观问题发生了兴趣，但是在那里，我们只能看到萌芽，他们还说不上形成对现实世界和人生问题有系统的观点。因为价值观和世界观的形成是一个受许多因素制约的、非常复杂的过程。

青年初期价值观的形成是与自我同一性的确立过程同时进行并相互制约的。价值观规定着自我意识的发展水平，自我意识的发展又决定着价值观。价值观一旦形成或达到成熟状态之后，就可以促进人格的整合，从而保证人的行为的一贯性和连续性。而世界观的形成是与学生对世界的全面而深刻的认识相联系的。青年学生学习的各科知识是世界观形成的基础之一。例如：生物学使学生懂得有机体和环境的辩证关系；物理、化学使学生懂得物质能量变化和质变量变的关系；历史使学生懂得人类社会发展的规律，懂得社会经济基础和思想文化发展的关系；等等。通过这些，学生就能够初步认识世界上事物的相互联系和运动发展的规律性。

但是，世界观的形成不单纯是一个理论认识问题，更重要的是和人的思想情感、生活态度密切联系的。

研究者考察了青少年的价值观、世界观。结果发现，我国青少年学生的价值观总的来看相当一致。在终极性价值观中，有所作为、真正的友谊、自尊、国家安全被列为四个最重要的价值观，内心平静、舒适的生活、兴奋的生活、拯救灵魂被列为四个最不重要的价值观。在工具性价值观中，有抱负、有能力、胸怀宽广被列为很重要的价值观，而整洁、自我控制、服从则被列为很不重要的价值观。①

还有研究者使用价值观测试量表对处于不同社会环境下的中日学生价值观进行了研究。结果发现，青年的价值观是由青年所处的社会、历史、现实环境所决定的。社会制度的不同、文化背景的差异，都会造成青年在价值观、世界观和生活方式方面的差异。②

青年初期学生世界观探索的特殊中心是人生意义的问题。高中生要寻找一种既能阐明自己存在的意义，又能阐明人类发展前途的公式。他们不仅要说明自己各个可能的方面的客观社会意义，而且要找到它们对个人的意义，想了解一项活动能够给自己什么，这项活动能在何种程度上适合于自己个人的情形。要解决这些问题，则需要每个人自己的体验，需要实践。

当然，青年初期只能是价值观和世界观开始形成的时期，这时的价值观和世界观还是不成熟、不稳定的，在以后的生活道路上，还要受到进一步的锻炼和考验。因此，青年在这个问题上，常常有思想片面和认识模糊的情况。例如，有些青年学生把“个人”和“个人主义”混为一谈。对他们进行有意识的指导是非常必要的。

一般来说，在我国，青年的价值观、世界观大都是正确的、健康的，但是在现阶段还存在一些不良思想的影响，这必然会在青年中有所反映。因此，加强思想教育，培养青年善于辨别是非的能力，并且敢于向各种不良的思想和行为进行斗争，在青年价值观、世界观的形成上具有非常重大的意义。

* * *

青年时期是个体身心发展的成熟期。从软弱无能的新生儿到成为一个有觉悟的、有文化的、能够正式参加劳动的社会成员，要经过长期的、复杂的发展过程。

这个发展首先是在遗传所提供的机体的结构和机能的自然前提下，在社会和

① 黄希庭、张进辅、张蜀林:《我国五城市青少年学生价值观的调查》,《心理学报》1989 年第 3 期。

② 张日昇著:《青年心理学》，北京师范大学出版社 1993 年版。

教育的决定性影响下，通过解决一系列主观和客观的矛盾、内部和外部的矛盾而实现的。这些矛盾都是在儿童的实践中产生的。

儿童最初只有一些无条件反射的活动，以后在这个基础上产生了条件反射活动，这就产生了人的最初的心理现象。而儿童的言语、第二信号系统的发生发展，使儿童心理活动具有抽象概括性和自觉能动性，这就给人的意识的产生提供了直接的前提。

儿童最初只有某些动作，以后才有有目的的活动，游戏是这种有目的活动的最初形态。因此，它只能是学前儿童的主导活动。随儿童身心的发展，各种不同水平的学习活动就成为不同阶段的学龄儿童的主导活动。儿童在游戏和学习的同时，也参加一定的劳动，不过只有到了成熟期以后，劳动才成为主导活动。

儿童的心理过程和个性都是在儿童的活动中形成和发展起来的。当然，已经形成的心理过程和个性又反过来作用于儿童以后的活动。

儿童的认识过程从低级到高级的发展，是沿着如下两条路线前进的。

从认识的深刻性来说，儿童最初只有感觉，以后才有知觉，随着言语的产生与发展，开始出现了主要受外部事物和本身行动制约的直觉行动思维，这就是3岁以前儿童认识所能达到的水平。从学前时期起，主要受表象调节的具体形象思维占有重要地位，到了学前期末，个体开始明显地表现出最初的抽象逻辑思维。而真正地向逻辑思维过渡，是从儿童进入小学从事正规学习以后开始的。经过学龄初期，当进入少年期的时候，抽象逻辑思维才逐步占有优势地位，但是这种抽象逻辑思维在一定的程度上仍然有很大的具体性。到了青年初期，抽象逻辑思维才真正发展起来，从经验型的逻辑思维转化到理论型的逻辑思维，以至产生了最初的辩证逻辑思维。

从认识的自觉性来说，儿童最初只有一些无意的感觉和知觉，随着言语的发生发展，才逐步出现有意的心理过程。在儿童生活的很长时期，儿童心理的有意性只限于对外界事物的认识，只有从学前末期或学龄初期开始，才有了内部言语的发展，儿童才逐渐发展到有意识地认识和调节自己本身的内部心理活动，从而形成真正的自我意识。

儿童认识的这种深刻性和自觉性发展的历史，也就是个人意识的发展的历史，它影响和制约着各种心理过程的发展，如从无意注意到有意注意，从无意识记到有意识记，从具体形象识记到抽象逻辑识记等。

儿童的个性发展是更为复杂的。它涉及人的认识，也涉及人的情感和意志。

儿童的社会化发展从他一出生，就在环境和教育的影响下开始进行。在不同的发展阶段，儿童身心发展水平的不同决定了他们面临着不同的社会化内容。最终经过长期缓慢的持续发展，儿童学会了为成功地适应成人社会所必需的知识和技能，走向了成熟。

儿童出生以后，只有天然的神经类型，还没有稳定的个性，比较明显的个性的“花纹”是从学前时期开始形成的。

儿童的个性最初是受外部事物制约的，是受个体的生理需要制约的。因此，他的行动只能服从于当前的直接愿望。在儿童身心发展的基础上，在环境和教育的影响下，儿童才逐步形成是非观念、道德理想、道德原则和观点，以至开始形成初步的有系统的人生观和世界观。儿童的行为逐步由服从当前的直接愿望发展到能够服从远大的理想、信念、道德原则和观点。

总之，儿童心理的发展也和一切事物的发展一样，是有一定的过程的，是一种规律性的运动。为了教育儿童，或者说改变儿童，我们首先必须认识儿童，认识儿童发展的过程和规律。

要点小结

青年时期是个体身心发展的成熟期。青年初期学生的学习内容比以往更加复杂、高深，这就对其抽象逻辑思维和言语表达能力提出了更高的要求。在学习过程中，青年初期学生要进一步形成独立思考、独立工作的能力。同时，他们逐步在学校、家庭、同伴群体中有了新的地位，这成为其个性发展的新的动力。青年初期学生的自觉性和独立性达到了前所未有的水平。因此，父母和教师要尊重和鼓励他们。但也应看到，青年刚刚达到成熟时期，他们的智力水平还不完全成熟，个性倾向还不完全稳定，因此，在加强青年自我教育的时候，教师和父母应该给他们以积极的关怀和指导。

思考与练习

1. 如何理解青年初期学生心理发展处于一个初步成熟期?

2. 举例说明高中生思维发展特点。

3. 高中生与初中生相比,理想的差异有哪些?

拓展性阅读导航

1. 林崇德主编:《智力发展与数学学习》,中国轻工业出版社 2011 年版。

本书从数学学习角度探讨了儿童青少年的智力发展规律。

2. 郑和钧等编著:《高中生心理学》,浙江教育出版社 1993 年版。

本书从高中生身心特征、认知发展、学习、情感和意志、个性、品德、人际交往、理想、心理卫生的角度,介绍了我国高中阶段个体心理发展的特点。

3. [美] J. W. Santrock 著,寇彧等译:《青少年心理学》,人民邮电出版社 2013 年版。

本书系统地介绍了青少年生理、认知、自我、情绪、人格、道德等方面的发展特点。